精品课程立体化教材系列

行政法与行政诉讼法

主　编　　莫于川
副主编　　林鸿潮　高文英

科学出版社

北　京

内 容 简 介

本书是法学专业的精品课程教材,由国家重点学科中国人民大学宪政与行政法治研究中心编写。它的研讨内容涉及当代行政法和行政诉讼法的基本方面,力图将行政法理论与实务结合起来进行阐述。本书以典型案例为线索,采用大量简明易懂的图表概括反映复杂的行政法律关系,大大增强了教材的可读性、适用性。本书另附有内容丰富的教学光盘,极大地扩展了主教材的知识含量,有助于读者丰富学习内容、改进学习方法、扩展学习视野,从而高效率地掌握依法行政、依法办事所需要的行政法律知识和能力。

本书适合作为高等院校法学专业本科生教材,也可供行政管理专业学生使用,同时对参加全国统一司法考试的社会人士也具有较高的参考价值。

图书在版编目(CIP)数据

行政法与行政诉讼法/莫于川主编 . —北京:科学出版社,2008
(精品课程立体化教材系列)
ISBN 978-7-03-021378-5

Ⅰ.行… Ⅱ.莫… Ⅲ.①行政法-中国-高等学校-教材 ②行政诉讼法-中国-高等学校-教材 Ⅳ.D922.1 D925.3

中国版本图书馆 CIP 数据核字(2008)第 034310 号

责任编辑:徐 蕊 王京苏 / 责任校对:郑金红
责任印制:徐晓晨 / 封面设计:无极书装

科 学 出 版 社 出版
北京东黄城根北街 16 号
邮政编码:100717
http://www.sciencep.com

北京凌诚则铭印刷科技有限公司 印刷
科学出版社发行 各地新华书店经销
*

2008 年 6 月第 一 版 开本:787×1092 1/16
2017 年 2 月第四次印刷 印张:22 3/4
字数:530 000
定价:**35.00 元**(含光盘)
(如有印装质量问题,我社负责调换)

主要作者简介

莫于川　法学博士,中国人民大学法学院教授、博士生导师、宪政与行政法治研究中心执行主任、中国行政法研究所所长。

林鸿潮　法学博士,中国政法大学法治政府研究院博士后研究人员。

高文英　中国人民公安大学法律系教授,三级警监,中国人民大学宪法学与行政法学专业博士生。

哈书菊　法学博士,黑龙江大学法学院副教授。

王　晨　法学硕士,哈尔滨理工大学法学院副教授。

郭庆珠　法学博士,天津师范大学法学院讲师。

唐　璨　法学博士,北京师范大学法学院讲师。

龙　非　法学硕士,北京市第一中级法院行政庭法官。

郑　宁　中国人民大学宪法学与行政法学专业博士生。

目　录

绪言　走向民主与开放的中国行政法

引例　秩序不是行政执法的惟一追求

2007 年，上海等地城管机关推出的不再一律封杀马路摊点的新举措，成为媒体热议的焦点话题。同时，《法制日报》近日也报道了湖北省武汉市出现城管公司的新闻。虽然这些尝试或许还面临着不少难题，但却体现了一些地方在城市管理上正在积极创新。

近年来，有关城管与商贩之间的负面新闻不时见诸报端，这其中当然有不少客观原因，但以城管执法为代表的行政执法在实践中存在的问题也是不容忽视的。其主要表现在：行政执法理念和方式滞后，执法手段单一，只会采用强制性的刚性手段，不懂得配套采用非强制方式实行柔性管理，造成执法机关与相对人之间长期处于紧张关系；有些地方政府出于地方利益的考虑，搞地方保护主义和政策性歧视；部分行政执法机关受利益驱使，出现"有利"的事情争着干，形成多头执法，如果"无利"则都不管，造成监管真空；一些地方的行政执法不公开、暗箱操作，排拆社会公众对行政执法过程的参与和监督；一些行政执法人员的法律素质不高，不能正确理解法律精神和法律原则，对违法行为不能正确适用法律规范或者机械执行法律规范，以罚代处，忽视行政执法行为的社会效果，等等。这些问题严重影响了行政法治建设目标的实现，亟须系统深入地展开研究，科学有效地予以解决。解决行政执法的难题，关键和前提是要走出误区，更新观念，树立和坚持现代行政法治观。

曾在媒体上见到这样一个故事：某图书馆老是丢书，难以治理，为此出台了严厉的管理措施，规定发现偷书行为的罚款 300 元，但仍无效果，每天面对成千上万的阅览者，区区几个管理员实在是"寡不敌众"；后来他们转变思路，变罚为奖，采取了吸引公众参与管理的新举措，规定举报偷书行为的阅览者可获奖 300 元，结果立见成效，偷书行为近乎绝迹，这是因为图书馆里好似一下子多了成千上万个兼职管理员。这个事例颇似当下我国行政法制革新进程中倡导的有效调动广大民众和社会组织积极参与、协助行政执法工作的探索实践。就此而言，诸如上海等地不再一律封杀马路摊点的新举措值得肯定。毕竟，行政执法的最后效果决不能仅仅剩下秩序，已然没有生活。

具体来说，首先要从执法理念入手，当下亟须树立的行政法治观念有四：一是树立以人为本的行政法治观。要树立以人为本、执法为民、关注民生、兼顾平衡的行政执法理念；二是树立刚柔相济的行政法治观。要注重柔性管理、方法创新，由单纯强调管制、审批、处罚、强制的行政执法模式，转变为同时注重服务、指导、激励、效果的行政执法模式，构建刚柔手段相济、注重社会效果、有助社会和谐的行政执法机制；三是树立民主参与的行政法治观。要顺应行政法治发展的时代潮流，构建有利于公众参与、共同治理、讲求效率的行政执法机制；四是树立系统全面的行政法治观。要从行政执法的宗旨、观念、主体、依据、行为、方法、成本、效果、责任、环境等诸多要素和环节加以综合考量，系统、科学、务实地建构行政执法新机制。

要将上述观念真正贯彻到行政执法的新机制中来。在实体方面，行政执法应依法进行，行政执法全过程都要符合法治精神、法律原则和立法宗旨；在程序方面，行政执法应公开进行，听取相对人意见，遵循法定程序，符合正当程序要求。同时，行政执法新机制还应当体现行政执法的合理性，行政执法应遵循公平公正原则、合目的原则、比例原则、平衡原则、公众参与原则，通过创新行政执法机制和方式方法，积极采用行政指导、行政奖励、行政资助、行政规划、行政合同等非强制性管理手段，与刚性手段配套运用，形成以人为本、关注民生、高效便民、权责统一、刚柔相济、有助和谐的行政执法机制。唯有如此，才能在追求秩序与民生的同时，实现社会和谐。（作者：莫于川，《法制日报》，2007-4-18，第3版）

☞ **概述**

绪论介绍行政法与行政诉讼法这一门课程的学科定位、课程目标、教学方法和内容安排。希望能从总体上为读者提供学习使用本教材的大致方向和基本方法，能够胸有成竹、提纲挈领地去安排学习。

♨ **方法**

这一部分内容的学习，要求读者扩展阅读一些总论性的行政法学论著，以及法学与相关学科的方法论文献，以利于准确把握、深入理解本部分的内容和要求。

◈ **教学内容**

一、学科定位

当今世界的经济、政治、社会和思想文化正在发生重大变革和调整，这将会是长期延续下去的发展变化进程，对法制建设包括行政法制建设将带来广泛、深刻和持久的影响。从世界范围看，已经出现并继续演进且将长期存在和发生影响的重大发展变化包括：新技术革命的广泛深入发展特别是信息网络化和虚拟世界的形成发展以及生物工程技术的飞速进展，经济全球化和模式多样化，建立资源环境保护机制和可持续发展模式的不断努力，知识经济时代的来临，人权问题日益受到人们的重视并逐步得到改善，国家、社会和公民的权利（权力）关系和利益关系及其矛盾冲突的平衡协调机制的相应发展，国际冲突频发及其经济因素成分加重趋势（特别是水资源短缺矛盾）和有关协调机制的探索（例如确立并调整 WTO 的原则和规则等建立国际经济、政治新秩序的全球努力），全球范围民主化潮流的出现和深入发展，政府角色和职能的调整和转变，建立突发灾难（自然灾害、全球重大经济危机、核战争等）防御机制的不断努力，建立传统和新类型重大社会问题（贫困、粮食、毒品、癌症、艾滋病、民族矛盾、宗教冲突、人口老龄化、教育终身化、现代科技对传统伦理的挑战、婚姻家庭观念的新旧冲突和多样化宽容化等）解决机制的各国各界共同努力，政治意识形态矛盾冲突的变形及其矛盾冲突重心逐渐转向经济利益矛盾冲突的进程，文化的交流、作用、冲突和协调的范围和力度加强，传统文艺形式的扬弃与新型教化和娱乐形式的出现并存发展，人际交流沟通的便利性与障碍性、简单化与复杂化的并行演进，等等。这些发展变化对于法制建设包括行政法制建设的影响是极为广泛和深刻的。

从世界主要的法治国家的情况看，21 世纪行政法发展的总趋势是：因政府将承担更多的职能，故依法赋予行政机关在某些方面更多的职权、职责特别是行政指导和公共服务的职能，因世界性民主化潮流的深刻持续的影响，而赋予行政相对人更多的主动参与行政过程的选择机会；同时采取科学合理的方法（特别是多渠道监督和程序约束）增强对行政的监督效果和追究责任效果以及对行政相对人的救济效果和信赖保护效果，逐步建立起民主法治政府，具体表现为有限政府、服务政府、阳光政府和责任政府（包括相应的行政法治理念和制度），即体现出科学精神、民主精神和法治精神的现代行政法治系统，从而实现广义的行政法文化革新。

对于我国行政法而言，行政法文化革新的主要内涵就是上述科学精神、民主精神和法治精神的逐步实现，这三种精神追求的具体表现，也就是 21 世纪中国行政法的三个相互联系和影响的发展进程：

其一，行政法的科学化进程。例如，在行政法制实践中更加注重现代科学技术的运用和行政管理理念与方法创新，特别是积极运用高新技术手段后电子政务的全面推行和电子政府的稳步建立，更加注重权利与义务、权力与责任、规范与效果、成本与效益的协调和平衡，行政法制模式更符合我国实际。

其二，行政法的民主化进程。例如，行政主体和行政权力的多元化、社会化发展，行政相对人更广泛和主动地参与行政过程，在行政相对人的财产权利和人身权利受到更充分保障的前提下，其政治权利和社会权利将受到更多关注，更加注重依法保障公民参与、行政公开、非强制性行政方式的采用等各项行政民主制度的逐步扩大与有效实施，真正实现以人为本、刚柔相济的行政法制。

其三，行政法的法治化进程。例如，行政机关的行为更加规范化、制度化、透明化并具有更强的预期性，具有"双刃剑"特性的行政权力将更严格地纳入行政法的原则和规则的约束下运作，人权保障更加受到关注和依法推进，对行政相对人权利的救济更加充分，行政相对人的行为也将更有效地受到行政法原则和规则的约束，从而促进建立法治政府、法治国家和法治社会。

研究行政法现象及其规律的行政法学，也必然受到这一进程的影响（行政法学的体系框架大致如图绪-1所示，但与本书的篇章安排稍有不同）。总体而言，从基本理念、指导原则、基本内容、方法技

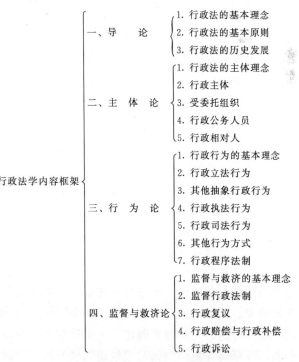

行政法学内容框架

一、导　　论
1. 行政法的基本理念
2. 行政法的基本原则
3. 行政法的历史发展

二、主　体　论
1. 行政法的主体理念
2. 行政主体
3. 受委托组织
4. 行政公务人员
5. 行政相对人

三、行　为　论
1. 行政行为的基本理念
2. 行政立法行为
3. 其他抽象行政行为
4. 行政执法行为
5. 行政司法行为
6. 其他行为方式
7. 行政程序法制

四、监督与救济论
1. 监督与救济的基本理念
2. 监督行政法制
3. 行政复议
4. 行政赔偿与行政补偿
5. 行政诉讼

图绪-1　行政法学的一般体系
（注：本书章节安排与此体系框架稍有不同）

术、教学研究方式等各方面来分析，我国行政法学在 21 世纪将进一步从机械法学向能动法学、从静态法学向动态法学、从单一工具法学向综合功能法学演进，这一变迁过程将对整个法制建设以及社会生活各个方面带来重大、深刻和长远的影响。

二、课程目标

行政法和行政诉讼法作为一门典型的公法，是一个非常重要的法律部门。学习掌握行政法律知识和能力，有助于和促进依法行政。当下我国正处于社会转型发展时期，行政管理和行政法治实践中正发生许多变化，这些变化的情况经常以典型案例或争议事件的形式呈现在人们面前，使得从事实务工作和理论工作的同志常感困惑。我们应当以现代法治和发展开放的眼光来分析当下以各级政府机关为主进行的行政管理改革创新，注重捕捉并认真分析这些典型案例或争议事件所带来的丰富信息，并注意深化有关问题的理论认识，这有利于我们的学习研究和工作进步。

本书作为讲授行政法与行政诉讼法学原理的法律专业教材，其编写和教学目标是：以行政法典型案例作为研讨线索，研讨内容涉及当代行政法和行政诉讼法的基本方面，特别注重从行政法制实务的角度来系统认识行政法的基本理论、制度框架和操作方法，期望有助于读者系统学习研究当代行政法；把握行政法的概念、特征、作用、法律关系和基本原则；了解行政机关、被授权组织以及受委托组织、行政公务人员、行政相对人和行政组织人员法等方面的知识；掌握行政主体的抽象行为和具体行为的内容，包括行政立法行为和制定其他规范性文件等抽象行政行为，行政许可、行政确认、行政检查、行政处罚、行政强制等行政执法行为，行政裁决和行政仲裁等行政司法行为，行政合同、行政指导、行政规划等非强制行为，以及行政程序法制的有关内容；知晓如何对行政权力进行监督制约和对行政相对人合法权利进行法律救济，包括监督行政法制、行政复议、行政赔偿、行政补偿、行政诉讼等内容。以期有助于学习者增加依法行政、依法办事和促进依法行政所需的行政法律知识和能力。

三、教学方法

我国行政法制建设任重道远，其目标模式和理想境界是实现行政法治，即实现立法、执法、司法、守法、监督等行政法制诸要素、诸环节的民主化、科学化与规范化，而其关键又在于如何实现依法行政的法治化。但从现实情况看，我国行政法制建设过程中还存在一系列基础性、深层次的问题和矛盾，大大制约着行政法治目标的实现。因此，必须改进研究方法，深化行政法学研究，提升对行政法治现实问题的认识。

鉴于行政法学正由过去的机械行政法学、静态行政法学、单纯工具行政法学，逐步演进为能动行政法学、动态行政法学、综合功能行政法学，故本书综合采用规范分析、实证研究、经验研究、统计分析、案例分析、比较研究、对策研究等现代法学研究方法，展开分析研究和理论阐述。主要针对法律专业本科生的特点，本书的叙述方式有所创新，各章均设置"引例"、"概述"、"方法"、"教学内容"、"小结提升"等部分循序展开论述。基本思路是从个别到一般，从现实的行政法现象和典型案例等具象问题出发，选择性地深入论述抽象的行政法学理论问题，以揭示问题症结、形成基本共识、引发理性思考，有助于读者掌握当代行政法和行政诉讼法的基本知识和运用能力。

各章的具体构成栏目如下：

（一）主体部分

［引例］每章以1个引例开头，引出话题、提出问题

［概述］介绍本章的主要内容和知识体系

［方法］介绍掌握本章内容的主要方法

［教学内容］即章节正文，穿插图表和名词解释——即行政法辞典

［小结提升］总结本章内容，并就可能存在的疑难问题做进一步深入阐述

（二）附属部分

［本章阅读文献］

［相关链接］

四、内容安排

新近的行政法学教科书大都采用广义的学科体系和包容的编排方式，故本书也将行政法与行政诉讼法合编在一起。全书在绪言之后共安排5编20章，力求对行政法和行政诉讼法的理论与实践问题作比较系统、重点突出、切合现实的论述。其中：

第一编导论，从宏观层面讨论了行政法的基本问题，包括行政法的基本理念和基本原则。首先介绍了关于行政法的基本概念、行政法的特征、行政法的法律渊源、行政法的分类、行政法的地位和作用、行政法律关系等基本理念，为后面的讨论打下基础。行政法的基本原则对行政立法、行政执法、行政司法等行政法制的各类基本活动发挥着宏观指导作用，且在一定条件下具体规范着行政行为的实施及行政争议的处理。本书既对传统的行政合法性原则、行政合理性原则作了分析阐述，也介绍了近年来日益受到关注、形成共识的行政应急性原则和行政信赖保护原则。

第二编主体论，涉及行政法的各个法律关系主体。行政法律关系主体包括行政主体和行政相对人这两大部分。这里从主体论的角度，分析介绍了行政机关和被授权组织等各类行政主体，分析讨论了受行政机关委托的组织，以及行政组织法制。同时，逐一讨论了各类行政公务人员和相应的行政公务人员法。特别是专章讨论了公民、法人或其他组织的法律地位和权利保障问题，侧重介绍行政相对人的地位、作用及其权利和义务，这是当代行政民主化潮流下快速发展的领域。

第三编行为与程序论，讨论的是广义的行政行为及其程序，涉及的内容非常多，是全书的重点和难点。本编首先系统地介绍讨论了行政行为理论及其发展趋势，在此基础上分析了行政立法、制定其他行政规范性文件等抽象行政行为，以及行政许可、行政确认、行政检查、行政处罚、行政强制措施、行政强制执行、行政征收、行政征用、行政给付、行政奖励、行政裁决、行政仲裁等具体行政行为，还分析了行政合同、行政指导、行政规划等行政主体实施的其他公务行为。行政机关实施的这些具有或者不具有国家强制力的、刚性或者柔性的行政管理行为，构成了一个多元化和多层次的行为体系。本编还用专章研讨了现代行政程序法制的有关问题，以适应行政程序法治快速发展的客观要求。历史经验警示人们，所谓行政行为必须合法，就包括了必须符合行政程序法。

本章首先探讨了行政程序的概念、特征、基本原则、分类等基本理论问题，在此基础上，逐一讨论了行政程序的启动、回避、调查、证据、说明理由、陈述意见、听证、简易程序、紧急程序、信息公开等行政程序基本制度。

第四编监督与救济论，透过一些典型案例分析讨论了对行政的监督，包括国家权力性的监督和非国家权力性的监督，专门讨论了行政违法、行政不当、监督行政、行政责任、行政救济等监督救济法制的一些重要范畴，还介绍了若干西方法治国家的行政救济制度。在此基础上，重点研究了行政复议、行政赔偿、行政补偿等若干重要的广义行政救济制度。俗话说，没有监督，势必滥用权力；没有救济，也就没有权利。可见本编的内容非常重要。

第五编行政诉讼论，特意将行政诉讼这一重要的行政监督救济制度单列一编，在行政诉讼的内容、构造、过程、结果等方面作了比较从容的研讨。主要讨论了行政诉讼理念和受案范围，行政诉讼的管辖法院和当事人，行政诉讼的程序、证据和法律适用，行政诉讼的裁判及其执行，等等。

✛ 小结提升

当下我国正处于社会转型发展时期，行政管理和行政法制实践中正发生许多变化，这些变化的情况经常以典型案例或争议事件的形式呈现在人们面前，使得行政法制实务工作者和理论工作者常感困惑。本书从当今行政法新理念和行政法制具体实务的角度，以若干典型的行政法案例作为分析线索，阐述了当代行政法学理论与实践的基本内容，主要涉及行政法的基本理论问题，包括行政的基本理念、基本范畴、基本脉络、基本原则，涉及行政法的基本制度问题，包括行政组织法、行政人员法、行政行为法、行政程序法、行政监督法、行政救济法。希望通过这些内容的专题阐述和讨论，有助于读者切实树立现代行政法治观念，能以现代法治和发展开放的眼光来分析当下的行政法现象，善于捕捉并认真分析行政法制典型案例或争议事件所带来的丰富信息，注意深化有关问题的理论认识，增强依法行政和促进依法行政所需要的行政法律知识和能力。

[本章阅读文献]

1. 刘瀚：《论依法行政》，《法学研究》，1992 年第 5 期。

2. 应松年：《依法行政论纲》，《中国法学》，1997 年第 1 期。

3. 周汉华：《行政立法与当代行政法——中国行政法的发展方向》，《法学研究》，1997 年第 3 期。

4. 罗豪才：《在邓小平理论指导下走向繁荣的中国行政法学》，《中国法学》，1998 年第 5 期。

5. 莫于川：《中国行政法治发展进程的回顾与前瞻》，《河南省政法管理干部学院学报》，2004 年第 5 期。《高等学校文科学术文摘（季刊）》2004 年第 4 期转载。

6. 姜明安：《中国行政法治发展进程回顾—经验与教训》，《政法论坛》，2005 年第 5 期。

7. 莫于川：《行政法的自主化发展趋势分析》，《重庆邮电学院学报（社科版）》，2005 年第 6 期。

[相关链接]

1. 中国行政法治发展进程回顾。（见："中国宪政网"）
2. 中国行政法与行政法学的发展趋势分析。（见"中国宪政网"）

第一编 导 论

导言：本编从宏观层面讨论了行政法的基本问题，大致包括行政法的基本理念和基本原则两大部分。首先介绍了关于行政法上的基本概念、行政法的特征、行政法的法律渊源、行政法的分类、行政法的地位和作用、行政法律关系等基本理念，主要解决读者对于行政法学基本问题的认知，为后面的讨论打下必要的基础。行政法的基本原则对行政立法、行政执法、行政司法等行政法制的各类基本活动发挥着宏观指导作用，且在一定条件下具体规范着行政行为的实施及行政争议的处理。本编对此加以专门研讨，既对传统的行政合法性原则、行政合理性原则作了分析阐述，也介绍了近年来日益受到关注、形成共识的行政应急性原则和行政信赖保护原则。现代行政法的产生和发展是建设法治国家的一个重要标志，这是因为，产生行政法的重要前提是行政活动必须服从一类有别于私法的公法规范。在国外，行政法学在近几十年来出现了注重行政程序、公民参与、政务公开、经济分析、比较研究、公私（法）融合、方法创新等发展趋势，受到学界的重视；改革开放 30 年来，在我国介绍国外相关成果、强化监督救济法、拓展研究视野、开掘研究深度等方面都有所突破。这些都值得我们予以关注和研究。

第一章　行政法的基本理念

引例　王某要求省教育委员会撤销学校行政科给予的"行政处罚"

王某是某省一所高校外语系二年级的本科生。1996 年 10 月下旬的一天傍晚，他在学校宿舍里私自用电炉煮饭时不慎失火，造成部分公私财物毁损，本人也被轻微烧伤。因其行为严重违反了学校关于禁止在学生宿舍使用燃煤、燃油炉具和各种用于煮饭、烧水的电热器的规定，故受到记大过的处分，同时学校总务处行政科依据学校有关规定给予其罚款 100 元的"行政处罚"。在这期间，我国《行政处罚法》刚刚施行（自 1996 年 10 月 1 日起施行），各种媒体正在广泛宣传该法有关知识。王某看报后认为学校行政科不是国家行政机关，无权对他实施行政处罚，要求退还 100 元罚款，但校方不予退还。于是王某将此争执情况反映到省教育委员会，要求撤销学校做出的"行政处罚"，责令学校退还该项罚款。

上述案例中，学校给予王某的罚款究竟是不是《行政处罚法》中所规定的"行政处罚"，对这一问题的明确解答涉及如何理解行政法的"行政"，也就是本章首先要讲述的基本概念之一。

☞ **概述**

本章介绍行政法学科中最为重要的基础性问题，包括行政和行政法等核心范畴、行政法的法律渊源、行政法的特征和分类、行政法的地位和作用、行政法律关系等内容。对这些内容的理解和把握，是学习行政法的第一步。

♨ **方法**

行政法学科的性质和品格与宪法十分接近，贯注了宪法的核心价值和基本精神；而包括我国在内的大陆法系行政法，其基本理论的形成又对民法学科多有借鉴。因此，对行政法的学习，一方面应与宪法紧密结合，另一方面又必须以良好的民法素养为基础。

❖ **教学内容**

一、行政法上的基本概念

（一）行政

在讨论行政法的概念之前，首先需要明确行政的含义。因为行政与行政法有着极为密切的关系，而人们对于行政有着多种多样、容易混淆的理解。

"行政"一词，英文为 Administration，语源出于拉丁文 Administrare，原意是"执行事务"。从早先的广泛用法来看，"行政"与"管理"是同等概念，它既指对国家事务的管理（这称为"公共行政"），也泛指企业和各种社会组织对其内部事务的管理（这称为"私人行政"，其中大量的是企业管理活动）；但从现在通行的用法即狭义上来看，

"行政"一词通常特指"公共行政"(Public Administration)，这种含义的"行政"与行政法密切相关，中外行政法和行政法学著述也都是从这种角度来使用和研究"行政"这一概念的。从行政的发展史来看，公共行政的许多原则和方法是从私人行政特别是企业管理经验中借鉴移植而来的。

对于特指公共行政的"行政"的含义，国内外学界的观点甚多，主要有：

(1)"除外说"。这种观点是建立在分权思想的基础上并以国家职能的分工为前提的，它认为"行政是指除立法、司法以外的所有国家作用或曰国家职能"。这种曾经非常盛行的观点，对于立法、行政、司法三权分立的政体模式来说是相适应的。[①]

(2)"国家意志执行说"。这种早期的观点是以美国著名行政学家古德诺针对三权分立理论而提出的"政治、行政二分说"为基础的，即认为政治是国家意志的表达（如制定政策），行政是国家意志的执行（如执行政策），政治与行政应分立。[②]

(3)"目的说"。这种观点认为，现代行政是"以积极具体地实现国家目的而进行的具有整体统一性的连续形成的国家活动"，是"为适应国家社会的需要而具体实施公共政策的过程及行动"。这种观点是针对"除外说"的缺陷而从正面提出的定义。[③]

(4)"目的+职能说"。这种观点认为，行政是"国家行政机关为实现国家的目的和任务而行使的执行、指挥、组织、监督诸职能"。[④]

上述观点分别从一定角度对公共行政作出了解说，都有助于帮助人们认识行政的含义，具有深化认识和指导实践的价值，但也各有其缺陷和不足。

借鉴上述观点，本书在动态上将"行政"一词定义为执行国家意志的关于国家事务和公共事务的执行性决策、组织、调控和处理等公共管理活动或过程，这也是最常用的含义；在静态上将"行政"定义为执行国家意志的承担执行性国家事务和公共事务的公共管理组织，即人们通常所说的除国家立法机关、司法机关以外的国家行政机关。

就动态的"行政"而言，在现代社会，行政活动面广、量大、涉及因素多且表现形态丰富，根据不同的标准可对行政作出不同的分类（图1-1）。例如：根据功能之不同，可分为积极行政与消极行政；根据性质的不同，可分为规制行政与给付行政；根据方式的不同，可分为权力行政与非权力行政；根据内容的不同，可分为负担行政与授益行政；根据权力行使自由度的不同，可分为羁束行政与裁量行政，等等。由于现代行政已经介入、渗透到社会生活的方方面面，影响到人们日常生活的几乎每个角落、每个环节（故有所谓"从生到死的行政"之说法），对经济与社会的发展和公民权利的实现有着巨大影响，故作出上述划分，有助于全面认识行

行政 {
以功能分：积极行政、消极行政
以性质分：规制行政、给付行政
以方式分：权力行政、非权力行政
以内容分：负担行政、授益行政
以权力行使自由度分：羁束行政、裁量行政
}

图1-1　行政的分类

① 罗豪才：《行政法学》，中国政法大学出版社，1996年，第2页。
② 张金鉴：《云五社会科学大辞典·行政学》，商务印书馆，1976年，第10页。
③ [日]田中二郎：《新版行政法》（上卷），弘文堂，1994年，第5页；[日]南博方：《日本行政法》，杨建顺、周作彩译，中国人民大学出版社，1988年，第8页。
④ 许崇德、皮纯协：《新中国行政法学研究综述（1949—1990）》，法律出版社，1991年，第30页。

政，掌握其规律，通过立法和司法来更有效地规范和保障行政。

（二）行政法

行政法与民事法、刑事法一样，属于基本法律部门之一。但何谓行政法？这是一直存在争议而需要不断深入研究的基础性问题。尽管如此，多年来，德、法、英、美、日等国家有代表性的行政法概念陆续介绍进来，对我国行政法概念的形成和发展产生了明显的影响。以比较研究的方式对国内外有代表性的行政法概念略加考察，这有助于认识行政法学者多年来一步步探索的历程，也有助于理解和把握现代行政法的理论体系。

1. 大陆法系的行政法概念

大陆法系国家严格区分公法和私法，将行政法列入公法范畴，且部分国家设有行政法院，故大陆法系的行政法概念有其显著特点。

最早把对行政法的认识加以系统整理，使之成为一门独立的法律学科的德国著名法学家奥托·迈耶（Otto Mayer）在其名著《德国行政法》中指出，"行政法是指调整作为管理者的国家与作为被管理者的臣民之间关系的法律规范"。另一位德国著名法学家乔治·梅叶（Georg Meyor）则认为，"行政法是对于行政关系法规根本规定之总概念"。这些定义比较简单，且都强调行政这一个方面，定义本身几乎不包含对行政进行监督的理念。

法国著名法学家奥科（Aucoc）认为，"行政法即规范行政以及行政权对于人民关系法规之总体"。法国另一位著名的当代行政法学家术·瓦林（S. Worli）则从内容描述的角度出发，认为行政法"不仅包括行政权及其行使的程序和原则，公民受到侵害时的救济措施，还包括行政机关的组织形式、行政机关颁布规章的权力及程序、文官制度、政府对财产的征用和管理、公共事业、行政责任"。这些定义的内容，与法国实行行政法院制度的实际已较吻合。

荷兰法学家克鲁尔（Kluwer）认为，"行政法通常是宪法的延伸和具体化，它主要是关于政府行政和对行政的司法审查"。土耳其中东技术大学教授罗纳（Rona）则认为，行政法"是调整行政机关同公民之间的关系，规定国家官员的法律地位以及公民在同作为国家代表的政府官员交往中的权利和义务的法律规范的总称。同时，行政法也规定义务的程序。"这样的定义也比较符合现代行政的实际。

2. 英美法系的行政法概念

在英美法系国家，公法和私法一般不作严格区分，也不另设行政法院，行政案件同民事案件一样由普通法院审理，其行政法概念要比大陆法系国家的行政法概念要窄一些。

英国著名法学家戴雪（A. V. Dicey）曾坚持认为，行政法主要是用于在行政法院进行行政诉讼的、旨在保护官吏特权的法律，它与法治原则不相容，所以作为法治国家的英国没有行政。此观点早期对英美法系行政法的影响很大，但后来受到严重批评。20世纪 30 年代，英国著名法学家詹宁斯（Jennings）有针对性地提出，行政法是关于公共行政的全部法律，内容不以行政诉讼为限，也包括行政机关的组织、权力、权利、义务和责任。此观点已为大部分英国行政法学者所接受。此后最有代表性、影响最大的是英国当代行政法权威学者威廉·韦德爵士（Sir William Wade）的定义，他认为行政法"是控制政府权力的法"，"是规范行政机关行使权力、履行职责的一系列普遍原则"。从这样的表述中可以看出强烈的控权法色彩。

最早把行政法作为独立的法律部门和学科来研究的美国著名学者古德诺（F. J. Goodnow)在 1893 年提出，"行政法是公法的一部分，它规定行政机关的组织和职权，并规定公民在受到行政行为侵害时的行政救济"，行政法"包括了有关行政机关活动的法律范围"。美国后来非常权威的一位行政法学家戴维斯(K. C. Davis)所下定义是："行政法是有关行政机关权力和程序的法律，其中特别包括调整对行政行为进行司法审查的法律。"由此定义，可以管中窥豹地了解到美国当代行政法的两个重要特色：一是注重司法审查及其判例；二是强调正当行政程序。

3. 日本的行政法概念

日本行政法以德国行政法为蓝本，又积极学习法国行政法的判例政策、国家责任和无过失损害赔偿等内容，战后又深受美国行政法的行政程序、司法审查等制度的影响，所以具有吸取各家之长的特色，且因国内译介较多和文化传统相近，而对中国行政法的影响特别大。

日本著名法学家美浓部达吉认为：行政法"为国内公法之一部，规定行政权之组织及行政权主体的国家或公共团体与其所属人民的关系之法"；简言之，"行政法就是关于行政的国内公法"。此观点对早期日本行政法概念的影响很大。第二次世界大战以后，日本行政法学家在认识上发生了一些变化。例如，原日本北海道大学校长今村成和认为，行政法"是指专门关于行政的法"，"除了有关行政的组织和活动的法之外，也包括关于行政行为造成损害时的补偿的法，以及解决行政纠纷的程序的法"。由东京大学名誉教授杉村章三郎等主编的《行政法辞典》所下的定义为，行政法"在广义上是指关于行政的组织、作用及争讼的法（但传统观点则仅指其中形式意义上的行政特有的国内公法），是行政组织法、行政作用法、行政争讼法及行政处罚法的总称"。

4. 我国有代表性的行政法概念

由于种种原因，我国的行政法经历了漫长而曲折的发展过程，行政法学也长期处于近乎空白的状态，教训极为深刻。1978 年中国共产党第十一届三中全会召开后，我国进入改革开放的新时期，法制建设重新起步，行政法和行政法学也迎来了难得的发展机遇。在此背景下，我国行政法学在 20 世纪 80 年代中前期开始创立并得到初步发展。这一初创时期所提出的行政法概念还不够完善，但为此后行政法学界对行政法概念的深入研究奠定了基础。我国在 20 世纪 80 年代后期以来学者提出的较有影响的行政法概念主要有：

（1）"单一关系调整说"。此说认为，行政法"是指有关国家行政管理法律规范的总称，是以行政关系为调整对象的一个仅次于宪法的独立法律部门"。[①]

（2）"两种关系同时调整说"。此说以 1996 年 10 月由时任中国法学会行政法学研究会会长罗豪才教授主编的《行政法学》的表述为代表，认为行政法"既调整行政关系，

---

① 张焕光、胡建森：《行政法学原理》，劳动人事出版社，1989 年，第 3 页。

又调整监督行政关系，是调整这两类关系的法律规范和原则的总称"。[①] 此定义有一个值得注意的特点在于，它将相应的法律原则也纳入行政法的概念之中，具有丰富而深远的意义。

（3）"行政权力双向规范说"。此说以 1997 年 7 月由时任中国法学会行政法研究会副会长王连昌教授主编的《行政法学》（修订版）的表述为代表，提出"行政法是关于行政权力的组织分工和行使、运作，以及对行政权力进行监督并进行行政救济（或补救）的法律规范的总称"。[②]

应当指出，上述第 2 种和第 3 种定义尽管强调的重点不同，即前者着眼于行政法的调整对象，强调的是行政法所调整的两种社会关系（行政关系和监督行政关系），而后者着眼于行政法的权力源流，强调的是与行政法有关的两种权力过程（行政权力的行使过程和对行政权力行使的监督过程），但由于在相互关联的这两种过程中分别形成了相互关联的这两种社会关系，所以看似不同的上述两种定义实则有相通之处，即从不同的角度和环节强调了现代行政法不仅应关注"如何行政"这一面，而且应关注"如何监督行政"这一面，行政法概念应包容这两个方面。可以说，这一认识正是我国行政法学者在对行政法概念的长期探索和学习借鉴过程中取得的重要进步，是行政法概念的既往研究成果基础上的新发展。当然也有学者对此持不同意见。

概括和借鉴上述理论观点，本书将行政法定义为：所谓行政法，是指对行政活动过程特别是行政权力运行过程加以规范、监督与补救，调整行政与监督行政的主体及其行为所形成的社会关系的有关法律规范和原则的总称。这是一种广义的概念，既调整行政关系又调整监督行政关系，也即规范行政权力运行过程和规范监督行政权力运行过程。狭义的行政法，则是指行政主体行使行政权力、实施行政管理及其损害救济有关的法律规范和原则的总称，也即调整行政关系或者说规范行政权力运行过程的法律规范和原则的总称。

二、行政法的特征

与其他部门法相比，行政法在形式上和内容上都具有一些显著而又相互关联的特征，行政法学界对此已有比较一致的认识。这些特征主要表现为形式上的特征和内容上的特征。

图 1-2　行政法的形式特征和内容特征

（一）行政法在形式上的特征

（1）尚无统一、完整的实体行政法典。虽经长期努力，世界上迄今尚无一部统一完整的行政法典。这是行政法较之其他部门法的一个显著特点。其原因在于，行政法涉及的社会生活

[①]　罗豪才：《行政法学》，中国政法大学出版社，1996 年，第 9 页。

[②]　王连昌：《行政法学》（修订版），中国政法大学出版社，1997 年，第 1 页。

领域十分广泛，内容纷繁复杂，技术性和专业性较强且行政关系变动较快，因而难以制定出一部包罗万象、完整统一的实体行政法典。虽然多年来国内外都有人提出，像民法、刑法等部门法那样制定一部包容整个行政法领域的实体行政法典（人们甚至作过尝试），但迄今尚未获得成功。[①] 尽管如此，尚无完整统一的实体行政法典这一特点，并不能成为否定行政法存在、发展和发挥作用的理由。而且这一特点随着现代电子技术的发展，今后会不会发生飞跃性变化，例如有否可能通过采用电子版行政法典的方式获得突破加以改变，还是一个值得研究的课题。

（2）有统一的行政程序法典。众所周知，民事、刑事等法律部门都有一部与实体法典相对应的诉讼法典；而与之相比较，自19世纪末期以来，越来越多的国家在其行政法体系中不但有一部行政诉讼法典，同时还有一部行政程序法典（尽管没有统一完整的行政实体法典），而这种情况在民事、刑事等法律部门是不存在的。可以说，这是与前一特点紧密联系的形式上的又一重要特点。对此，已有学者进而提出，鉴于不少国家的行政程序法典中已融入了大量的行政实体规范，加之现代电子技术的超乎想象的飞速发展，将来有无可能出现统一完整的行政法典现在尚难预料，故不宜过早就下绝对否定的结论。

（3）行政法规范及其存在形式特别多。这是因为，制定行政法规范是采取多级分别立法的方式，其制定机关甚多（在我国如权力机关或行政机关，在行政机关中如国务院、国务院各部委或有制定权的地方政府），效力层次不同（法律、法规、规章等），行政法规范及其存在的法律形式和法律文件的数量特别大，居各部门法之首。

（二）行政法在内容上的特征

（1）内容广泛，数量庞大。现代行政活动领域十分广泛，已不限于传统的治安、税收、军事、外交等方面，还扩展到经济、科技、文化等社会生活的各个方面，这些方面发生的社会关系需要行政法加以调整，这就决定了行政法有着广泛的内容，庞大的数量，涉及领域几乎覆盖全社会。

（2）易于变动，稳定性弱。这主要体现在以行政法规和规章形式表现的数量巨大的这一部分行政法规范，相对而言不够稳定，也即行政立法的稳定性较弱。其原因在于，当代社会生活节奏加快，各方面社会关系处于不断变动之中，因而具有调整这些社会关系之功能的行政法规范就呈现出较强的变动性。

（3）实体规范与程序规范交织。这一特点不仅表现在我国《行政诉讼法》这一程序法中包含了许多实体性规范，而且在我国行政法中还存在一类特有的行为规范即行政程序规范，这是根据行政民主、法治、科学、效率的要求而对行政机关依法行使职权所作的特别程序约束。行政实体性规范与行政程序性规范如此紧密地交织共存于一个法律文

[①] 德国威敦比克邦曾用11年的时间制定过一部包括行政实体法一般原则的《德国威敦比克行政法典》，该法典共4编224条，涵括行政法的主要方面，于1936年通过后因希特勒上台而未实施。这可能是尝试制定实体行政法典的唯一实例，尽管未获成功。参见应松年：《行政法与行政诉讼法词典》，中国政法大学出版社，1992年，第209页。此后，1994年荷兰出台了一部基本行政法典，但其实也是类似于民法通则那样的行政法通则，有许多章节还只是一些框架，仍不是真正意义上的行政法典。

件中，在实施和考察行政活动时很难将其截然分开，这种现象可说是行政法区别于民事法、刑事法的一个重要特点。

三、行政法的法律渊源

行政法的法律渊源，是指行政法律规范的根本来源和外部表现形式。

在不同的国家，其行政法的渊源不尽相同。例如，法国行政法绝大多数来自最高行政法院的判例（这在大陆法系国家中是非常特殊的），而我国行政法却来源于有关国家机关所创制的抽象性规范。我国行政法的渊源分为一般渊源和特别渊源。一般渊源包括：①宪法；②法律；③行政法规；④地方性法规（含一般的方法规、自治条例和单行条例、经济特区法规、特别行政区立法）；⑤规章（含部门规章、地方政府规章与联合规章）。特别渊源很多、很分散，效力等级往往视其与一般渊源的关系而定，包括：①法律解释（含立法解释、行政解释、司法解释、地方解释）；②联合法律文件（如过去常见的党政联合发布的文件，这种做法已逐渐减少）；③国际条约（但保留条款除外①）。此外还有军事法规、军事规章。我国行政规范体系的结构参见图1-3（另有相应位阶的军事法规规章、法律解释及我国参加的国际条约的条款应归附于某个层次；但虚线以下部分目前尚不属于我国的行政法律规范）：

1. 宪法

2. 法律

3. 行政法规

4. 地方性法规

（含自治条例、单行条例等）

5. 部门规章和地方政府规章

....

6. 面广量大层次多的其他行政规范性文件

（不属于立法、地方立法和行政立法的一类抽象行政行为）

图1-3　我国行政规范体系的宝塔形结构图

（1）宪法。宪法所包含的行政法律规范通常原则性较强，涉及行政权力的取得、行使及对其进行监督的根本性问题的规定。主要包括：①关于行政权力的来源和行使权力的基本原则的规定，如规定政府由本级人大产生和对它负责并报告工作，行政机关实行民主集中制；②关于行政机关的法律地位和行政体制的规定，如规定地方各级人民政府既是地方各级国家权力机关的执行机关，又是地方各级国家行政机关；③关于行政组织及权限的规定，如规定各级政府的设立程序、职责权限等制度；④关于公民权利与行政权力的关系及处理原则的规定，如公民受到行政机关侵害时有权获得赔偿等。

（2）法律。狭义的法律，是由全国人大及其常委会制定的。法律中凡涉及行政权力的设定及权限、行使及运用、对行政权力加以监督和在受到行政权力侵害时予以补救的

---

① 在我国，国际条约一般需要通过立法和行政立法转化为国内法加以实施。我国加入世界贸易组织（WTO）等许多国际组织后，由于加入的国际条约和作出的对外承诺日益增多，如果转化工作跟不上，国际条约与国内法的冲突问题会日益突出。

规范，均属行政法律规范。它们是行政法最重要的渊源之一。

（3）行政法规。行政法规是国务院制定的一类规范性文件的总称，它是对比较原则的法律规定加以具体化的主要形式之一，数量较大。其效力仅次于法律，高于地方性法规、部门规章和地方政府规章。行政法规不得与宪法和法律相抵触，必须按法定程序制定。

（4）地方性法规。地方性法规是由省、自治区、直辖市以及"较大的市"的人大及其常委会制定的，其中有相当一部分涉及行政机关权力的取得、行使以及对行政权力进行监督等问题，与行政权力行使过程中行政相对人的权利和义务有关，成为地方行政机关行使行政权力的重要依据之一。①

（5）自治条例和单行条例。自治条例和单行条例是民族自治地方权力机关按照法定权限并依照当地民族的政治、经济和文化的特点所制定的一类规范性文件。其制定程序中有明确的按级报批和备案的规定。它与地方性法规一样，所包含的法律规范多数是行政法规范，因而也是行政法的重要渊源。

（6）行政规章。行政规章分为部门规章和地方政府规章，前者是由国务院组成部门和一部分具有行政管理职能的直属机构、直属事业单位依法制定的，后者是由省、自治区、直辖市、较大的市的人民政府依法制定的。在实践中，行政规章的面广、量大、使用频率高，这是其他形式的行政法渊源无法相比的。但需要指出的是，行政规章的效力不及前述那些法律渊源，目前在我国的司法审查中不能作为审判"依据"，而是"参照"适用。

（7）国际条约。我国参加和批准的国际条约（但保留条款除外），凡内容涉及行政法的，也是其重要渊源。而且，随着国际交往的范围扩展、频率加大，此类渊源将会越来越多，但一般需要转化适用。

（8）法律解释。有权机关对法律、法规、规章所作的解释，包括立法解释、司法解释、行政解释和地方解释，凡涉及行政法的，通常也作为行政法的渊源。

（9）其他行政法渊源。这包括行政机关与各民主党派、群众团体等联合发布的法规、规章等文件。此类渊源的产生有特殊的国情和时代背景，今后将会逐步减少。

需要注意的是，在特别行政区适用的行政法渊源（包含各层次的规范）有其特殊性，包括其"原有法律"和"特别行政区立法机关制定的法律"中的行政法规范，都只适用于该特别行政区。

还要指出，各层次法律文件中的大量行政法律规范在运行中难免发生冲突，解决冲突的基本原则或者说行政法律规范的冲突解决机制是：①宪法中的行政法律规范具有最高效力；②下位法服从上位法（含同级行政立法服从同级人大立法）；③如系同一机关制定的法律规范，则特别法优于一般法，新法优于旧法，难以判断的冲突由制定机关（或其常设机构）裁决；④如系"效力等级相同"的法律规范，则规章之间的冲突由国务院裁决；部门规章与地方性法规之间发生冲突不能确定如何适用时，分为两种情况：

---

① 在我国，"较大的市"系专门的法律用语，指享有一定的地方立法权和行政立法权的市，包括省、自治区的人民政府所在地的市，经济特区所在地的市，以及经国务院批准的若干较大的市。

由国务院裁决适用地方性法规，或因国务院认为应当适用部门规章而由国务院提请全国人大常委会裁决；省级政府规章与省内较大市地方性法规之间的冲突，由该省级人大常委会裁决。

四、行政法的分类

行政法的内容十分广泛，可按不同的标准进行划分，分类的目的是为了更好地认识行政法。当代行政法有多种分类方式，主要是：

（1）以行政法的功能作用为标准，可分为三类：第一类是关于行政组织和人员的法律规范，包括行政组织法和行政人员法（如公务员法）；第二类是关于行政主体的行为的法律规范，包括各种专门领域的行政作用法，其数量特别多；第三类是关于对行政进行监督以及进行权利救济的法律规范，包括审计法、行政监察法、行政复议法、行政诉讼法、行政赔偿法、行政补偿法等监督救济法，此类法律规范的比重越来越大，作用日益重要。

（2）以行政法调整对象的范围为标准，可分为一般行政法与特别行政法。前者也称为行政法总论或总论行政法，如行政法基本原则、行政组织人员法、行政行为法、行政程序法等；后者也称为行政法分论或分论行政法、部门行政法，如经济行政法、工商行政法、质量技术监管法、金融监管法、教育行政法、科技管理法、文化管理法、卫生行政法、公安行政法等各个领域的行政法。

（3）以行政法规范的性质为标准，可分为实体行政法（也即行政实体法）和程序行政法（包括行政诉讼法和行政程序法）。前者是关于行政法律关系当事人的地位、资格、权能、责任等实体内容的行政法规范的总称；后者是关于诉讼程序和行政行为程序的行政法规范的总称，或者说实施实体法的程序性行政法规范的总称。尽管二者有所交织，但现在还是能大致分开的。其中，行政程序法是最富有当代行政法特色的一类行政法规范。

五、行政法的地位和作用

随着社会事务的不断增多，现代科技、经济、文化的迅猛发展，现代行政管理的触角已经延伸到社会生活乃至人们的衣、食、住、行等各个方面，行政权力难以遏止地日益膨胀，作为规范和保障行政权力行使的行政法，在社会生活中的地位和作用日渐突出。与刑法、民法等部门法一样，行政法已经发展成为我国法律体系中不可或缺的基本法律部门，发挥着十分重要的作用。

行政法在整个国家法律体系中的地位，主要体现在两个方面：

第一，行政法是现代法律体系中三大部门法之一。法律体系是一国的宪法和各个部门法所组成的有机整体，缺少任何一个法律部门都难以建立完整且有效的法律秩序。人们通常把一国的法律划分为宪法统率下的民事法律、刑事法律、行政法律三大部门（可将其他相近相关法律部门划入这三大部门中去）。虽然也有人主张将涉及经济活动的有关法律，如税法、土地法、资源环境法、科技法等划为单独的法律部门，即经济法，但从大量经济法律所蕴含的实质内容看，它们多数属于经济行政法。这些法律中涉及行政权力的规范多为行政法律规范。法律体系是法律部门的有机统一体,而法律部门的划分则是以规范的对象和内容为标准的。民事法律调整平等主体之间的人身、财产关系,刑事法律用于追究、惩治具有社会危害性的犯罪行为。然而,平等民事主体之间的社会关系并不是惟一的社会关系,此外还存在国家与个人的关系,尤其是行政主体与行政相对人的关系;违反公共秩序、损害社会及他人利益的行为也不只有犯罪行为一种,还有尚未构成犯罪但需要追究、惩治的违反社会秩序的行为。因此,除了民事法律、刑事法律外,还应当有调整国家行政权力的取得、行使和监督其行使的一类法律规范,即行政法律。只有将所有的社会关系都纳入法律调整范围,这个社会才可以称得上是法治社会,所有这些法律部门才构成完整的法律体系。所以说,由于调整对象的特殊性和调整内容的系统性,行政法在我国法律体系中占有十分重要的地位。

第二,行政法是宪法的实施法。行政法与民法、刑法等部门法是宪法的实施法。宪法在一个国家的法律体系中最为重要,地位最高,它调整一个国家的政治制度、经济制度、法律制度等基本制度。但是,宪法在许多方面的规定,是抽象和原则性的,需要一系列部门法来加以具体化,其中行政法是实施宪法的最重要法律部门。宪法所规定的国家基本政治、经济、文化、社会制度和公民基本权利义务,无一不涉及行政权力的行使与监督问题,没有行政法律、法规作出具体规定,这些基本制度和权利义务就无法落实,宪法也就难以实施。从这个意义上看,行政法不仅是一国法律体系的重要组成部分,而且是完善宪政制度,维护宪法尊严,保证宪法实施的法律部门。

行政法的作用是多方面的,总体来说是"双保":通过监督行政权力来保护公民权利来保护行政相对人的合法权益(一些西方国家称之为控权),这是重点;通过保障行政机关有效行使职权来保证行政效率(一些西方国家称之为保权)。近十多年来我国制定的行政法律、法规、规章(如《行政许可法》、《行政处罚法》、《行政复议法》、《行政诉讼法》等法律的首条规定),基本上体现了这一精神和原则。

首先,保护公民、法人和其他组织的合法权益。由于行政权力具有强制性、自我扩张性等特点,国家行政机关及其工作人员在行使行政权力过程中,极易侵犯公民、法人或者其他组织也即行政相对人的合法权益。为了保护行政相对人的合法权益不受行政侵害,及时为遭受侵害的行政相对人提供救济,有必要建立一整套保障行政相对人合法权益的法律制度,行政法就是其中最具有作用的法律制度。例如,行政复议制度为受到侵害的行政相对人提供了寻求行政机关救济的渠道;行政诉讼制度为行政相对人提供了寻求司法救济的渠道;国家赔偿法为遭受国家违法侵权损害的行政相对人提供了获取赔偿的多种渠道。这一系列行政法律制度有助于保护行政相对人合法权益。从这一点看,行政法不仅能够起到维护公共利益和社会秩序、监督行政权力的作用,而且能够为在国家行政管理中处于弱者位置的行政相对人提供有效的权利保障。从这一角度可以说,行政法也是一种人权保障法。

其次,监督行政权力主体,防止违法行使行政权力。法律赋予行政机关及其他主体行政权力,以维护社会秩序和社会公共利益。然而,由于行政权力客观上存在易腐性、扩张性以及对个人权利的优越性和侵犯性,故须对行政权力加以监督和制约。在各类监督方式中,最为有效或直接的监督是行政法监督。行政法通过规定行政权力的范围、行使方式及法律责任等，可以有效监督行政权力主体，防止违法行使行政权力。诸如行政复议、行政诉讼、国家赔偿等监督与救济制度，对于防止和纠正行政机关超越职权、失职渎职、贪赃枉法、滥用职权、不当行政等具有十分重要的作用，这是其他法律部门无法替代的。

再次，保障行政权力合法有效行使，维护社会秩序和公共利益。现代社会中，随着经济文化事业的不断发展，出现了越来越多的社会问题，诸如环境污染、人口膨胀、社会治安不良、产品质量问题、资源环境破坏等，已经成为制约经济发展、损害他人或公共利益、破坏行政管理秩序的严重社会问题，亟待政府出面解决。政府解决此类问题的主要手段之一就是行政法律规范。行政机关通过行政立法、行政执法及行政司法（裁决）等各种手段，能够有效地规范、约束行政管理相对人的行为，促使其积极履行行政法义务，制止危害他人利益和公共利益的违法行为，建立和维护行政管理秩序、确保行政机关充分、有效地实施行政管理，维护社会和公共利益。简言之，现代行政法将行政权力赋予行政机关及其他行政主体，保障行政权力合法有效行使，以维护行政管理秩序和社会公共利益。

六、行政法律关系

行政法律关系，即行政法上的法律关系，概括地说，是指基于行政法律规范的确认和调整而在行政关系以及监督行政关系的当事人之间形成的权利义务关系。

（一）行政法律关系的特点

行政法律关系的主要特点包括：

（1）这种法律关系的当事人中必有一方是行政主体。

行政主体——是指享有国家行政权力、能以自己的名义从事行政管理活动并独立承担相应法律责任的机关、机构或组织，其范围包括行政机关和法律、法规、规章授权的组织。受委托组织、行政公务人员不属于行政主体范围，但其公务行为的后果归属于行政主体。需要指出，行政主体、行政相对人等用语是经过抽象的行政法学概念，并不是制定法上的用语。

行政相对人——是与行政主体相对应的，参与各种行政法律关系，并享有相应的权利或履行相应的义务的公民、法人和其他组织。

（2）行政法律关系当事人双方的地位不对等。这一特征也被称为行政法律关系的单方面性，即国家行政机关单方面的意思表示常可引起行政法律关系的产生、变更和解除，而无需征得相对方的同意。当然，这种不对等性并不表现在监督行政法律关系中。

（3）行政法律关系当事人的权利义务基本上由法律规范事先规定，一般来说不能由当事人相互约定和自由选择，当事人只能依法享有权利并承担义务。但行政合同的出现，是这一特征的例外，因为行政合同双方当事人可进行一定程度的协商让步和权利义务约定。

（4）行政法律关系当事人的权利义务具有相对性和统一性。在这种行政法律关系中，当事人的权利和义务出现许多交叉重叠，难以截然分开，这与民事法律关系的情况有所不同。尤其是对于国家行政机关而言，这种相对性表现得更为明显：法律授予行政机关的职权，同时也是一种职责，职权与职责犹如刀刃与刀背的关系，二者是统一的、不可分割的，行政职权既是其可以行使的权力，又是其必须行使而不得放弃的权力，即其必须履行的职责，否则就是行政失职，将承担法律责任。

（5）行政法律关系引起的争议大都由行政机关或行政裁判机关依照行政程序或行政司法程序加以解决，只有在法律明文规定的情况下才通过司法程序解决。这是由于此类争议所涉问题的专业性、技术性强，宜先由专业性强的行政机关或行政裁判机关来解决争议。而且事实上各国都在寻求司法之外解决此类争议的更多更有效的渠道，以提高行政争议解决效率，同时行政相对人也不丧失最后通过司法程序解决行政争议的选择机会。体现此特征的如英美法系的行政裁判所、大陆法系的行政法院及我国的行政复议机构等。

（二）行政法律关系的分类

对于行政法律关系有各种分类方法。例如，有的学者以此种关系的目的为标准，认为可将行政法律关系划分为积极关系和消极关系；有的学者以此种关系是否体现本质属性为标准，认为可将行政法律关系划分为行政实体法律关系与行政程序法律关系；有的学者以此种关系中是否有权力作用为标准，认为可将行政法律关系划分为权力关系与非权力关系；还有的学者从交叉综合的角度将行政法律关系划分为抽象与具体、实体与程序、自律与他律等几对行政法律关系等。我国行政法制实务界和行政法学界普遍认同的一种主要的划分方法，是将行政法律关系划分为外部行政法律关系与内部行政法律关系这样两类关系，而且分别有不同的调整方式——尽管这种划分方法存在某些缺陷，已受到许多批评。对此我们略加讨论。

（1）外部行政法律关系。这是指行政主体在行政活动中与相对一方所发生的法律关系，是最主要的行政法律关系。其成立条件是：①一方当事人是行政机关或法律法规授权组织；②双方当事人没有行政隶属关系；③双方当事人的地位不对等；④行政主体一方依法拥有优先初步解决行政争议的权力。一般认为外部行政法律关系是基于各类行政作用法的调整所形成的。

（2）内部行政法律关系。这是指在行政活动中发生于行政机关内部的法律关系。它包括行政机关之间的行政法律关系和行政机关与公务员之间的行政法律关系及行政监察法律关系。其成立条件是：①双方当事人都是行政机关或有行政隶属关系；②这种关系具有层级节制和命令与服从的性质；③行政主体一方拥有解决此类争议的排他性权力。一般认为内部行政法律关系是基于宪法、组织法、公务员法、监察法的调整所形成的。

行政法律关系
- 以目的划分：积极行政法律关系、消极行政法律关系
- 以规范性质划分：行政实体法律关系、行政程序法律关系
- 以权力因素划分：权力性行政法律关系、非权力性行政法律关系
- 以调整对象划分：外部行政法律关系、内部行政法律关系
- 交叉分类：抽象与具体、实体与程序、自律与他律等

图 1-4　行政法律关系的分类

（三）行政法律关系的构成要素

行政法律关系由主体、内容和客体三要素构成。行政法律关系的主体就是行政法律关系当事人，其享有和承担该项行政法律关系所确定的权利和义务；行政法律关系的内容是指行政法律关系主体享有的权利和承担的义务；行政法律关系的客体是指行政法律关系当事人权利义务指向的目标和对象。

（1）行政法律关系的主体。主要包括：国家行政机关、其他国家机关、公民、法人、其他各种经济组织和社会组织。同时，外国人、无国籍人以及外国组织在一定条件下也可在中国成为行政法律关系的主体。行政法律关系主体又分为行政主体和行政相对方。

（2）行政法律关系的内容。主要包括两个方面，即行政主体的权利义务和行政相对方的权利义务。在行政法律关系中，行政主体的权利表现为行政主体所行使的国家行政权力即行政权。至于行政权具体包括哪些权力，学者们的看法不一，其中已被普遍认同的权力有规范制定权、决策权、命令权、检查权、决定权、制裁权、强制权和行政司法权等，而且行政权在一定意义上说具有优先的性质。行政主体的义务即其职责，最基本的职责就是依法行政，其中包括遵守法律法规、积极履行职务、遵守程序、裁量合理、符合行政目的等。由于行政相对方的范围广、类别多，故其权利内容有所差异，但以下权利已被普遍认同为行政相对方的主要权利：自由权、平等权、了解权、参与管理权、受益权、举报权、请求权、申告权、获得救济权、行政诉讼权、民主监督权等。行政相对方的义务主要是守法、服从行政命令、协助行政管理等。

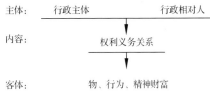

图 1-5　行政法律关系的构成要素

（3）行政法律关系的客体。一般认为，行政法律关系的客体包括：①物。即具有使用价值和价值的物质资料。②行为。即行政法律关系的主体根据其权利义务而进行的活动，包括作为和不作为，它是最主要的客体。③精神财富。即以非物质形式表现出来的智力劳动成果，如著作、专利等。另外，也有学者将行政法律关系的客体划分为人身、行为和财物这样三类。

（四）行政法律关系的变动

行政法律关系处于动态变化之中，包含了产生、变更和消灭的过程。对于行政法律关系的变动，我国行政法学界在理论上没有太大的争论。

（1）行政法律关系的产生。行政法律关系的产生，是指由于一定的法律事实而在行政主体与相对方之间形成特定的权利义务关系。在已有行政法律规范的前提下，行政法律的产生取决于：①一定事件的发生；②一定行为（作为和不作为）的发生。

（2）行政法律关系的变更。行政法律关系的变更，是指行政法律关系在存续期间发生的变化。它涉及行政法律关系的主体和内容相互交织而发生的增减更替等变化，情形多种多样。

（3）行政法律关系的消灭。行政法律关系的消灭，是指行政法律关系的终止或不复存在。它包括主体的消灭、权利义务的消灭、客体的消灭等多种情形。

（4）行政法律关系变动的原因。行政法律关系的变动，以相应的行政法律规范的存在为前提，以一定的法律事实的出现为主因。导致行政法律关系变动的法律事实包括事件和行为两大类，前者是不以当事人的意志为转移的客观现象，后者是当事人有意识的能够产生法律效果的行为，是主要的法律事实。

✢小结提升

我国的行政法产生于辛亥革命后，以 1912 年生效的《中华民国临时约法》为标志。新中国成立后，废除了"伪法统"，逐步建立起仍具有大陆法系许多特征的社会主义法律制度。半个多世纪以来，新中国行政法经历了曲折的发展过程：从新中国成立到1956 年，是社会主义行政法创建和发展时期；1958 年到 1966 年"文革"前，是社会主义行政法建设停滞、遭到否定时期；"文革"时期，是社会主义行政法被破坏殆尽时期；随着 1978 年中国共产党十一届三中全会的召开，沉寂多年的中国法制建设重新起步，行政法也迎来了新的机遇。新时期中国行政法的发展大致经历了恢复发展阶段和快速发展阶段。

1982 年宪法是我国行政法恢复和发展的重要基础。它不仅规定了国家行政机关在国家机构中的地位、作用和职权，而且规定了行政活动的基本原则、公民的基本政治、经济、社会权利和义务，同时也规定了作为行政法渊源的法律、法规、规章的性质和效力等级等诸多行政法基本内容和原则。1982 年《中华人民共和国事诉讼法（试行）》首次明确规定了"行政案件由人民法院按照法律规定受理"。从 1980 年到 1986 年共有几十个法律、法规对行政诉讼作出规定。可以说，不断丰富的行政诉讼实践为我国行政法的迅速发展提供了重大契机。

近十余年是我国行政法发展最快的时期，行政法成为我国发展最快的部门法之一。其发展速度体现在立法、行政立法、行政执法、行政司法、行政审判等行政法制的各个方面和各个环节。

（1）我们用十余年的时间建立了行政法体系的基本框架。首先，1989 年制定了具有里程碑意义的《行政诉讼法》，1990 年出台的《行政复议条例》、1997 年出台的《行政监察法》、1999 年出台的《行政复议法》，拓宽了行政内部监督救济的范围和途径，比较完整地建立起了行政系统内部监督、救济体制。1994 年《国家赔偿法》出台，标志着我国国家法律责任体系进一步完善。1996 年颁布的《行政处罚法》则从规范行政权力及行政程序的角度揭开了行政程序立法的新篇章，2003 年出台的《行政许可法》则是这一进程上新的里程碑。

（2）随着各个部门法的不断完善，我国已经形成比较健全的行政立法、执法和司法（或裁判）体系。根据现行《宪法》和《国务院组织法》等行政组织法，我国已建立起"二级三类"的行政立法体系，即在中央一级由国务院制定行政法规，国务院部委和一些直属机构、直属事业单位制定部门规章，在地方则由法定的地方人民政府制定地方政府规章。行政立法程序和技术也不断完善，并于 2001 年分别出台了共 7 章 37 条的《行政法规制定程序条例》、共 7 章 39 条的《规章制定程序条例》。

(3) 各级政府根据有关法律、法规，建立起了完整系统的行政执法机构和执法队伍，执法人员素质不断提高，执法水平也有所进步。近年来许多地方开展了相对集中行使行政处罚权的行政体制改革，取得了明显成效。行政机关裁决民事、行政纠纷，处理行政复议案件的机构也逐步健全。目前，县以上行政机关已经建立起行政复议机构。尤其可喜的是，各级政府建立的政府法制机构不仅发挥了重要的政府法律顾问作用，而且在指导行政机关的行为、处理部门争议、制定各级规范性文件、开展法制宣传教育方面都发挥出不可替代的重要作用。

(4) 随着《行政诉讼法》的颁布实施，我国行政审判与行政检察工作取得举世瞩目的成绩，司法审查制度促进了依法行政，不仅在国内赢得了普遍信任和拥护，而且在国际上也受到广泛关注和赞誉。以行政审判工作为例，1989 年至 2000 年 6 月，全国各级法院共受理一审行政案件 557 877 件，共审结 553 223 件，此外还受理了非诉行政案件 1 731 917 件。受案范围也不断拓宽，案件类型达 50 余种，几乎涉及所有行政管理机关的各类行政执法行为。从案件处理情况看，原告胜诉率约占结案数的 40%，基本上保证了司法的公正性，行政诉讼制度的监督救济作用正日益显现出来。[①]

[本章阅读文献]

1. 王宝明：《从多层面探讨行政法的基本理念》，《中外法学》，1996 年第 5 期。

2. 莫于川：《略论行政法文化与经济社会发展》，《法制与社会发展》，1996 年第 6 期。

3. 杨海坤：《实现宪政目标下的中国行政法治》，《政法与法律》，2005 年第 1 期。

4. 莫于川：《人权入宪对我国行政法民主化发展趋势的影响》，《国家行政学院学报》，2005 年第 2 期。

5. 姜明安：《软法的兴起与软法之治》，《中国法学》，2006 年第 2 期。

6. 莫于川：《有限政府·有效政府·亲民政府·透明政府——从行政法治视角看我国行政管理体制改革的基本目标》，《政法与法律》，2006 年第 3 期。

7. 章剑生：《现代行政法面临的挑战及其回应》，《法商研究》，2006 年第 6 期。

8. 胡锦光：《论行政法基本理论研究》，《法学家》，2007 年第 1 期。

9. 于安：《论我国社会行政法的构建》，《法学杂志》，2007 年第 3 期。

10. 关保英：《行政法学分析逻辑的认识》，《中国法学》，2007 年第 3 期。

[相关链接]

1. 美国行政法的宪法背景。（见："中国宪政网"）

2. 袁曙宏：面向新世纪的美国行政法。（见："中国宪政网"）

3. 日本行政法的现状与课题。（见："中国宪政网"）

4. 德国行政法的基本概念。（见："中国宪政网"）

---

① 应松年、袁曙宏：《走向法治政府——依法行政理论研究与实证调查》，法律出版社，2001 年，第 463 页。

第二章　行政法的基本原则

引例　武汉市以"赎买"方式取缔客运三轮摩托车案

用于客运的正三轮摩托车被武汉人称为"麻木"，以开"麻木"载客为生的人，在武汉将近 2 万人。这些三轮摩托车在大街小巷中肆意穿行，虽然给市民带来一些便利，同时也给武汉市正常的交通秩序和市民安全带来了很大的隐患。这种情况在全国的很多地方都有，也都在想办法解决这个问题。而武汉市政府在一个很短的时间里把这个问题解决了，他们的做法大致是：2003 年 5 月份，武汉市人大常委会公布了经湖北省人大常委会正式批准的《武汉市城市道路交通管理若干规定》。该法规明确规定，从是年 6 月 20 号开始，武汉市 7 个中心城区和经济开发区、东湖新技术开发区的城市道路上，禁止三轮摩托车行驶；原来已经在交管部门核发牌证的，由原发证部门注销牌证，每辆按 2500 到 3000 元回收。为了安置这些车主，武汉市政府同时出台了一系列为他们提供补偿的政策：首先鼓励自谋职业，给予每位自谋职业的车主一次性补助 2000 元到 6000 元，并为自谋职业的车主开辟办理有关手续的"绿色通道"，然后为无法自谋职业的车主提供工作岗位（武汉市政府在这次取缔工作中，为"麻木"车主提供了近 3 万个岗位）。对武汉市政府这次针对"麻木"的取缔政策，央视国际网站进行了一个调查，其调查结果是：①被调查者认为，为了适应社会的发展，满足更多数人的利益，政府需要就一些现有政策进行调整时，如果恰恰损害了部分群众的利益，18.75％的被调查者表示能够理解，75％的被调查者表示希望给予补偿，6.25％的被调查者表示会反对这一政策；②针对武汉市政府在这次政策调整中对"麻木"车主的补偿政策，43.75％的被调查者认为很好，50％的被调查者认为补偿是理所应当的，6.25％的被调查者认为没有必要进行补偿；③政府依法进行政策调整时，如果损失了一部分群众的利益，50％的被调查者认为这部分损失应该由政府来负担，43.75％的被调查者认为这部分损失应该由政策的受益者来负担，6.25％的被调查者认为应由一般群众共同承担。

上述案例促使我们思考这样的问题：如何理解行政合法性原则，行政合法性原则与行政合理性原则的关系如何？行政法的基本原则是否包含信赖保护原则，政府行政如何贯彻信赖保护原则？

☞ 概述

行政法的基本原则，是指贯穿行政领域法律关系的始终，调整和决定行政法主体的行为，指导行政法实践全过程的原理和准则，也是国家行政管理活动中必须遵循的共同准则。

本章主要介绍行政合法性原则、行政合理性原则、行政应急性原则和行政信赖保护原则。

♨ 方法

对行政法上各项基本原则的掌握，应当着重注意两点：一是要详尽、准确把握每项基本原则中的各项具体要求，而不是仅仅满足于了解其一般含义；二是要把握好各项基本原则之间的内在关系，如信赖保护原则对行政合法性原则的对抗和补充。

◈◈ 教学内容

　　行政法的基本原则，是指贯穿行政领域法律关系的始终，调整和决定行政法主体的行为，指导行政法实践（包括行政立法、行政执法、行政司法、法律监督的行为过程）全过程的原理和准则。行政法的基本原则是国家行政管理活动中必须遵循的共同准则。在一个国家大量的行政法律规范中，其所体现的基本原则必须是统一的。行政法的基本原则起着保证行政法制统一、协调和稳定的重要作用，它们指导着立法和行政立法行为、构建行政法律规范体系的过程，同时它们在法律规范阙如或冲突的情况下尤能发挥特殊的指导功能，是行政法的灵魂。在实践中，违背了行政法的基本原则，将直接产生某种法律后果，有关的行政主体必须承担相应的行政法律责任。例如，与基本原则相抵触的行政法律条文必须修改或撤销，违反行政法基本原则的行为必须予以纠正和制裁。

　　我国行政法的基本原则总的来说可概括为行政法治原则，具体来说，行政法治原则又可分解为行政合法性原则、行政合理性原则、行政应急性原则和行政信赖保护原则。这些原则已经大致成为人们的共识。①

　　行政法的基本原则具有四个方面的特点：

　　首先，行政法基本原则具有普遍性。这是指行政法基本原则是行政法制中普遍适用的基本准则。它一方面贯穿于全部行政法律规范之中，对各类行政法律规范均具有指导和统帅的作用；另一方面它又贯穿于行政立法、行政执法、行政司法、司法审查等行政法制活动的各个方面，指导着行政法制实践。

　　其次，行政法基本原则具有基础性。行政法的基本原则既是宪法精神或宪法原则的具体化，又是行政法中的其他原则和规则产生的前提和基础。行政法中其他具体的原则和规则必须反映、体现和服从行政法的基本原则，应当是行政法基本原则的具体化，因而不能与之相抵触。

　　再次，行政法基本原则具有自身的特殊性。行政法作为我国整个法律体系中的一个重要组成部分，当然应体现我国社会主义法制的基本原则，即社会主义原则、民主原则等；但由于行政法所调整的社会关系的特殊性，所以行政法在体现我国社会主义法制基本原则的同时，必须符合行政法调整对象的特殊要求，应能反映出行政法律规范区别于其他法律规范的本质特征，这种特殊性就具体体现于行政法的基本原则。

　　最后，行政法基本原则具有不可替代的特殊功能。这主要表现在两个方面：其一，

---

　　① 需要指出，对于行政法的基本原则，人们的认识正在发展的过程中，学界对此有不同的认识和分类。有些原则具有鲜明的国家特色和世界影响以及强大的普遍适用功能（如英国行政法的越权无效原则、美国行政法的正当法律程序原则、德国行政法的比例原则），许多原则的内容之间存在交叉重叠等复杂关系，一些原则从国外引入后尚未形成广泛共识或未得到制定法普遍采纳，这些都对学习行政法学带来不小困难。本章着重讨论了行政合法性原则、行政合理性原则、行政应急性原则、行政信赖保护原则。对于已普遍适用但国内法律实务界不够熟悉的一些基本原则，例如法律优先与法律保留原则、比例原则，以及一些正在形成共识的基本原则，如行政公开原则，本章限于篇幅未作讨论。

行政法的基本原则是行政法规范的制定依据；其二，当行政法具体规范不明确或没有具体规范的情况下，行政机关可运用行政法的基本原则来指导行政实务，有权机关也可根据行政法的基本原则作出法律解释。

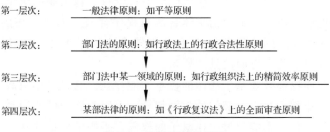

图 2-1　法律原则的层次

一、行政合法性原则

（一）行政合法性原则的含义

行政合法性原则——是行政法治的核心内容，是指行政权力的设立、行使必须依据法律，符合法律要求，不能与宪法和法律相抵触（这里所说的法律是广义的法律，也即多层次的法律规范）。

行政合法性原则要求行政主体必须严格遵行行政法律规范的要求，不得享有行政法律规范以外的特权，超越法定权限的行为无效；行政违法行为依法应受到法律制裁，行政主体应对其行政违法行为承担相应的法律责任。国外行政法学常用的法律优先原则、法律保留原则、越权无效原则的内容与此相近。总体而言，行政合法性原则主要包括两大方面的要求：一曰实体合法，二曰程序合法。而且这里所说的"法"，也应作广义的理解。

法律优先原则——是指各种位阶的法律规范中，上位法优于下位法，法律规范适用过程中优先适用上位法，制定下位法时也不得与上位法抵触，如果抵触则无效。

法律保留原则——是指凡属宪法、法律规定只能由法律规定的事项，则或者只能由法律规定，或者必须在法律明确授权的情况下，行政机关才有权在其所制定的规范中作出相应规定。

越权无效原则——其基本含义是行政机关必须在法定权限范围内行为，一切超越法定权限的行为无效，不具有公定力、确定力、拘束力和执行力。

由于行政合法性原则包括实体合法和程序合法两方面的内容，因此违反实体法和违反程序法都是对行政合法性原则的破坏。实体法是指规定行政主体在行政管理活动中的权利与义务关系的行政法律规范，其面广量大；程序法通常是为保证行为程序公正，没有偏私，从而保障实体权利得以实现的法律规范。相对来说，行政实体合法是比较容易理解的。而所谓行政程序合法，至少包含三方面的内容：一是任何人不能成为审理自己案件的法官，落实这一原则的是回避制度；二是行政机关在裁决行政争议时不能偏听偏信，应当给予当事人同等的辩论机会；三是作出对当事人不利的行政决定时，应预先通知当事人并给其发表意见的机会。

（二）行政合法性原则的具体要求

行政合法性原则的前提条件是"有法可依"。行政合法性原则通常要求行政权依宪法的规定存在，行政机关依法设立并应依法行使行政权，包括职权法定、依据法律、符合法律、与法律抵触无效等，也包括实体合法与程序合法（如英国法的自然公正原则、美国法的正当法律程序原则等要求），还包括形式合法与实质合法。具体讲，行政合法性原则至少应包括以下几个方面的具体要求：

（1）任何行政职权都必须基于法律的授予才能存在。这是指中央政府与地方政府的权限划分、行政专业部门与综合部门的权限划分、上级与下级的权限划分等都必须依据法律确立，行使行政权力不能超过法律赋予的权限，否则即构成违法。

（2）任何行政职权的行使应依据法律、遵守法律。这就要求行使行政权力不仅应遵循实体法规范，而且应遵循程序法规范，两者不能偏废。

（3）任何行政职权的授予和委托及其运用都必须具有法律依据，符合法律要旨。否则就被视为滥用行政权力。

（4）任何违反上述要求的行政活动，非经法律事后认可，均可被宣布为无效。

行政合法性原则这几个方面的具体要求，总的来说就是要求行政主体应严格依法办事，行政管理活动应有法可依，严格按照法律规范进行，违背法律规定的行为要受到法律追究并承担相应的法律责任。这里所讲的"法律"，是广义上的概念，不仅仅指全国人民代表大会及其常务委员会制定的宪法、法律，还包括国务院制定的行政法规，有权的地方人民代表大会及其常务委员会制定的地方性法规、自治条例和单行条例，国务院各部委和一些直属机构制定的规章，以及省、自治区、直辖市和"较大的市"的人民政府制定的规章。

（三）行政合法性原则的适用方法

合法性原则的"法"，不仅包括狭义的法律，也包括一切行政法规、地方性法规和规章。任何行政行为均不得与这些法律规范相违背，这是法治国家对行政机关的最低也是最根本的要求。在我国，行政行为作出的依据种类繁多，包括宪法、狭义的法律、行政法规、地方性法规、自治条例和单行条例、部门规章和地方政府规章，甚至还有各级行政机关自己制订的其他规范性文件。这些法律规范具有不同的效力层级，其中宪法最高，然后是法律，行政法规次之，再次是地方性法规，全国人大常委会批准的自治条例和单行条例，最后是地方政府规章①。其中自治条例和单行条例对法律、行政法规、地方性法规作变通规定的，在本自治地方适用自治条例和单行条例；经济特区法规根据授

---

① 目前对于部门规章和地方性法规之间效力层级的高低尚有争议。《立法法》规定当部门规章和地方性法规发生冲突时由国务院裁决，这似乎是认为部门规章和地方性法规的效力相等；但仔细分析又会看到，《立法法》规定了部门规章与地方性法规之间发生冲突不能确定如何适用时，分为两种情况处理：一是由国务院决定适用地方性法规，二是如国务院认为应当适用部门规章则由国务院提请全国人大常委会裁决；同时，行政诉讼中部门规章和地方政府规章同样只具有参照的效力，而地方性法规则是司法裁判的依据之一，这似乎意味着地方性法规比部门规章的效力要高。因此部门规章和地方性法规的效力孰高孰低仍待研究。

权对法律、行政法规、地方性法规作变通规定的，在本经济特区适用经济特区法规的规定。简言之，我国的各种法律规范在《立法法》的框架之下成为一个类似于金字塔的结构，处于塔尖的是法律，处于塔底的是规章。这样耸立着的一个金字塔结构，最关键的一条是：上位法优于下位法，下位法与上位法抵触无效（自治条例、单行条例以及经济特区法规作出变通规定的除外）。虽然《立法法》中还规定了特别法优于一般法，后法优于前法，但这些原则只在同位的法律规范中才适用，不能动摇上位法优于下位法这条原则。

上位法优于下位法这条原则决定了行政机关在执法时，其所依据的法律规范不能与上位法相冲突。如果其依据违反上位法，则行政机关有义务首先适用上位法。因此即使某个行政行为有法律依据，但该依据本身违反上位法，该行政行为也将构成违法。换言之，如果地方政府规章违反地方性法规，则应适用地方性法规而不能适用地方政府规章；如果地方性法规违反行政法规，则应适用行政法规而不能适用地方性法规；如果行政法规违反法律，则应当适用法律而不能适用行政法规。

然而立法确立的这种金字塔结构，在行政实务中可能刚好是倒过来的。行政机关的执法人员在作出一个行政行为之前，首先要找的依据可能不是宪法或者法律这样高层级的法律规范，而恰恰是效力层级相对较低，但规定更为具体的行政法规、规章。对行政机关而言，这些法律规范内容具体，可操作性强，也更容易发现，直接适用这些法律规范显然更有利于提高行政效率。只有在效力层级较低的法律规范中找不到可适用的规定时，行政机关才会往上去寻找更高层级的法律规范。而且在层级较低的法律规范已经有明确规定时，行政机关往往也不会再去寻找更高层级的法律依据，这就使得行政行为所依据的规范违反上位法的可能性大大增加。要避免这种情况，还需要依靠行政机关法律素养的提升，当行政机关对于自己职权范围内所涉及的法律规范都有较为系统和深刻的理解之后，发现下位法违反上位法的能力也才会相应提高。

但是还有一个问题也是常常引发争议的，这就是在行政程序中，究竟谁有权力对法律之间的冲突作出具有约束力的判断？这个问题从《立法法》中不能完全找到答案。所谓"不完全"，是指《立法法》仅仅对部分法律冲突的判断权作出了规定，行使这些判断权的情形有：第一，法律之间对同一事项的新的一般规定与旧的特别规定不一致，不能确定如何适用时，由全国人民代表大会常务委员会裁决；第二，行政法规之间对同一事项的新的一般规定与旧的特别规定不一致，不能确定如何适用时，由国务院裁决；第三，地方性法规、规章之间不一致时，由有关机关依照下列规定的权限作出裁决：①同一机关制定的新的一般规定与旧的特别规定不一致时，由制定机关裁决；②地方性法规与部门规章之间对同一事项的规定不一致，不能确定如何适用时，由国务院提出意见，国务院认为应当适用地方性法规的，应当决定在该地方适用地方性法规的规定；认为应当适用部门规章的，应当提请全国人民代表大会常务委员会裁决；③部门规章之间、部门规章与地方政府规章之间对同一事项的规定不一致时，由国务院裁决；④根据授权制定的法规与法律规定不一致，不能确定如何适用时，由全国人民代表大会常务委员会裁决。但这些规定对于上位法和下位法存在冲突应由谁裁决并没有给予非常明确的回答。

从理论上，对上位法和下位法冲突作出判断的机关可以有以下三种选择模式：第一，由行政行为的作出机关自己作出判断。这种方式的优点在于迅速、高效，且充分保障了行政机关在作出行政行为时的独立性和权威性。但这种模式的缺点在于主观性太强，难以保证行政行为以及法律适用的统一性，因为行政机关的这种判断只在个案中有效，在其他案件中可能别的行政机关又会对同一法律冲突作出完全相反的判断。法律规范适用的范围越广，发生这种矛盾的可能性也就越大，最终有可能导致法制的统一及行政的协调一致纯粹凭借巧合。而且行政机关级别越低，这种判断的可靠性和准确性也就越差，而且对于下级机关而言，上级发布的法律规范同样具有强制力，允许下级机关任意否定也不利于保证行政的有效性。第二，通过行政机关的上级机关（包括直接上级直至最高上级）作出判断。这种模式的优点在于判断的可靠性和权威性更高，而且有利于行政的协调一致以及法制的统一。但是缺点在于，首先是容易降低行政效率，如果行政行为作出机关的上级机关还不能作出裁决，则需要再往上报，一级一级地上报可能导致一个行政行为因为法律冲突而长久不能作出；其次是扼杀下级行政机关的主动性和独立性，还有就是判断权与责任的分离容易出现拍板的不负责，负责的不拍板的不合理状况。第三，通过一个中立的机构来作出判断。这种模式的优点在于判断的可靠性和权威性很高，也同样有利于保证法制的统一。但是其缺点在于对行政效率的减损甚于由上级机关作出判断的模式，而且对于行政机关的独立性和责任心亦有负面影响。

目前可以找到法律依据的解决方案有《全国人民代表大会常务委员会关于加强法律解释工作的决议》、《国务院办公厅关于行政法规解释权限和程序问题的通知》等。但是这两个文件只是笼统地规定了对法律以及行政法规的解释权的分配，当遇到法律冲突时应如何解决仍难明确。我们倾向的解决办法是，当行政机关遇到除《立法法》第85条、第86条之外的法律冲突时，逐级上报冲突法律规范的制定机关裁决。这里只需要报冲突规范中的下位法的制订机关即可，如果该制定机关认为自己仍不能作出判断，则可以报冲突规范中的上位法的制定机关裁决。这些裁决对于下级行政机关具有约束力，下级行政机关必须执行。当然，据以作出的行政行为仍可能被法院认定为违法，因为这种裁决对司法机关没有约束力，但作出该行政行为的公务员应该免除其个人责任。另外还存在上级机关拒绝上报，此时下级机关应执行上级机关之命令，如果上级机关指令其适用下位法，应当执行，但下级机关免除其行政责任。

必须提出的一点是，行政机关不得适用违反上位法的下位法，不等于行政机关可以撤销、变更该下位法，这是两个完全不同性质的行为。在个案中拒绝适用违反上位法的法律规范不等于宣告该法律规范无效，这种拒绝适用只在该个案中具有效力，不具有普遍适用的效力。但如果是撤销或者变更，则是宣布该法律规范无效，不仅本案中不能适用，今后也不再具有法律效力。根据《立法法》第五章的相关规定，撤销或者变更法律、行政法规、地方性法规、自治条例和单行条例、规章等法律规范的权限为：①全国人民代表大会有权改变或者撤销它的常务委员会制定的不适当的法律，有权撤销全国人民代表大会常务委员会批准的违背宪法和本法第66条第2款规定的自治条例和单行条例；②全国人民代表大会常务委员会有权撤销同宪法和法律相抵触的行政法规，有权撤销同宪法、法律和行政法规相抵触的地方性法规，有权撤销省、自治区、直辖市的人民代表大会常务委员会批准的违背宪法和本法第66条第2款规定的自治条例和单行条例；

③国务院有权改变或者撤销不适当的部门规章和地方政府规章；④省、自治区、直辖市的人民代表大会有权改变或者撤销它的常务委员会制定的和批准的不适当的地方性法规；⑤地方人民代表大会常务委员会有权撤销本级人民政府制定的不适当的规章；⑥省、自治区的人民政府有权改变或者撤销下一级人民政府制定的不适当的规章；⑦授权机关有权撤销被授权机关制定的超越授权范围或者违背授权目的的法规，必要时可以撤销授权。这个问题不仅行政机关存在，司法机关也同样存在。过去有法院就曾以某地方性法规违反全国人大常委会制订的法律为由，在判决书中宣布撤销该地方性法规，引起了轩然大波，承办案件的法官也受到处分，这就是一个非常典型的看似遵守《立法法》，实则违反《立法法》的事例（此即著名的河南种子条例案件）。该法官如果确信该下位法违反了法律，可以依据《立法法》的规定在个案中拒绝适用，但其无权直接宣布该地方性法规无效，这显然是越权行使了只有全国人大常委会才有的权力。当然，如果有关行政机关和司法机关希望有一种更为稳妥的解决法律冲突的途径，那么《立法法》第 90 条是可以考虑的一种方案，即由行政机关逐级报送国务院，或由审理法院逐级报送最高人民法院，再由国务院或最高人民法院向全国人大常委会书面提出进行审查的要求，由全国人大视情况作出判断。这种判断的效力当然具有普遍的约束力，司法机关亦必须遵守，因此对于有关行政机关和司法机关而言，通过这种途径解决法律冲突是最为稳妥的，但毫无疑问这种方法会降低行政效率和司法效率。

另外一个需要注意的问题是当行政机关认为下位法违反地方性法规、地方性法规违反法律以及法律违反宪法时，虽然从理论上行政机关有义务首先适用上位法，但此时行政机关的处理方式当有所不同，因为法律、地方性法规与行政法规、规章的制订机关不同，法律是由全国人大及其常委会制订的，包括国务院在内的所有行政机关均有义务遵守，地方性法规是由地方人大及其常委会制订的，其所在地的所有行政机关也必须执行，所以行政机关无权对于这些法律冲突作出判断，此时应报其制订机关裁决，而不是报送上级行政机关裁决。对于法律违反宪法，目前我国《立法法》还没有明确规定处理机关和处理方式，对于行政机关而言，仍应报送全国人大常委会裁决，如果全国人大常委会认为法律并不违宪，行政机关亦有义务执行该法律。

二、行政合理性原则

（一）行政合理性原则的含义

行政合理性原则——是行政法治原则又一重要组成部分，是指行政机关不仅应当按照法律、法规规定的条件、种类和幅度范围作出行政决定，而且要求这种决定应符合法律的意图和精神，符合公平正义等法律理性，符合全社会共同行为准则的社会公理。

行政合理性原则中的"理"，实际上是指体现全社会共同遵守的行为准则的法理。行政主体即便在自由裁量范围内作出行政行为，也应受此法理约束。国外行政法学常用的比例原则的内容与此相近。简言之，行政合理性原则要求行政主体的行为应当符合立法目的，出于正当考虑，合乎情理公德，彼此关系协调，过错大小与责任大小基本相当，否则该行政主体应承担相应后果。

比例原则——是指行政机关实施行政行为应兼顾行政目标的实现和保护相对人的权

益，如未实现行政目标可能对相对人权益造成某种不利影响时，应使这种不利影响限制在尽可能小的范围和限度内，使二者处于适度的比例。

（二）行政合理性原则的产生背景

行政合理性原则是基于实际行政活动的需要而存在的。任何法律都是有限度的，尤其是规范行政活动的法律。主要表现在：①法律不可能规范全部行政活动。由于社会活动的复杂多变，使国家行政活动也呈现出多变性与复杂性，法律不可能对全部行政活动作出细密无疏的规定，在许多情况下行政机关只能在法律原则的指导下，运用自由裁量权，根据客观情况采取适当的措施或作出合适的决定。②法律对行政活动的规范，应留出一定的余地，以便使行政机关根据具体情况灵活处理。如果法律对行政活动规定得面面俱到，毫无裁量余地，则最终可能导致行政机关束手无策，无法适应行政管理的客观要求。

行政合理性原则是基于自由裁量权而产生的。所谓自由裁量权，是指行政机关在法律规范明示或默示的范围内，基于行政目的，在合理判断的基础上决定作为或不作为，以及如何作为的权力。行政机关拥有自由裁量权，并不意味着行政机关可以为所欲为，它同样要受到一定的约束。自由裁量行为要根据客观情况，在适度的范围内，符合社会大多数人的公平正义观念而实施。同时，我们在承认行政机关的自由裁量权的同时，为了防止自由裁量权的滥用，必须加强对自由裁量权的控制，这是非常必要的。

行政合法性原则和行政合理性原则共同构成行政法治原则的主要内容。合法性原则主要解决行政合法与非法问题，合理性原则解决行政是否适当的问题。合法性原则适用于一切领域，而合理性原则主要适用于自由裁量领域。行政机关的一个行为如果违反了合法性原则就无需再考虑其是否合理的问题了，而一个行为是否属于自由裁量行为则应重点考虑其是否存在合理性问题。合法性问题与合理性问题的界线不是绝对的，二者有可能相互转化。随着社会生活的发展与行政法治化进程的加快，原先属于合理性范畴的问题有可能转变为合法性问题，原先属于合法性范围的问题基于行政效率的考虑也可能转化为合理性问题。

（三）行政合理性原则的具体要求

行政合理性原则作为一项普遍适用的行政法的基本原则，它要求行政主体的行为应当符合立法目的、出于正当考虑、合乎情理、彼此协调，否则就要承担相应的法律后果，例如行政诉讼中的行政败诉方所得到的变更判决。其具体要求主要有：

第一，行政行为的动因应符合立法目的。任何法律规范的制定都是基于一定的社会需要，为达到实现社会公益的某种行政管理目标。而法律授予行政机关某种权力或规定某种行政行为的具体内容，均是为了实现该项立法目的，行政机关运用权力时必须符合立法目的。法律赋予行政机关自由裁量权正是为了实现立法目的，凡是有悖于法律目的的裁量行为肯定都是不合理的行为。

第二，行政行为应建立在正当考虑的基础上，要有正当的动机。所谓正当考虑、正当动机，是指行政机关作出某一行政行为，在其最初的出发点和动机诱因上，不得违背社会公平观念或法律精神，必须客观、实事求是，而不是主观臆断，脱离实际，或存在法律动机以外的目的追求。如行政机关进行罚款的动机如果不是为了制裁违法行为，而是为了增加本机关的收入，改善本机关工作人员的福利待遇，就属不正当动机。所谓动机正当，要求行政机关不能以执行法律的名义，将自己的偏见、歧视、恶意等强加于公民或社会组织，要求行政机关在实施行政活动时必须出于公心，不抱成见、偏见，平等地对待行政相对方。

第三，行政行为的内容应合乎情理。所谓合乎情理，指合乎事情的常规或规律。例如，按照治安管理处罚法的规定，以营利为目的，为赌博提供条件的，或者参与赌博赌资较大，情节严重的，处 10 日以上 15 日以下拘留，并处 500 元以上 3000 元以下罚款，某一行政执法人员在具体处理一起赌博案件时，如果随心所欲地对违法责任重者轻处 500 元罚款，对违法责任轻者重处 3000 元罚款，显然违反常规和处罚要求，不符合行政合理性的要求。

第四，行政合理性原则还包含实施行政紧急行为，以实现社会稳定协调发展目标的要求。即在紧急情况下为了重大公益需要，行政机关可采取没有具体法律依据、中断法律实施、甚至与法律相抵触的行为。这就是行政应急性原则的内容。当然，现代行政法治对行政紧急行为也提出了现实性、专属性、程序性、适当性的要求。

总之，行政合理性原则要求行政机关的行为要符合常理，与行政内部及外部各方面因素相协调。所谓自由裁量权，也就是赋予行政机关更多的权力，因此应受到更多的限制。既要防止对自由裁量限制过严，使自由裁量变成羁束决定；又要防止对自由裁量的放任，使之变成专横行为，破坏行政法治。一般来说，具有不正当动机、不相关考虑、不合理内容和不协调表现的行政决定，是滥用自由裁量权的决定，是对法律精神的抵触。换言之，目的要正当、考虑要适当、内容要合理、行为要协调这几个方面是互相联系的，共同形成对行政自由裁量的实质控制，使行政法治得以完善。

三、行政应急性原则

（一）重新认识行政应急性原则的背景

近些年来我国内地出版的许多行政法教科书在阐述行政法的基本原则时，往往仅提及行政合法性原则和行政合理性原则，未将行政应急性原则作为行政法的基本原则加以研讨。本书以为这一认识上的误区既制约了我国公共应急法制建设，也不利于全面深入推进依法行政，不利于行政法理论的全面发展。可以说，我国公共应急法制建设滞后无疑是诸多原因使然，但从思想指导上来看，很长一个时期以来法学界和实务界忽视了行政应急性原则在整个行政法制建设中的应有地位和作用，显然也是一个不可忽视的制约因素或曰理论误区。

例如，由于忽视行政应急性原则，多年来在行政主体制度建设和理论体系上，就难免忽视突发事件应急指挥机构的地位、构成、职能、职权和工作制度（如各种应急预案）的研究和安排，也没有未雨绸缪地做好相应的专业人才队伍建设，以至于 2003 年 SARS 疫情危机出现后，许多政府机关应对危机的管理工作一时间显得非常被动，不得不支付本可避免的巨大社会成本，个中教训非常深刻。

再如，在出现 SARS 疫情的非常规状态下，政府机关应对危机的管理工作可否根据实际需要实行紧急行政程序，灵活采取各种行之有效的手段，包括各种应急性的行政指令措施和行政指导措施？由于忽视行政应急性原则，过去对此也没有形成共识，或者不为行政管理和行政法制实务工作者普遍知晓，也造成了危机管理工作某些阶段的非常被动。

又如，由于忽视行政应急性原则，关于政府机关采取的危机管理行为对行政相对人合法权益造成的损害如何加以救济，过去就未能完善有关的监督与救济规范，给实际工作造成诸多困难。例如紧急征用行政相对人的房屋、设施等财产用于 SARS 疫情隔离地点或防疫医务人员轮换休息场所使用，应遵循何种程序，如何予以补偿，发生补偿争议通过什么渠道和程序加以及时裁断和救济？此类财产权纠纷问题出现过不少，如果解决不好，难免影响到人民群众对于政府应急措施的充分理解和积极配合，不利于保持良好的官民关系和政府形象。

公共危机管理的经验教训启示人们：应注意将行政应急原则列入我国行政法的基本原则体系，发挥其应有的指导作用。

（二）行政应急性原则的含义

行政应急性原则——是指行政主体为保障重大公共利益和行政相对人根本利益，维护经济与社会秩序，保障社会稳定协调发展，在面临突发事件导致公共管理危机等紧急情况下特别是进入紧急状态下，可实施行政应急措施，其中既包括具有行政作用法上的具体规定的行为，也可包括一些没有具体法律规范甚至停止某些宪法权利和法律权利、中断某些宪法和法律条款实施、或突破一般行政程序规范的行为，同时也为常态下的各种应急准备工作（如应急工作机构的建设、应急队伍的日常建设、应急物资的储备更替等）提供指导和依据。

当然，为防止行政恣意和滥用权力，现代行政法治对行政应急措施也提出了现实性、专属性、适当性和特殊程序性的要求，并非一律从简或率意而为。

应当指出，政府在公共危机管理中需要运用行政紧急权力，采取一系列紧急措施（包括大量的即时行政强制措施），必要时还可中断某些法律规范的实施，甚至暂停或限制公民的部分宪法权利（但底线是不得限制和剥夺生命权、语言权、宗教信仰权等最基本的人权），具有极大的优先性、紧急性、强制性和权威性，因而也具有恣意和滥用的特殊条件和极大可能，必须对其加以有效的监督和约束；而紧急情况下的特别行政程序、司法程序、救济程序等程序约束乃是最有效的约束机制之一，这也是现代法治的基本要求。因此，针对特殊和紧急情况的行政法治需要，首先在将要制定的我国行政程序法典中专门设立若干紧急程序条款，来规范紧急行政行为，就是一种较为有效的办法。相应的，行政应急性原则的运用还需要有更加完善的法律救济机制作为保障。

（三）运用行政应急性原则符合法治主义的要求

表面看来，在面临突发事件等紧急情况下实施行政应急措施，其中包括一些没有具体法律依据甚至暂停某些宪法权利和法律权利、中断某些法律规范实施的行为，似乎违背了法治原则；但实际上，这是政府为了国家、社会和全体公民的长远和根本利益而作的理性选择，是符合实质法治主义要求的、利大于弊的危机管理举措，其最终目的是通过化解危机因素，恢复和维持公共权力与公民权利之间的良性互动关系，从根本上维护公民权利。

因此，在实施依法治国方略、全面和深入推进依法行政的新形势下，我们应当按照宪政和行政法治的要求，加强公共应急法制建设，当务之急是尽快制定出龙头性的紧急状态法作为基础，进一步完善我国应急法律规范体系，把应对突发事件的公共应急系统纳入法治化轨道；同时在突发事件导致公共危机政府动员社会资源应对危机时，应贯彻行政应急性原则，及时采取公共危机管理所需的各种行政应急措施，同时予以及时和充分的权利救济，更加稳健地维护我国经济社会发展和人权保障所需的法律秩序，确保公民权利（特别是基本权利）获得更有效的保护，公共权力（特别是行政权力）能够有效行使并受到有效制约，使二者能够兼顾、协调、持续地发展。

四、行政信赖保护原则

（一）行政信赖保护的理念

行政信赖性原则也即行政法上的信赖利益保护原则，一般认为该原则萌芽于第一次世界大战前后的德国，当时德国各邦行政法院在裁判有关撤销、废止行政处分的案件时，就开始引用此项原则的内容；第二次世界大战结束之后，有关信赖保护的学说与论争不断出现、演进，行政信赖保护开始被人们提升为行政法基本原则来加以认识，并在行政法制实践中得到运用；至 1973 年 10 月召开的德国法学者大会将"行政上之信赖保护"定为会议第二主题，信赖保护作为一项公法原则的地位终告奠定。[1] 1976 年德国《行政程序法》的颁布，标志着行政信赖保护作为行政法上的一项基本原则在法典中得到正式确认，并为此后的多数大陆法国家所仿效。[2]

这一阶段，英美法国家也另辟蹊径地在行政法上确立了与此近似的"合法预期原则"或"不得翻供原则"。[3]

我国台湾地区自 20 世纪 80 年代以来陆续以判例的形式援引行政信赖保护的原则作为审判依据，并在 1999 年通过的行政程序法第 1 条中明确地将"增进人民对行政之信赖"列为该法立法目的之一。

我国最高人民法院在 1999 年通过的《关于执行〈中华人民共和国行政诉讼法〉若干问题的解释》第 59 条规定："根据行政诉讼法第 54 条第 2 项规定判决撤销的被诉具体行政行为，将会给国家利益、公共利益或者他人合法权益造成损失的，人民法院在判决撤销的同时，可以责令被诉行政机关采取相应的补救措施。"虽然在立法中未对行政信赖保护加以明文规定，但上述第 59 条的规定已从特殊角度促使行政信赖保护的理念

---

① 吴坤城：《公法上信赖保护原则初探》，载城仲模：《行政法之一般法律原则》（二），三民书局，1997 年，第 238 页。

② 在这些国家的行政法中，尽管明确规定适用信赖保护原则的情形多寡不一，如日本行政法主要将这一原则适用于授益性行政行为的撤销与废止，但这并不妨碍法律机关在处理其他行政法律关系时考虑这一原则。

③ 余凌云：《论行政法上的合法预期原则》，《中国社会科学》，2003 年第 3 期。

和原则得以在行政审判实践中发挥一定作用。

十届全国人大常委会第四次会议于 2003 年 8 月 27 日通过的、2004 年 7 月 1 日起施行的《行政许可法》第 8 条规定："行政机关不得擅自改变已经生效的行政许可","……为了公共利益的需要,行政机关可以依法变更或者撤回已经生效的行政许可。由此给公民、法人或者其他组织造成财产损失的,行政机关应当依法给予补偿。"此条规定虽未明确提及信赖保护的概念,但已将禁止反言、情变补偿等政府诚信和信赖保护的内容大致加以表述,具有重要的行政法制实践指导意义。

2004 年 3 月 22 日国务院颁发的《全面推进依法行政实施纲要》虽然也未正式使用信赖保护的概念,但将"诚实守信"作为依法行政的基本要求之一明确规定下来,要求:"行政机关公布的信息应当全面、准确、真实。非因法定事由并经法定程序,行政机关不得撤销、变更已经生效的行政决定;因国家利益、公共利益或者其他法定事由需要撤回或者变更行政决定的,应当依照法定权限和程序进行,并对行政管理相对人因此而受到的财产损失依法予以补偿。"这一规定已涵括了行政信赖保护原则的基本内容,值得充分肯定、高度重视、认真实践。

过去对于行政行为废止后,对相对人利益的保障完全没有被重视,行政机关根据社会条件的变化,对已经不适应社会发展的行政行为包括行政法规、规章以及规范性文件进行清理,废止,这似乎是行政机关权限范围内的事情,不用考虑相对人可能因此遭受的损害。而在行政行为违法需要被撤销的情形中,根据依法行政原则,将违法的行政行为撤销,更是行政机关责无旁贷的义务,对于相对人可能因该行政行为的撤销遭受的损失应如何救济,完全不加考虑。然而这种"依法行政"实际上违背了保障权利这一基本的法治理念,与真正的依法行政背道而驰。如因该许可证的发放违法而被撤销,则相对人为此进行的投入都将化为乌有。虽然行政行为违法应当被撤销,但相对人信赖政府机关而获得的利益同样应得到保障。

信赖利益——是指行政相对人因基于对行政机关先行行为而受有利益,行政相对人得基于对行政机关之信赖而保有该利益,或者当该利益受到损害时,获得相应的补偿。

对信赖利益的保护通常发生在对授益行政行为的撤销和废止两种情形中。所谓授益行政行为,是指对相对人产生设定或确认权利,或给予法律上之利益的行政行为。颁发营业执照,准予商标注册,发放社会保障金,以及各种行政许可,均属于授益行政行为。由于相对人为了获得这种利益或者在已经获得这种利益之后,会投入一定的成本,如果授益行政行为在作出之后被认为违法,或者虽然不违法,但因为社会条件的变化需要被废止,则相对人因此会遭受损害,如何保障其利益不受损害或尽可能少受损害,就是信赖利益保护原则所要研究的问题。

(二) 行政信赖保护原则的内涵

综观行政信赖保护原则的各种定义,显然学界对于这一原则的理论渊源、保护客体及保护机制等诸多方面均存在着不同认识;但就各种定义所关注的焦点而言,仍可看出学界对这一原则的内涵之理解,主要集中于如下几个方面:

第一个方面,强调行政信赖保护的依据蕴涵于现代法治国家的精神之中。如认为信赖保护原则的树立"基于维护法律秩序的安定性和保护社会成员正当权益的考虑";[①]或认为行政信赖保护直接基于宪法上所保护的人民基本权利,而对于此原则究竟源于宪法上何种基本权利,则又有财产权说与自由权说。[②]

第二个方面,指出"信赖"的客体是行政过程中的某些不变因素。有学者概括地称之为"行政过程中某些因素的不变性",并细分为具体的行政行为与抽象的行政行为。[③]还有的更具体地将信赖的客体概括为行政处分、法令、计划、行政法上的承诺等。

第三个方面,阐明信赖保护所"保护"的客体是行政相对人的信赖利益。至于这种利益究竟是已为行政相对人所既得,或者仅是其可以期待的权益,则不同观点之间有所差别。也有学者概括地提出,"信赖保护其实便是对人民处置权的保护",其保护客体为行政相对人的处置权。[④]

第四个方面,提出信赖保护的实现在于对行政主体的诚信保障附以一定的约束性责任。如姜明安教授将信赖保护原则界定为"政府对自己做出的行为或承诺应守信用,不得随意变更,不得反复无常"。[⑤]也有学者提出信赖保护的实现在于要求行政主体不得撤销行政相对人在行政活动过程中获得的信赖利益,或在撤销之后合理补偿其信赖损失,即有"存续保护"与"财产保护"两种实现方式。[⑥]

自德国《行政程序法》就行政处分行为的撤销与废止作出信赖保护的规定以来,信赖保护作为行政法上一项基本原则的地位日益明晰,其适用的范围日益宽泛,内容日益丰富,而实现的方式也日益多样。如果对信赖保护原则的内涵作出狭隘的理解和界定,难免存在被当代行政法制现实所否定、抛弃的危险。因此,在理解和界定信赖保护原则的内涵时,应当着眼于其体现的深厚宪政背景、其依托的鲜活社会现实,并加以认真考量,尽可能避免对这一原则的理解失之于狭隘与偏颇。

就行政信赖保护原则的渊源或依据而言,无论认为其出自于法律安定性的要求,抑或来自于宪法上所规定的某项人民基本权利,甚至认为它来自于私法"诚信原则"在公法上的类推运用[⑦],均难以单独而有力地说明在行政法上确立信赖保护原则的必要,需要对诸项理由加以糅合方能使之得到较为完整与合理的解释。对行政信赖保护的各种理论解释,只有放在现代法治国家的背景之下方能成立。离开这一背景,便无行政上的信赖保护可言。法治精神、法治国家、宪政追求,乃是行政信赖保护原则的理论源泉。

行政信赖保护中"信赖"的客体是相当广泛的,绝非仅仅局限于具有单方性、处分性的具体行政行为,还应当包括行政主体颁布行政法规、行政规章、其他规范性文件的行为以及长期以来所形成的惯例、规则等,而行政指导、非拘束性行政计划、行政承诺

---

① 李春燕:《行政信赖保护原则研究》,《行政法学研究》,2001年第3期。

② 吴坤城:《公法上信赖保护原则初探》,载城仲模:《行政法之一般法律原则》(二),三民书局,1997年,第247~248页。

③ 黄学贤:《行政法中的信赖保护原则》,《法学》,2002年第5期。

④ 陈新民:《德国公法学基础理论》(下),山东人民出版社,2001年,第555页。

⑤ 姜明安:《行政法与行政诉讼法》,法律出版社,2002年,第62页。

⑥ 王万华:《诚信政府与公民的信赖保护》,《法制日报》,2002-3-10。

⑦ 周佑勇:《行政均衡:法治社会行政裁量之基本准则》,《法制日报》,2003-1-30。

等非强制性行为（包括一些事实行为）也应在信赖的对象之列，此外还应当包括行政主体之间的职权划分等。试图穷尽这些事项显然是困难的，但简单地将它们概括为"行政过程中某些因素的不变性"也难免失之笼统。上述对象之所以能够成为信赖的客体，在于这些因素一旦形成，行政相对人将对此因素及其结果产生一定的预期，从而选择、调整自己的行为方式，可谓"无预期则无信赖"。因此，"信赖"的客体应该是行政主体的可预期的行为、承诺、规则、惯例及事实状态等因素。

行政信赖保护所"保护"的客体，如陈新民教授所言，应是"人民的处置权"；但人民处置权之所以值得保护，实际上在于这种处置权的行使已经或者可以为其带来一定的利益。这种利益由于人民对行政主体所形成的可预期因素的信赖而发生，因人民就此种信赖所做出的处置、选择而获得。无论这种利益业已为行政相对人所获得，或仅在其可以期待获得的范围之内，只要其具有正当性，均应受到法律的保护。因此，信赖保护所"保护"的客体应当是人民的正当利益。

对于信赖保护的实现机制而言，则"存续保护"与"财产保护"，乃是传统上的、主要的保护机制；但考虑到当代国家的行政手段发生日新月异的变化，以及充分保障人民权益的必要，有关信赖保护的实现途径，似乎不宜指定具体的方式，而仅仅明确要求行政主体坚守信用、不得随意变更、反复无常，否则必须承担一定的法律责任，便已足够。也许正是出于此类考虑，故有学者将信赖保护原则的适用条件简要地概括为"存在信赖基础、具备信赖行为、信赖值得保护"这样三项要素，便于以此理解和判断有关信赖保护的问题。[①]

鉴于上述理由，对当代行政法上的信赖保护原则可作如下界定：信赖保护原则是指在现代法治国家中，基于保护人民正当权益的考虑，行政主体对其行政管理过程中形成的可预期的行为、承诺、规则、惯例、状态等可预期因素，必须遵守信用，不得随意变更，否则将承担相应的法律责任；如出于重大公共利益的考量确需变更时必须作出相应的补救安排。

国外行政法学常用的自然正义原则和民法学常用的诚信原则的内容与此相近。这一原则在现代行政管理实践中具有普遍指导意义，有利于建设诚信政府。

表 2-1　行政信赖保护的构成要件

信赖主体	行政管理活动的利害关系人
信赖客体	行政管理活动中形成的可预期的不变因素
信赖行为	基于信赖客体而实施了相应活动
信赖利益	因信赖行为而产生某种正当利益

（三）行政信赖保护原则的地位和作用

信赖利益保护原则在当代行政法上的地位，过去一直未能受到足够重视，一般的行政法论著少有提及，教科书也未将其列入行政法的基本原则体系中去。即便偶尔有所提

---

① 胡建淼：《行政法学》，复旦大学出版社，2003 年，第 44～45 页。

及，也往往将其作为行政合理性原则的内涵之一略加论述。直到近年，行政法学界开始重视信赖保护原则在行政法上的重要地位，将其作为一种基本的法律原则加以提倡，或者将其视为"非常有价值"的行政法原则。[①] 尤其值得关注的是，近来已有个别学者将信赖保护原则作为诚实信用原则在行政法中的运用，并作为其建构的行政法基本原则之一的行政均衡原则的具体组成部分写入教科书。[②] 我们认为，信赖保护原则在当代行政法中具有重要的地位和作用，应当与行政合法性、行政合理性、行政应急性等原则并重，作为当代行政法的基本原则之一，在公共行政管理的诸领域、诸层面、诸环节中发挥应有的指导作用。

综合以上分析，可以认为信赖利益保护是指相对人基于行政机关行政行为的授益行为享有利益，并基于对该行为公信力的信赖保有该利益，行政机关对该利益不得任意损害。如果该行政行为在作出时是合法行为，随着政策或法律的变化而需要被废止，行政机关可以予以废止，但对于当事人的信赖利益应当给予补偿；如果行政机关在作出时即为违法行为，又分为三种情况，如果违法的原因归于行政机关自身，则当事人不能为此承担不利的后果，行政行为应当被撤销，但应当给予当事人以补偿；如果违法原因归于相对人，则相对人对此不享有信赖利益；如果双方均负有责任，则应根据责任之大小分担后果。信赖利益保护原则的核心思想在于防止行政机关无视相对人合法权益，恣意行政，使行政秩序处于不稳定状态，更使相对人利益缺少保障。

✛小结提升

近年来，关于行政法的基本原则体系应当如何建构，行政法的基本原则应该包括哪些内容等问题，在很长一段时间内成为学界争论的热点。除了上文所介绍的若干基本原则已经为学界所普遍肯定或普遍关注之外，许多学者都提出了自己的行政法基本原则体系，其主张各不相同，新意层出不穷。之所以在这一问题上出现如此众多的分歧，我们认为，最根本的原因在于人们对确定行政法基本原则的标准认识不一。运用不同的标准来确定行政法的基本原则，所得到的结果自然有所不同。

目前，关于确立行政法的基本原则的下列标准，多数学者已经达成了共识，包括：

第一，法律性。即行政法的基本原则不应等同于行政学的基本原则，这些原则对于行政法上各种权利义务关系的确立应当具有指引意义。

第二，普遍性。即行政法的基本原则应当为行政法律体系的全部或大部内容所体现，可以适用于行政法运行的各环节。

第三，独立性。每一项基本原则均具有独立价值，其内容不应为其他基本原则所包含或分割。

第四，独享性。每一项基本原则应当为行政法部门所独有，或虽然与其他法律部门所共有但在行政法上有其独特内涵。也就是说，法的基本原则不应等同于部门法的基本原则。

---

① 罗豪才：《现代行政法制的发展趋势》，《国家行政学院学报》，2001 年第 5 期。
② 胡建淼：《行政法学》，复旦大学出版社，2003 年，第 44 页。

表 2-2   确立行政法上某项基本原则的主要标准

标准	内涵	区别于
法律性	对于确立行政法上的权利义务关系具有指引意义	行政管理的基本原则
普遍性	为行政法律体系的全部或大部所体现，可适用于行政法运行的各环节	行政法某一领域的基本原则
独立性	其内容不应为其他基本原则所包含或分割	其他基本原则
独享性	为行政法所独有或虽与其他部门法共有但在行政法上有独特内涵	一般法律原则

但是，如果我们严格依照上述标准来检验学者们所提出的各项基本原则，则对这些原则的主张能否成立，将不无疑问。我们以学术界长期以来争论不休的另一"基本原则"——"行政效率原则"为例，略加探讨。

行政效率原则——行政法上的效率是指行政法的制定、实施的成本与其所能够实现的行政主体行政活动以及行政相对人行为的成果之间的比例，是行政主体行政活动的效率与行政相对人行为效率的统一。行政法的效率原则是指以最小的行政法的制定、实施的成本尽可能地促进行政主体行政活动的效率与行政相对人行为效率的提高。

长期以来，有关"效率原则"（或其他名称类似的原则）是否构成行政法上的一个基本原则的问题，在行政法学界有着长久的争论，它在中国行政法上的基本发展轨迹是：先被肯定，再被否定，再被旧事重提，目前变得争执不清。

行政法上的"效率原则"从提出开始，研究者就把它和宪法上的精简效率原则紧密联系在一起。新中国的第一本行政法教科书《行政法概要》更是直接使用了宪法上的规定，将其称为"实行精简的原则"，并以《宪法》第 27 条第 1 款作为确立该原则的依据。[①] 后来，行政法上的这一原则又先后以"时效原则"、"行政效率原则"、"提高行政效率原则"、"行政效能原则"、"高效原则"、"高效便民原则"等名称在各种教科书或论著中出现，其中以"行政效率原则"的提法使用最为频繁。[②] 当然，学者们对"效率原则"的不断提出，已经不同于最初照搬宪法上要求国家机关精简效率的要求，而是在内容上发生了很大演变，目前出现了两种不同的阐释思路。

第一种思路下对行政效率原则的界定，基本上将其等同于行政机关组织和活动的基本原则。这种思路实际上沿用了《行政法概要》一书的思想，认为行政效率原则指的是："行政机关在行使其职权时，要力争以尽可能快的时间，尽可能少的人员，尽可能低的经济耗费办尽可能多的事，争取尽可能大的社会、经济效益。"一言以蔽之，就是多、快、好、省地行使行政职权。这种观点认为这一原则包含了这样几个方面的具体要求：①严格程序，严守时效；②机构精干，职权明确；③注重行政行为的成本-效益分析。同时，该观点提出了各国行政程序法上对相应内容的规定作为论据。[③] 这种思路是

---

① 王珉灿：《行政法概要》，法律出版社，1983 年，第 52 页。考虑到该书出版的当时我国的行政法律规范几乎一片空白，因此，作者仅凭宪法条文论证行政法的基本原则也是可以理解的。

② 其中，也不乏有些学者在研究行政法的某一分支时，将效率原则确立为该分支的基本原则，如提出行政组织法上的组织效率原则。应松年、薛刚凌：《行政组织法基本原则之探讨》，《行政法学研究》，2001 年第 2 期。

③ 姜明安：《行政法与行政诉讼法》，法律出版社，2003 年，第 68～70 页。

学者们论述行政效率原则的最常见方法，其界定的行政效率原则实际上就是宪法上国家机构精简效率原则的"行政版"。但是，把行政法的基本原则基本等同于行政机关组织和活动的原则，在研究上长期受到置疑，被指责为混淆了行政学的原则与行政法的原则；同时，法律上规定的原则（各国《行政程序法》上的规定）也并不能直接等同于法律原则。因此，在这一意义上树立行政效率原则是否妥当大可商榷。

另一种思路则立足于将法律原则理解为指引整个法律制定、实施过程的基本价值，并引入了行政相对人的效率，在论证了效率作为行政法基本价值重要意义的基础上，提出"行政法的效率原则是指以最小的行政法的制定、实施成本获得最大的行政主体行政活动以及行政相对人行为的成果，即以最小的行政法的制定、实施的成本尽可能地促进行政主体行政活动的效率与行政相对人行为效率的提高。"同时认为行政效率原则贯穿于行政组织法、行政立法、行政程序法和行政监督等行政法的各个分支当中，满足了其作为基本法律原则的普遍性要求。[1] 但通过这种思路将效率原则确立为行政法的基本原则，是否满足确立部门法基本原则的独享性要求，仍然值得商榷。独享性要求行政法上的基本原则应当为行政法所独有，而不是所有法律部门所共有的一般原则。而效率作为法律所追求的一项重要价值目标，实际上应为各法律部门所共同体现，法经济学思想中也有实质正义即等同于效率的观点。因此，行政法制定和实施上的效率追求是否足以将效率确立为这一部门法的基本原则，仍然值得推敲。

总之，行政法的基本原则作为行政法学研究最重要的命题之一，围绕它所展开的种种争论还将长时间地继续下去。随着人们认识的加深，造成对新原则的接纳和对旧原则的否定，整个行政法的基本原则体系将处于不断更新和变动之中。

[本章阅读文献]

1. 杨小军：《行政法基本原则的理论构建与价值追问——评周佑勇教授〈行政法基本原则研究〉》，《行政法学研究》，2004 年第 3 期。

2. 莫于川、林鸿潮：《论当代行政法上的信赖保护原则》，《法商研究》，2004 年第 5 期。

3. 莫于川：《公共危机管理·行政指导措施·行政应急原则——公共危机管理中的行政指导措施引出的行政法学思考》，《法律适用》，2004 年第 10 期，人大复印报刊资料《宪法学、行政法学》分册 2004 年第 11 期转载。

4. 蒋剑云：《论法律保留原则》，《行政法学研究》，2005 年第 1 期。

5. 周佑勇：《行政法中的法律优先原则研究》，《中国法学》，2005 年第 2 期。

6. 周占生：《关于行政合理性原则的法理思考》，《河南社会科学》，2007 年第 3 期。

7. 尚海龙：《论行政自我拘束原则》，《政治与法律》，2007 年第 4 期。

[相关链接]

1. 周佑勇：论英国行政法的基本原则。（见："中国宪政网"）

2. 周佑勇、尚海龙：论法国行政法的基本原则。（见："中国宪政网"）

---

[1]　王成栋：《论行政法的效率原则》，《行政法学研究》，2006 年第 2 期。

第二编　主　体　论

导言：本编涉及行政法的各个法律关系主体，对其扮演的角色加以描述。行政法制包括行政管理和监督行政两个方面。在行政管理领域，行政法律关系主体包括两大部分：行政主体一方，行政相对人一方。在监督行政的领域，行政法律关系主体包括两大部分：监督主体一方，受监督对象一方，对它们的讨论放到第四编监督救济论去进行。这里主要从行政管理领域的角度，分析介绍了行政机关和被授权组织等各类行政主体，分析讨论了受行政机关委托的组织，同时逐一讨论了各类行政公务人员和相应的行政公务人员法。本编还专章讨论了公民、法人或其他组织的法律地位和权利保障问题，侧重介绍了行政相对人的地位、作用及其权利和义务。行政相对人主体性地参与到行政管理、行政法制过程中来，这是参与式民主在行政法领域的具体表现，成为当代行政民主化潮流下快速发展的一个领域，应予更多关注和推动。徒法不足以自行，正确把握主体理论，有利于行政法制的有效运行。

第三章　行政主体

引例　云顶山慈云寺诉金堂县云顶石城风景管理处违法收费案

　　1990 年 6 月 24 日，根据金堂县编委文件，建立了金堂县云顶石城管理处，性质属全民所有制事业单位，其职责是负责云顶山风景区开发、建设、管理及旅游经济实体开发。1995 年 1 月 15 日，云顶石城风景名胜区（云顶山慈云寺系其主要景点）被四川省人民政府评审为省级风景名胜区。1996 年 5 月 15 日，金堂县物价局审批将云顶石城风景区游山门票价格调为 5 元/人，其中 1 元/人作为县交通局（九龙滩至云顶山上山公路即凉云路）建设维护费，对朝山进香的佛教居士，凡持有云顶山慈云寺皈依证的，仍执行门票价格 0.50 元/人不变，同时取得了金堂县物价局颁发的收费许可证，并在凉云路后段即去慈云寺必经之路上，离该寺约 1 公里处设收费站，收取调价后的游览费至今。慈云寺认为，云顶石城风景管理处向游客收取进山费既无相关的法律、法规支持，也未征求过慈云寺的意见，更未考虑本地的实际经济状况，致使到慈云寺游玩、朝山的游客逐年递减。云顶石城风景管理处设卡收费的行为不仅违反了国家的有关法律、法规和国家对宗教事务的有关政策，同时也严重威胁到了慈云寺广大僧众的基本生存，请求法院依法判决撤销云顶石城风景管理处的收费行为。

　　在上述案例中，金堂县云顶石城管理处是否可以作为行政诉讼被告？是否具有行政主体资格？为什么？这正是本章将要讨论的核心问题。

☞ 概述

　　行政主体是行政法上最重要的基本范畴之一，它指的是独立拥有行政职权，能够以自己的名义对外实施行政活动，并承担由此而引起的法律后果的机关或组织。一个机关或者组织只有具备了行政主体资格，它才能够在法律上成为行政活动的实施者，成为行政法律关系的当事一方。我国的行政主体包括两大基本类型，一是国家行政机关，二是法律、法规与规章授权的组织（一般简称被授权组织）。

♨ 方法

　　本章的第一重点是把握好行政主体的内涵和识别行政主体的基本标准，能否正确掌握这一问题，关系到能否在后面的学习中正确地判断行政诉讼的被告、行政复议的被申请人，以及行政赔偿的赔偿义务机关等重要内容。在此基础上，再具体掌握各种行政机关、行政机构和被授权组织。

◈ 教学内容

　　在我国，一般认为行政主体指的是享有国家行政权力、能以自己的名义从事行政管理活动并独立承担相应法律责任的机关、机构或组织，其范围包括行政机关和法律、法规、规章授权的组织。而受行政主体委托履行行政管理职能的组织即受委托组织则不属于行政主体，其在授权范围内的公务行为后果归属于委托者。在行政机关、机构和组织中担任公职的人员也不是行政主体，他们在履行职权时所实施行为的法律后果应归属于所在单位。

一、行政主体概述

（一）行政主体的概念和特征

确立行政主体这一行政法学上的基本概念，是确保行政公务行为效力的需要，是确定行政诉讼被告的需要，也是保证行政管理活动连续性、统一性的需要，不仅对于监督和保障行政权力的公正行使、明确行政权力行使的责任归属、确保行政相对方的合法权益得到充分救济具有重大意义，同时对于我国行政法学科发展也具有深远的意义。

综合各种学说，我们在这里将行政主体定义为：依法享有国家行政权力，能以自己的名义实施国家行政管理活动，并对由此产生的行为后果独立承担法律责任的组织。

对此，我们可以分解为"权"、"名"、"责"三个要素来理解。

表 3-1　行政主体的内涵

权	自己享有并行使行政管理职权
名	以自己名义实施行政管理活动
责	必须能够独立承担因行政活动而产生的法律责任

在上述定义的基础上，可以将行政主体的特征概括为：

首先，行政主体是一种组织，而不是个人。"组织"这一概念的外延很广，包括机关、机构、单位、团体等。各级人民政府，政府的部、委办、厅、局、司等，其他国家机关，企事业单位，社会团体，等等，均可称为"组织"。组织在一定条件下可以成为行政主体，但个人不能成为行政主体（尽管具体行政行为大多由公务员行使），因为他们是以组织而不是以个人名义实施国家行政管理活动的。行政主体的这一特征使其与作为个人的公务人员相区别。

其次，行政主体是享有国家行政权力并实施行政活动的组织。这一特征将其与其他国家机关、组织区别开来。在我国，国家权力机关行使立法权，人民法院行使审判权，人民检察院行使检察权，由于不享有宪法和法律赋予的行政权，因而不能成为行政主体。

再次，行政主体是能够以自己的名义实施行政管理活动的组织。这一特征将行政主体与行政机关内部的各种组成机构和受行政机关委托执行某些行政管理任务的组织区别开来。所谓"以自己的名义"，是指行为主体能够独立自主地表达自己的意志，按照自己的意志实施特定行为。行政行为实质上是对维护和分配公共利益的一种意思表示。只有具有独立意志的社会组织，才能完整、真实地作出该意思表示或通过他人作出该意思表示，才是具有独立地位的行为主体。因此，例如公安局的治安科、某一地方政府的政策研究室等，由于不享有独立的法律人格，就不是行政主体。

最后，行政主体是能够承担其行为所产生的法律责任的组织。这一特征使行政主体同它的代理人相区别。因为行政主体代理人的行为所产生的法律责任不是由代理人本身，而是由作为委托人的行政主体承担的。

行政主体的角色主要由国家行政机关担任，但行政机关并非在任何场合都是行政主体，当行政机关以机关法人的平等身份参与民事活动时，不作为行政主体看待；在某些情况下，某一行政机关还可能成为另一机关的管理对象，此时前一行政机关处于行政相对人而非行政主体的地位。同时，行政机关以外的组织和行政机关内部的某些机构在得到法律、法规或规章授权时，也可以成为行政主体。

（二）行政主体的分类

依据不同的标准，可对行政主体作出不同分类，这有利于深化认识。主要划分标准和类型有：

（1）职权性行政主体和授权性行政主体。根据行政主体资格取得的法律依据的不同，可将行政主体划分为职权性行政主体和授权性行政主体。

职权性行政主体——是指根据宪法和行政机关组织法的规定，在机关依法成立时就拥有相应行政职权并同时获得行政主体资格的行政组织，它只能是国家行政机关，包括各级人民政府及其职能部门以及县级以上地方人民政府的派出机关。

授权性行政主体——是指根据宪法和行政机关组织法以外的单行法律、法规、规章的授权规定而获得行政主体资格的组织，包括行政机构、公务组织和社会组织。

（2）行政机关、行政机构、公务组织和社会组织。根据行政主体的组织构成与存在的形态不同，可将行政主体分为行政机关、行政机构、公务组织和社会组织。作为行政主体的行政机关，是依照宪法和行政机关组织法设立并同时取得行政主体资格的行政组织；作为行政主体的行政机构，是设置于行政机关内部的通过授权方式取得行政主体资格的行政组织；作为行政主体的公务组织，是国家依法设立的专门从事某种公共职能事务活动的通过授权方式取得行政主体资格的组织；作为行政主体的社会组织，是通过授权取得行政主体资格的企业、事业单位和社会团体。

（3）单独行政主体与共同行政主体。以行政行为的相应划分（单独行政行为与共同行政行为）为基础，可将行政主体划分为单独行政主体与共同行政主体。应该说，每一个行政主体都是单独行政主体，但当两个以上的行政主体共同作出行政行为时，它们便成为共同行政主体。

（三）行政主体的资格

行政主体资格——是指符合法定条件的组织，经过法定途径和程序获得的行政主体法律地位。

1. 行政主体资格的构成要件

行政主体资格的构成要件，是指一定的组织取得行政主体资格所必须具备的条件。主要包括如下几项：①它是依法成立也即通过法定程序由有权机关批准而成立、获得组织法或单行法授权的正式组织；②它应当具备一定的组织机构和人员编制；③它有法定的管辖事务范围和一定的职权与职责；④它能够以自己的名义实施行政活动；⑤它能够独立承担相应的法律责任。

2. 行政主体资格的取得

具有独立的行政职权与职责，是行政主体获得独立法律地位的核心要素与标志。根据行政主体的职权与职责的来源不同，行政主体资格的取得主要有两种途径：

第一种途径，是依照宪法和行政组织法的有关规定取得行政主体资格。取得资格的对象是：国务院及其职能部门；地方各级人民政府及其派出机关；县级以上地方人民政府的各个工作部门。

第二种途径，是依照宪法和行政组织法以外的单行法律、法规、规章的授权规定取得行政主体资格。取得资格的对象是：行政机关所属的行政机构；公务组织；社会组织。

3. 行政主体资格的变更和丧失

（1）行政主体资格的变更。已取得行政主体资格的组织，若由于某种原因使得行政主体出现分解或合并，此即发生行政主体资格的变更。发生变更后，涉及一系列法律问题需要处理，如职权、职责的继受，既往行为和事务的认可与继续进行以及给予救济等。

（2）行政主体资格的丧失。已取得行政主体资格的组织，若由于某种原因而解散或撤销，以及授权到期或被取消授权，就会丧失行政主体资格。丧失资格后，会发生一系列需要处理的法律问题。

（四）行政主体的职权与职责

行政职权是行政主体所享有的行政权的具体表现，不同于一般权力，具有自由裁量性、主动性、广泛性、优益性等性质和特点，往往容易导致对行政相对人权益的侵害，因此必须确保行政主体在法定职权范围内实施各项行政管理活动，在全面、高效地实现公共利益的同时，切实保障行政相对人合法权益不受违法或不当行政行为的侵害。为了有效行使行政职权，必须有行政权的优益性作为保障，同时行政主体也必须履行行政职责，即履行其法定的义务。

1. 行政职权

行政职权是国家行政权的转化形式，是行政主体实施国家行政管理活动的资格及其权能。行政职权有两大类：一类是固有行政职权，以行政主体的依法设立而产生，并随行政主体的消灭而消灭；另一类是授予行政职权，来自于有权机关的授权行为，授予职权既可因授权机关收回授权而消灭，也可因行政主体的消灭而消灭。

固有行政职权——是指行政机关"先天应有"的职权，即根据行政机关的职能、分工和级别等因素所决定的，由宪法和组织法所设定的，决定该行政机关的行政主体身份特征的行政职权。

授予行政职权——是指国家通过法律、法规、规章赋予有关行政机关或其他组织的非固有行政职权。

行政职权的内容和形式因行政主体的不同而有一定的差异。行政职权主要有以下内容：①行政立法权，如制定和公布行政法规、行政规章；②行政命令权，如指令、命令，以及具有普遍约束力的行政措施等；③行政处置权，如扣押、即时强制等；④行政决定权，如赋予、剥夺某种利益或荣誉称号等；⑤行政强制执行权，如行政执行等；⑥行政救济权，如变更、撤销、确认违法、行政赔偿等；⑦行政司法权，如行政调解、行政仲裁、专门行政裁决、行政复议等。

2. 行政优益权

行政优益权——是指国家为保障行政主体有效地行使职权、履行职责，赋予行政主体职务上或物质上的许多优益条件，行政主体具有享受这些优益条件的资格和可选择性。行政优益权由行政优先权和行政受益权构成。

行政优先权是行政主体在行使职权时依法所享有的种种优惠条件，主要包括：①先行处置权，即行政主体在紧急条件下，可以先行处置，如先行扣留、即时强制；②获得社会协助权，行政主体在从事紧急公务时，有关组织和个人有协助执行或提供方便的强制性义务，违反者可能会承担法律责任。如公安机关或消防机构在执行紧急公务时，有权要求其他交通车辆避让；③推定有效权，根据法律的有关规定，在行政复议和行政诉讼期间，不停止该行政决定的执行，这是为了保障行政秩序的稳定性和连续性，而推定该行政决定只要未被依照法定程序加以撤销就一直是有效的。它体现的是行政机关与行政相对方的关系。

行政受益权是国家为保证行政主体有物质能力行使行政职权而向其提供物质条件，行政主体享受这些条件的资格和可选择性。为了保证行政主体行使行政职权，提高行政效率，国家必须向行政主体提供各种物质条件，如财政经费、办公条件、交通工具。行政受益权是行政主体从国家所享受到的权益，而不是从相对方得到的，因此与行政优先权不同，它体现的是行政机关与国家的关系，而不是体现行政机关与行政相对方的关系。

行政优益权与行政职权密切相关，但不同于行政职权，也不属于行政职权，两者最明显的区别在于：行政优益权可以被行政主体放弃不用，但行政职权不能被放弃，否则将导致违法或失职。

3. 行政职责

行政职责——指行政主体在行使职权过程中必须承担的法定义务。

任何行政主体在享有或行使行政职权的同时，必须履行职责。行政职责随行政职权的产生、变更或消灭而发生相应变化。行政职责是义务，不能抛弃或违反，否则将承担相应的法律责任。

行政职责的核心是"依法行政"，其具体内容主要包括下列几项：①行政主体必须按照法定职权，在法定的权限范围内履行职务，不得失职、越权或滥用权力；②行政主体实施行政行为必须严格遵守法定程序，避免程序违法；③行政主体还必须遵循合理、适当的原则，避免行政失当。

二、行政机关和行政机构

在我国，一般认为行政机关指的是按照宪法和有关组织法的规定而设立的依法行使国家行政权力，对国家各项行政事务进行组织和管理的国家机关。按不同标准可划分为不同类别的行政机关，如划分为中央国家行政机关与地方国家行政机关，一般权限行政机关与专门权限行政机关，等等。

在理解行政机关的定义时，必须注意行政机关与行政组织、行政机构这样一些既密切联系，又有一定区别的概念。在我国，一般认为行政组织是为实现对社会公共事务的有效管理，由国家按照宪法、组织法和其他有关法律规定的条件和程序设立并负责国家行政事务管理的特殊社会组织，包括行政机关和行政机构，是一切行政机关与行政机构的综合体。行政机关是指从中央到地方的各级人民政府及其他具有法人资格、能以自己的名义行使行政权并承担由此而产生的法律责任的行政单位。行政机构则是构成国家行政机关的内部各单位，它是为行政机关行使行政权服务的，行政机关是各行政机构有机构成的综合体。行政机关具有行政主体资格，可以成为行政法律关系中的一方特定主体；行政机构则只有在法定授权的情况下，才能成为行政主体。

行政机关——是指按照宪法和有关组织法的规定而设立的依法行使国家行政职权、对国家各项行政事物进行组织和管理的国家机关。

行政机构——是行政组织的构成要素之一，是行政机关根据工作的需要，在机关内设立的若干工作机构，其按照内部分工办理或协助处理该机关的各项行政事务。

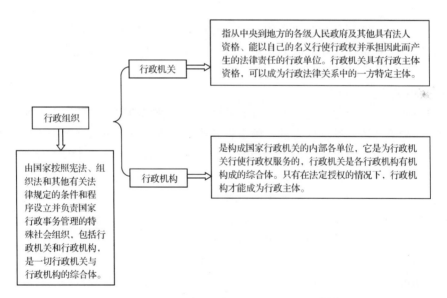

图 3-1　行政组织、行政机关、行政机构辨析

（一）行政机关的类型

（1）按照行政机关所辖区域范围不同，可分为中央行政机关和地方行政机关。活动范围及于全国的行政机关叫做中央行政机关，我国最高国家行政机关是中华人民共和国国务院，即中央人民政府。活动范围及于国家一定地域范围的行政机关叫做地方行政机关，即地方各级人民政府，包括一般地方人民政府和民族自治地方人民政府。

（2）按照行政机关的工作权限划分，可分为一般权限机关和专门权限机关。凡全面管理某一地区范围行政事务的行政机关即为一般权限行政机关，通常是指各级人民政府。地区行政公署、区公所、街道办事处等政府的派出机构也属于一般权限行政机关。专门权限行政机关是指在一般权限行政机关的管辖下还管理某一方面或某几方面行政事务的行政机关，也即各级政府及其派出机关下属的各行政部门，如各部、委、厅、局、处等。

（3）按照行业和产品不同进行划分。这种划分在传统计划经济体制下应用得非常普遍，现在仍部分沿用，但存在一定的局限性。如我国行政机关中曾经存在的许多经济部委就是这样划分的（如农业部、林业部、电子工业部等）。在这些部委的次一级机构中，往往也以行业和产品进行划分，如农业部内设有农业局、农垦局、畜牧局、水产局等。

（4）按照行政管理活动中的环节，可以分为决策机关、执行机关、辅助机关、咨询机关与监督机关。在行政组织系统内，决策机关是在行政活动中作出决定、制定规则、发布命令的机关，如国务院、地方各级人民政府；执行机关是在行政机关系统中负责贯彻执行决策、决定的职能机关，如地方各级人民政府各工作部门是地方各级人民政府决策的执行机关；辅助机关是行政机关中的办公机构，如国务院办公厅等；咨询机关是为决策机关提供意见和建议的机关，如国务院参事室等；监督机关是对整个行政机关及其工作人员以及其他行政法主体遵守和执行法制情况进行监督检查的机关，如审计署、监察部等。

此外，还有一些划分行政机关的方式。如根据决定问题的程序，可以分为合议制机关和首长制机关；根据存在时间的长短，分为常设行政机关和临时行政机关等。

（二）行政机关的设置原则

国家行政机关的设置一般从两个方面考虑：一是管理的实际需要，二是现代行政管理的功能。随着经济和社会的发展，国家行政管理的内容日益增多，范围不断扩大，行政管理从决策、执行混而为一的单一功能，向决策、执行、咨询、监督等健全的多功能发展。因此，必须科学地设置行政机关。我国行政机关的设置，应当遵循以下原则：

（1）适应需要原则。在行政机关的设置上，必须适用社会主义市场经济体制和民主法制发展的需要，转变政府职能，进行政府机构改革，并根据现代市场经济和法治行政的新需求对行政机关的设置不断做出调整。

（2）精简原则。精兵简政是中国共产党的优良传统，当前和今后仍要遵循这一原则，力争用最少的人办最多最好的事。尽管经济和社会发展使管理机构和行政工作人员有不断增加的趋势，但现代行政管理又要求机构职责分明、层次简化、人员精干。

（3）高效原则。行政上的高效率，是指用最少的时间来完成最多的工作，以最少的消耗获得最大的效益。是否达到行政上的高效率，由三个标准来衡量，即节约、迅速和有效性。

（4）依法设置原则。任何一个行政机关要想合法地存在并得以充分地发挥其固有的功能，必须具备两个基本前提：一是必须由具有批准设置该行政机关权限的机关，在法定权限许可的范围内批准才能成立；二是必须依照法定程序进行，由有权设置、变更和撤销的机关，在其职权范围内设置、变更和撤销。为了真正做到依法设置行政机关，必须建立健全有关行政组织的法律规范。

（三）中央行政机关与行政机构

中央行政机关与机构主要包括：国务院、国务院组成部门、国务院直属单位、国务院组成部门管理的机构、国务院办公机构、国务院办事机构、国务院议事协调机构、国务院部门的内设机构。

1. 国务院

国务院即中央人民政府，是最高国家权力机关的执行机关，是最高国家行政机关。根据宪法和《国务院组织法》的规定，国务院享有领导和管理全国行政事务的职权，制定行政法规、规定行政措施、发布决定和命令的职权，领导各级行政机关并可以改变或者撤销其违法或不适当的命令、指示、规章和决定的权力，以及最高国家权力机关授予的其他职权。

2. 国务院组成部门

国务院组成部门，俗称中央部委，在名称上可能称为某部（如农业部、科技部）、某委员会（如国家发展与改革委员会）、某行（即中国人民银行）、某署（即国家审计署），目前共计 27 个[①]。国务院组成部门的设立、增加、减少、合并，必须经过全国人大或其常委会决定；这些部门的正职领导人是国务院全体会议的组成人员。

国务院组成部门是国务院的组成部分，依法对某一方面或某一类行政事务享有全国范围内的管理权限。作为行政主体的国务院组成部门，其职权主要包括如下内容：①行政规章的制定权。根据宪法和国务院组织法的规定，国务院各部委可以根据法律、行政法规和国务院的命令、决定，对其所管辖的行政事项制定在全国范围内具有普遍约束力的部门规章。②对本部门所辖事务的管理权。各部委对全国范围内的本部门所辖行政事务负责管理，依照相关法律、行政法规享有处理权，如对有关事项作出决定，采取行政措施等，同时，还享有对地方各级人民政府中相关职能部门的领导权或指导权。③对行政纠纷的裁决权。各部委可以对因自身具体行政行为和下一级职能机关具体行政行为引起的争议进行复议，并作出复议决定，还可依法律规定裁决与行政管理密切联系的一些民事争议。

3. 国务院直属单位

国务院直属单位与部委基本相似，但地位上略低于部委，其设立、增加、减少、合并，无须经过全国人大或其常委会同意，国务院可以自行决定；这些部门的正职领导也不是国务院全体会议的组成人员。[②] 国务院直属单位，具体而言又可以分为三种类型：

（1）直属机构，俗称直属局，具有行政主体资格，包括海关总署、国家税务总局、

---

① 2008 年 3 月，第十一届全国人民代表大会第一次会议通过了《关于国务院机构改革方案的决定》，对原有的国务院组成部门进行了调整。

② 除了国务院组成部门之外，其他国务院下属单位的设立、增加、减少、合并均可由国务院自主决定，而这些单位的领导人也都不是国务院全体会议成员。

中国民用航空总局、国家广电总局、国家体育总局、国家统计局、国家工商行政管理总局、新闻出版总署（版权局）、国家林业局、国家质监总局、国家安全生产监督管理局、国家知识产权局、国家旅游局、国家宗教事务局、国务院机关事务管理局、国务院参事室，共计 16 个。直属机构是国务院按照工作需要和精简原则设立的主管某项专门业务的职能机关，依据法律规定，其职权主要包括：①规章制定权。根据法律、行政法规的授权，可以制定本部门职权范围内的规章，多数是法律、行政法规的实施细则或办法。②行政事项处理权。有权对本部门职权范围内的公共事务实施行政管理，依法作出相应的行政行为。③争议的裁决权。有权对本部门管辖事务范围内发生的民事争议进行裁决，如环保部门对环境污染损害赔偿纠纷的裁决等。

（2）直属事业单位，共计 14 个，大部分不具有行政主体资格，如新华社、中国科学院、中国社会科学院、中国工程院、国务院发展研究中心、国家行政学院、气象局、国家自然科学基金委员会；少数因得到特别授权而具备行政主体资格，包括证券业监督管理委员会、银行业监督管理委员会、保险业监督管理委员会、国家电力监管委员会、社保基金理事会等。这些具有行政主体资格的事业单位在地位上与直属机构无实质差别，不同在于它们被列入事业编制而非行政编制。

（3）直属特设机构，目前仅有 1 个，即国有资产监督管理委员会，具有行政主体资格。

4. 国务院组成部门管理的机构

又称国务院部委管理的国家局，俗称部管局，即它在体制上隶属于国务院的某个组成部门，但本身具有独立的行政主体资格。包括国家信访局、粮食局、烟草专卖局、外国专家局、海洋局、测绘局、邮政局、文物局、中医药管理局、外汇管理局、档案局、保密局、国家食品药品监督管理局，共计 13 个。由于部管局所主管的事务与一些部委的职能密切相关，因而由相应的部委进行管理。如国家烟草专卖局由国家发改委管理，国家文物局由文化部管理，中医药管理局由卫生部管理等。部委管理的国家局在成立时就具有独立的法律地位，依法行使某项行政事务的管理权和争议裁决权，具有行政主体资格。

5. 国务院办公机构

即国务院办公厅，不具有行政主体资格。虽然国务院办公厅经常以自己的名义对外实施行政活动，但这种做法的合法性向来受到置疑。

6. 国务院办事机构

国务院办事机构是国务院根据工作需要设立，协助总理办理专门事项、直接向总理负责的机构，不具备行政主体资格。国务院办事机构包括国务院侨办、国务院港澳办、国务院台办、国务院法制办、国务院研究室、国务院新闻办，共计 6 个。办事机构只负责某一方面事务的调查研究、政策分析、组织协调等工作，以及承办上级交办的有关事宜，自身没有独立的行政管理权，不能对外发布规范性文件。

7. 国务院议事协调机构

此类机构数量很多，主要是处理某些在权限、职能上跨部门的业务，起到沟通、协调的作用，一般不具备行政主体资格。但个别此类机构因获得特别授权而成为行政主体，如国务院学位委员会因获《学位条例》授权而具有独立职权。

8. 国务院部门的内设机构

此类机构数量上也很多，设立于国务院组成部门、直属单位，甚至办公机构、办事机构的内部，是其所属单位的一个组成部分，一般不能成为行政主体。当然，也有个别此类机构因获得特别授权而成为行政主体，如国家知识产权局内设的专利复审委员会便获得了《专利法》的特别授权，而工商行政管理总局内设的商标评审委员会也获得了《商标法》的特别授权。

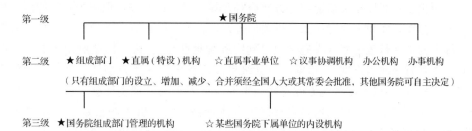

说明：★表示有行政主体资格；☆表示经授权可能有行政主体资格；未标注者表示无行政主体资格。

图 3-2　中央行政机关和行政机构

（四）地方行政机关与行政机构

地方行政机关与行政机构的主要类型包括：地方各级政府，地方政府的工作部门与直属单位，地方政府的派出机关，地方政府的办公机构、办事机构、议事协调机构，中央在地方上的派出机构与分支机构，地方行政机关的派出机构与内设机构。

1. 地方各级政府

我国地方政府分为省级（包括省、自治区、直辖市），地级（包括设区的市、自治州），县级（包括县、自治县、旗、县级市、市辖区），乡级（包括乡、民族乡、镇）。各级人民政府均是行政主体，其法定职权主要是：①执行权。执行本级权力机关的决议和上级行政机关的决议和命令，办理上级行政机关交办的事项。②决定、命令的发布权和规章的制定权。省级政府、省级政府所在地的市人民政府和国务院批准的较大的市的人民政府，依据法律和国务院的行政法规及省、自治区的地方性法规可以制定地方政府规章，规定行政措施，发布决定和命令，其他地方各级人民政府可以依法发布决定和命令。③领导和管理权。县级以上人民政府领导所属各工作部门和下级人民政府的工作，管理本行政区域内的经济、城建、教育、文化等各项行政事务。④法律纠纷裁决权。县级以上地方各级人民政府对所属职能部门和下一级人民政府的行为所引起的争议，依法进行复议并作出复议决定；同时，地方各级人民政府（主要是县级以上）经法律、法规授权，可以对诸如土地、矿产、林业、水利等权属争议进行裁决。

2. 地方各级政府的工作部门与直属单位

地方各级政府的工作部门与直属单位，与国务院的组成部门与直属单位，基本上存在着对应关系。一般来讲，国务院的上述单位中具备行政主体资格的，地方政府中与其对应的单位也就具有行政主体资格；反过来结果也一样。值得注意的是，只有县级以上

（含县级）人民政府才设立这些部门与单位，乡镇一级政府不设工作部门。地方政府的工作部门是行使专门权限和管理专门行政事务的行政机关，依照有关法律、法规的规定，独立享有并行使相应的行政职权，包括对自己管理的行政事务发布决定和命令，就主管事务进行一定范围和方式的处理，如颁发行政许可证照，对违法行为采取制止、纠正措施和依法进行处罚等。地方政府中具有行政主体资格的直属单位，其行政职权与地方政府工作部门类似，但主管事务相对单一。

3. 地方各级政府的派出机关

在历史上，我国中央政府与地方政府都曾设立过派出机关，但中央政府的派出机关如今已不复存在，而地方政府的派出机关仍普遍存在。具体而言，派出机关包括：省级人民政府派出的地区行政公署（事先必须得到国务院批准），县级人民政府派出的区公所（事先必须得到省级政府批准），市辖区或县级市政府派出的街道办事处（事先必须得到其上一级政府批准），以及某些地方政府往当地开发区派出的管理委员会。这些派出机关在地位上类似于一级地方人民政府，具有行政主体资格。派出机关的法定职权主要有：①就辖区内行政事务作出决定权。②对本区域内行政事务的管理权。③行政公署作为省级人民政府的派出机关，还拥有对所辖职能部门和下级人民政府的领导和监督权。

4. 地方政府的办公机构、办事机构、议事协调机构

地方政府办公机构、办事机构、议事协调机构在设立上与国务院基本类似，一般情况下，它们均不具有行政主体资格。

5. 中央在地方上的派出机构与分支机构

某些中央行政机关或机构，为了实现其职能，需要在地方上设立其分支机构或派出机构，这些机构一般可以作为行政主体。如中国人民银行在地方上设立的分行、支行，或者银监会在地方上设立的银监局，均属此类。

6. 地方行政机关的派出机构与内设机构

地方行政机关设立的派出机构或内设机构，是这个机关的一个组成部分，一般不具有独立职权，不能成为行政主体。当然，现实中也存在着一些派出机构与内设机构因获得有效授权，而在一定权限内获得行政主体资格的情况。在派出机构方面，常见的如派出所（如处以警告或 500 元以下罚款）、税务所（如处以 2000 元以下罚款）、工商所（如对个体户或集市贸易中违法行为进行处罚）等；在内设机构方面，常见的如地方公安部门的内设机构，包括公安消防机构、公安交通管理机构、公安出入境管理机构等。

图 3-3　地方行政机关和行政机构

三、行政授权

（一）行政授权概述

国家行政权力由行政机关行使，并由行政机关工作人员即公务员具体实施，但行政机关及其工作人员不是国家行政权力唯一的具体行使者。在特定条件下，其他组织和个人也能实施行政管理行为，成为国家行政权力的具体行使者。

为什么行政机关以外的其他组织和个人也可以具体行使国家行政权力呢？主要原因在于：一是行政机关的规模和人数受到限制，不能无限扩大，能够有效管理的行政事务是有限度的；二是将某些专业性、技术性强的行政事务授权或委托给某些专业性的其他组织办理，能够提高效率和节省费用；三是将某些次要的临时性的行政事务授权或委托给其他组织办理，有利于减轻行政机关的负担；四是将某些敏感的行政事务授权或委托给其他组织办理，有利于调节政府与人民之间的关系，减少政府与人民之间的矛盾；五是行政事务社会化已是当今世界行政管理的一种潮流，将日益增多的行政事务授权或委托出一部分给其他组织办理，也符合这一潮流。

国家行政机关与国家公务员以外的其他行政活动实施者的权力来源主要有两种：一是行政授权；二是行政委托。这里先介绍行政授权，在下一章介绍行政委托。

关于行政授权，在对我国行政诉讼法、行政复议法、国家赔偿法等大量行政法律法规以及司法解释中有关行政授权的规定进行抽象后，这里将其定义为：

行政授权——是指法律、法规、规章将某方面或某项行政职权授予行政机关以外的组织，被授权者以自己的名义实施行政管理活动和行使行政职权，并由自己对外承担行政活动的相应法律责任。这里所说的"行政机关以外的组织"，既包括非政府组织，也包括行政机关的内设机构和派出机构。

按照上述定义，行政授权具有以下特征：

第一，行政授权必须有法律、法规、规章的明确授权规定作为该方面或该项职权的来源。被授权者依据法律、法规、规章的明文规定直接取得某方面或某项行政职权，被授权者及授予的职权内容、范围等，均被法律、法规、规章明确规定。如果仅仅是某一行政机关在缺乏上述依据的情况下自行决定将自身的某项职权交给某个组织或者个人行使，那就只是一种委托，而不是行政授权。

第二，行政授权必须符合法定的方式。行政授权的方式多样，但都应当符合法律、法规、规章的规定。有的法律、法规、规章直接授予职权，如《植物检疫条例》（1983年国务院发布）第3条规定："县级以上地方各级农业、林业行政部门所属的植物检疫机构，负责执行国家的植物检疫工作。"有的法律、法规、规章规定由特定的行政机关授予职权，如《外国人入境出境管理法》第25条规定："中国政府在国内受理外国人入境、过境、居留、旅行申请的机关，是公安部、公安部授权的地方公安机关和外交部、外交部授权的其他驻外机关。"

第三，被授权组织在被授权范围内以自己的名义自主地行使行政职权。如果仍然以授权者的名义行使行政职权，那就不属于行政授权。

第四，行政授权的法律后果是使被授权组织取得所授予行政职权的主体资格，成为某方面或某项行政职权的法定行政主体。当然，被授权组织在授权行为之前已具有行政主体资格的，就只是职权范围的扩大或职权内容的增多。一般来说，行政授权主要是指对行政机关以外的组织（还包括行政机关的内设机构和派出机构）的授权，如果被授权组织在该授权行为之前没有行政主体资格，就可因授权而取得行政主体资格。

第五，行政授权导致行政职权和行政职责的同时转移，被授权的组织在接受职权的同时，也必须接受行政职责。行政授权的结果，使得被授权组织取得了行政主体资格，或者扩大了职权范围、增加了职权内容，相应的也就取得了以自己的名义独立行使某方面或某项行政职权和承担相应法律责任的能力。

(二) 被授权组织概述

行政机关是最主要的行政主体，但行政主体并不仅限于行政机关。除行政机关外，有的行政机构和其他非政府组织依照法律、法规、规章具体授权而能够取得行政主体资格，它们属于行政机关以外的行政主体，也即被授权的组织。

被授权组织——是指在行政管理活动中，通过法律、法规、规章将某些行政职权授予企事业单位、社会团体和群众性自治组织，以及行政机关的内设机构和派出机构，来独立地行使行政职权并承担相应职责的法律行为。

通过被授权的组织来行使某些行政职权，可以减轻各级行政机关的工作负担，明确责任界线，同时也由于被授权组织比较熟悉情况，专业知识丰富，可以更好地处理行政事务。因而，随着行政管理的日益多样化、复杂化、行政授权日益得到广泛运用，发挥着特殊的作用。

被授权的组织在行政法上具有独立的行政主体的法律地位。因为被授权组织享有法律、法规、规章所明确授予的行政职权，并能以自己的名义实施行政行为，独立承担法律责任。我国行政诉讼法明确规定，被授权组织所为行政行为被提起诉讼时，由被授权的组织作为被告应诉，这实际上赋予了被授权组织与行政机关相同的行政主体地位。在我国，被授权组织主要包括行政机构和其他符合一定条件的非政府组织。

由于被授权的行政机构在前文已有介绍，下面主要介绍被授权的非政府组织。

(三) 被授权的非政府组织

非政府组织，是指行政组织系统以外的社会组织，伴随着现代行政事务的增加和行政范围的扩展，逐步参与行政活动，承担了本应由行政组织来完成的许多社会性和专业性的行政事项。经过法律、法规、规章的特别授权，这些社会组织取得了某方面或某项的行政职权而获得行政主体资格。同时，这些社会组织在取得行政主体资格后，其原来所拥有的法人资格、行为能力及活动范围，并不因此而受到消极影响或改变。

根据法律、法规、规章的授权，可以成为行政主体的其他社会组织大致有以下四种类型：

(1) 公用事业企业。国家为了对某些具有经营性、技术性或者社会性的行政事项进行更为便捷有效的管理，往往将原来的政府主管部门（主要是一些专业经济管理部门）转变或改建成经营某一方面的公用事业企业，如物资主管部门改为物资公司，煤炭主管部门改为煤炭统配公司，等等。这些企业基本上继受了改制前的行政管理职能，根据授权具有行政主体资格。

（2）被授权的事业单位。根据1998年10月25日国务院颁布的《事业单位登记管理暂行条例》第2条的规定，事业单位是指国家为了社会公益事业目的，由国家机关或者其他组织利用国有资产举办的，从事教育、科技、文化、卫生等活动的社会服务组织。我国目前法律、法规、规章授予事业单位行使特定行政职能的情况较多。如1983年国务院发布的《植物检疫条例》第3条规定，县级以上地方各级农业、林业行政部门所属的植物检疫机构，负责执行国家的植物检疫工作。又如《学位条例》授权各高等院校授予公民各种学位等。

（3）被授权的社会团体。在行政管理活动中，某些社会团体，如工会、妇联、共青团、行业协会、专项体育运动协会等，经法律、法规、规章的授权，也可以在特定行政事项范围内从事一定的行政职能活动，成为特定的行政主体。例如，1996年的《律师法》授予律师协会多项行政职能，包括保障律师依法执业，维护律师合法权益，组织律师业务培训，进行律师职业道德和执行纪律的教育、检查和监督；组织律师开展对外交流；调解律师执业活动中发生的纠纷，以及依章程给予律师以奖励、处分等。再如，根据《消费者权益保护法》的授权，消费者协会拥有对商品和服务的监督、检查和受理消费者投诉并对投诉事项进行调查、调解等职权。又如，根据2007年12月5日（国际志愿者日）起施行的《北京市志愿服务促进条例》的规定，北京志愿者协会负责指导本市志愿者工作的开展，成为北京市志愿服务工作协调机制中的行政指导职能的责任主体。

（4）被授权的群众自治组织。我国的基层群众自治组织，包括村委会和居委会，不是一级地方政权。但这些组织遍布城乡，与群众联系密切，能够发挥地方政府无法替代的特殊功能。因此，相当一部分法律、法规、规章授权它们行使一部分行政管理职能，如《突发事件应对法》授权基层群众自治组织在应急处置过程中协助维持秩序。此时，群众自治组织根据授权具备行政主体地位。

✛ 小结提升

行政授权与行政委托是行政法上的一对重要概念，对它们的区别是掌握行政主体知识无法回避的问题。如上文所述，行政授权指的是法律、法规、规章对一个本无独立行政职权的机构或者组织，授予行政职权，从而使其具备行政主体资格的行为。而行政委托指的是行政主体委托其他机关、机构、组织或个人代理其实施行政活动、行使行政职权的行为。区分行政授权与行政委托，主要可以从以下几个方面着眼：

第一，两者的对象不同。行政授权的对象是本无行政职权的机构或者组织，被授权的机构一般是行政机关的派出机构或者内设机构；被授权的组织包括企业组织（主要是公用事业企业，如铁路、电信、邮政等），事业单位（如高等学校、防疫站），社会团体（主要是各种行业协会，如律师协会、注册会计师协会），基层群众自治组织（包括村委会与居委会）；行政机关本身已经是行政主体，自然不能成为授权的对象；个人也不能成为授权的对象。行政委托的对象则十分宽泛，既可以委托给某些机构和组织，还可以委托给个人，甚至还可以委托给另外一个行政机关（常见的是上级机关委托其下级机关）。因此，行政授权的对象相对于行政委托而言，范围要窄得多。

第二，两者的依据不同。行政授权必须有法律、法规或者规章上的明确依据；① 而行政委托一般无须以存在明确的依据为前提，只要这种委托不违背法律的规定或精神就可以。

第三，两者的结果不同。这是两者最为重要的差别，行政授权的结果是使得被授权者获得了行政主体资格，能够独立承担法律责任；而行政委托的结果却并不能使被委托者取得行政主体资格，其实施的行为，在法律后果上仍然归属于委托者。

行政委托——是指行政主体在其职权职责范围内，出于管理的需要，依法将其行政职权或行政事项委托给另一行政主体或其他组织，以及特殊情况下委托给个人，受委托者以委托机关的名义实施管理行为和行使职权，并由委托机关承担法律责任。

表 3-2　行政授权与行政委托的区别

	行政授权	行政委托
对象	行政机构、非政府组织	其他机关、行政机构、非政府组织、个人
依据	法律、法规或规章的授予	没有明确依据，不违背特别规定即可
后果	获得行政主体资格	没有行政主体资格

[本章阅读文献]

1. 莫于川：《中政府：我国城市政府组织法制的理性选择》，《现代法学》，1995 年第 2 期。

2. 薛刚凌：《我国行政主体理论之检讨》，《政法论坛》，1998 年第 6 期。

3. 杨解君：《行政主体及其类型的理论界定与探索》，《法学论坛》，1999 年第 5 期。

4. 皮纯协、王丛虎：《行政主体的行政法律责任的演进》，《行政法学研究》，2000 年第 2 期。

5. 张树义：《行政主体研究》，《中国法学》，2000 年第 2 期。

6. 沈岿：《重构行政主体范式的尝试》，《法律科学》，2000 年第 6 期。

7. 侯筹如：《行政主体理论之探讨》，《当代法学》，2002 年第 8 期。

8. 莫于川：《全民法治实践的参与权利与责任——依法治理主体问题研究》，《河南省政法管理干部学院学报》，2003 年第 5 期。

9. 莫于川：《政府雇员制与政府人力资源管理法治化》，《法制日报》，2004 年 8 月13 日。

10. 薛刚凌：《论府际关系的法律调整》，《中国法学》，2005 年第 5 期。

11. 关保英：《行政主体的义务范畴研究》，《法律科学》，2006 年第 1 期。

---

① 　一般法律上均规定授权的依据必须是法律、法规，但根据最高人民法院《关于执行行政诉讼法若干问题的解释》第 21 条的规定可以推导出规章也可以成为授权的依据。当然，规章的授权不能违背上位法的特别禁止，例如上位法对某一事项已经明确规定只有法律、法规才可以授权，那么，此时再由规章进行授权，就是无效的了。（《若干解释》第 21 条规定：行政机关在没有法律、法规或者规章规定的情况下，授权其内设机构、派出机构或者其他组织行使行政职权的，应当视为委托。当事人不服提起诉讼的，应当以该行政机关为被告。）

12. 杨建顺：《论政府职能转变的目标及其制度支撑》，《中国法学》，2006 年第 5 期。

13. 莫于川：《从现代法治视角看政府管理创新——关于行政革新的态度、方向与界限之管见》，《法学家》，2006 年第 6 期。

14. 葛云松：《法人与行政主体理论的再探讨——以公法人概念为重点》，《中国法学》，2007 年第 3 期。

[相关链接]

1. 项中新：日本的政府间关系：特征与启示。（见："中国宪政网"）
2. 德国行政法上的行政主体。（见："中国宪政网"）

第四章 受委托组织

引例 包某诉邮电所没收假币违法案

1999年4月28日中午，上海一律师包某持金额为485.9元的电话费单据来到上海邮电局南东站路邮电支局老西门邮电所支付电话费。当邮电所工作人员童某点验包某递交的5张百元人民币时，称其中一张为假币，并出具编号为001401号中国人民银行上海市分行假票变造币没收证予以没收。该没收证载明，复核童某，经办人栏空白。包某认为，邮电所工作人员童某告知其有一张假币后，拒绝其复看的请求走入内室，在脱离其视线的情况下向其开出假票变造币没收证，故不能证明没收的假币就是其所缴的人民币，因此包某于同年5月11日向所辖区法院提起行政诉讼。

在上述案例中，上海邮电局南东站路邮电支局老西门邮电所为什么能够行使一定的行政管理职权？在行使职权的过程中，它们的法律地位如何？在行政诉讼中，它们能否充当被告？

☞ 概述

行政委托——是指行政主体在其职权职责范围内，出于行政管理的需要，依法将其行政职权或行政事项委托给另一行政主体或其他组织，以及特殊情况下委托给个人，受委托者以委托机关的名义实施管理行为和行使职权，并由委托机关承担法律责任的一种行政活动方式。

本章将介绍行政委托的主要概念、受委托者的概念和法律地位等内容。

⑩ 方法

学习行政委托，应特别注意与行政授权进行对比分析，特别要注意行政授权、行政委托中行政主体在承担法律责任方面存在的不同。

◈◈ 教学内容

一、行政委托概述

（一）行政委托的概念

行政机关作为最基本的行政主体，一般是亲自行使行政职权。某一组织被赋予了行政职权，具有行政主体资格后，也应亲自行使行政职权。但是，当某些行政主体因受条件限制或由于存在特殊原因，可能无法亲自行使某项行政管理职权，难以负担起某方面或某项行政管理任务。例如由于人员不足，专业人员水平和技术装备暂时不能适应行政管理的客观需要等，这种情况下，就可以通过实施行政委托，由其他组织或人员代其具体行使行政职权，以达成行政管理的目标，于是行政委托制度便应运而生。

行政委托的特征如下：

第一，行政委托的职权来源是行政主体的委托行为。行政委托是由委托主体具体实施的，因而行政委托的发生取决于行政机关的委托决定，具有个别性、可能性和决定性。

第二，行政委托事项的法律依据不像行政授权那样严格。在某些行政管理事务范围内，应当有关于委托的明确法律规定，如税收、行政许可等；在另外一些行政管理事务范围内，只要不违背法律的精神和目的，便可实施委托，如委托监督检查物价、治安、卫生的行为。

第三，委托者与委托对象之间是一种专项代理关系。行政委托的对象应当是符合法定条件的有关行政组织、社会组织，以及特殊情况下接受行政委托的个人。而行政机关通过行政组织法和公务员法的职能职务规定由其所属机构和公务员具体实施行政管理，是一种正常的内部职务关系，不属于我们所讲的行政委托。

第四，行政委托不发生职权职责、法律后果及行政主体资格的转移。在行政委托中，受委托者并不因为行政委托行为而取得行政主体资格，而只能在委托的范围内以委托者的名义实施行政活动，行为后果也由委托者承担，其性质类似于民法领域的代理关系。

第五，行政委托是有限制条件的。一般认为，在行政委托中，行政主体不能随意地把什么权力都转移出去，也不能不分对象地实施行政委托。在这方面，目前我国调整行政委托的法律规范尚不健全、不够明确，需要加以完善。

在我国，经过行政机关委托可以成为受委托对象的有：行政机关、其他行政组织、社会组织、个人。行政机关将某些属于本机关的行政事项委托给另一个行政机关，主要发生于行政公务协助关系中。行政机关委托其他行政组织和社会组织实施某些行政职务活动的范围比较广泛，如社会团体、基层群众性自治组织、事业单位、企业单位及工、青、妇等组织，都可能在与其业务相关的范围内成为行政委托的受委托人。从道理上讲，公民个人也可以成为行政委托的受委托人，由于行政事项所具有的专业知识、法律水平及行政职权所具有的国家权力与强制力等因素，对于公民个人成为行政委托的受委托人，除非法律有特别规定，否则不得委托个人实施行政处罚。就是社会组织要成为受托人，也应受到法律规定的条件约束，如《行政处罚法》第19条规定，受委托实施行政处罚的必须是具有熟悉有关法律、法规、规章和业务的工作人员；具有对违法行为进行技术检查或鉴定的条件；是依法成立的管理公共事务的事业组织。也就是说，由于受委托人是委托行政机关以外的组织和个人，代表委托机关实施行政职务行为，因此，行政委托关系理应受到法律的严格调整和规范。

（二）行政委托与行政授权的关系

行政委托与行政授权，都是除了国家行政机关在职能范围内实施行政管理活动之外，其他行政管理活动实施者实施行政管理行为的权力来源。但二者有以下区别：

（1）二者产生的基础不同。行政授权是特定法律规范规定的结果，是基于立法行为而产生；而行政委托是行政主体实施行政行为的结果，一般是基于具体行政行为而产生的。

（2）行政权力的运行不同。行政授权导致行政权力及相应法律责任等后果的转移；而行政委托并不导致行政权力及相应法律责任等后果的转移。

（3）作出行为的名义不同。在行政授权中，被授权者实施具体行政行为以自己的名义进行；而在行政委托中，受委托者实施具体行政行为只能以委托者的名义进行。

（4）所创设的主体不同。在行政授权中，被授权组织成为行政主体或具有新内涵的行政主体（如果它原来就是行政主体的话），而行政委托只能使受委托者取得受委托行为主体的资格。

（5）行政诉讼中的地位不同。被授权组织由于是行政主体，可以成为行政诉讼的被告；而在行政委托关系中，由于受委托组织不是行政主体，因而它不能成为行政诉讼中的被告。

（6）实施的条件和程序不同。法律对行政授权条件和程序的设定严于对行政委托条件和程序的设定。一般说来，授权须有法律、法规、规章的明文规定，而且应当予以公告；但对于委托，没有这些特别要求（法律、法规、规章另有规定的除外），它更多地受合同规则约束。

（7）对象不同。行政授权的对象是行政机关以外的组织，其中包括行政机关的内设机构和派出机构，但不包括个人；而行政委托的对象是符合法定条件的有关行政组织和社会组织，还包括特殊情况下接受委托的个人。

（8）行为后果的归属不同。被授权组织对自己的行为独立承担法律责任，所作出的行政行为被提起诉讼时由被授权组织作为被告应诉；在行政委托中，不发生职权职责和法律后果的转移，受委托者并不因为行政委托行为而取得行政主体资格，受委托者只能在委托的范围内以委托者的名义实施行政活动，行为后果也由委托者承担。

表 4-1　行政授权与行政委托的区别

区别	行政授权	行政委托
产生的基础	基于立法行为	基于具体行政行为
权力的运行	导致行政权力及相应法律责任的转移	不导致行政权力及相应法律责任转移
作出行为的名义	以自己的名义	以委托者的名义
创设的主体	行政主体或具有新内涵的行政主体	受委托行为主体
诉讼中的地位	可以成为行政诉讼的被告	不能成为行政诉讼中的被告
实施条件和程序	须有法律、法规、规章的明文规定	更多地受合同规则约束
适用的对象	行政机关以外的组织	符合条件的组织或个人
行为后果的归属	独立承担法律责任	由委托者承担法律责任

二、受委托组织

（一）受委托组织的概念

正如上文所述，行政委托是行政主体在其职权职责范围内，出于实现行政管理目的的需要，依法将其行政职权或行政事项委托给另一行政主体或其他组织或个人，受委托者以委托机关的名义行使行政职权、实施管理行为，并由委托者承担法律责任的行为。而行政委托的成立具有如下前提性、限制性的条件：①行政委托主体是有限制的。委托者必须是行政主体，否则不能称为行政委托。②行政委托权力是有限制的。委托者必须在行政主体职权范围内进行委托，越权委托无效，而且受委托者不得将自己接受委托的职权和事项再自行委托给其他组织或个人。③行政委托对象是有限制的。只有具备一定的条件，方可接受行政委托，代委托者行使某些行政管理职权和从事某些行政管理事务，从而成为受委托组织；松散的组织，如合伙组织、非正式组织，均不能接受委托行使行政职权而成为受委托组织。④行政委托的事项是有限制的。例如，行政管理职权中影响较小、程度较轻的部分，例如行政处罚中的申诫罚或较低数额的财产罚，可以委托其他组织或个人代为行使，而人身罚和能力罚以及数额较大的财产罚，则不能委托给其他组织或个人代为行使。又如，有关群众性、社会性的行政管理事务，如治安管理、城市交通管理、城市卫生管理等，可以委托给其他组织或个人；而有关专业性较强的行政管理事务，如商检、海关、税务等行政管理职权，则不宜委托给他人代为行使。

在对行政委托作上述理解的前提下，可将受委托组织定义为：

受委托组织——指接受行政主体委托的行政职权或行政事项，以委托者的名义行使行政职权、实施管理行为的组织（或个人）。受委托组织在受委托行政职权或行政事项范围内的行为后果，由委托者承担。

在我国，受委托组织包括：符合法定条件的企业法人、事业法人、社会团体法人和其他符合法定条件的社会组织，以及特殊情况下接受行政委托的个人。

（二）受委托组织的法律地位

首先，受委托组织必须在委托的职权范围内，行使行政职权，履行行政职责。受委托组织必须以实施行政委托的行政机关即委托行政机关的名义实施行政管理活动，其后果由委托行政机关承担。

同时，受委托组织应接受委托行政机关的监督和指导，如果受委托组织在行使行政权力、办理行政事务的过程中，有故意或重大过失，委托行政机关可以按照法律规定先负责赔偿，然后行使求偿权，责令有故意或重大过失的受委托组织承担部分或全部赔偿费用。

另外，由于受委托组织的具体行政行为引起纠纷或者争议，行政管理相对方向人民法院起诉时，受委托组织不能以被告的身份应诉，只能由委托行政机关作为被告出庭应诉，因而受委托组织不具有行政主体资格。

受委托组织与被授权组织有许多相近之处，但也存在很大差别。总的来说，被委托组织不具有行政主体资格，而被授权组织则有行政主体资格。具体区别如下：

（1）组织行为性质不同。被委托组织不是行政主体，不是直接行使法律、法规、规章所授予的职权，只能以委托者的名义作出具体行政行为；而被授权组织属于行政主体，享有法律、法规、规章所专门授予的特定的行政职权，是以自己的名义作出行为。

（2）产生的依据不同。被委托组织的该项行政管理权力只能依行政主体的行政委托行为产生；被授权组织的行政主体资格及该项行政管理权力则由法律、法规、规章的授权规定而产生。

（3）主体范围不同。被委托组织可以是其他行政机关和行政机构，也可以是企事业单位及其他社会组织，以及特殊情况下可以是接受委托的个人；而被授权组织一般是行政机关以外的各类组织，不包括个人。

（4）行为的后果不同。被委托组织的行为后果的法律责任，由行使委托权的行政主体承担，如在行政复议和行政诉讼中，被申请人或被告是行使委托权的行政主体，而不是被委托组织。被授权组织则对其行为后果独立承担法律责任。

✛ 小结提升

行政委托与行政授权的本质不同，在于行为主体是否有特定法律规范的授权。从行为的外部表现形式来看，就是行为主体能否以自己的名义作出行政行为。需要注意的是，在没有特定法律规范授权的情况下，有关主体即使以自己的名义作出具体行政行为，也不能认为是获得了行政授权，仍应视为行政委托。

在我国，受委托组织具有广泛性，符合法定条件的企业法人、事业法人、社会团体法人和其他符合法定条件的社会组织，以及特殊情况下接受行政委托的个人均可作为受委托组织。被委托组织的行为由行使委托权的行政主体承担其法律后果。例如，在行政复议和行政诉讼中，被申请人或被告是行使委托权的行政主体，而不是受委托组织；在行政赔偿中，赔偿义务机关也是委托机关而不是受委托组织。

[本章阅读文献]

1. 何乃忠：《行政授权探析》，《法学杂志》，1992 年第 6 期。

2. 胡建淼：《有关中国行政法理上的行政授权问题》，《中国法学》，1994 年第 2 期。

3. 奚庆：《试论受委托组织在行政关系中的主体地位》，《南京社会科学》，1999 年第 8 期。

4. 江国华：《被授权和受委托组织的行政法律责任》，《湖南公安高等专科学校学报》，2000 年第 2 期。

5. 薛刚凌：《行政授权与行政委托之探讨》，《法学杂志》，2002 年第 2 期。

6. 莫于川：《行政职权的行政法解析与建构》，《重庆社会科学》，2004 年第 1 期。

[相关链接]

关于"受委托组织"的定义。（见："中国宪政网"）

第五章　行政公务人员

引例　张玉甫诉枝江市人事局不履行行政职责及撤销行政决定案

张玉甫系枝江市公安局人民警察，1999 年 7 月枝江市公安局以其因贪污在给予党纪、政纪处分后仍继续违纪违规为由，经报请枝江市人民政府批准后，由枝江市人事局批复辞退，解除其与市公安局的任用关系。张玉甫在市公安局任警察期间曾两次在执行公务中受伤，并就辞退和因工负伤于 1999 年 9 月向枝江市人事局提出申请复核及确定工伤等级的鉴定。1999 年 10 月经枝江市机关事业单位工作人员病伤致残鉴定小组评定，张玉甫的工伤鉴定为 6 级。枝江市人事局于 1999 年 12 月 13 日在枝人险（1999）3 号"关于评定李先明等同志因公伤残等级和护理等级的通知"中确定张玉甫因公致残且为 6 级伤残。2000 年 6 月 30 日枝江市人事局向张玉甫作出"国家公务员复核决定书"：①维持辞退张玉甫的决定；②张玉甫为因公负伤并为 6 级伤残，可享受相应的伤残保健金待遇，其标准为每年 160 元，由枝江市公安局每半年支付一次。张玉甫不服，请求人民法院：①撤销枝江市人事局作出的伤残保健金待遇的决定，并按规定办理伤残证；②按规定落实被辞退后的经济补偿金；③要求给付伤残抚恤金及一次性伤残补助金；④落实伤残生活补助费及养老、医疗保险。

此案中张玉甫的请求能否得到法院的支持？我国公务员的基本管理制度是怎样的？前述问题将在本章予以回答。

☞ 概述

本章介绍的行政公务人员，即基于一定的行政公务身份而代表行政主体行使行政职权、履行行政职责的人。主要内容包括三个方面：一是行政公务人员的概念、特征和范围；二是行政职务关系的含义、特征和内容；三是我国现行的国家公务员制度。

♨ 方法

本章内容，最为重要的是掌握现行国家公务员的基本管理制度，尤其是掌握公务员的录用、任免、惩戒、回避，以及公务员的退休、辞职、辞退等要点。从大的方面来看，可以将其分为职务的取得、职务的履行与职务的丧失三个方面来掌握。

❖ 教学内容

一、行政公务人员概述

（一）行政公务人员的概念和特征

行政公务人员——是基于一定的行政公务身份而代表行政主体行使行政职权、履行行政职责的工作人员。

行政公务人员具有如下特征：

第一，行政公务人员是个人。由于法律规范往往都是将某方面或某项行政权力直接赋予一定的组织，而不是个人，因此行政公务人员不是行政职权的法律主体。尽管行政诉讼等救济制度在规定救济范围时，都从违法侵权行为实施者的角度把行政公务人员包括在内，但最终并未将行政公务人员作为行政诉讼等救济法律关系中的一方当事人予以规定。行政公务人员的个人属性，使其在行政法律关系中的法律地位与法律主体存在两种情况：一是以普通公民身份，成为外部行政法律关系中的行政相对人；二是以公务人员身份，成为行政职务关系一方的组成部分。

第二，行政公务人员是直接或间接代表行政主体实施行政职务的人员。虽然有时法律规范可能在一定条件下，直接规定某些行政公务人员可以采取某种权力或实施某种强制行为，如《行政处罚法》第五章中有关简易程序中行政处罚可以由执法人员当场适用的规定，但这也只是行政权力适用过程中的程序与方式的例外规定，并不表明该项权力归属于公务人员个人并能以其个人名义实施。按照法律规范要求，行政公务人员实施行政职务行为时，应当以行政主体名义并出示有效证件表明公务身份。无论行政公务人员在实际实施职务行为过程中是否明确表明身份或者表示行政主体名义，都应看做是代表行政主体实施的职务行为，否则就只能属于个人行为而不是执行公务的行为。

第三，基于一定公务身份关系是行政公务人员实施行政管理行为的法律基础。行政主体是一个组织，其行政公务是由行政公务人员具体实施和完成的。行政公务人员以一定的任用方式成为行政主体或受委托组织的工作人员，获得直接或间接代表行政主体实施行政职务的身份和资格。这种任用方式有选举、委任、聘用、临时借用等。值得注意的是，那些不具有这种公务身份关系的人员，虽然他们也可能参加了行政管理过程，其实施的与行政公务有关的行为的法律责任由行政主体承担，但他们并不属于行政公务人员范围。例如《国家赔偿法》第3条第3项中规定的那种受行政机关及其工作人员唆使而以殴打等暴力行为造成公民身体伤害或者死亡的其他人员，就不属于行政公务人员范围。

第四，行政公务人员所实施的行政职务行为的法律后果归属于他所代表的行政主体，行政主体与行政公务人员之间实质上是一种委托代理关系，行政公务人员实施的行政公务行为在法律性质上属于行政主体的行为，体现行政主体与行政相对人或者其他行政主体之间的法律关系，因而其法律效力和责任后果当然归属于行政主体。如果说行政公务行为产生的法律后果与该行政公务人员有关系，那也只是在进入行政职务关系领域内，以监督与救济法律制度的有关规定（例如行政追偿制度的有关规定）为依据进行判断和处理。

（二）行政公务人员的范围

行政公务人员的范围非常广泛，并不限于行政公务员，但也不是所有进入行政管理过程并实施了与行政公务有关行为者都是行政公务人员，例如上述《国家赔偿法》第3条第3项规定的情形。从行政主体的不同形态可以看出，行政机关中实施行政公务的人员是公务员，他们当然属于行政公务人员；而作为其他行政主体的被授权组织中以及不作为行政主体的受委托组织中实施行政公务的人员，虽然主要不是公务员，但都属于行政公务人员。从现行法律规定来划分，可将行政公务人员划分为行政公务员和其他行政公务人员。

1. 行政公务员

行政公务员——是指国家依法定方式和程序任用，在中央和地方国家行政机关中依法行使行政职权、执行行政职务、纳入国家行政编制、由国家财政负担工资福利的工作人员。

对此，可从如下几个角度来加以把握：

首先，行政公务员是指在中央和地方国家行政机关中工作的人员。行政公务员任职于行政机关，既区别于其他国家机关（如权力机关、司法机关）工作人员，也区别于其他社会组织中执行公务的人员。这是多数国家公务员制度的规定，但某些国家将法官、地方议会议员甚至国营企事业单位中的管理人员也列入公务员范围。例如，日本国立高校中的校长、教授、管理人员，就属于教育类公务员。根据我国《公务员法》的规定，公务员是指依法履行公职、纳入国家行政编制、由国家财政负担工资福利的工作人员，这个概念广于传统上的公务员概念，也即除了行政机关的公务员之外，还包括权力机关、审判机关、检察机关、政党机关、人民政协机关中从事公务的人员。显然，行政公务员的概念小于公务员的概念，是《公务员法》确定的公务员范围中的一类。

其次，行政公务员是指国家依法定方式和程序任用的工作人员。根据宪法、有关组织法和公务员法的规定，公务员的任用方式有三种，即选任、委任和聘任，而每种任用方式都有其相应的法定程序。从此点可以反映出，行政公务员应当是行政机关中的正式编制人员。行政机关临时借调或者委托的行政公务实施人员不是行政公务员。

再次，行政公务员是指在国家行政机关中行使行政权力、执行行政职务的人员，即行政公务员不包括行政机关中的工勤人员。行政机关内按照所要完成的行政事项设立相应的行政职位，并遵循一人一职原则配备和任用公务员。因此，行政公务员自任用时起，必然取得行使行政权力、执行行政公务的资格。但行政机关内有些事务内容及其职位设置，只是为行政机关提供后勤服务，并不行使国家行政权力和实施行政职务行为。那么，为这些职位所配备的工勤人员，如司机、打字员等，如果未纳入国家行政编制，就不属于行政公务员范围。但不排除在特定情况下，这些人员受行政机关的特别委托在一定范围内从事行政公务行为。

行政公务员按照任期与任用方式的不同，可以分为两大类：一是各级人民政府的组成人员，通常由同级国家权力机关选举或者决定产生，有一定的任期限制，并依照宪法和有关组织法进行管理，在有些国家也称之为政务类公务员，或称之为特别职公务员；二是各级人民政府组成人员以外的公务员，是行政公务员中的主要部分，主要通过考试或考核以委任形式产生，还有一部分通过聘任产生，一般没有任期限制，在有些国家也称之为业务类公务员，或称之为一般职公务员。

行政公务员按照职位的不同，可以分为领导职务公务员和非领导职务公务员。领导职务公务员是指在一定的领导职位上担任领导职务的公务员，也就是平常俗称的带"长"字的行政官员。非领导职务公务员是指担任办事员、科员、副主任科员、主任科员、助理调研员、调研员、助理巡视员、巡视员等职务的公务员。

2．其他行政公务人员

其他行政公务人员——是指除行政公务员以外的行政公务人员。其范围具体包括：代表被授权组织实施行政公务的人员；受行政主体委托实施行政公务的人员；代表受委托组织（也就间接代表了行政主体）实施行政公务的人员；行政机关中除行政公务员外代表行政机关实施行政公务的人员。

行政公务人员在实施行政职务过程与行政主体和受委托组织所形成的权利与义务关系属于行政职务关系，是一种内部行政法律关系。对于那些依照或者行政机关认定而成为行政公务的合作者、协助者，尽管也参与了行政公务的实施过程，但其与行政主体之间的关系并非完全属于行政职务关系，所以行政公务的合作者、协助者等人员不是行政公务人员。

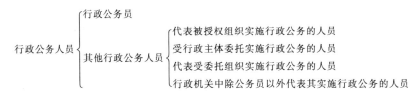

图 5-1　行政公务人员的范围

二、行政职务关系

（一）行政职务关系的含义与特征

行政职务关系——是指行政公务人员基于一定的行政职务而在任职期间与行政主体（代表国家）之间所形成的权利与义务关系。

由于行政公务人员可分为行政公务员与其他行政公务人员，故行政职务关系也可以分成行政机关与行政公务员之间的行政职务关系和行政主体与其他行政公务人员之间的行政职务关系两种类型。在前一类型行政职务关系中，由于行政机关作为国家行政职能组织的法律性质，使得公务员自被录用和任职开始到执行职务过程所形成的一切关系，包括静态的和动态的，都属于行政职务关系范围，被公务员的其他相关法律规范所调整。在后一类型行政职务关系中，由于被授权组织本身在法律性质上的多样性（有的属于行政机构，有的属于其他社会组织），因而其作为行政主体与行政公务人员之间的行政职务关系发生于行政授权后的行政职务执行过程中，除此之外，行政公务人员因任用、管理、待遇等与组织之间所形成的关系内容，属于一般劳动人事关系，不属于行政职务关系范围。我们着重讨论行政机关与公务员之间的行政职务关系。

每个行政机关都担负着一定范围或领域内的某方面行政职能，为了完成行政职能，行政机关在其内部设置相应数量的行政职位，每个行政职位都具有一定的行政任务并包含着相应的法定权利和法定义务。当公务员被任命到某个行政职位时（担任行政职务），就形成了行政机关与公务员之间的行政职务关系，该公务员取得代表行政机关实施行政权力的资格。行政职务关系具有下列特征：

第一，行政职务关系本质上是一种国家委托关系。行政职权是国家权力，通过一系列法律条件和手续定位到国家行政机关。行政机关又通过设立行政职位和任用公务员方式构成行政职务关系，使公务员取得以国家名义承担行政职务的资格。据此，行政公务员所担任的是国家公职，实施的是国家公务行为，其所产生的法律效力及责任后果都归属于国家。因此，从本质上讲，行政职务关系是国家与公务员之间的一种公共行政职务上的委托关系。

第二，行政职务关系内容是行政职务方面的权利与义务。作为一种广义的行政法律关系，其内容当然是行政法上的权利与义务。但由于行政职务关系的核心是规范与界定行政公务员代表行政机关行使行政职权和履行行政职责，因此，其内容都表现为行政职务及与行政职务有关的权利与义务，即拥有与其承担的行政职务相对应的行政职权与职责。

第三，行政职务关系具有劳动关系因素，可以说是一种特殊的劳动法律关系。从事行政管理和实施国家公务，其本身也是一种劳动。因此，在行政职务关系中也就包含着与其所承担行政职务相应的劳动报酬和福利待遇等。

第四，行政职务关系属于内部行政法律关系。行政职务关系的双方当事人（即国家行政机关和行政公务员）都属于行政组织系统内部主体；行政职务关系的内容，都是行政职务方面的权利与义务（即行政职权与行政职责），均属于行政组织系统内的权利与义务；行政职务关系的保障手段（如行政处分与行政申诉）也都是行政组织系统内的特定方式与程序。这是与外部行政法律关系明显不同之处。

（二）行政职务关系的内容

行政职务关系的内容是行政法所规定的行政机关与公务员之间的权利和义务。由于行政职务关系所界定的是公务员代表行政机关行使职权和履行职责的问题，因而行政机关的权利和义务与公务员的权利和义务基本上是相对应的。一方面，公务员的权利和与义务主要是行政机关的行政职权和职责在公务员所承担的行政职务上的转化和继续；另一方面，公务员的权利和义务主要是对行政机关的职权和职责的有效完成，因而行政机关对公务员行使的权利是公务员义务的体现，对公务员承担的义务也就是公务员权利的体现。因此，公务员职务上的权利和义务是行政职务关系内容的核心。

一个公民取得公务员资格后，其公民身份并未被取消，因而公务员的权利与义务也不能代替宪法上的公民权利与义务。但由于公务员权利和义务的行政职务属性，使得公务员以公民身份所具有的某些权利和义务在一定范围和条件下会受到一定影响（限制或增加）。同时，公务员的权利也不能像公民的权利那样享有广泛的自由处分性（在《公务员法》中公务员的权利就置于义务之后）。

行政公务员的义务，是指法律基于公务员的身份，对于公务员必须作出某种行为或不得作出某种行为的约束与限制。根据《公务员法》，行政公务员的法定义务有以下几项：①模范遵守宪法和法律。②按照规定的权限和程序认真履行职责，努力提高工作效率。③全心全意为人民服务，接受人民监督。④维护国家的安全、荣誉和利益。⑤忠于职守，勤勉尽责，服从和执行上级依法作出的决定和命令。⑥保守国家秘密和工作秘密。⑦遵守纪律，恪守职业道德，模范遵守社会公德。⑧清正廉洁，公道正派。⑨法律规定的其他义务。

行政公务员的权利，是指国家法律基于行政公务员的身份和职责，对其在行使职权、执行公务过程中能够作出或不做出一定行为的许可和保障。根据《国家公务员法》的规定，行政公务员的权利包括以下几项：

（1）职务保障权。即行政公务员有权获得为履行职责所应有的权力和应具有的工作条件。

（2）身份保障权。即行政公务员非因法定事由、非经法定程序，不被免职、降职、辞退或处分。

（3）工资福利权。即行政公务员有权获得工作报酬和享受福利、保险待遇。

（4）岗位培训权。即行政公务员有权参加政治理论和业务知识的培训。

（5）批评建议权。即行政公务员有权对国家行政机关及其领导人员的工作提出批评和建议。

（6）申诉控告权。即行政公务员认为其合法权益受到侵犯或受到不公平待遇，有权向有关机关提出申诉或控告。

（7）申请辞职权。即行政公务员有权依法提出辞职。

（8）其他法定权。宪法和法律规定的行政公务员的其他权利，如人身自由权、劳动休息权等。

三、我国现行公务员制度

我国公务员制度的法治化，始于1993年国务院《国家公务员暂行条例》（以下简称《暂行条例》）的颁布。作为授权性立法的《暂行条例》历经12年的实践之后，在2005年上升为法律，由全国人大常委会颁布《中华人民共和国公务员法》（以下简称《公务员法》），并于2006年1月1日起施行。在此，我们围绕这部法律，集中介绍我国现行国家公务员制度的基本内容。

（一）公务员的范围

《公务员法》所定义的公务员，其范围远远宽于《暂行条例》。按照该法规定，所谓的公务员，是指依法履行公职、纳入国家行政编制、由国家财政负担工资福利的工作人员。按照这一定义，我国的公务员实际上既包括了立法、行政、司法等国家机关的全部公职人员，也包括了国家机关以外的组织——即中国共产党机关、各民主党派机关，以及政协等机关的公职人员。也就是说，在我国，公务员基本上可以被理解为公职人员的同义词——只要该人员纳入国家行政编制并由国家财政负担工资福利，这种做法在世界范围内来看都是十分特殊的。

虽然公务员的范围已经非常宽泛，但是《公务员法》实际调整的范围还要更加宽泛，因为它的"附则"规定，"法律、法规授权的具有公共事务管理职能的事业单位中除工勤人员以外的工作人员，经批准参照本法进行管理"。也就是说，被授权事业单位中除工勤人员以的工作人员尽管在身份上并非国家公务员，但其职位的取得、履行与丧失有可能受到《公务员法》的调整，也即经批准后参照《公务员法》进行管理，成为事实上的"公务员"。在现实中,这些单位的工作人员(工勤人员除外)在任职与管理上确实与公务员没有实质性的差异。

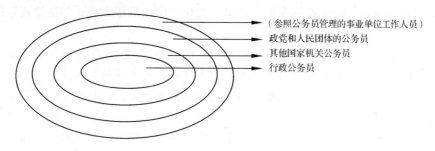

图 5-2 我国现行国家公务员的范围

(二)职位的分类

公务员的职位,按照不同职位的性质、特点和管理需要,划分为综合管理类、专业技术类和行政执法类等类别,并可以在必要时由国务院增设其他类别。尽管《公务员法》对职位的类别区分为上述三类,但实际上对于后两类职位的具体设置和级别划分却没有做过多的规定,其重点规范的还是综合管理类公务员的职务。

按照法律规定,公务员分为领导职务和非领导职务两种。其中,领导职务的级别划分如下:国家级正职(如总理)、国家级副职(如副总理、国务委员)、省部级正职(如部长、省长)、省部级副职(如副部长、副省长)、厅局级正职(如司长、厅长、市长)、厅局级副职(如副司长、副厅长、副市长)、县处级正职(如处长、县长)、县处级副职(如副处长、副县长)、乡科级正职(如科长、乡长、镇长)、乡科级副职(如副科长、副乡长、副镇长)。综合管理类领导职务的具体设置,根据宪法、组织法等法律文件确定。

非领导职务仅在厅局级以下设置,具体划分如下:巡视员(相当于厅局级正职)、副巡视员(相当于厅局级副职)、调研员(相当于县处级正职)、副调研员(相当于县处级副职)、主任科员(相当于乡科级正职)、副主任科员(相当于乡科级副职)、科员、办事员。

(三)职位的取得

公务员职务的取得包括了两个层次的问题,一是取得公务员的身份,二是取得具体的职位。但是,对于不同的公务员而言,解决这两个问题的方式是不同的。对于主任科员以下非领导职务的公务员而言,这两个问题的解决是分开的,他首先必须通过录用程序获得公务员的身份,再被任命到某一具体职务上。而对于其他职务的公务员而言,由于不存在录用程序,这两个问题的解决就是同一的,他在取得某一具体职务的同时也就取得了公务员的身份,例如某人被选举为市长的同时自然也就获得了公务员身份。

1. 公务员的录用

初次进入国家机关,担任主任科员以下及其他相当职务层次的非领导职务公务员,首先需要通过录用程序取得担任公务员的资格。公务员的录用需要符合以下三类条件:

第一，积极条件。担任公务员所需要具备的积极条件包括：①具有中华人民共和国国籍；②年满18周岁；③拥护中华人民共和国宪法；④具有良好的品行；⑤具有正常履行职责的身体条件；⑥具有符合职位要求的文化程度和工作能力；⑦法律规定的其他条件。

第二，消极条件。担任公务员所需要具备的消极条件包括：①没有因犯罪受过刑事处罚；②未曾被开除公职；③没有法律规定不得录用为公务员的其他情形。

第三，机关职位条件，即只有在特定机关规定的编制限额内并有相应职位空缺的时候，才能录用新的公务员。

新录用的公务员试用期为一年，试用期满合格的予以任职，不合格的则取消录用。

2. 公务员的任免

公务员职务有选任制、委任制和聘任制三种方式。

选任制适用于领导职务，即通过人民代表大会及其常委会选举的方式任免领导职务公务员，但必须按照国家规定实行任期制。选任制公务员在选举结果生效时即任当选职务，其任期届满不再连任的，或者任期内辞职、被罢免、被撤职的，所任职务同时终止。

委任制公务员适用于经录用进入公务员序列的非领导职务，委任制公务员遇有试用期满考核合格、职务发生变化、不再担任公务员职务以及其他情形需要任免职务的，即按照管理权限和规定的程序任免其职务。

聘任制公务员适用于专业性较强的职位和辅助性职位，但涉及国家秘密的职位除外。聘任制公务员的任命，须经省级人事部门批准，并与所在机关签订聘期为一至五年的书面聘任合同，确定双方的权利义务关系。聘任合同可以约定试用期，试用期为一个月至六个月。聘任制公务员按照国家规定实行协议工资制。聘任合同的签订、变更、解除，应当报同级人事部门备案。

公务员因工作需要还可以在机关外兼职，但应当经过有关机关批准，并不得领取兼职报酬。但是，公务员不得从事或参与营利性活动，不得在企业或者其他营利性组织中兼任职务。

(四) 职位的履行

公职的履行是国家公务员制度的重点，包括公务员的考核、奖惩、交流、回避等方面：

1. 考核

对公务员考核的内容，包括德、能、勤、绩、廉五个方面，但重点考核工作实绩。简言之，就是全面考核，以绩为主。考核的方式分为平时考核和定期考核，定期考核以平时考核为基础，定期考核的结果分为优秀、称职、基本称职和不称职四个等次，定期考核的结果是调整公务员职务、级别、工资以及公务员奖励、培训、辞退的依据。如果公务员在定期考核中被确定为不称职的，应降低一个职务层次任职。

2. 奖励

对公务员的奖励，既包括对某个公务员个人的奖励，也包括对某个单位、机构、组织的公务员集体的奖励。对公务员的奖励包括精神奖励与物质奖励，但以精神奖励为主。奖励的等级分为：嘉奖、记三等功、记二等功、记一等功、授予荣誉称号，并给予一次性奖金或其他待遇。

3. 处分

对公务员的处分按照从低到高的严重程度分为：警告、记过、记大过、降级、撤职、开除。受处分期间公务员不得晋升职务和级别，其中受严重处分，包括记过、记大过、降级、撤职处分的，还不得晋升工资档次。

这里需要注意区分降级、撤职、开除三种处分形式，降级意味着降低受处分人的级别，如从厅局级正职降为县处级正职；撤职意味着受处分人被免去所担任的具体职务，如免去某省财政厅厅长的职务，被撤职的公务员应按照规定同时降级；开除则意味着完全剥夺受处分人的公务员身份，当然，也就同时剥夺了其职务和级别了。

除被开除外，受处分人在处分期间有悔改表现，并未再次发生违纪行为的，处分期满后，解除其处分并书面通知本人。处分解除后，晋升工资档次、级别和职务不再受原处分的影响；但解除降级、撤职处分的，并不视为恢复原级别、原职务。

4. 交流

公务员既可以在公务员队伍内部交流，也可以与国有企业事业单位、人民团体和群众团体中从事公务的人员交流。交流的方式包括调任、转任和挂职锻炼。

调任，指的是从国家机关之外调入国家机关担任公务员。调任的公务员应来源于国有企业事业单位、人民团体和群众团体，调入机关后担任的是领导职务或者副调研员以上的非领导职务。

转任，指的是公务员在国家机关内部的不同职位之间调动。

挂职锻炼，指的是公务员在不改变与原机关人事关系的前提下实际担任其他职务，挂职锻炼的单位，可以是原单位的下级机关，也可以是其上级机关，或者是其他地区的机关，还可以是国有企业事业单位。

5. 回避

公务员的回避包括任职回避与执行公务回避两个方面。

任职回避，指的是公务员在特定条件下不得担任某一职务的情况。具体包括：①公务员之间有夫妻关系、直系血亲关系、三代以内旁系血亲关系以及近姻亲关系的，不得在同一机关担任双方直接隶属于同一领导人员的职务或者有直接上下级领导关系的职务，也不得在其中一方担任领导职务的机关从事组织、人事、纪检、监察、审计和财务工作。但在特殊情况下，经省级以上人事部门同意，上述规定可以变通。②公务员担任乡级机关、县级机关及其有关部门主要领导职务的，应当实行地域回避，即不得在本人所在乡镇、所在县担任有关职务，但法律另有规定的除外。

执行公务回避，指的是公务员在特定条件下不得执行某一项工作的情况。如果公务员在执行公务时，该任务：①涉及本人利害关系，②涉及其配偶、直系血亲、三代以内旁系血亲、近姻亲的利害关系，③涉及其他可能影响公正执行公务的情况，则公务员应当回避。

（五）职位的丧失

公务员职位的丧失包括四种方式：一是辞职，是一种公务员自愿要求退出公务员序列的方式；二是辞退，是因公务员不能称职而被迫丧失公务员身份的方式；三是退休，是由于自然原因而不再担任公务员的方式；还有一种是开除，实际上是一种对犯有错误的公务员剥夺其公务员身份的惩戒方式，对此前文已有叙述，不再重复。

1. 辞职

公务员可以自愿辞去公职，但应向任免机关书面提出申请，由任免机关在 30 日内审批（对领导成员的辞职申请，则在 90 日内审批）。尽管公务员的辞职原则上是自愿的，但根据《公务员法》的规定，辞职一事事实上并不完全取决于公务员个人的意愿，以下两类情况需要注意：

第一种情况，是公务员愿意辞职而不得辞职的，具体包括：①未满国家规定的最低服务年限的；②在涉及国家秘密等特殊职位任职或者离开上述职位不满国家规定的脱密期限的；③重要公务尚未处理完毕，且须由本人继续处理的；④正在接受审计、纪律审查，或者涉嫌犯罪，司法程序尚未终结的；⑤法律、行政法规规定的其他不得辞去公职的情形。

第二种情况，是公务员不愿辞职而必须辞职的，主要指的是引咎辞职的情况：领导成员因工作严重失误、失职造成重大损失或者恶劣社会影响的，或者对重大事故负有领导责任的，应当引咎辞去领导职务，如应当引咎辞职或因其他原因不再适合担任现职，而本人又不提出辞职的，有关机关应当责令其辞职。

2. 辞退

公务员有下列情形之一的予以辞退：①在年度考核中，连续两年被确定为不称职的；②不胜任现职工作，又不接受其他安排的；③因所在机关调整、撤销、合并或者缩减编制员额需要调整工作，本人拒绝合理安排的；④不履行公务员义务，不遵守公务员纪律，经教育仍无转变，不适合继续在机关工作，又不宜给予开除处分的；⑤旷工或者因公外出、请假期满无正当理由逾期不归连续超过十五天，或者一年内累计超过三十天的。

但对有下列情形之一的公务员不得辞退：①因公致残，被确认丧失或者部分丧失工作能力的；②患病或者负伤，在规定的医疗期内的；③女性公务员在孕期、产假、哺乳期内的；④法律、行政法规规定的其他不得辞退的情形。

被辞退的公务员，可以领取辞退费，或者根据国家规定享受失业保险。

3. 退休

由于自然原因，公务员达到退休年龄或者完全丧失工作能力的，应当退休。符合下列条件之一的，公务员可以申请提前退休：①工作年限满 30 年的；②距国家规定的退休年龄不足 5 年，且工作年限满 20 年的；③符合国家规定的可以提前退休的其他情形。

（六）纠纷处理

为了处理公务员与所在机关或其他国家机关之间因人事管理而发生的各种纠纷，《公务员法》规定了两类公务员纠纷处理机制：一是申诉，二是人事仲裁。

1. 申诉制度

申诉适用于一般公务员，一般公务员对处分、辞退或者取消录用、降职、定期考核定为不称职、免职、申请辞职或提前退休未予批准、未按规定确定或者扣减工资、福利、保险待遇等人事管理行为不服的以及法律、法规规定可以申诉的其他情形，可以自知道该人事处理行为之日起 30 日内向原处理机关申请复核，复核期限为 30 日；对复核结果不服的，可以自接到复核决定之日起 15 日内，向同级公务员主管部门或原处理机关的上一级机关提出申诉；也可以不经复核，自知道该人事处理行为之日起 30 日内直接提出申诉；申诉处理期限为 60 日，案情复杂的可以适当延长，但延长时间不得超过 30 日；对省级以下机关所作申诉处理决定不服的，还可以向作出该决定的上一级机关再申诉。复核、申诉期间不停止原人事处理的执行。

(30 天)(30 天)(15 天)　(60/90 天)

人事处理 {
- (30 天)→原机关复核(30 天)→(15 天)上一级机关或同级人事机关申诉(60/90 天)
- (30 天)→上一级机关或同级人事机关申诉(60/90 天)

} 再上一级机关再申诉（60/90 天）（限初次申诉由省级以下机关处理的情况）

(30 天)　(60/90 天)

图 5-3　一般公务员的申诉程序

2. 人事仲裁

人事仲裁仅适用于聘任制公务员，人事争议仲裁委员会由公务员主管部门的代表、聘用机关的代表、聘任制公务员的代表以及法律专家组成。聘任制公务员与所在机关因履行聘任合同发生争议的，可以自争议发生之日起 60 日内向仲裁委员会申请仲裁。当事人不服仲裁裁决的，可在 15 日内向法院起诉。仲裁裁决可以申请法院强制执行。

聘任合同争议 —(60 天)→ 人事争议仲裁委员会 {
- 仲裁生效 → 申请法院强制执行
- 不服仲裁 —(15 天)→ 提起民事诉讼

}

图 5-4　聘任制公务员的人事仲裁程序

小结提升

从新中国成立到 1987 年，我国实行与计划经济相适应的干部人事制度，一直使用“干部”的概念，并未使用公务员的概念。第一次在重要正式文件上出现“公务员”一词，是 1987 年 10 月 25 日中国共产党第十三次全国代表大会政治报告，报告提出：“当前干部人事制度改革的重点，是建立公务员法，即制定法律和规章，对政府中行使国家行政权力、执行国家公务的人员，依法进行科学管理。”据此，我国的公务员制度从 1988 年开始试点，1993 年由国务院根据全国人大常委会授权，颁布了第一部公务员法规《国家公务员暂行条例》。《暂行条例》从 1993 年颁布到 2005 年 12 月 31 日被废止的 12 年，对我国公务员制度的建立具有启蒙和试验意义。2005 年全国人大常委会通过了《中华人民共和国公务员法》，并于 2006 年 1 月 1 日起施行，成为我国干部人事管理方面的“龙头性”法律。公务员法律制度从授权性行政法规上升为法律，反映了我国法治建设和政治文明的重大进步。

1993 年《国家公务员暂行条例》的颁布，对于在国家行政机关建立和推行公务员制度，推进干部人事管理的改革，尤其行政机关人事管理的科学化、民主化和法制化，对于提高公务员的素质，促进行政能力建设，都发挥了重要作用。经过 12 年的实践总结，以法律形式出台的《公务员法》进一步发展了我国的人事管理制度，标志着我国公务员法律制度走到一个新阶段。

与《国家公务员暂行条例》相比，《公务员法》发展了公务员分类管理制度，规范了职位聘用制，发展了公务员与所在单位间的纠纷解决机制，是这部法律最为显著的进步。但是，《公务员法》在极大地拓宽国家公务员范围的同时，也在一定程度上忽视了不同性质国家机关公务人员的职业特点的内在差异。尤其是将法官、检察官等司法官纳入公务员队伍，适用和行政公务员基本相同的管理体制，这是否有利于其履行职责、适用法律的独立性与公正性，还有待观察。①

［本章阅读文献］

1. 皮纯协：《关于国家公务员制度的几个问题》，《法学杂志》，1989 年第 2 期。

2. 田培炎：《公务员制度试点的回顾与反思》，《法学研究》，1994 年第 1 期。

3. 姜明安：《中国公务员制度的建立和主要内容》，《中外法学》，1994 年第 3 期。

4. 赵秉志、赫兴旺：《论中国公职人员财产申报制度及其完善》，《政法论坛》，1995 年第 5 期。

5. 刘俊祥：《西方国家公务员法特点述论》，《现代法学》，1996 年第 6 期。

6. 梁津明：《论行政机关及其公务员行政法律责任》，《法学家》，1999 年第 4 期。

7. 莫于川：《全民法治实践的参与权利与责任——依法治理主体问题研究》，《河南省政法管理干部学院学报》2003 年第 9 期，人大复印报刊资料《法理学、法史学》，分册 2004 年第 1 期转载。

8. 莫于川：《政府雇员制与政府人力资源管理法治化》，《法制日报》，2004 年 8 月 12 日第 8 版。

9. 莫于川、沈跃东：《公务员法（草案）：要改的地方不少》，《检察日报》，2005 年 1 月 31 日第 6 版。

10. 莫于川：《关于增强〈公务员法〉的科学性之管见》，《华东政法学院学报》，2005 年第 2 期。

11. 莫于川、范春光：《公务员法的指导思想和重要原则》，《中国党政干部论坛》，2005 年第 6 期。

12. 宋世明：《解析〈公务员法〉中分类制度之设计原理》，《法商研究》，2005 年第 4 期。

［相关链接］

1. 美国行政法官独立化进程评述。（见："中国宪政网"）

2. 法国行政法院的"公务标准"。（见："中国宪政网"）

---

① 尽管《公务员法》规定："法律对公务员中的领导成员的产生、任免、监督以及法官、检察官等的义务、权利和管理另有规定的，从其规定。"但实际上，对法官、检察官的任职和管理制度，与行政公务员并无根本差别。

第六章　行政相对人

引例　哈尔滨铁路局牡丹江铁路分局诉鸡西市工商行政管理局行政处罚决定案

2001 年 8 月 10 日，鸡西市工商行政管理局根据举报，对哈尔滨铁路局牡丹江铁路分局所属西麻山站是否存在向托运人强行收取保价费和延伸服务费等违法行为予以立案，并于当日委托西麻山工商分局进行调查。调查中，向西麻山站站长、收费员及麻山区奥宇石墨矿等多家托运人调取了相关证据。2001 年 10 月 25 日，鸡西市工商行政管理局向西麻山站送达了听证通知书，书面告知了对西麻山站作出行政处罚决定的内容、事由、法律依据及西麻山站享有的陈述、申辩、申请听证的权利和期限。西麻山站在规定期限内提出了听证申请。2001 年 11 月 30 日，鸡西市工商行政管理局组织召开了有西麻山站参加的听证会。2001 年 12 月 31 日，鸡西市工商行政管理局根据所调查的证据，以西麻山站向托运人强行收取保价费和延伸服务费，排挤其他经营者的公平竞争，违反了《中华人民共和国反不正当竞争法》第 6 条的规定为由，依据国家工商行政管理局工商公字（2001）第 179 号文件精神，认定西麻山站为行政处罚对象，依据《中华人民共和国反不正当竞争法》第 23 条规定，对西麻山站作出责令其立即停止违法行为、罚款 15 万元上缴国库的鸡工商处字（2001）第 92 号行政处罚决定。该决定于当日送达西麻山站。西麻山站不服，于 2002 年 1 月 9 日向法院提起行政诉讼。审理中，西麻山站以其不具备行政诉讼原告资格为由申请撤诉，准许撤诉后，西麻山站所在的哈尔滨铁路局牡丹江铁路分局向法院提起行政诉讼，要求撤销鸡西市工商行政管理局所作行政处罚决定。

在本案中，西麻山火车站为何以其不具备行政诉讼原告资格为由而申请撤诉？哈尔滨铁路局牡丹江铁路分局又为何替代前者作为原告起诉？对这些问题的回答，关系到行政相对人资格的认定，乃是本章讲述的重点问题。

☞ 概述

行政相对人是行政法律关系中与行政主体相对应的一方主体，在现代行政法治中的地位日益提升，在行政程序、行政监督和救济等行政过程中发挥着重要作用。对行政相对人的研习，应重点注意把握其概念、类型、范围、权利和义务等方面。行政相对人的名称在各国行政法及行政法学中的表述有所不同，目前存在三种不同的定义模式，本书采用的是符合现代民主化发展潮流的广义相对人的定义模式，即行政相对人是与行政主体相对应的，参与各种行政法律关系，并享有相应的权利或履行相应的义务的公民、法人和其他组织。根据不同的标准将行政相对人分为若干类型，将有助于实务操作时进行区别对待。要正确理解行政相对人的概念，还应当明晰行政相对人与公务员、行政机关之间的界限。行政相对人的法律地位则是行政相对人对行政主体的权利和义务的综合体现。随着行政相对人的法律地位不断提升，行政相对人权利的内容也日趋丰富，涵盖了行政法律关系的全过程，需要进行类型化；而行政相对人的义务则主要包括行政程序上的义务和行政诉讼上的义务，违反这些义务需要承担一定的法律后果。

♨ 方法

全面掌握行政相对人的概念应当从名称、内涵、外延、类型等方面入手，然后运用这些知识辨别行政相对人与其他相关概念的关联。本章遵循这一逻辑顺序，循序渐进地将行政相对人的概念展现在读者眼前。掌握本节内容的关键在于深刻理解现代民主化潮流背景下的行政相对人的含义，并将其与其他相关概念区分开来。应当把握行政相对人在不同法律关系中的地位变化和角色转换，并熟悉不同类型的行政相对人的联系和区别。作为行政法调整对象的行政法律关系，乃是行政主体与行政相对人之间的关系，而非行政相对人相互之间的关系。因此，应从行政主体与行政相对人的关系这一角度来理解行政相对人的法律地位。一般而言，对于行政相对人是权利，对于行政机关就是义务；行政相对人的义务对应的则是行政机关的职权。

◆◆ 教学内容

一、行政相对人的含义

行政相对人（简称相对人，也称行政相对方）——是行政法和行政法学中一个重要和常用的概念，其基本含义就是指行政机关的行为所指向的、与行政机关相对应的一方（包括① 作为公民的自然人；② 具有法人资格的企事业单位等；③其他组织形态），我国过去也称之为行政对造（将行政机关和行政相对人统称为行政两造）。

各国行政法对行政相对人的表述有所不同。例如：在德国是将其具体称为自然人、法人、社团（如《德国行政程序法》第 11 条的表述）；在法国，除了有的法律具体称为自然人、法人、当事人、受益人等之外，一般称之为关系人（如《行政机关与其使用人关系法令（1983 年）》第 1 条的表述）；在美国，有的行政法学著作称之为"私方当事人"（A Private Party），但《美国行政程序法》第 551 条第 2 节将其简要概括表述为"人"，包括个人、合伙、公司、社团、非机构的公立或私立的组织；在澳大利亚，其《1977 年行政决定（司法审查）法》将其表述为个人、公司，也称为当事人；在日本，1993 年通过的《行政程序法》将其表述为相对人（日文用语为"相手方"，在日语中"相手"是对方的意思，"方"是对人的尊称），在各章节也根据不同情况分别称为受领人、承受人、申请人、当事人、参加人等，而日本行政法学著作中一般就称之为相对人（"相手方"）；在韩国，其 1995 年通过的《行政程序法》里称之为相对人、当事人、申请人等，并在第 9 条将当事人具体概括为自然人、法人、非法人社团或财团、依有关法令确认为具有权利义务主体之行为能力者；在我国，尽管过去对之称呼较乱，但近些年来制定的行政法律已较统一地表述为公民、法人或/和其他组织，同时根据法律文件中的具体情况也分别称为当事人、申请人、诉讼原告、赔偿请求人等，而在我国大陆行政法学著述中一般抽象地表述为行政相对方、行政相对人，简称为相对人。[①]

---

① 分别参见应松年：《外国行政程序法汇编》（中国法制出版社，1998 年）中有关国家的有关法律规定以及近些年出版的由罗豪才、王连昌、胡建淼等教授分别主编的行政法学教科书的有关章节。

行政相对人是行政法学中的一个重要概念，但对于行政相对人的定义却并未达成一致。关于行政相对人的概念，通常有以下三种定义模式：

（1）最狭义的行政相对人，也被称为直接相对人，即认为行政行为直接指向的公民、法人或其他社会组织，德国即采这种定义模式（德语为 Adressat）。这种定义下的行政相对人有以下两个特点：[1] 第一，必须是行政行为所指向，也就是法律关系因行政行为而产生。第二，必须是行政行为所直接指向的公民、法人和其他社会组织，比如依申请行政行为中的申请人，行政处罚中的被处罚人，行政强制中的被强制人等。这种行政相对人的定义模式不仅为德国及我国台湾地区所沿用，[2] 我国司法实务界也多在此意义上使用行政相对人这个概念。

（2）狭义的行政相对人，这种行政相对人不仅包括上述最狭义行政相对人，同时还包括因行政行为的第三人效力（Dritten Wirkung）影响而涉及的利害关系人，[3] 比如行政处罚中的受害人、申请独占许可的若干申请人中未获许可者、拆迁行政许可中的拆迁户等。狭义的行政相对人将直接的相对人与第三人（或称利害关系人）均界定为行政相对人，他们的共同特点是均具有通过行政复议或行政诉讼获得救济的权利，但在行政程序中，利害关系人参与行政程序的权利往往无法得到满足。比如在建筑规划行政许可中，行政机关只能让规划的申请者参与到行政程序中来，对于这个规划可能影响到的利害关系人，一般不会成为行政程序的当事人。

（3）广义相对人，行政相对人是与行政主体相对应的，参与各种行政法律关系，并享有相应的权利或履行相应的义务的公民、法人和其他组织。[4] 最狭义和狭义的行政相对人概念都仅局限于外部的行政管理关系之中，而广义相对人的概念则突破了这一束缚，涵盖了各种行政法律关系，包括行政管理关系、内部行政关系、行政法制监督关系和行政救济关系。公民、法人与其他组织主要通过参与这些行政法律关系，享有权利和义务，扮演行政相对人的角色。因此，在行政管理关系中，行政相对人既可以成为行政主体的管理对象，服从行政主体的管理，履行法定义务，也可以是行政管理的参与人，通过参与立法听证会等方式参与行政立法和规范性文件的制定，通过告知、听取意见、举证等行政程序参与具体行政行为的实施。在内部行政关系中，行政相对人一方面作为内部行政关系的管理对象，需要服从所在机关及上级机关的领导和监督，履行法定职责，另一方面也享有职位保障权、申诉权等权利。在行政法制监督法律关系中，行政相对人可以通过申诉、信访、行政复议等方式对行政主体及公务员的行为进行监督，在行政救济法律关系中，行政相对人可以通过提起行政诉讼或行政赔偿、行政补偿等方式获得法律救济。随着行政民主化的进程，现代国家的行政已不再仅仅是行政官员及少数专家的专有事务，而是涉及所有社会成员切身利益的公共事务领域。因此，行政法理论必须以其本原主体——人民为核心来架构，在行政法律关系中，必须重视研究行政相对人

---

① ［德］平特纳：《德国普通行政法》，朱林译，中国政法大学出版社，1999年，第122页。

② 应松年：《外国行政程序法汇编》，中国法制出版社，1999年，第893页。

③ 姜明安：《行政法与行政诉讼法》，北京大学出版社、高等教育出版社，1999年，第130页。

④ 方世荣：《行政相对人》，中国政法大学出版社，2000年，第16页。

所处的地位，使行政相对人不再被单纯地看成管理对象。因此，广义相对人的概念能够将行政相对人放在各种法律关系中加以研究，有利于更充分地保障其权利。基于这一理由，本书采用了广义相对人的概念。

表 6-1   行政相对人的定义模式

定义模式	内容	
最狭义	行政管理关系中的直接相对人	
狭义	行政管理关系	直接相对人
		利害关系人
广义	行政管理关系中的相对人	
	内部行政关系中的相对人	
	行政法制监督关系中的相对人	
	行政救济关系中的相对人	

二、行政相对人的范围

依照法律法规的规定，公民、法人和其他组织能够成为行政相对人。在特殊情况下，在我国的外国人、无国籍人、外国组织也可成为行政相对人。

（一）公民

公民是最主要、最经常、也是最广泛的行政相对人。行政主体实施行政管理的绝大多数领域，都将公民纳入行政管理的对象。因此，公民是行政法律关系中最常见的主体之一。

公民在行政法律关系中的地位是通过它与人民政府之间的权利和义务的内容体现出来的。宪法和法律是规定公民享受权利和履行义务的根本和基本的法律规范依据，行政法规和地方性法规是目前公民享受权利和履行义务的主要法律规范依据。作为被管理者，在不同的行政管理领域，依据各自相应的法律、法规规定，公民具有与各个行政机关相对应的权利和义务。甚至在有些领域，如治安、户籍、出入境等方面，只有公民才能成为行政相对人。

（二）法人

法人是与自然人（公民）相对称的一个法律概念。它是具有民事权利能力与民事行为能力，依法独立享有民事权利和承担民事义务的组织。法人也是行政法律关系中的主体，可以成为行政相对人，而且是重要的行政相对人。

能够成为行政相对人的法人包括企业法人、事业单位法人、社会团体法人和机关法人。企业法人、事业单位法人和社会团体法人是经常性和普遍性的行政相对人，其法律地位和身份使其在社会活动过程中要接受政府有关部门的管理，形成行政管理关系。机关法人是具备法人资格条件的国家机关。国家机关由于职能及其职权职责性质的关系，一般不作为行政相对人，但在一定条件下也能成为行政相对人。如国家机关可以成为审计、物价、土地、城建等行政管理领域的行政相对人，此时这些国家机关的身份是一种机关法人。

（三）其他组织

其他组织——指由主管机关批准成立或认可，能够从事一定的经营、生产或其他活动但不具备法人资格的社会组织或经济成员。

随着经济的发展，许多国家都出现了一些介于公民个人和法人之间的组织形态，被称为"非法人组织"、"非法人单位"、"其他经济组织"等，我国行政法律制度将其称为"其他组织"。其他组织在行政管理活动中，作为行政法上的权利义务主体，也是行政法律关系中的行政相对人。

其他组织的类型主要有：①经国家主管部门批准或认可的从事一定生产或经营活动的经济实体。主要有个人合伙组织、合伙型联营组织、企业法人的分支机构等。②经主管机关批准或认可的正处于筹备阶段的企业、事业单位和社会团体。

（四）外国人、无国籍人和外国组织

在某些特殊情况下，在我国境内依照我国法律规定享有行政法权利、承担行政法义务，参加行政诉讼时具有行政相对人同等诉讼权利与义务的外国人、无国籍人和外国组织，也可成为我国行政法的主体，也即成为行政相对人。

例如，《外国人入境出境管理法》是专门调整关于外国人进出我国国境行为的行政管理关系的法律，在这一法律关系中，外国人就成为我国国境管理机关的相对一方。此外，在治安管理、征收个人所得税等行政管理领域，外国人都可能成为行政相对人。

但是，将外国人、无国籍人和外国组织作为我国的行政相对人对待，使其具有行政相对人的权利和义务，即实行同等原则的同时，也依法实行对等原则，其大意是，如果我国公民在某国受到某方面权利限制，则该国公民在我国也要受到相应的权利限制。

三、行政相对人的类型

行政相对人，可从不同的角度加以分类：

（1）首先可分为内部相对人和外部相对人。行政相对人的内外之分取决于其与行政主体基本类型的对应性：与内部行政主体相对应的当事人属于内部相对人，与外部行政主体相对应的当事人属于外部相对人。区分二者的标准在于：如果行政机关对行政相对人的管理建立在行政隶属关系上，该行政相对人就是内部行政相对人；如果行政机关对行政相对人的管理是建立在行政管辖关系上，该行政相对人就是外部行政相对人。内部行政相对人只服从内部行政机关的管理，不能成为外部具体行政行为的对象；外部行政相对人也只对外部行政机关履行服从和协助义务。同时，根据行政诉讼规则，只有外部行政相对人有起诉权，内部行政相对人一般没有行政起诉权，不能构成行政诉讼中的原告。

（2）根据当事人的组织状态，可分为组织相对人和个体相对人。企事业单位、社会团体等属于组织相对人；公民和在中国境内的外国人属于个体相对人。某些行政行为同行政相对人有一定的对应性，如行政拘留只适用于个体相对人，而不适用于组织相对人。

（3）行政相对人还可分为法人相对人与非法人相对人。法人相对人是具有法人资格的组织相对人，非法人相对人是不具有法人资格的组织和个人。我国大多数行政法律规范既适用法人相对人，也适用非法人相对人，但某些行政法律规范只适用法人相对人，或只适用于非法人相对人。

（4）基于当事人的涉外因素，行政相对人可划分为国内相对人和国外相对人，前者指中国的公民和多种组织，这是最基本的一类行政相对人；后者指在中国境内的外国人、无国籍人和外国组织。行政法律规范对两者的约束也有所不同。

四、行政相对人身份的确认

要正确认定和辨别行政相对人的身份，必须划清以下界限：

（1）行政机关与行政相对人的界限。行政机关是我国行政管理的主要承担者。但是，行政机关在一定条件下能成为行政相对人，非行政机关在一定条件下也能具有行政管理职能。而行政机关的特征在于能以自己的名义（代表国家）实施行政管理活动，其管理行为可以强制而直接地影响相对人的权利和义务；而行政相对人没有行政职权，不能直接强制行政机关的行为。因此，行政机关与行政相对人之间的界限可以划分为：如果当事人享有行政职权并且正在行使行政职权，这时的当事人属于行政机关；如果当事人没有行政职权，也没有行使其他国家权力，这时的当事人便属于行政相对人。

（2）公务员与行政相对人的界限。由于公务员具有公务人员和普通公民的双重身份属性，因此在实践中如何区分公务员与行政相对人往往成为一个棘手的问题，判断的标准应当是：当公务员以普通公民身份出现时，成为外部行政法律关系中的行政相对人，享有相应的权利，履行相应的义务；而以公务人员身份出现，履行公职时，则成为行政职务关系的一方，享有相应的职权，履行相应的职责。

五、行政相对人的权利

行政相对人的权利同时也构成行政主体的义务，它是宪法赋予当事人的基本权利在行政管理领域的具体化。行政相对人的权利形态有多种，有学者将其划分为以下几类：[①]

（1）行政参与权。行政相对人享有通过合法途径参加国家行政管理活动以及参与行政程序的权利，如公民经考试程序可进入公务员队伍参与行政管理，公民有听证的权利。

（2）行政知情权。行政相对人有权通过行政公示、告知、询问等渠道了解行政机关管理活动的依据和程序等。

（3）行政协助权。在法定条件下，行政相对人可以协助行政主体进行某些管理活动。例如，发现应让行政主体处理的事件有权向其报告，对一切违反行政法律规范的行为有权予以制止，有权依法将正在实施违法行为者扭送到有关行政机关。

（4）行政监督权。行政相对人有权通过一定组织形式对行政机关和行政首长的工作进行评议，享有对行政工作的批评建议权，对不法工作人员的控告揭发权，不服具体行

---

① 胡锦光、莫于川：《行政法与行政诉讼法概论》，中国人民大学出版社，2002年，第82～83页。

政行为有权申请复议或提起行政诉讼。

（5）隐私保密权。行政主体在行政活动中，非经法定程序，不得公开相对人的隐私。相对人享有对自己的隐私保密的权利，行政主体有为其保密的义务。例如，我国《宪法》第40条和《行政处罚法》第42条都有关于这方面的规定。

（6）获得保护权。行政相对人的人身和财产有权获得国家行政机关合法、正当、平等的保护。例如，公民财物失窃报告公安机关，公安机关有义务侦查、破案。

（7）行政获益权。行政相对人可以依据法律从行政主体中获得利益。如公民因科技发明，有权依《中华人民共和国发明奖励条例》获得奖励。

（8）行政求偿权。行政相对人的合法权益受到行政主体合法公务行为的影响时，有权获得行政补偿；受到行政主体的不法侵害时，有权获得行政赔偿。

还有一种比较有影响的分类方式，是将行政相对人的权利划分为以下五种：[①]

（1）参政权。这是指行政相对人参加国家行政管理的权利，是行政相对人依法以各种形式和渠道参与决定、影响或帮助行政权力的依法有效行使的权利。这种参政权与宪法上的参政权不同，是宪法中公民的政治权利在行政法中的具体化。行政相对人的参政权包括：

第一，批评、建议权。是指对行政主体以各种方式直接或通过其他组织媒体反映批评、意见、建议的权利；

第二，控告、检举权。是指对行政主体及其公务人员的违法失职行为提出控告或检举的权利；

第三，知情权。是指对行政活动有关内容、资料及其他信息的了解权，行政主体则有依法向行政相对人公开自身行政活动的义务。在我国，知情权表现为：行政机关的有关会议设置旁听席允许行政相对人旁听；公布行政法规、行政规章草案让行政相对人知晓并征求意见。由行政机关代表向所在区域的行政相对人报告行政工作情况或行政相对人向行政机关了解情况等。在行政执法活动中，允许行政相对人查阅资料、档案、答复其提出的问题，公布有关行政管理的内容、标准、程序以及通过有关媒介了解政务信息等。

第四，订立行政契约权。是指行政相对人在与行政主体订立行政契约时所具有的协商决定权。现代行政管理不断地淡化行政活动的强制性，强调平等性，因此出现了通过契约方式实现行政目的的新行政手段。行政相对人参与订立行政契约，也是一种参与行政的方式，并且这种行政手段越来越受到现代行政法学的重视。

（2）受平等对待权。这是指行政相对人在行政活动中应当得到行政主体的平等对待。这一权利要求行政主体在进行行政活动时应当受到平等的对待，平等地适用法律。与一般的平等权不同，这里的平等对待仅限于行政活动中，而不包括立法和司法中的平等权，即使在行政诉讼中，当事人在司法活动中享有平等的诉讼地位亦属于司法权的平等保护，而不属于行政活动中的平等保护。我国对行政相对人受到平等保护的规定主要有：《宪法》规定了"中华人民共和国公民在法律面前一律平等"、"男女平等"、"民族平等"等；《行政处罚法》第4条规定，行政处罚遵循公正、公开的原则。设定和实施行政处罚必须以事实为依据，与违法行为的事实、性质、情节以及社会危害程度相当；

[①]　方世荣：《行政相对人》，中国政法大学出版社，2000年，第82页以下。

《行政复议法》第 28 条规定，对具体行政行为明显不当的，复议机关可以决定撤销、变更或者确认该具体行政行为违法；《行政诉讼法》第 54 条规定对行政处罚明显不当的，人民法院可以判决变更。

（3）受益权。这是指行政相对人通过行政主体的积极行为而获得各种利益及利益保障的权利。其利益包括财产利益、人身利益和其他各种利益。受益权利可分为三类权利类型，保障性受益权、发展性受益权和保护性受益权。

第一，保障性受益权。是指因行政主体提供特别和其他条件的保障而得到受益的权利。主要包括基本生活水平的受保障权、特定群体福利优先的受保障权、劳动就业和劳动安全受保障权、义务教育的受保障权、参加基本社会生活的受保障权。

第二，发展性受益权。是指因行政主体提供各种条件而发展自身利益的权利。主要包括符合条件者有受行政许可的权利、受到行政奖励的权利、从事某种生产经营活动而受政策优先的权利、得到行政指导的权利。

第三，保护性受益权。是指行政相对人的各种合法权益在受他人妨碍、侵害时，受行政主体保护的权利。包括在紧急情况下受行政主体救助的权利、合法权益受他人侵害后请求行政主体予以处理的权利、合法权益受行政主体确认的权利。

（4）自由权。是指一切合法权益和自由的核心是行政相对人一切合法权益和自由应排除行政主体的妨碍，不受其非法侵害，这种权利不是一种具体权利，而是抽象各种权利和自由的共性而产生的一种权利。自由权与受益权的区别在于自由权是受益权的一种前提，只有享有自由权，才能行使受益权。自由权消极地要求行政机关不作为，不要侵害行政相对人的合法权益；而受益权则要求行政机关积极作为，履行其义务，为行政相对人提供利益。

我国行政相对人享有的自由权主要包括：自主享有各种合法权益和自由；国有企业（事业单位）的经营、管理自主权；排除行政主体非法侵害的权利，如《行政处罚法》第 56 条规定，相对人对行政处罚机关不出具省级以上财政部门统一制发的罚款收据时，可拒缴罚款，农民拒绝政府乱摊派的权利等；合法权益受侵害后获得赔偿的权利。

（5）程序权。行政相对人参与的与行政活动相关的程序大体可分为行政程序和救济程序。行政程序可分为行政立法程序和行政处理程序，而救济程序又可分为行政申诉程序、行政复议程序和行政诉讼程序。

行政相对人在行政程序中享有的权利主要有：

其一，了解权。这是指行政相对人享有了解行政主体相关资料和信息的权利。又可分为广义的了解权和狭义的了解权。广义的了解权是指对所有公民、法人和其他社会组织都有权了解行政主体的相关资料和信息；狭义的了解权是指特定行政程序中的相对人为了保护自身的利益，有权了解行政主体、行政程序的相关资料和信息。

其二，提出申请的权利。这是行政相对人为自身利益而向行政主体提出为或不为一定行政行为的相应申请的权利。

其三，获得通知的权利。行政程序中的行政相对人有权了解行政程序的过程及自身享有的特定权利，行政主体有告知义务。

其四，评论权。对特定的行政立法、行政程序，行政相对人有权发表意见和建议。

其五，申请回避的权利。对行政程序中的公务人员，行政相对人如果认为可能涉及回避的事项，可申请回避。

其六，举证的权利。公民行政相对人可在行政程序中为证明自己的主张提出相关证据加以证明，这个权利同时往往也是行政相对人在行政程序中的一种义务。

其七，辩论权。行政相对人在可能受到行政主体不利影响时，可以申辩和发表自己的意见。

其八，程序抵抗权。抵抗权是指当行政机关作出严重违法的无效行政行为时，行政相对人可以拒绝服从，行使抵抗权。《行政处罚法》关于拒缴罚款的规定就是典型的代表。

行政相对人在行政救济程序中享有的程序权利大致有：①被行政主体告知救济途径和方法的权利；②提出申诉、复议和诉讼的权利；③委托代理人的权利；④申请回避的权利；⑤陈述和辩论的权利；⑥上诉的权利；⑦申请执行的权利等。

六、行政相对人的义务

在行政法律关系中行政相对人享有权利，同时亦要承担义务。关于行政相对人的义务及违反义务的责任，大陆学者探讨得比较少。我国台湾地区把行政相对人的义务称为当事人的协力义务。行政相对人的协力义务主要包括行政程序中的协力义务和行政诉讼中的协力义务。

行政程序中的协力义务可以包括行政程序法上的一般协力义务和特别法上的特别协力义务。有学者认为应当区分行政程序中当事人的协力义务和协力负担两个概念。当行政程序法上规定当事人应该做或者不得做某一行为时，如果同时直接规定或者由特别法规定违反时的法律责任的，属于协力义务；如果没有规定违反时的法律责任的，则属于协力负担。区分协力义务和协力负担的目的，在于防止随意将负担上升为义务，从而对参与人施加法律责任。① 不过这一区分缺乏学理上的论证，有待进一步商榷。

关于行政程序中的协力义务的内容，有学者概括为相对人的诚信义务和参与人的配合义务两大类。相对人的诚信义务包括证明义务、宣誓义务、保证义务和不得反悔义务。违反这些义务，相对人将承担行政或者刑事法律责任或者其他不利后果。这些义务之间存在一定的逻辑关系，在能够证明的情况下适用证明义务，在不能证明的情况下适用宣誓义务；证明义务和宣誓义务所针对的是在行政机关作出之前的事项；保证义务和不得反悔的义务所针对的是行政机关作出之后的事项。参与人在行政程序中负有配合行政机关使行政程序得以继续的义务，即配合义务。参与人的配合义务的内容更为广泛，包括：①容忍义务，不得妨碍公务、不得抵抗的义务、不得故意拖延程序的义务；②作为义务，配合查清事实、说明情况或陈述的义务、作证的义务，亲自到场、参与的义务，承担有关费用的义务等。②

归纳而言，行政相对人在行政程序中的义务包括以下几方面：

---

①② 叶必丰、李煜兴：《行政程序中参与人协力义务的实定法比较》，载《2005 年第七届两岸行政法学术研讨会论文集》。

（1）协助公务执行的义务。行政相对人有义务协助行政主体及公务人员执行公务。比如配合行政主体的调查，为执行公务提供便利条件和设施等。德国《行政程序法》第26条第2款规定，参与人应参加事实的调查，参与人尤其应提供知道的事实和证据。

（2）提供真实信息的义务。尤其是在依申请的行政行为中，申请人有义务提供真实的信息。由于许多行政许可或行政登记只进行形式审查，行政主体不可能对申请人提交的材料的真实性进行审查，因此如果申请人提交材料虚假，则行政许可或登记必须予以撤销，且申请人不得主张行政赔偿。① 我国《行政许可法》第31条规定，申请人申请许可，应当如实向行政机关提交有关材料和反映真实情况，并对其申请材料实质内容的真实性负责。

（3）遵守行政程序的义务。法定的行政程序不仅行政主体应当遵守，行政相对人亦应遵守，包括法律法规规定的程序、手续、期限等。如果不遵守法定的行政程序，比如不按时纳税，不在法定期限内申请商标权的续展，不提供法定的申请材料等，还可能承担一定的法律责任。

（4）接受监督和调查的义务。行政主体为了对案件进行调查，可能会进行询问、讯问、勘验、鉴定以及抽样调查等，行政相对人对合法的调查行为应当予以配合。我国《税收征管法》第57条规定，税务机关依法进行税务检查时，有权向有关单位和个人调查纳税人、扣缴义务人和其他当事人与纳税或者代扣代缴、代收代缴税款有关的情况，有关单位和个人有义务向税务机关如实提供有关资料及证明材料。

以上这些义务并不是行政法律关系中行政相对人所要承担的全部义务，实际上现实生活中行政相对人承担的义务是非常多样化的，行政主体也可以在法律的框架内为行政相对人设定一定的义务，但必须符合法律保留原则，即这种义务的设定不能侵害行政相对人的合法权益。我国台湾地区有学者认为，在法律没有特别规定时，应当考量其行政程序法第36条的职权调查原则，界定当事人的一般协力义务，应当把握以下标准：第一，当事人承受此等负担的范围限于得以支配、认识者；第二，负担的课予不得逾越期待可能性与比例原则容许的范围；第三，在没有法律明文授权的情况下，行政机关不得仅为减轻自身的工作负担而要求当事人协力并使其因此承受不利益。如果法律对当事人在行政程序中的协力义务进行了特别规定，且仍由行政机关主导行政程序时，就应当按照比例原则权衡课予协力义务的正当性根据与当事人所遭受的不利益之间的关系，从而划定协力义务的界限和当事人违反义务的法律效果。如果法律拟由当事人和行政机关共同形塑行政程序，并因此使当事人承担部分责任，则应当按照具体涉及的行政领域来决定其应当遵循的不同宪法要求。②

违反程序中的协力义务主要会产生以下几种法律效果：①作出对其不利的行政决定。比如行政机关在作出行政处罚决定前，根据行政程序法的要求，让当事人提供必要的文书资料，如果当事人拒不提供，则可能因为未能积极主张对其有利的证据而承担被

---

① 《行政许可法》第69条第2款规定："被许可人以欺骗、贿赂等不正当手段取得行政许可的，应当予以撤销。"

② 陈爱娥：《行政程序制度中之当事人协力义务》，载《2005年第七届两岸行政法学术研讨会论文集》。

处罚的后果。②直接课以行政处罚。③行政强制。

而行政诉讼中的协力义务，是程序合作主义理念的要求，它要求所有参与行政诉讼程序的当事人，分工合作、彼此协助，以便用最小的人力和物力，作出最正确的行政诉讼法律关系。协力义务的内容主要包括：①起诉事项的明确性与完整性；②积极促进程序的协力，包括及时主张的协力、及时到场的协力、真实陈述的协力。

德国和我国台湾地区学者认为，违反上述协力义务的效果主要包括：①职权调查的限缩。德国《行政诉讼法》规定，如果当事人违反协力义务，法院就无义务再去执行广泛而充分的调查。②证据力要求的降低。即负有证明负担的一方当事人，虽然还无法说服法院相信他的主张，但若对方不提供足够的协力来提出其应当提供的有关证据或事项，则可降低对负有证明责任的一方的证明力要求。③心证的形成。若待证事实属于负有协力义务的人的证明责任，若其不履行协力义务，则可能使法院形成对其不利的心证。我国台湾地区行政诉讼法第 165 条规定，当事人无正当理由不从提出文书之命者，行政法院得审酌倾向于认他造关于该文书之主张或依该文书应证之事实为真实。④举证责任的调整。《德国租税通则》第 159 条第 1 项和《巴伐利亚州公务员法》第 56 条第 1 项规定，行政诉讼当事人违反了协力义务，会造成举证责任的倒置。⑤程序失权。如果行政诉讼当事人违反协力义务，而没有在合理可被期待的时间内提出主张和证据，那么裁决机关根据程序失权的法理，可不必理会他延迟提出的主张或和证物，以便促进诉讼程序的有效进行。⑥费用的承担。台湾地区行政诉讼法第 99 条规定，因可归责于参加人之事由致生无益之费用者，行政法院得命该参加人负担其全部或一部。①

而在行政复议、行政申诉等救济程序中，一般也认为行政相对人应当明确申请请求、积极配合和促进程序进行。

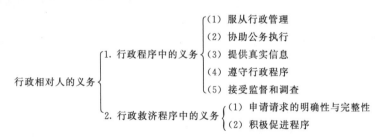

图 6-1　行政相对人的义务

✤ 小结提升

由于行政法律关系各方主体的地位往往是动态的，因此在界定行政相对人时，应当首先识别法律关系为何，然后判断该主体在这一法律关系中的地位和作用，而不能单纯根据其外部属性就断然作出结论。比如，在内部行政关系中公务人员处于被领导和管理的地位，成为内部行政相对人；而在行政管理关系中，行政机关也可能因为处于被管理的地位而成为行政相对人。在行政法制监督关系中，行政相对人往往又是监督主体，而

---

① 蔡志方：《论行政争讼程序上的当事人协力义务》，载《2005 年第七届两岸行政法学术研讨会论文集》。

在行政救济法律关系中，行政相对人则扮演着行政救济申请人的角色。行政相对人的权利是一个不断发展完善的体系，随着行政民主化潮流趋势的加深，行政相对人必将在行政法律关系中发挥更加重要而活跃的作用，其权利也将不断得以拓展，现行的分类标准也很可能被修正，这是学习者必须注意的问题。此外，现代社会权利保障的理念要求在设定行政相对人的义务时必须格外慎重，遵守法律保留原则，同时必须对违反各种义务所导致的法律效果加以认真研讨。

[本章阅读文献]

1. 罗豪才、崔卓兰：《论行政权、行政相对人权利及相互关系》，《中国法学》，1998 年第 3 期。

2. 刘飞宇：《论听证当事人》，《中共浙江省委党校学报第三期》，2002 年第 3 期。

3. 莫于川：《全民法治实践的参与权利与责任——依法治理主体问题研究》，《河南政法管理干部学院学报》，2003 年第 5 期，《人大复印报刊资料·法理学、法史学分册》，2004 年第 1 期转载。

4. 李元起、郭庆珠：《行政相对人要求平等对待权初探》，《法学家》，2004 年第 6 期。

5. 李卫华：《论行政相关人》，《行政法学研究》，2005 年第 1 期。

[相关链接]

1. 关于"行政相对人"的概念。（见："中国宪政网"）
2. 关于公众参与行政管理的理念。（见："中国宪政网"）

第三编　行为与程序论

导言：本编讨论的是广义的行政行为及其程序，涉及的内容非常多，是全书的重点和难点。行政主体执行公务的行为包括行政行为和其他行为，本编首先系统地介绍讨论了行政行为理论及其发展趋势，在此基础上分析了行政立法、制定其他行政规范性文件等抽象行政行为以及行政许可、行政确认、行政检查、行政处罚、行政强制措施、行政强制执行、行政征收、行政征用、行政给付、行政奖励、行政裁决、行政仲裁等具体行政行为，还分析了行政合同、行政指导、行政规划等行政主体实施的其他行政管理行为。行政机关实施的这些具有或者不具有国家强制力的、刚性或者柔性的行政管理行为，构成了一个多元化和多层次的行为体系。本编还专章研讨了现代行政程序法制的有关问题，以适应行政程序法治快速发展的客观要求。历史经验警示人们，所谓行政行为必须合法，就包括了必须符合行政程序法。在这一章首先探讨了行政程序的概念、特征、基本原则、分类等行政程序理论问题，在此基础上逐一讨论了行政程序的启动、回避、调查、证据、说明理由、陈述意见、听证、简易程序、紧急程序、信息公开等行政程序制度。行政行为指行政主体行使行政职权实施行政管理而作出的能够产生行政法律效果的外部行为。一般认为行政行为是德国法的特殊贡献。这是因为，虽然此概念源于法国，但1826年引入德国法学后被普遍接受和采用，成为德国行政法学的核心概念；第二次世界大战之后，行政行为在德国成为法律概念，1976年《德国行政程序法》第35条使其成为一个普遍认知和使用的法律概念；此后，许多国家都引入行政行为概念加以运用，其影响非常广泛。但是，随着许多新的行政管理行为方式进入行政管理过程，德国式的行政行为概念正发生重大变化，今后的趋势是逐渐演变为包容性更强的广义行政行为概念，行政机关更多、更规范地采用非强制的行政管理行为。

第七章　抽象行政行为

引例　*乔占祥诉铁道部铁路旅客票价管理案*

1999 年 11 月 8 日，原国家计委以计价格（1999）1862 号文件向国务院请示关于对部分旅客列车运价实行政府指导计价的有关问题。在该请示中请示了"允许部分铁路客运票价适当浮动"，包括"允许客流较大线路、经济发达地区线路和春运、暑运、节假日客运繁忙线路的铁路旅客票价适当上浮"等问题。并请示拟将原由国务院行使的制定和调整铁路客运票价的审批权部分授予国家计委的有关问题，包括"跨局行使的旅客列车，由铁道部负责确定浮动的区域、线路和时间，报国家计委批准后实施"等请求授予权限的问题。1999 年 11 月，铁道部以铁财函（2000）25 号"关于报批部分旅客列车政府指导价实施方案的函"向国家计委上报，拟定对部分旅客列车实行政府指导价，其中包括在春运期间实行票价上浮的有关实施方案，如涨价起止时间、涉及的铁路局、涨价条件及幅度等。2000 年 11 月 8 日，国家计委依据国务院的授权，以计价格（2000）1960 号"关于部分旅客列车票价实行政府指导价有关问题的批复"批准了铁道部的上述实施方案。2000 年 12 月 21 日，铁道部根据国家计委计价格（2000）1960 号批复作出"通知"。该通知确定 2001 年春节前 10 天（即 1 月 13 日至 1 月 22 日）及春节后 23 天（即 1 月 26 日至 2 月 17 日）北京、上海铁路局、广州铁路（集团）公司等始发的部分直通列车实行票价上浮 20％～30％。为此，乔占祥于 2001 年 1 月 17 日、22 日分别购买的 2069 次列车到磁县、邯郸的车票共计多支付 9 元。乔占祥认为，铁道部的通知的作出违反法定程序，依据《铁路法》、《价格法》有关规定，制定火车票价应报经国务院批准，而铁道部未经该程序审批，同时，依据《价格法》有关规定，票价上浮应召开价格听证会，而铁道部未召开听证会，故请求法院判决撤销"通知"。

上述案例带给我们的思考是：根据抽象行政行为和具体行政行为的区分标准，铁道部"通知"的性质属于前者还是后者？

☞ 概述

抽象行政行为与具体行政行为是关于行政行为最主要的分类。对于抽象行政行为，应把握其概念、特征、分类等基本问题，以及它的制定程序、法律效力、监督审查、适用规则等，其中的关键是要把握行政立法的一些相关问题。在我国，目前有关抽象行政行为的主要法律渊源包括《立法法》、《行政法规制定程序条例》、《规章制定程序条例》、《法规规章备案条例》。

♨ 方法

对于抽象行政行为，学习者最需要重点掌握的，是其效力、监督与适用问题，其中监督问题是关键中的关键。掌握这些内容，不能仅仅停留在理解和记忆法律上的规定，而应着重于通过梳理总结，把握这些规定内容的内在规律。

❖ **教学内容**

一、抽象行政行为概述

（一）抽象行政行为的概念和特征

抽象行政行为——指的是行政主体针对非特定对象制定具有普遍的束力的、可以反复多次适用的行政法规、规章以及其他行政规范性文件的行为。

抽象行政行为与具体行政行为这一对概念的产生，与《行政诉讼法》的颁布有关。由于《行政诉讼法》正式使用了具体行政行为这一概念，理论界便提出抽象行政行为的概念与之相对应。这两类行为的区别主要在于两点：一是适用对象，抽象行政行为适用于不特定对象，而具体行政行为适用于特定对象；二是适用次数，抽象行政行为一经制定便可反复多次适用直至其失效，而具体行政行为只是一次性的处理，不能多次适用。

对于抽象行政行为，可从动态和静态两方面进行考察分析：从动态方面看，抽象行政行为是指国家行政机关针对不特定的人和不特定的事制定具有普遍约束力的行为规则的行为；从静态方面看，抽象行政行为是指国家行政机关针对不特定的人和不特定的事制定的具有普遍约束力的行为规则，包括行政法规、行政规章和其他具有普遍约束力的决定、命令等。

概括起来，抽象行政行为的基本特征如下：

第一，对象的不特定性。抽象行政行为以不特定的人或事为行政对象，即它针对的是某一类人或事，而非特定的人或事，所以带有一种普遍性的特征。

第二，可反复适用性。内容的可反复适用是抽象行政行为的明显特征，也是区别于具体行政行为的一个显著标志。所谓抽象行政行为可以反复适用，主要是其内容可以反复适用，即该抽象行政行为对于同一对象或同类对象可以多次反复适用并产生同样的效力。

第三，不可诉性。抽象行政行为不可诉是目前我国的抽象行政行为的一个特点。随着行政法治化进程的发展，这一特点将发生深刻改变。例如，我国《行政复议法》第 7 条已将部分抽象行政行为即行政规范性文件纳入附带行政复议审查的范围，今后条件成熟时将其纳入附带司法审查范围看来也只是时间早迟的问题。

（二）抽象行政行为的分类

抽象行政行为依据不同的标准，有不同的分类。理论界比较认同而且比较方便实用的分类方法，是以抽象行政行为的规范程度与效力等级为标准所作的划分，即行政立法行为和制定其他规范性文件的行为；还有以抽象行政行为的权力来源不同为依据，将其分为依授权制定行为规则的行为和依职权制定行为规则的行为；等等。这里重点讨论行政立法行为与制定其他规范性文件的行为。

第一，行政机关的行政立法行为。关于行政立法行为，按其效力等级可以分为制定行政法规的行为和制定行政规章的行为；从制定的机关来分，则可以分为国务院制定、发布行政法规，国务院各部委和直属机构制定、发布部门规章，省、自治区、直辖市、较大的市的人民政府制定、发布地方政府规章。

第二，制定其他规范性文件的行为。这一行为是除以上制定行政法规、规章以外，各级各类人民政府和职能部门针对广泛的、不特定的对象制定的具有普遍约束力的规范性文件的行为。例如，某县人民政府及其职能部门在本行政区域内发布具有普遍约束力的决定、命令。

其他规范性文件——是指行政机关及被授权组织实施法律和执行政策，在法定权限内制定的除行政法规和规章以外的决定、命令等普遍行为规则的总称。

（三）抽象行政行为的合法要件

抽象行政行为的成立并不意味着必然合法有效。同具体行政行为一样，抽象行政行为也同样存在着合法与不合法的问题。目前，关于行政行为的合法要件的构成，得到广泛认同的有三要件说，即行为主体合法、行为内容合法和行为程序合法。抽象行政行为是一种行政行为，它的合法成立就要遵循行政行为合法成立的一般要件，即行为的主体、内容和程序三个方面必须合法。尽管一些行政法学者也提出过四要件说、五要件说、甚至六要件说，但主要的、实质性的合法要件仍可大致归结为上述三个方面。

二、行政立法行为

行政立法是最为重要的一类抽象行政行为，是学习者掌握的重点，在这里我们集中对行政立法的几个基本问题做一介绍。

（一）行政立法的概念

"行政立法"一词在不同的场合有不同的用法，有人用"行政立法"泛指一切制定行政法的活动，包括国家权力机关制定涉及国家行政管理的法律规则的活动，以及国家行政机关在其职权范围内制定抽象性行政规则的活动；也有人用"行政立法"特指国家最高权力机关制定有关国家行政管理的法律以及地方国家权力机关制定有关国家行政管理的地方性法规、自治条例和单行条例的活动。

但在我国行政学理论中，"行政立法"一词有其特定的含义，它是指一定范围内的国家行政机关依法制定抽象行为规则的活动，类似于一些西方国家所称的委任立法。

在前面一种理解中所界定的"行政立法"，更加确切地讲，应当被称为"立行政法"、"与行政管理有关的立法"。

对于行政立法属于国家行政机关的职权活动这一点，学者们没有什么争议；但在有权进行立法活动的行政机关的范围上，学者们的观点不尽相同。但多数学者认为，行政立法是指国家行政机关依法定权限和法定程序制定行政法规、行政规章的活动。按照《立法法》的规定，在我国有权实施行政立法的行政机关包括：国务院及其各部委和有权的直属单位，省、自治区、直辖市和较大市的人民政府。

（二）行政立法权的性质与来源

行政立法权的性质是行政法学理论中颇多争论的问题，这个问题的关键在于，行政立法权是行政权还是立法权？有的学者提出，应把"法"和"法律"区别开来："法"是国家制定或认可并以国家强制力保证实施的调整社会关系的所有规范，包括宪法、法律、法规与规章等；而"法律"仅指由全国人民代表大会及其常委会制定的调整重要社会关系的规范。"立法"如果仅指"法律"，则立法权只能由全国人大及其常务委员会享有；但如果"立法"指制定所有法的规范，则立法权不仅全国人大及其常务委员会可以享有，地方权力机关及国家行政机关也可以享有。由于将"法"区别于"法律"，因而，行政立法既有立法的性质，是一种立法行为，又具有行政权的性质，是一种抽象行政行为。

　　行政立法权的来源包括两个方面：一是行政组织法的规定，二是单行法律、法规的特别授权。然而，法律为什么要授予行政机关行政立法权呢？这就涉及行政立法权事实上的来源问题。从"依法行政"的理想状态而言，法律最好能对一切行政现象预先加以详尽地调整，行政机关及其工作人员只需机械执行法律即可，不准在行政活动中介入行政组织和个人的意志。但是，由于行政现象的复杂性，上述理想状态是不可能存在的。这必然要求给予行政主体自由裁量权，否则，国家机器就难以正常运转。行政机关行使自由裁量权管理不特定的人和事的结果，便产生了行政立法文件以及其他行政规范性文件。从这个意义上讲，行政立法权是从行政机关的自由裁量权中派生出来的。行政机关享有自由裁量权是行政立法权得以存在的基础。

（三）行政立法的分类

　　我国行政法学者对于行政立法主要有以下几种分类方法：

　　（1）职权立法与授权立法。职权立法是行政机关依照宪法和行政组织法规定的权限所进行的立法。授权立法是行政机关根据宪法、组织法之外的其他单行法律、法规或国家权力机关、上级行政机关通过的决议、决定的授权所进行的立法。有一些学者认为，所有的行政立法都是授权立法，行政机关不能直接根据组织法规定的职权进行立法，组织法的规定只是为行政机关进行立法提供了一种可能，具体到某项法规、规章的制定，还须有法律的明确授权，使这种可能付诸实现。

　　（2）执行性立法与创制性立法。执行性立法是指行政机关为贯彻实施国家权力机关制定的法律、法规而制定和发布该法律、法规的实施办法、实施细则的活动。执行性立法的特点是不创制新的权利义务，而只是进一步明确法律、法规既定之权利义务的含义、界限和适用范围，以增强法律、法规的可操作性。创制性立法是指行政机关根据法律的授权，就法律未规定的事项进行立法，创制新的权利义务规范的活动，创制性立法多属职权立法。

　　创制性立法是中国客观存在的行政活动，试图取消创制性立法是不现实的。但是，创制性立法应当如何体现和贯彻依法行政原则，则是一个亟待中国行政法学界认真研究解决的问题。

　　（3）执行性立法、补充性立法、自主性立法和试验性立法。执行性立法是指以执行法律或上级机关发布的行政立法文件为目的的行政立法。此类立法在名称中一般带有"实施办法"、"实施细则"的字样。补充性立法是指以补充法律、法规或规章为目的的行政立法。此类立法在名称中一般带有"补充规定"、"补充办法"之类的字样。自主性立法是指不是为了实施某些法律或其他行政管理法规而制定，也不是为了补充某项行政管理法规而制定，而是对法律或其他行政管理法规未规定的事项加以规定的行政立法。此类立法依据宪法和组织法关于行政机关立法职能的规定而进行。试验性立法是指行政机关基于法律或有权机关的授权，对本应由法律规定的事项，在条件尚不充足，经验尚未成熟或社会关系尚未定型的情况下，暂时先由行政立法加以规定，待条件具备后，再正式制定法律的一种立法模式。此类立法一般在名称中有"暂行"或"试行"的字样。

（4）中央行政立法和地方行政立法。中央行政立法是指国务院制定行政法规以及国务院各部委制定行政规章的活动。地方行政立法是指省、自治区、直辖市人民政府以及较大的市的人民政府制定行政规章的活动。中国是单一制国家，从理论上说，中央行政立法的效力应高于地方行政立法。然而，由于国务院各部、委的行政地位与省级人民政府相同，因此《立法法》第82条明确规定，部门规章与地方政府规章之间具有同等效力，在各自的权限范围内施行。

$$
行政立法
\begin{cases}
以权力来源分：职权立法、授权立法 \\
以立法内容分：
\begin{cases}
执行性立法与创制性立法 \\
执行性立法、补充性立法、自主立法和试验性立法
\end{cases} \\
以立法主体分：中央行政立法、地方行政立法
\end{cases}
$$

图 7-1　行政立法的分类

（四）行政立法的权限范围

行政立法的权限范围是指行政机关在哪些事项上可以进行职权立法，在哪些事项上非经特别授权不得进行立法的界限，也即国家权力机关与行政机关在立法上的一般分工。行政立法权限范围问题的关键是确定行政机关依职权自主立法的范围，在于明确界定出应由法律来规定的领域和事项。

按照《立法法》第8条的规定，下列事项只能制定法律加以调整：①国家主权的事项；②各级人民代表大会、人民政府、人民法院、人民检察院的产生、组织和职权；③民族区域自治制度、特别行政区制度、基层群众自治制度；④犯罪和刑罚；⑤对公民政治权利的剥夺、限制人身自由的强制措施和处罚；⑥对非国有财产的征收；⑦民事基本制度；⑧基本经济制度以及财政、税收、海关、金融和外贸的基本制度；⑨诉讼和仲裁制度；⑩必须由全国人民代表大会及其常务委员会制定法律的其他事项。

在上述法律规定的情况下，行政立法的权限就基本得以廓清，也即上述事项范围不得由行政机关制定行政法规或规章加以调整。在此范围之外的事项，有可能成为行政立法的权限范围。

一般说来，关于全国性事务或涉及不同省份的事务以及涉及公民基本权利和义务的事项，地方行政机关不能立法；而对于可以由地方行政机关立法的地方性事务还应排除地方国家权力机关专属的立法范围，剩下的才是地方行政机关的立法范围。按照《宪法》、《地方各级人民代表大会和地方各级人民政府组织法》规定的一般原则，以及《立法法》的规定，凡为执行法律、行政法规的规定，需要根据本行政区域的实际情况作具

体规定的事项，属于地方事务需要制定地方性法规的事项，可以由地方权力机关在不与宪法、法律和行政法规相抵触的前提下立法，除此之外的事项可以由地方政府通过规章加以规定。

三、抽象行政行为的制定

抽象行政行为的做出，表现为行政法规、行政规章、其他规范性文件的制定，对此我们主要掌握其制定的权限与程序，其中尤以行政法规的制定最为重要。

（一）行政法规的制定

行政法规的制定主要由《立法法》与《行政法规制定程序条例》规范，主要应掌握如下内容：

（1）主体。行政法规的制定主体只能是国务院。

（2）权限。国务院制定行政法规的权限有三：①为执行法律的规定；②为执行国务院自身的职权；③为执行全国人大或其常委会授权的事项。其中，国务院根据上述第三项职权制定的行政法规，属于授权立法的范畴，具有一定特殊性，后文将对此专门阐述。

（3）立项。有权报请国务院立项制定行政法规的，是国务院下属部门。国务院法制办在汇总各部门立项申请之后，于每年年初拟订国务院年度立法工作计划，报国务院审批。

（4）起草。行政法规的起草工作，既可以由国务院的一个部门或者几个部门负责，也可以由国务院法制办负责。向国务院提交的法规送审稿，应由起草部门负责人签署，由几个部门共同起草的应由它们的负责人共同签署。行政法规的起草，应当广泛听取有关机关、组织和公民的意见，听取意见可以采取召开座谈会、论证会、听证会等多种形式。起草部门将行政法规送审稿报送国务院审查时，应当一并报送该送审稿的说明和有关材料。

（5）审查。行政法规送审稿，由国务院法制办负责审查。审查的结果按照以下方式处理：①送审稿不符合条件的，法制办可以缓办或者退回起草部门；②送审稿符合条件的，一般情况下，采用建议送审方式，由法制办主要负责人提出建议，建议起草部门将其提请国务院常务会议审议；③送审稿符合条件的，特殊情况下，采用传批方式，即由法制办直接提请国务院审批。[①]

（6）决定。决定颁布行政法规的方式有二：①采用建议送审方式的草案，由国务院常务会议审议；②采用传批方式的草案，由国务院审批。

（7）公布。行政法规由总理签署国务院令公布施行，该国务院令应载明该行政法规的施行日期。行政法规签署公布后，应及时在国务院公报和在全国范围内发行的报纸上刊登，在国务院公报上刊登的文本为标准文本。

（8）实施。原则上，行政法规应当自公布之日起 30 日后施行，但是涉及国家安全、外汇汇率、货币政策的确定以及公布后不立即施行将有碍其施行的，可以自公布之日起施行。

[①] 这里所讲的特殊情况，指的是该法规调整范围单一、各方面意见一致或者它是依据法律制定的配套行政法规。

（9）备案。行政法规在公布后的 30 日内，由国务院办公厅报全国人大常委会备案。

（10）解释。行政法规的解释分为两种情况：①法规条文本身需要进一步明确界限或者作出补充规定的，国务院各部门和各省级人民政府可以要求解释，此类解释由国务院法制办拟订解释草案，报国务院同意后，由国务院或其授权的有关部门公布。②对属于行政工作中具体应用行政法规的问题，国务院各部门的法制办和各省级人民政府的法制办可以要求解释，此类解释原则上由国务院法制办答复，涉及重大问题的由国务院法制办提出意见报国务院同意后答复。

行政法规的解释与行政法规具有同等效力。

主体──→权限──→立项──→起草──→审查──建议送审──→决定──→公布──→实施──→备案──→解释
                                传批

图 7-2　行政法规的制定流程

（二）授权制定的行政法规

根据《立法法》第 8 条的规定，有 10 类事项由法律保留，仅能制定法律。但其第 9 条又规定，对于这 10 类事项中尚未制定法律的，全国人大及其常委会可以授权国务院对此制定行政法规。例如在改革开放初期，全国人大常委会曾于 1984、1985 年先后两次授权国务院在工商税制改革、经济体制改革和对外开放方面可以制定暂行规定或者条例。国务院根据此类授权而制定的行政法规，便属于授权立法。对于授权制定的行政法规，有以下几个问题值得注意：①授权立法的范围。并非所有的法律保留事项均可授权制定为行政法规，犯罪与刑罚、公民政治权利的剥夺、限制人身自由的强制措施和处罚、司法制度便不在授权立法之列，因此，这四类事项又被称作法律绝对保留事项。②授权立法的义务。国务院应当严格按照授权目的和范围行使该项权力，不得将该项权力转授给其他机关，根据授权制定的行政法规应及时报请全国人大常委会备案。③授权立法的终止。对于已授权立法的事项，在制定法律的条件成熟时，国务院应及时提请全国人大及其常委会制定为法律，法律制定后，根据授权制定的行政法规以及该授权本身，均同时终止。例如，有关国家公务员制度的立法，国务院根据全国人大常委会的授权于 1993 年制定了《国家公务员暂行条例》，该条例实施长达 12 年之后，第十届全国人大常委会于 2005 年 4 月制定了《公务员法》，该法于 2006 年 1 月 1 日起施行，原《国家公务员暂行条例》同时废止，国务院获得的授权也自动终止。当然，国务院仍然可以依据自身职权为《公务员法》制定配套的实施法规，但在性质上它与原来的授权立法已经有所不同。

表 7-1　授权立法的若干特殊问题

授权立法的范围	犯罪与刑罚、剥夺公民政治权利、限制人身自由的强制措施与处罚、司法制度属法律绝对保留
授权立法的义务	严格按照授权目的和范围行使该权力；权力不得转授；立法须报授权规定机关备案
授权立法的终止	条件成熟时国务院应报请全国人大及其常委会立法，立法后原授权立法及授权终止
授权立法的识别	授权制定的行政法规一般称"某某暂行条例"，而普通行政法规一般称"某某条例"

（三）规章的制定

规章包括部门规章与地方政府规章两类，对其制定问题，由《立法法》与《规章制定程序条例》加以规范，在内容上与行政法规的制定比较接近。对此，我们仅就其与行政法规的制定有所不同的特殊之处，加以简要介绍。

（1）主体。部门规章的制定主体包括：①国务院组成部门；②国务院直属机构；③国务院直属特设机构；④具有行政主体资格的国务院直属事业单位。

地方政府规章的制定主体包括：①省级人民政府；②省会或者自治区首府所在市人民政府；③经济特区所在市人民政府；④经国务院批准的较大的市人民政府。

（2）立项。部门规章，由国务院部门的内设机构或者其他下属机构报请立项。地方政府规章由地方政府的下属部门或其下级政府报请立项。

（3）决定。部门规章经其制定部门的部务会议或者委员会会议决定。地方政府规章由制定它的地方政府常务会议或者全体会议决定。

（4）公布。行政规章由其制定主体的首长签署命令予以公布。部门规章签署公布后，由部门公报或者国务院公报和全国范围内发行的有关报纸予以刊登，在部门公报或者国务院公报上刊登的文本为标准文本；地方政府规章签署公布后，由本级人民政府公报和本行政区域范围内发行的报纸予以刊登，在地方人民政府公报上刊登的文本为标准文本。

（5）备案。规章应当自公布之日起 30 日内，由制定主体的法制机构依法报有关机关备案。

（6）解释。规章解释权属于规章制定机关，由其法制机构提出意见报请制定机关批准后公布。

表7-2　行政规章的制定

	制定机关	报请立项	决定	公布	备案	解释
部门规章	国务院组成部门、直属机构、部分直属事业单位	部门工作机构	部务会议或委员会会议决定	标准文本为本部门或国务院公报	公布后30日内由法制机构报请备案	由法制机构提出意见报请制定机关批准后公布
地方政府规章	省级政府和较大的市政府	政府工作部门或其下级政府	政府常务会议或全体会议决定	标准文本为地方政府公报	同上	同上

（四）其他行政规范性文件的制定

对于其他行政规范性文件的制定，目前并无统一的法律、法规加以规范，一般参照规章的制定程序执行。但必须注意的是，其他规范性文件的制定，在权限上应受严格限制，应仅限于执行以下事项：①上位法；②本级人大及其常委会的决定；③上级行政机关的命令。

四、抽象行政行为的效力

掌握抽象行政行为的效力，不仅要比较各种抽象行政行为之间的效力高低，还要将抽象行政行为与其他立法文件之间的效力加以比较。根据《立法法》的规定，在我国，包括抽象行政行为在内的各种立法文件，其效力等级可以分解如下：

(1) 宪法与法律。宪法是国家根本法，具有至高无上的法律效力，任何立法文件均不得与宪法相抵触。法律在效力上仅次于宪法，而高于其他一切立法文件。根据制定机关的不同，理论上也将法律划分为基本法律与普通法律，前者由全国人大制定，而后者由全国人大常委会制定。尽管如此，在实际上，这种分类却并不影响这些法律的效力，也就是说，无论是基本法律还是普通法律，它们在效力上仍然被认为属于同一个层次。

(2) 行政法规。行政法规的效力低于宪法与法律，而高于其他立法文件。值得注意的是，国务院根据授权制定的行政法规，在效力上实际略高于其他行政法规。这主要体现在，当此类行政法规与法律相抵触时，并不当然适用法律，而是由全国人大常委会对此做出裁决。也就是说，在特殊情况下，根据授权制定的行政法规，在效力上被认为是与法律同等的。

(3) 地方性法规。地方性法规由省级或较大市的人大及其常委会制定，其效力低于宪法、法律、行政法规。如果是较大市制定的地方性法规，其效力还低于其所在地的省级地方性法规。例如，广州市地方性法规在效力上便低于广东省地方性法规。

(4) 部门规章。部门规章在效力上低于宪法、法律、行政法规。需要注意的是，部门规章与地方性法规在效力上是平行的，并无高低之分。如果单独比较的话，部门规章的效力既与省级地方性法规平行，也与较大市的地方性法规平行，决不能认为其效力高于较大的市地方性法规。

(5) 地方政府规章。地方政府规章在效力上位阶较低，低于宪法、法律、行政法规、本级及本级以上地方性法规、上级地方政府规章。以青岛市的地方政府规章为例，其效力低于宪法、法律、行政法规、山东省地方性法规、青岛市地方性法规、山东省地方政府规章。同样需要注意的是，无论是省级的地方政府规章，还是较大的市的地方政府规章，它们与部门规章之间具有同等效力。

(6) 几类特殊的立法文件。这些立法文件之所以特殊，就在于它们可以根据法律的规定或者有权机关的授权，对上位法的规定做出变通，并在一定区域内优先适用这种变通规定。这些立法文件包括三类：自治条例、单行条例、经济特区法规。

自治条例——是规定民族自治地方自治机关的组织和活动原则、民族自治权等内容的综合性的规范性文件。

单行条例——是在民族自治权范围内规定某一方面问题的规范性文件。

经济特区法规——由经济特区所在省、市的人大及其常委会依据全国人大或其常委会的特别授权制定的适用于经济特区某一方面经济与社会管理事务的地方性法律规范。

自治条例与单行条例由民族自治地方（包括自治区、自治州、自治县、自治旗）的人大（不包括其常委会）制定，在地位上与地方性法规类似。但是，它们根据法律的规定，可以对上位法的内容加以变通，并在本区域或本民族中优先适用这些变通规定。

经济特区法规由经济特区所在省、市的人大及其常委会制定，在地位上也类似于地方性法规。但由于它们的制定源自全国人大或常委会的特别授权，因此可以在授权的范围内对上位法加以变通，并在经济特区范围内优先适用这些变通规定。

五、对抽象行政行为的监督

我国的法律规范体系，在总体上呈现出多层次、多形态的特点，极易出现下位法与上位法抵触和冲突的情况。为了保持国家法制的统一，就有必要建立专门的制度，对各种立法文件的制定加以监督。这种监督的内容，集中表现在两个方面：第一个方面是对立法文件合法性的监督，即审查其制定是否符合法定权限与程序，其内容是否符合上位法的规定，合法性审查的结果往往表现为对被审查立法文件的撤销；第二个方面是对立法文件适当性的审查，即审查其内容是否妥当、合理，适当性审查的结果往往表现为对被审查立法文件的改变。

对抽象行政行为的监督，与对其他立法文件的监督相同，一体地规定于《立法法》当中。因此，我们在此将包括抽象行政行为在内的各种立法文件的监督问题，一并加以介绍，以避免因知识体系的割裂而影响对它的准确掌握。

对立法文件的监督，按照其方式的不同，分别从批准、备案、撤销与改变几个方面来叙述。

（一）批准

批准是对立法文件的一种事前监督方式，即某些立法文件只有事先获得特定机关的批准，该文件方能生效。从目前的规定来看，下列两类机关掌握着批准立法文件的权力：

（1）全国人大常委会。自治区制定的单行条例与自治条例，须经全国人大常委会批准方能生效。

（2）省级人大常委会。自治州、自治县、自治旗制定的单行条例与自治条例，以及较大的市制定的地方性法规，须经其所在地的省级人大常委会批准方能生效。例如，武汉市人大常委会制定的地方性法规，恩施土家族苗族自治州人大制定的条例，长阳土家族自治县人大制定的条例，都需要经过湖北省人大常委会的批准方能生效。

（二）备案

立法文件的备案规则较为复杂，《立法法》对这一问题的规定也颇为琐碎。但实际上，对于备案问题，我们可以通过总结把握其内在规律。对此，我们结合实例说明如下要诀：

1. 备案找上级

所谓的"备案找上级"，是一条总的规律，意思是说一个立法文件制定出来以后，如果存在着某些国家机关，这些机关所制定的立法文件在效力上比它更高，那么，这一法律文件就有可能向这些机关备案。通过运用上述"备案找上级"的规律，可以容易地为每一个立法文件找到其可能的备案机关。以下所述几点均为这一规律的例外，运用这些例外，我们可以从已经找到的这些机关里面，剔除出一部分，而剩余的机关，就确定无误的是这个立法文件的备案机关。例如，运用这一原则可以判断，比成都市地方政府规章的效力更高的法律文件制定机关有：全国人大、全国人大常委会、国务院、四川省人大、四川省人大常委会、四川省人民政府、成都市人大、成都市人大常委会，共八个机关。

2. 人大不备案

即各级人大均不接受立法文件的备案，原因就在于各级人大并非常设的国家机关，每年会期有限，这在客观上决定了它们不可能成为备案机关。因此，如果按照"备案找上级"的规律所找到的"上级"正好是某级人大的话，那么就应当将其替换为该级人大的常委会。例如，上述成都市地方政府规章的例子，结合这一规律，其可能的备案机关剩下：全国人大常委会、国务院、四川省人大常委会、四川省政府、成都市人大常委会，共五个机关。

3. 批准当备案

即一旦某个立法文件事先已经获得了上级机关的批准，就无须再向这一机关备案了。因为，批准的监督方式，在对立法文件审查的强度上远远大于备案，如果既批准又备案，则无异于重复。此时，这一法律文件便不再向其批准机关备案，而是向比批准机关级别更高的机关备案了。例如，云南省大理白族自治州制定的单行条例，由于已经获得了云南省人大常委会的批准，此时就只需要向比云南省人大常委会级别更高的机关备案了，即只需向全国人大常委会和国务院备案。

4. 规章有例外

行政规章的例外在于，它无须向全国人大常委会备案。也就是说，它的最高备案机关只能是国务院。仍然以上述成都市的地方政府规章为例，结合这一例外，可以发现其备案机关只有：国务院、四川省人大常委会、四川省人民政府、成都市人大常委会，一共四个机关。这四个机关，就确定无误地成为成都市地方政府规章的备案机关。

按照以上规律来掌握立法文件的备案问题，看似繁琐，实则准确，其优点在于能够准确无误地确定每一个立法文件的备案机关，避免错误和遗漏。

(三) 撤销与改变

撤销或改变，是有权机关对立法文件加以审查之后的处理方式，其中撤销是合法性审查的处理结果，而改变则是适当性审查的处理结果。《立法法》对于这类问题的规定也较为复杂，我们同样可以将其总结为以下规律来理解、掌握。

1. 规律之一：领导关系下的处理

如果两个机关之间存在的是领导关系，则领导机关既有权撤销，也有权改变被领导机关的立法文件。也就是说，如果两个机关之间是领导与被领导的关系，则领导者对于被领导者的立法文件，既可以做合法性审查，也可以做适当性审查。所谓领导关系，主要存在于三类机关之间：①各级人大领导其常委会；②上级政府领导下级政府；③各级政府领导其所属部门。在以上三类机关当中，对于下级机关的立法文件，可以按照这一规律处理。

2. 规律之二：监督关系下的处理

如果两个机关之间存在的是监督关系，则监督机关有权撤销，但无权改变被监督机关的立法文件。也就是说，如果两个机关之间只是监督与被监督的关系，则监督者对于被监督者的立法文件，只能做合法性审查，而不能做适当性审查。所谓监督关系，主要存在于两类机关之间：①各级国家权力机关（包括各级人大及其常委会）监督本级政府；②上级国家权力机关监督下级国家权力机关。在以上两类机关当中，对于下级机关的立法文件，可以按照这一规律处理。

3. 规律之三：授权关系下的处理

如果两个机关之间存在的是立法授权关系，则授权机关有权撤销被授权机关的立法，乃至于撤销其授予的权限本身。也就是说，如果两个机关之间存在着立法上的授权与被授权关系，则授权者对于被授权者的立法文件，可以做合法性审查，对其授予的权力也可以进行处分。所谓立法授权关系，主要存在于两类机关之间：①全国人大及其常委会授权国务院制定行政法规；②全国人大授权经济特区所在省、市的人大及其常委会制定经济特区法规。① 则在以上两类机关当中，对于被授权机关的立法文件，可以按照这一规律处理。

4. 规律之四：批准关系下的处理

如果某个立法文件是经过批准生效的，则在此问题上将其视为批准机关的立法处理即可，而这种处理的结果是撤销而非改变。简单地说，就是经批准的立法，视为批准者的立法。例如，内蒙古自治区制定的自治条例、单行条例在经过全国人大常委会批准之后生效，那么，在此问题上将其视为全国人大常委会自己制定的立法文件对待即可，也就是说，此时只有全国人大可以撤销它。再如，自治州、自治县、自治旗制定的自治条例与单行条例，以及较大的市制定的地方性法规，在经过所在地省级人大常委会批准之后生效，那么，在此问题上将其视为省级人大常委会自己制定的立法文件对待即可，即此时只有全国人大、全国人大常委会、省级人大有权撤销它。

六、抽象行政行为的适用

包括抽象行政行为在内的立法文件的适用问题，解决的是当不同的立法文件对同一问题的规定发生冲突时，应当以哪一个立法文件为准的问题。对此，我们可以根据这些立法文件之间的关系，区分为以下三类情况处理。

（一）由同一机关制定的立法文件

如果发生冲突的立法文件为同一机关所制定、颁布，则它们在效力的位阶上自然是平行的。此时适用以下规则确定其适用：

---

① 在《立法法》出台之前，全国人大常委会也曾经做过经济特区立法授权。例如，1981年全国人大常委会授权广东省、福建省人大及其常委会，根据有关的法律、法令、政策规定的原则，按照本省各经济特区的具体情况和实际需要，制定经济特区的各项单行经济法规，并报全国人大常委会和国务院备案。

（1）特别法优于一般法。即当立法文件中特别规定与一般规定不一致时，应适用特别规定。

（2）新法优于旧法，法不溯及既往，有利溯及除外。即当立法文件中新的规定与旧的规定不一致时，原则上应适用新的规定。但同时应当遵循法不溯及既往的原则，即当旧事未结，新法已颁时，原则上不能将新法适用于旧事，否则必将破坏公民对法律的信赖。当然，法不溯及既往的原则存在例外，即当溯及地适用新法将对公民、法人和其他组织更加有利时，仍应适用新法。

（3）新的一般规定与旧的特殊规定相矛盾时，应当裁决。当立法文件中新的一般规定与旧的特殊规定相矛盾时，应当由有权机关做出裁决。至于谁是这里的"有权机关"，则一般情况下，实行"谁制定，谁裁决"的原则，唯一的例外是当制定机关是某级人大时，由于人大不是常设机关，此时应由该级人大的常委会裁决。

（二）由不同机关制定，但位阶不同的立法文件

当此类立法文件出现适用问题时，其处理方法十分简单，实行下位法服从上位法的原则。

（三）由不同机关制定，但位阶相同的立法文件

对于这类情况的法律适用问题，其处理方式相对复杂一些，对此分述如下：

（1）授权制定的法规与法律之间的冲突。授权制定的法规在位阶上当然低于法律，但由于它们的制定权来自于最高立法机关的直接授予，因此可以认为这些法规具有"准法律"的地位，与一般的行政法规或地方性法规皆有不同。因此，当这些法规与法律之间发生了冲突，难以决定其适用时，应当由授权机关加以裁断——具体是由全国人大常委会加以裁断。例如，当深圳市人大根据授权制定的经济特区法规规定对于某一税种的征收实行减免，而该规定与《税收征收管理法》的有关规定相矛盾并难以判断如何适用时，就应当报请全国人大常委会裁决。

（2）地方性法规与部门规章之间的冲突。地方性法规与部门规章之间的效力是平行的，当这两者发生冲突时，应当区分两类情况处理：①首先由国务院处理，国务院认为应当适用地方性法规的，应当做出适用该地方性法规的决定；②如果国务院认为应当适用部门规章的，则无权自行做出决定，应当进一步提请全国人大常委会裁决。从上述规定来看，《立法法》给予地方性法规的信任更多一点。

（3）规章之间的冲突。当效力平行的行政规章之间发生冲突时，无论是部门规章之间互相矛盾，还是部门规章与地方政府规章之间发生矛盾，都应当由国务院裁决。需要注意的是，尽管行政规章的种类与等级很多，但它们之间可能发生适用问题的，只有上述两种情况，在其他情况下，规章之间的冲突都无须运用这些法律适用规则来解决。例如，当省级地方政府规章与较大的市地方政府规章发生冲突时，基于上位法优先的原理，自然必须适用省级地方政府规章；而各省、各市地方政府规章之间发生冲突的情况一般不存在可能性，因为地方政府规章都只能在本区域内适用，因此不会发生同一级别、但不同地域的地方政府规章相互冲突的情况。但在某些诉讼案件中，由于案件管辖

的原因，有可能发生适用哪类地方政府规章的问题，对此，审理法院可不予引用或建议有关机关予以改变或撤消。

（4）省级地方政府规章与较大的市地方性法规之间的冲突。对于此类冲突，应当由该省级人大常委会做出裁决。

表 7-3　对各种立法文件效力、监督和适用问题的总结

文本与效力		批准与备案	改变与撤销	冲突与适用
法律	低于宪法	批准问题：①自治区条例报全国人大常委会批准②较大的市法规、自治州县条例报省级人大常委会批准备案问题：①备案找上级②人大不备案③批准当备案④规章有例外	①领导关系：若两机关为领导关系，则上级既可撤销也可改变下级立法②监督关系：若两机关为监督关系，则上级只能撤销（不能改变）下级立法③授权关系：若两机关为授权关系，则上级可撤销下级立法乃至撤销授权④批准关系：经过批准的立法视为批准者的立法对待（但审查结果仅为撤销）	①特别法优于一般法②新法优于旧法③法不溯及既往，但有利溯及除外④新一般规定与旧特别规定冲突的，由制定机关裁决（制定机关为某级人大的，则替换为其常委会）	①授权制定的行政法规或经济特区法规与法律冲突无法决定适用的，由全国人大常委会裁决②部门规章之间、部门规章与地方政府规章之间冲突的，由国务院裁决③地方性法规与部门规章冲突，国务院可决定适用地方性法规，如适用部门规章则应提请全国人大常委会裁决④省政府规章与较大的市地方性法规冲突，由省级人大常委会处理
行政法规	低于宪法、法律				
地方性法规	低于宪法、法律、行政法规、上级地方性法规				
部门规章	低于宪法、法律、行政法规				
地方政府规章	低于宪法、法律、行政法规、本级及以上地方性法规、上级地方政府规章				
自治条例、单行条例、经济特区法规	类似本级地方性法规，但可对上位法做变通规定并在本区域内优先适用				

✥ **小结提升**

抽象行政行为除了行政立法行为以外，还有一些是行政机关制定具有普遍约束力的决定、命令、规定等规范性文件的行为，它们不属于行政立法行为，而被称为制定其他规范性文件的行为。

其他规范性文件——是指行政机关及被授权组织为实施法律和执行政策，在法定权限内制定的除行政法规和规章以外的决定、命令等普遍行为规则的总称。

其他规范性文件虽然和行政立法行为同属于抽象行政行为，但二者有所不同。行政立法行为是依据宪法和法律的具体规定而进行的，程序上有较严格的要求，也较为复杂，表现形式也较为规范，名称也相对统一。[①] 从效力来看，可以成为法院审理行政案件的依据或参照，《行政诉讼法》对此作了明确规定。而其他规范性文件则有所不同：

---

① 过去很长时期里，我国的行政立法程序法制不够健全，行政立法实务中存在大量问题无法得到有效解决。2002 年 1 月 1 日起施行的关于行政立法程序的三个行政法规，即《行政法规制定程序条例》、《规章制定程序条例》和《法规规章备案条例》，有助于规范行政立法行为，促使我国的行政立法程序法制建设进入一个新阶段。

从依据上看，除国务院的其他抽象行政行为和国务院各部、委的其他抽象行政行为有严格依据外，其他行政机关的其他抽象行政行为则大多没有严格意义上的规范制定依据；而且其规范性文件的形式、名称、程序一直缺乏比较统一的要求，当然效力也因其制定机关的不同而千差万别，在行政诉讼中也不能直接作为其审理行政案件的依据或参照。对于其他规范性文件的形式，从不同的角度可作不同的划分。

从行政主体的角度来看，其他规范性文件可分为以下几种：第一，国务院规定行政措施，发布决定、命令的行为；第二，地方各级人民政府规定行政措施，发布决定、命令的行为；第三，国务院各部门和县以上各级地方人民政府工作部门针对非特定对象制定的具有普遍约束力的规范性文件的行为。

从其他规范性文件的主要表现形式来看，其他抽象行政行为可分为：第一，发布行政指令的行为；第二，发布行政命令的行为；第三，发布行政决定、决议的行为；第四，发布行政规定、办法的行为；等等。

实践证明，其他规范性文件作为行政机关的一种活动形式，对于加强行政管理、提高行政效率具有重要意义。但也应看到，在行政实务中还存在不少问题，主要表现为：不依据宪法、法律和法规而制定其他规范性文件；行政规范性文件之间及其与上位阶的行政立法之间的矛盾冲突比较严重；对其他规范性文件的监督不力，尚未建立起强有力的监督制约机制；等等。例如，有些地方的法官在行政审判中往往先以规范性文件为标准来考量案件，法律法规只是作为一种装饰；反过来，个别的学者甚至极端地认为行政立法（包括行政法规）一律不能作为判案依据。

由于其他规范性文件存在诸多问题，所以学者们主张将其纳入行政复议和行政诉讼的审查范围中。有的学者建议将全部抽象行政行为（包括行政立法和其他抽象行政行为）都纳入诉讼轨道；有的学者认为，目前将全部抽象行政行为纳入行政复议和行政诉讼的审查范围，条件尚不成熟，只能先将其他规范性文件和行政规章纳入行政复议和行政诉讼的审查范围，待时机成熟后再进一步发展；有的学者认为，将行政立法行为纳入行政复议和行政诉讼的审查范围还为时过早，可先对抽象行政行为提起行政复议，扩大行政复议的受案范围是必要的，也是可行的；也有的学者持全面否定态度，认为抽象行政行为既不能进入行政诉讼程序，甚至也不能进入行政复议程序。

随着监督救济法制发展进程，解决其他规范性文件存在的问题有了更明确的法律依据。1999 年 10 月 1 日起施行的《行政复议法》第 7 条规定，如果公民、法人或者其他组织对于其他规范性文件有异议，可在针对以此为依据的具体行政行为申请行政复议时一并提出附随审查申请。2000 年 3 月 10 日起施行的《最高人民法院关于执行〈中华人民共和国行政诉讼法〉若干问题的解释》第 62 条规定，人民法院审理行政案件，可以在裁判文书中引用合法有效的规章及其他规范性文件。所谓"引用"，必然是在审查判断其是否"合法有效"的基础上的引用，这实际上是审判机关通过司法解释赋予了自己审查判断其他规范性文件合法有效性的权力（这里姑且不论此种司法解释权力行使的合法性、正当性问题）。可见，我国关于行政复议和司法审查依据的现行法律法规和司法解释的现行规定还是比较明确的。虽然就其他规范性文件而言，暂不能直接作为审查对象和审案依据，但上述规定毕竟使得其他抽象行政行为在一定程度上开始纳入法律审查范围，意义非常重大。

[本章阅读文献]

1. 皮纯协、朱韶斌：《社会主义市场经济条件下的行政立法》，《行政法学研究》，1994 年第 1 期。

2. 莫于川：《程序的民主性：行政立法的关键》，《法学》，1995 年第 2 期。

3. 皮纯协、刘连泰：《可持续发展原则与行政立法的思路》，《法学杂志》，1998 年第 1 期。

4. 于立深：《行政立法过程的利益表达、意见沟通和整合》，《当代法学》，2004 年第 2 期。

5. 杨建顺：《行政立法过程的民主参与和利益表达》，《法商研究》，2004 年第 3 期。

6. 曾祥华：《论公众参与及其行政立法的正当性》，《中国行政管理》，2004 年第 12 期。

7. 胡建淼：《"特别权力关系"理论与中国的行政立法——以〈行政诉讼法〉、〈国家公务员法〉为例》，《中国法学》，2005 年第 5 期。

8. 温晋锋：《行政立法责任略论》，《中国法学》，2005 年第 3 期。

9. 胡锦光：《论我国抽象行政行为的司法审查》，《中国人民大学学报》，2005 年第 5 期。

10. 程竹汝：《行政法治必须解决的一个关键问题——论对抽象行政行为的监督》，《政治与法律》，2005 年第 3 期。

11. 莫于川：《红头文件设定有效期的做法值得肯定》，《检察日报》，2006 年 1 月 16 日第 6 版。

12. 韩凤然：《论抽象行政不作为及其救济》，《河北法学》，2007 年第 7 期。

[相关链接]

1. 关于抽象行政行为及其他抽象行政行为的概念。（见："中国宪政网"）
2. 美国对行政行为的司法审查。（见："中国宪政网"）

第八章　具体行政行为概述

引例　*乐清市三轮车纠纷案*

　　1999 年温州乐清市政府召开的一次协调会议决定，在乐成镇、虹桥镇再投放一批三轮车牌照，一是以拍卖的形式投放新车，二是对原来只允许在夜间营运的"夜市车"改发白天也可以营业的"白证"。这两种车被车夫们称为"新车"，而此前投放的可日夜运营的车被称为"老车"。

　　虹桥镇投放的 50 辆新车以 1 万 3 千元起拍，最终以 1 万 7 千到 2 万 4 千不等的高价成交。而 150 辆"夜市车"车主在交纳了 1 万 3 千元上牌费、35 元牌证费、50 元缝布费、10 元喷漆打印费、7 元工本费、20 元每月的管理规费后，也终于实现了自己可以在太阳下蹬车赚钱的愿望。乐成镇的价格则更高，100 辆新车以 3 万元价格起拍，最终成交则高达 37 500 元到 40 500 元。《乐清市乐成人力三轮车上路额度单拍卖规则》上规定："本次拍卖的营运牌照有效期为四年。"

　　2003 年 8 月 6 日，乐清市公安局、乐成镇政府联合发布通告决定收回四年前发出的一批人力三轮车牌照使用权。所给仅是每辆 768 元的车身补偿。逾期不交的，"所有牌证作废，并一律按照无牌人力三轮车取缔"。在此之前，5 月 7 日虹桥镇也发出了类似公告。

　　2003 年 11 月 21 日，66 位车夫向温州中级人民法院提交了行政起诉状。其中，虹桥镇 23 名客运人力三轮车主状告乐清市公安局和虹桥镇人民政府侵犯财产权，乐成镇 43 名人力车主状告乐清公安局和乐成镇人民政府侵犯财产权。温州中院 2004 年 3 月 2 日判决维持被告的行政行为。

　　本案中，乐清市公安局、乐成镇政府联合通告的性质应如何认定？回答上述问题，需要掌握本章讲述的核心——具体行政行为的概念及其基本特征。

☞ 概述

　　具体行政行为，是当下我国行政法制和行政法学的核心概念之一，它对确定行政诉讼的受案范围具有决定意义。对此概念，最高人民法院曾经在 1991 年的司法解释中对其做出过"官方"定义，[①] 尽管这一司法解释目前已经失效，但它对具体行政行为的界定仍被认为属于经典定义之一。按照这一司法解释，具体行政行为被定义如下：

　　具体行政行为——是指国家行政机关和行政机关工作人员、法律法规授权的组织、行政机关委托的组织或者个人在行政管理活动中行使行政职权，针对特定的公民、法人或者其他组织，就特定的具体事项，作出的有关该公民、法人或者其他组织权利义务的单方行为。

　　本章有关具体行政行为的一般理论，主要围绕这一定义展开。

---

　　① 即 1991 年《最高人民法院关于贯彻执行〈中华人民共和国行政诉讼法〉若干问题的意见》（试行），一般简称为《贯彻意见》，随着新的司法解释，即 2000 年《最高人民法院关于执行行政诉讼法若干问题的解释》的颁布实施，《贯彻意见》已经失效。

♨ 方法

对于本章内容，最为主要的是掌握具体行政行为的内涵和判断具体行政行为的基本标准，即具体行政行为的四个基本特征：处分性、特定性、单方性、外部性。能否准确把握这一点，意义至关重大，关系到对整个行政法知识体系的理解和把握。

❖ 教学内容

掌握具体行政行为的基本理论，主要包括：具体行政行为的概念与特征，具体行政行为的分类，具体行政行为的成立、生效与合法要件，具体行政行为的无效、撤销与废止。

一、具体行政行为的概念和特征

具体行政行为的"官方"定义已如前述，尽管这一定义对具体行政行为的界定，向来被认为范围过窄、视野过狭，受到学术界的种种攻击，被视为一种明显"过时"的定义，但直到今天，在我国的行政诉讼和行政复议实践中，对具体行政行为的认定仍基本遵循这一定义。学术界围绕具体行政行为概念的各种论证，也仍然与这一定义紧密相关。因此，深入地分析、理解具体行政行为的这一"官方"定义，仍然是今天我们掌握具体行政行为理论的核心与起点。

把握具体行政行为的关键在于理解并掌握它的主要特征。这些特征将具体行政行为区别于非行政行为（法律行为）、抽象行政行为、内部行政行为等，从而揭示并划定具体行政行为的边界，把握这些特征对于我们后面学习行政诉讼和行政复议的受案范围具有重要意义。具体行政行为的这些主要特征，根据上述定义，可以被概括为处分性、特定性、单方性、外部性四个方面。

（一）处分性

所谓处分性，即产生处分效力的意思，即一个行为只有在做出之后，能够根据行政主体的意思表示引起行政法律关系的变动（具体表现为建立、变更或者消灭了某种行政法上的权利义务关系），它才可能属于具体行政行为。这一特征包含两个方面的含义，一方面是说，具体行政行为做出之后必将引起行政法律关系的变动；另一方面是说，这种法律关系的变动必须出于行政主体的意思表示。这两个方面缺一不可，一个行为如果缺少了其中的任何一者，都不能够被称为具体行政行为。因此，处分性是具体行政行为的首要特征，这一特征将具体行政行为区别于行政事实行为，以及行政主体实施的其他行为。

在现实中，尽管行政主体可能实施各种行为，但这些行为并不一定必然产生法律效果，即并不一定引起行政法律关系的变动。比如，行政指导行为一般就不会引起行政法律关系的变动，所谓行政指导，指的是行政主体向相对人采取指导、劝告、建议、鼓励、警示、倡议等不具有国家强制力的方式，谋求相对人的同意与协助，从而实现其行政目的的行为。较为典型的例子，如派出所在火车站张贴告示、或者广播提醒旅客注意盗贼，或者如乡政府倡议农民种植某种果树，等等。在行政指导中，由于相对人对于指导意见可以自愿地选择接受或者拒绝，行政指导对相对人并无强制的约束力。因此，仅仅是一个指导意见的做出，并不会引起行政法律关系的变动。所以，通说认为行政指导行为并不属于具体行政行为。

行政事实行为也不属于具体行政行为。所谓行政事实行为，指的是虽由行政主体所实施，但并不直接产生法律效果的行为；或者虽然引起了某种法律效果，但这种法律效果的产生只是基于法律的直接规定，而并非出于行政主体意思表示的行为。比较典型的行政事实行为是辅助性行政行为与某些行政侵权行为。例如，交警部门在路口安装红绿灯就是一种辅助性行为，因为安装红绿灯本身并不产生任何法律效果，而只有交警使用红绿灯来指挥交通的行为才有可能发生法律效果。因此，安装红绿灯的行为，就是使用红绿灯这个行为的辅助，属于一种事实行为，而不是具体行政行为。

再如，警察因违法使用警械导致公民伤亡，这属于行政侵权行为，这种行为一旦发生必然产生法律后果，即产生国家赔偿法律关系，但这种效果的产生完全源自于国家赔偿法的直接规定，而不是公安机关的意志。公安机关的意志可能是为了缉捕逃犯，或者是为了驱散人群等，并为此使用了警械，而伤人只不过是在警械使用过程中发生的一种事实，即一种构成违法的后果而已。

（二）特定性

所谓特定性，指的是具体行政行为必须是针对特定对象做出的行为。特定性这一特征主要将具体行政行为区别于抽象行政行为与其他属于立法范畴的行为，如制定法律、制定地方性法规等，后者均是针对不特定对象做出的。

判断行为对象的特定与否，决不是看这个对象的多寡，而必须看这个对象在该行为做出当时能否被确定下来。比如，抽象行政行为是针对不特定对象做出的，所谓不特定，意思就是这个行为在做出的时候并不知道它要规范的对象到底是谁，甚至这个对象有多少、有没有都可能没有确定。

无论是抽象行政行为，还是其他的立法性质的行为，它们所针对的对象都是不特定的，到头来有可能是一个多数，也有可能是一个少数，甚至可能没有。而具体行政行为则恰恰相反，它是一种将法律、法规中的规范适用到每一个具体事件中的行为，无论它针对的对象是个体还是群体，这些对象必然是确定的。比如，工商部门吊销某餐馆的营业执照，这个行为的对象就是该餐馆。

当然，关于何谓抽象？何谓具体？这是一个弹性很大、判断极难、争议不断、见仁见智的问题。在某些特殊情况下，某一行政行为做出之时，它所针对的对象（即相对人）处于不完全特定的状态，即有一部分人当时便可确定为该行为的相对人，而该行为的其他相对人在当时则尚未特定化。例如，铁道部发布春运期间部分列车车次票价上涨的通知，应当说，该通知发布时尚未对旅客的利益产生实际的影响，只有等到春运期间，某人因乘坐有关车次而购票时，才受该通知的影响而与铁道部发生切实的权利义务关系，其利益才受涨价行为的实际影响。但是，如果有一部分人每逢春节必然回家探亲，而回家探亲必须乘坐某次涨价列车，则可以断定这些人群的利益必然受到铁道部涨价通知的影响，那么，在涨价通知颁发的当时，已经可以确定这些人是这一通知的特定相对人。因此，类似这样只有一部分相对人可以确定的行为，我们仍然应当认为它属于具体行政行为的范畴，可以成为行政诉讼或行政复议的标的。

（三）单方性

所谓单方性，指的是具体行政行为是由行政主体的单方意志所决定的行为。也就是说，单凭行政主体一方的意思表示，就足以使这个行为产生效力，而不需要行政相对人的合意。对于具体行政行为单方性的理解，必须注意两个方面的问题：

第一个方面，注意对行政合同行为的理解。

行政合同——指行政主体为实现一定的行政管理目标，在意思表示一致的前提下，与公民、法人或其他组织通过合同方式，使双方在行政法上的权利义务关系产生、变更或者消灭的行为。

那么，行政合同是不是一种具体行为呢？对此我们认为，所谓的行政合同绝不是一个单一的行为，在合同缔结与履行的过程中，包含了一系列行政主体的行为，这些行为有的属于具体行政行为，有的则应当视为普通的合同行为。为什么行政主体在行政合同中的行为会存在着这样的差别呢？根本原因就在于合同双方的地位并不是完全平等的，行政主体在合同中拥有某些优越于相对方的特权。如果行政主体运用这种特权做出了某种行为，比如它基于公共利益的需要而决定单方面终止合同，这种行为是行政主体仅凭单方意志就做出来的，自然属于具体行政行为。而有些行为的做出，并不包含行政主体的上述权力因素，比如行政主体给付相对方价款的行为，这只是一般的履行合同的行为，与民事合同中买方向卖方给付价款的行为，并无本质差异，因此在性质上便不属于具体行政行为。

第二个方面，注意对行政行为中公众意见的理解。公众参与是行政法上程序正当原则的要求之一，指的是行政主体必须在实施行政活动的过程中，听取有关公民、法人或其他组织的申辩和陈述，适当吸收公众意见。那么，公众参与的结果是否改变了具体行政行为单方性的特征呢？答案是否定的。因为对于这些公众意见，行政主体仅仅是适当听取和考虑而已，而最后对于行为是否做出、行为如何做出等，其决定权仍然掌握在行政主体手中。因此，行政程序中的公众参与，并不必然意味着是行政主体与社会公众一同做出行政行为，这一因素并不影响具体行政行为单方性的特征。

对于具体行政行为的单方性特征，近年来学术界争论极大，否定的声音相当强大，争论的焦点集中于行政合同。有观点认为在行政合同中，行政主体与公民、法人或其他组织订立并履行合同的行为，即使完全建立在平等协商、意思表示一致的基础上，但由于合同的签订和履行是行政主体基于实现公共管理目的的需要，以自身职权为依托，并以开支公共资金为手段而实施的行为，因此也应视为具体行政行为。而这恰恰属于双方性的具体行政行为，并以此否定单方性作为具体行政行为主要特征之一的传统观点。

可见，对具体行政行为的单方性特征还存在广泛争论。但是，从目前的立法上来看，似乎并未完全将行政合同的全过程视为具体行政行为。例如，2002 年颁布的

《政府采购法》规定行政诉讼和行政复议是解决政府采购合同纠纷的最后机制，但其适用范围也仅限于政府采购合同缔结过程中发生的纠纷，并不适用于合同订立后履约过程中发生的纠纷。换言之，《政府采购法》并不将政府采购中履行合同的行为视为具体行政行为。因此，我们认为，目前似乎不宜将行政合同中行政方参与的任何行为均界定为具体行政行为，仍应根据其中的权力因素区别对待。因此，对双方具体行政行为的承认——也就是对具体行政行为单方性特征的否认，至少并没有在立法上获得完全肯定。

（四）外部性

所谓外部性，即具体行政行为是行政主体针对外部对象、外部事务而做出的行为。外部性的特征使具体行政行为区别于内部行政行为。所谓内部行政行为，指的是行政主体对其内部组织或个人实施的行为，说到底，就是行政主体对其内部事务的管理。按照实施对象的不同，内部行政行为可以被区分为针对内部组织的行为和针对内部个人的行为。针对内部组织的行为，如决定行政主体自身下属机构的设立、增加、减少、合并，或如对行政组织系统内部权力进行的划定、调整等，例如，某市政府决定将城建局的某项收费权划归城管局的行为，就属于内部行政行为。而针对内部个人的行为，主要表现为对人事关系的处理，如对国家公务员的奖惩、任免、培训，等等。

当然，在掌握具体行政行为的外部性特征时，切忌对内部行政行为作过于宽泛的理解。决不能把一切行政主体对其"内部"做出的事情均视为内部行政行为，而应当结合这些行为的性质加以考虑。例如，高校学生看起来是学校"内部"的个人，但高校对学生做出的行为却并不能被一律看作所谓的内部行政行为。比如高校开除学生学籍的行为，已然改变了当事人的学生身份，实际上是学校根据法律法规授权对学生实施的一种重大的行政处罚，构成了对学生受教育权的剥夺，属于具体行政行为；而高校对学生实施考勤、奖励、记过等行为，则是高校作为一个社会组织对其内部事务的管理，它在实施这些行为时所运用的权力，是高校本身所具备的，并不需要法律、法规的专门授予，并不属于行政权力，这些行为从性质上讲乃是一种社会组织内部的私行政活动，不属于公共行政范畴，行政法对此不做调整。

表 8-1　具体行政行为的主要特征

特征	处分性	特定性	单方性	外部性
具体含义	依行政主体的意志建立、变更或消灭行政法上的权利义务关系	是针对特定事项与特定人做出的行为	基于行政主体单方意志便可成立	行政主体对外而非对内实施职权
区别对象	行政事实行为	抽象行政行为	行政合同行为	内部行政行为

二、具体行政行为的分类

对于具体行政行为，可以根据不同标准做出不同分类。其中，最为常见的分类方式包括：

（一）羁束行为与自由裁量行为

羁束行为与自由裁量行为的划分标准是行政行为受法律、法规拘束的程度。

凡是法律、法规对行政行为的条件、范围、内容及方式方法作出具体而明确的规定，行政主体只能严格执行而没有多少自由裁量余地的行政行为属于羁束行为。凡是法律、法规对行政行为的条件、范围、内容或方式方法未作硬性规定，行政主体可以在法定范围内根据自己的主观意志灵活作出的行政行为皆属自由裁量行为。

划分羁束行为与自由裁量行为的意义在于：羁束行为直接涉及行政行为的合法性问题，不涉及行政机关依法享有的根据情势变化自行判断、自主行政的"特权"，因而羁束行为完全处在司法机关的监控之下；而自由裁量行为（也称为裁量行为）是行政主体在法定范围和限度内作出的，一般不涉及是否违法的问题，只涉及行政机关的判断是否准确、措施是否适当的问题。一般说来，人民法院对行政主体的自由裁量行为不能行使司法裁量权，而应从保障国家行政管理活动的活力和主动性考虑，尊重行政主体依法自主行政的权力即自由裁量权。

（二）依职权行政行为与依申请行政行为

依据行政行为启动条件的不同为标准，可将行政行为分为依职权行政行为和依申请行政行为。

依职权行政行为——是指无需行政相对人申请而由行政主体根据职权主动实施的行政行为，也称为主动行政行为。依职权行政行为由行政主体启动，这类行为如行政处罚、行政强制。

依申请行政行为——是指行政主体只能在行政相对人提出申请后才能实施而不能主动实施的行政行为。依申请行政行为需先由行政相对人提出申请，行政主体根据相对人的申请依据法律规定作出行为，这类行为如行政许可、行政裁决等。

行政行为这一分类的目的在于区别行政行为的实施条件和程序，分析作为与不作为行为的责任。依申请行政行为只有在行政相对人提出申请的前提下才能实施，如果行政相对人未提出申请或撤回申请，行政主体却作出了行政行为，这种行政行为往往是违法的行政行为。

依职权行政行为与依申请行政行为的划分对于确定行政诉讼与行政复议中当事人之间的证明责任也有意义。在行政诉讼原告起诉（或行政复议申请人申请）行政机关不履行法定职责的案件中，如果被诉（被申请）行为属于依申请的行政行为，则一般情况下原告（或申请人）必须证明其曾向行政机关提出申请的事实；如果被诉行为属于依职权行政行为，则原告（或申请人）便不承担这一证明责任。

（三）要式行政行为与非要式行政行为

行政行为意思表示的形式包括书面文字、特定意义的符号、口头语言和实际行动。行政行为以是否必须具备某种法定形式为标准，可以分为要式行政行为和非要式行政行为。

要式行政行为——是指必须具备特定形式才能产生法律效果的行政行为，如颁布行政法规或行政规章必须以政府令这种形式，行政处罚需要有行政处罚决定书，准予行政许可必须以一定书面形式给予证明等。非要式行政行为是指不要求有特定形式，只要明白表达了意思就能产生法律效果的行政行为，如口头通知、电话通知、交通警察的手势、交通信号灯的闪烁等。

书面文字和特定意义的符号有利于准确地载明行政主体的意思表示，体现行政行为的严肃性，也有利于当事人在行政诉讼和行政复议中的举证，因此，书面文字和特定意义的符号一般为行政行为的必要形式。

(四) 作为的行政行为与不作为的行政行为

依据行政行为是否改变原有法律关系为标准，可将行政行为分为作为的行政行为和不作为的行政行为。

作为的行政行为——是指行政主体积极改变法律关系的行政行为。

不作为的行政行为——是指行政主体不改变原有法律关系的行政行为，如行政主体不予答复或拒绝颁发许可证等。

也有学者认为，作为的行政行为与不作为的行政行为，其划分应以行政主体的义务是作为义务还是不作为义务，对义务的态度是积极还是消极为标准。行政主体积极履行作为或不作为义务的行为是作为的行政行为，而行政主体消极对待作为义务的行为是不作为的行政行为。[①]

三、具体行政行为的成立和生效

具体行政行为的成立与生效，解决的是不同层面的问题。所谓成立，实际上指的是一个具体行政行为的基本构成要件，即只有具备了哪些条件，我们才可以说一个具体行政行为产生了，或者存在了的问题。而效力指的是一个具体行政行为产生之后，它将在法律上产生何种效果，对权利义务关系产生哪些影响的问题。

(一) 具体行政行为的成立

一个具体行政行为之所以能够产生、存在，至少应当具备这样几个方面的必要条件：

1. 主体要件

在主体上，具体行政行为必须是行政主体做出的行为。也就是说，做出这个行为的主体应当是具备行政职权的，如果是不具备行政职权的主体实施的行为，就绝不能被称为具体行政行为，也不可能通过行政法上的救济方式来追究有关的法律责任。当然，行为成立的要件与行为合法的要件并不相同。如果一个具体行政行为要达到合法，在主体上的要求将更加严格，不但行为的实施者必须是行政主体，还要求该行政主体必须在其自身的职权范围内实施该行为。而一个具体行政行为要成立，只需要其

---

① 周佑勇：《论行政作为与不作为的区别》，《法商研究》，1996 年第 5 期。

实施者是一个行政主体，至于该行政主体有无权力实施这一行为，并不影响行为的成立。比如，某市工商部门将制售假药的商人予以拘留，由于工商部门具备行政主体资格，因此这个具体行政行为是成立的，但由于行政拘留并不属于工商部门的职权，则该行为并不合法。

除此以外，具体行政行为在主体要件上还有另外一个要求，那就是实际做出这个行为的人必须是理智健全的。如果行政主体派出的人并不具备健全理智，因而无法辨认和控制自己的行为，就算该行为是以行政主体的名义实施的，也绝对不能成立。

2. 意思要件

意思要件，指的是行政主体必须向相对人做出有效的意思表示，一个具体行政行为才能成立。因为行政主体做出具体行政行为的目的，必然在于建立、变更或者消灭某种行政法上的权利义务关系，即引起行政法律关系的变动。那么，行政主体就必须通过明确、有效的方式将这个意思表达出来，否则具体行政行为也不能成立。具体行政行为的意思表示，可能是书面的表示，也可能是口头的表示，甚至可能是动作的表示，或者是符号的表示。例如，交警指挥交通的手势，或者交通红绿灯的信号，都构成具体行政行为意思表示的方式。

3. 送达要件

送达要件，指的是行政主体必须将具体行政行为的内容送达相对人以使其知晓。如果一个行为做出之后，并未向当事人告知，则该行为也不能成立。

总之，具体行政行为的成立是对它最基本的要求。如果行为不能成立，那么，该行为本身所希望产生的法律效果就无从谈起，此时，法律上就不承认这个具体行政行为的存在。反过来，如果行为成立，也并不当然意味着这个行为就是有效的、合法的。可以这样说，行为的成立与否，解决的是这个行为有无的问题；而行为的合法与否、有效与否，解决的是这个行为是非的问题，因而这是两个层次上的不同问题。

对于具体行政行为成立与否的问题，立法上存在某些争议。《行政处罚法》第41条规定，行政机关及其执法人员在作出行政处罚决定之前，不按规定向当事人告知给予行政处罚的事实、理由和依据，或者拒绝听取当事人的陈述、申辩，行政处罚决定不能成立。从理论上看，这种情况下的行政处罚还是成立的，但由于其存在严重的违法情节，已经构成行为的无效。因此，一些学者认为这种情况属于具体行政行为的无效而非不成立，而《行政处罚法》之所以做出如此规定，应当说是立法技术上的一次失误。①

表8-2　具体行政行为的成立

主体上	内容上	程序上
实施者是行政主体，且具体实施人员意志健全	向当事人表达出效果意思	将行为内容送达当事人

---

① 可以佐证的是，这种行为虽然在实体法上被规定为不成立的行为，但在诉讼法上，根据最高人民法院颁布的行政诉讼法《若干解释》，在行政诉讼中应当被判决为确认无效，而非确认不成立。也就是说，仍然将其判定为无效的行为，回归这种行为在法律效力方面的本来面目。

（二）具体行政行为的生效和失效

1. 具体行政行为的生效

一般来说，具体行政行为成立之后，如果同时具备以下两个条件，该行为便应生效：①该行为不存在明显重大的违法情节，即不属于自始无效的行为；②该行为没有附款（附条件或附期限），或者附款的条件成就（或时间届至）。

行政行为生效的起始时间决定着行政行为何时开始产生法律效力并发生法律后果。因此，研究并明确行政行为生效的起始时间具有重要的法律意义。

（1）行政行为生效起始时间的确定，原则上应当以当事人知晓或理应知晓该行政行为为前提，因为不能要求当事人去服从和遵守一个他不知道的行政行为。因此，告知是行政行为发生法律效力的程序性要件，行政行为生效的起始时间不得早于告知行为到达相对方之时，也即当事人受领（不等于同意）该行政行为之时。

（2）行政行为的生效起始时间可以分为即时生效和延时生效两种。即时生效，即行政行为在相对人受领该行政行为之时生效。受领有本人直接受领、他人代为受领以及推定受领等多种方式。为保证告知行为的有效性，原则上应采用直接告知当事人本人，由其直接受领的方式。

（3）推定受领只能运用于两种情况：第一，行政行为所针对的特定的相对人下落不明或无法与其联系，行政行为采用了公告送达的方式；第二，行政行为的对象为不特定多数人，只能采用发布的形式广为告知。在上述两种情况下，不管相对人是否实际知晓该行政行为，均推定其知晓该行政行为，相对人不得以实际不知作为抗辩理由。

（4）有的行政行为规定了生效日期或生效的特定条件。该行政行为虽然也须相对人受领，但生效起始时间从行政行为的生效日期到来之时或特定条件成就之时起算。

（5）还有一些学者提出，行政行为效力的开始，需对相对方和行政机关加以区别。因为行政行为并非只对行政相对一方具有拘束力，对行政机关也同样具有拘束力。行政行为对相对方的效力只有经过告知、受领等程序才能开始，但对于行政机关，就无所谓告知、受领等先行程序。行政行为对行政机关生效应该和行政行为的成立一致，即行政行为一旦作出就开始产生效力，行政机关从作出决定之日起就有遵从的义务，不得随意改变。

2. 具体行政行为的失效

行政行为效力的丧失有四种原因：①行政行为违法；②行政行为不合理，有失公正；③行政行为不再适应变化了的情势；④附条件的行政行为条件消失或附期限的行政行为期限届满。

由于行政行为具有确定力并遵循效力先定原则，行政行为是否有效，除有权处置该行政行为的机关之外的任何组织和个人均无权自行解释而否认行政行为的效力，即便是有权处置该行政行为的机关，如其认为该行为无效或不再有效，也不应无视该行为的存在，而应依照法定程序作出否认其效力的明确宣示。这里有一种例外的情况，即行政行为的自动失效：当行政行为的对象不复存在，行政行为已经实施完毕或行政行为的有效期已过，以及被新的行政行为代替时，该行政行为自动失效，不需要任何机关专门作出确认其丧失效力的决定。

因此，除自动失效的情形外，行政行为效力的丧失须以有权机关作出明确的处置为前提。有权机关使行政行为丧失效力的方式一般有三种：一是确认无效；二是决定撤销；二是决定废止。

（三）具体行政行为的效力内容

具体行政行为的效力内容，就是具体行政行为生效之后，在法律上所能够产生的影响或者效果。具体行政行为的效力，主要被分解为确定力、拘束力与执行力三个方面。

第一，具体行政行为的确定力，又称公定力，也有人称之为不可变更力。行政行为确定力的作用在于保证行政行为的严肃性和稳定性。对于行政行为确定力的内容，一般认为是指行政行为一经作出，不论（不知）是否合法，便推定为合法有效，任何组织和个人都应服从；而且一经生效，非依法定原因和非经法律程序不得随意更改和撤销。[①]一些学者认为，确定力是对行政主体自身的约束，它包含三层意思：①行政行为一经作出，就有相对稳定性，不经法定程序不能改变或撤销；②行政行为一经作出，其效力不受原作出主体变动的影响，包括不受原行政人员变动的影响；③原行政主体需要改变或撤回已作出的行政行为，必须经过与作出时相同的法律程序。还有一些学者认为，确定力除指行政行为一经作出不得随意更改以外，还具有下面的含义：①行政行为有效成立后，即使其合法成立的要件尚有质疑，在经享有权限的行政机关或法院依法定程序确认无效或予以撤销前，一般必须视作合法成立的行政行为；②在行政复议和行政诉讼期间，行政行为一般不停止执行；③超过复议或起诉期限，则不得再对其提起行政复议和行政诉讼。[②]

第二，行政行为的拘束力，是指行政行为一经作出，其内容对相关人员或组织产生法律上的约束效力，有关组织或人员必须遵守和服从。行政行为的拘束力既针对行政主体，又针对相对方。就行政主体而言，行政行为一经生效，行政主体必须履行该行政行为所确定的行政主体应当履行的义务，并且，任何行政主体在原行政行为未被依法撤销或变更之前，不得作出与原行政行为相抵触的其他行政行为；就行政相对一方而言，必须接受该行政行为并履行该行政行为所确定的有关义务。

第三，行政行为的执行力，是指行政行为的强制执行力。当行政相对人不自觉履行行政行为所确定的义务时，行政主体可自行采取或请求人民法院采取强制措施，使义务得到履行。由于有一些行政机关没有强制执行权，它们必须申请法院强制执行其作出的行政行为。所以，有人主张将行政行为的执行力分为自执行力与他执行力。

---

① 由于确定力具有这样两层含义，所以也有的教科书一分为二地分别将前一层含义的内容定义为行政行为的公定力，将后一层含义的内容定义为行政行为的确定力。

② 张焕光、胡建淼：《行政法学原理》，劳动人事出版社，1989 年，第 230 页；王珉灿：《行政法概要》，法律出版社，1983 年，第 119～120 页；应松年：《行政法学教程》，中国政法大学出版社，1988 年，第 257～258 页。

表 8-3   具体行政行为效力的内容

效力	含义	后果
确定力	不可变更的效力	行为一经做出，应当推定有效，不得随意更改
拘束力	必须服从的效力	当事人应遵守，做出者应履行，不得做出矛盾行为
执行力	必须实现的效力	使用国家强制力实现具体行政行为确定的权利义务安排

四、具体行政行为的无效、撤销与废止

具体行政行为的无效、撤销与废止，实际上就是对其效力的消灭。这三种情况的共同之处在于都能够消灭具体行政行为的效力，使其效力不再存续；而不同之处则在于其构成条件有所差别，其产生的具体效果也不尽相同。具体行政行为到底是无效的，还是可撤销的，还是应当被废止的，这些差别在行政诉讼法上，将直接体现为法官对不同判决类型的选择。

（一）具体行政行为的无效

明显重大违法，或者说存在严重合法性缺陷的具体行政行为，构成无效。所谓明显重大违法，指的是该行为的违法性，严重到了一个理智正常的普通人足以识别、断定的程度。

具体而言，常见的无效行政行为主要包括这样几种情况：①要求当事人从事犯罪的行政行为，即行政行为的内容表现为要求当事人从事某种已经构成犯罪的违法活动，注意这里要求当事人从事的行为必须是足以构成犯罪的，如果它要求当事人从事的行为虽然违法，但尚未达到足以构成犯罪的严重程度，则一般认为，这只是一种可撤销的行政行为。②该具体行政行为没有任何事实根据，即该行为的做出没有任何事实基础，或者根本不以任何事实作为其根据，或者是其作为根据的事实纯粹出于主观臆想，则该行为也构成无效。如果该行为的做出是有事实根据的，只不过事实根据存在错误而已，则仍不构成无效，也只是一种可撤销的行政行为。③该具体行政行为没有任何法律依据，即该行为的做出在法律上找不到任何有效依据，则该行为也构成无效。如果该行为有一定的法律依据，只不过是适用法律错误而已，那也只是一种可撤销的行政行为。

具体行政行为无效的后果，是使得该行为自始至终不存在任何法律效力，其效力的丧失并不是从有权机关宣布其无效时开始，而是自其做出之日起就从来没有产生过任何效力。因此，理论上当事人可以拒绝履行该行为所设定的义务，可以不受时间限制地主张其无效，或者要求有权机关宣告其无效；而有权机关也可以在任何时候宣告该行为无效。如果公民、法人或其他组织的合法权益因无效行政行为而遭受了损害，受害人可以就此要求行政赔偿。

（二）具体行政行为的撤销

构成一般违法，或者明显不当的行政行为，是可撤销的行政行为。所谓一般违法，指的就是除了足以构成无效的明显重大违法之外的其他违法情形；而所谓明显不当，则指的是行政行为虽然合法，但存在明显的不合理因素。这两种情况下的具体行政行为，都是可以被撤销的。但可撤销的行为与无效的行为有着明显不同，它对具体行政行为效

力的否定受到较为严格的限制，必须经过法定程序，由有权机关做出撤销该行为的决定，才能否定其效力。

具体行政行为被撤销的后果，是使得该行为溯及地从其做出之日起丧失效力。尽管行为的撤销与行为的无效一样，最终都使得它完全丧失效力，但必须注意的是，两者在行为效力丧失的时间上是不同的。无效的行政行为自其做出之日起便完全无效，而可撤销的行为必须等到它被明确撤销之日起才完全丧失效力，而在这一时间之前，其效力仍然存在。当然，与无效的行政行为一样，如果公民、法人或其他组织的合法权益因可撤销行政行为而遭受损害，受害人同样可以要求行政赔偿。

（三）具体行政行为的废止

某些合法且适当的具体行政行为，由于特定的原因，必须被废止。构成具体行政行为废止的原因主要包括：①法律变更，即行为在做出的当时所依据的法律规范后来被修改、废止或者撤销，则该行为也就失去了其继续合法存在的基础，因此必须被废止。②情事变更，即具体行政行为做出时所依据的客观事实已经不复存在，或者虽然存在但已经发生了重大变化，则该行为也就丧失了其继续存在下去的事实根据，因此也必须被废止。③目的实现，即该具体行政行为所期望的目的已经达到了，因此没有必要继续存在下去。④公共利益，有的具体行政行为在做出之后，如果得以落实的话反而会损害公共利益，则有权机关也可以将其废止，这在行政许可中较为常见。

具体行政行为被废止的效果，是使得该行为自废止之日起丧失效力，但其在废止之日前的效力仍然存在，它在废止之前所产生的法律关系或者法律利益，仍然得到承认。如果公民、法人或其他组织的合法权益，因为具体行政行为的废止而蒙受了损失，则受损人可以要求的是行政补偿，而非行政赔偿。

行政赔偿——是指行政机关及其公务员违法行使职权侵犯公民、法人和其他组织的合法权益造成损害的，同国家给予受害人的赔偿。

行政补偿——是指在行政主体及其工作人员合法行使职权侵犯公民、法人和其他组织的合法权益并造成损失的情况下，由国家承担损失补偿责任的制度。

表 8-4　具体行政行为的无效、撤销和废止

	条件	效力	后果
无效	行为明显重大违法，如要求行为人去犯罪、行为毫无法律依据、毫无事实根据	自始不发生任何效力	可随时主张无效；随时宣告无效；可获行政赔偿
撤销	行为一般违法或明显不当	被撤销前推定为有效，撤销后溯及为自始无效	需依法定程序撤销；撤销后可获行政赔偿
废止	原有法律依据已改变；客观情况发生重大变化；行为目的已实现，无须继续存在	废止前有效；废止后无效	因信赖保护可获行政补偿

①无效：—— —— —— ——×—— ——（随时可被宣告无效，自始没有任何效力）

②撤销：＝＝＝＝＝＝＝＝＝＝×—— ——（被撤销前有效，被撤销后溯及推定无效）

③废止：————————×—— ——（被废止前有效，被废止后失去效力）

图 8-1　具体行政行为的无效、撤销与废止图示

✛**小结提升**

具体行政行为的成立、生效与合法这三个层次的问题，在理论研究上曾一度处于混乱，往往将其中的某两个问题、甚至三个问题混淆，如前文所述《行政处罚法》第41条将无效行为误以为具体行政行为的不成立。

实际上，具体行政行为的成立、生效与合法应当是三个逐次递进的问题。首先，成立解决的是一个具体行政行为的有无问题，不成立的行为在法律上视为不存在，行为成立之后才有所谓生效、合法的问题，不成立的行为与效力、合法性等问题无关。其次，生效解决的是该行为能否对法律上的权利义务关系产生影响的问题，无效的行为虽然存在，但不能对当事人的权利义务发生影响，当事人可以拒绝履行其设定的义务；但另一方面，生效的行为未必是合法的。最后，具体行政行为的合法所解决的是对行为效力的评价的问题。严重违法的行为不能产生效力；一般违法的行为当时可以产生效力，但应当被按照法定程序撤销；违法行为已经造成损害结果且无法撤销的，应当确认违法。

从另外一个角度来讲，具体行政行为从成立、生效、再到合法，其条件是逐渐严格、逐步递进的。如上文所述，行为成立的要件包括：①是行政主体实施的行为；②表达了行政主体产生法律效果的意思表示；③向当事人送达。而行为生效的条件则是：①行为是成立的；②不存在明显重大违法；③行为没有附款或所附条件成就、所附期限届至。行为合法的条件则要苛刻得多，包括：①职权合法，即具体行政行为应属于行政主体法定的职权、职责范围；②意思表示正确、真实；③依据合法，即要求具体行政行为的作出必须有法定的依据；④内容合法，即包括各种法定的实体性内容，例如具体行政行为的运用只能针对行政机关法定职责管理范围内的事项；⑤程序合法，包括法定的行为过程不能缺少、不能颠倒，符合法定期间，符合法定形式，等等。[①]

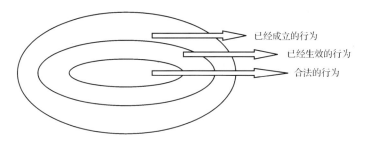

图 8-2　具体行政行为的成立、生效与合法

[**本章阅读文献**]

1. 金伟峰：《我国无效行政行为制度的现状、问题与建构》，《中国法学》，2005 年第 1 期。

2. 石佑启：《论公共行政变革与行政行为理论的完善》，《中国法学》，2005 年第

---

①　王连昌：《行政法学》（修订本），中国政法大学出版社，1997 年，第 165～166 页。

2 期。

3．方世荣：《论行政行为作为民事诉讼先决问题之解决——从行政行为的效力差异进行分析》，《中国法学》，2005 年第 3 期。

4．毛玮：《论行政行为的先定力》，《法学研究》，2005 年第 3 期。

5．江必新：《统一行政行为概念的必要性及其路径选择》，《法律适用》，2006 年第 1 期。

6．沈岿：《行政行为公定力与妨害公务——兼论公定力理论研究之发展进路》，《中国法学》，2006 年第 5 期。

[相关链接]

1．美国行政行为的程序形式。（见："中国宪政网"）

2．俄罗斯行政法关于行政违法行为的界定。（见："中国宪政网"）

第九章 具体行政行为分述一

引例 *张某等诉乡政府不履行婚姻登记法定职责案*

张珠钦（本案原告，女，住闽清县省璜乡官洋村）在丈夫亡故后与另一村村民陈梅恭（本案原告，男，住闽清县白梓乡梓山村）相好，二人希望结婚，并申请办理结婚登记。但张的再婚遭到夫家亲属的阻挠，而官洋村村委会以张债务未清偿等理由，拒绝为她出具婚姻状况证明。张多次要求仍遭拒绝，遂向闽清县人大常委会和县妇联求援，要求依法办理结婚登记以及户口粮食迁移手续。县人大常委会收到求援信后，即要求闽清县省璜乡人民政府（本案被告）依法处理，并要求县民政部门、县妇联予以支持；同时，告之张、陈可直接去找乡长等主要负责人解决问题。张、陈根据县人大常委会的答复，多次去省璜乡政府，要求解决结婚登记问题，但乡政府工作人员仍未依法给予办理结婚登记。

张、陈再次到乡政府，要求乡人民政府按照《婚姻登记办法》的规定给予办理结婚登记。乡政府工作人员重申了乡政府要等债务清偿等问题解决之后，村委会出具了证明，才能给予办理结婚登记的意见。张、陈遂以乡政府作为婚姻登记的行政机关，不履行法定职责，不给予办理结婚登记为由，向闽清县人民法院提起行政诉讼。

在闽清县人民法院审理本案期间，省璜乡官洋村委会终于出具了"婚姻状况证明"，随后陈、张到陈户籍地办理结婚登记，领取结婚证，并申请撤诉。闽清县人民法院经审查，根据《行政诉讼法》第51条之规定，裁定准予张、陈撤回起诉。

本案的主要焦点是婚姻登记属于行政许可，还是属于行政确认。婚姻登记究竟是属于行政许可还是属于行政确认，这不仅是一个实践中的问题，更是一个理论和立法上的问题。

☞ 概述

本章共分三节，主要内容是有关行政许可、行政确认、行政检查、行政处罚、行政强制措施、行政强制执行的基本理论和法律实践。上述内容是行政法制实践中最为常见、最为重要的具体行政行为，其中，行政许可、行政处罚和行政强制执行更是我国行政法目前调整、规范的主要领域。

♨ 方法

对于本章内容，学习者应当在掌握基本知识的基础上，结合具体的法律规定分析实践中的事例、案例，加深对有关内容的理解。同时应当注意运用比较的方法，分析有关行为之间的异同。

❖ **教学内容**

第一节　行政许可与行政确认

一、行政许可

(一) 行政许可的含义

行政许可——指在法律一般禁止的情况下，行政主体根据行政相对人的申请，通过颁发许可证或执照等形式，依法赋予特定的行政相对人从事某种活动或实施某种行为的权利或资格的行政行为。

我国《行政许可法》第 2 条规定，"本法所称行政许可，是指行政机关根据公民、法人或者其他组织的申请，经依法审查，准予其从事特定活动的行为"。

行政许可具有以下特征：

第一，行政许可是依申请的具体行政行为。一般来说，行政许可只能依当事人的申请而发生，行政主体不能主动作出。行政相对人提出申请，是行政许可的前提条件。

第二，行政许可是一种授益性行政行为。行政许可准予申请人从事特定活动，申请人从而获得了从事特定活动的权利或者资格，行使许可的权利并获得相关利益。

第三，行政许可存在的前提是法律的一般禁止。行政许可实际上是对法律一般禁止的解除。[①]

第四，行政许可一般为要式行政行为。行政许可应遵循相应的法定程序，并应以正式的文书、格式、日期、印章等形式予以批准、认可和证明。这种明示的书面许可是行政许可在形式上的特点。

(二) 行政许可的作用

行政许可有积极的作用，但是运用不当也会产生消极的作用。

积极的作用主要包括：控制危险，配置资源，提供公信力证明，等等。从而制止不法活动，维护社会经济秩序和生活秩序的顺利进行。消极的作用主要是可能会抑制竞争和滋生腐败。被许可人一旦取得从事某项活动的资格和能力，有了法律的特殊保护，可能会丧失积极进取的动力，没有获得许可的那部分人，即使不断进取，达到许可的标准条件，也会因对数额的客观限制等，无法再获得许可，与被许可人竞争，从而使社会发展和技术进步减少动力。由于背后的巨大利益，行政机关及其工作人员可能会利用行政

[①] 对于行政许可的性质，学界多有争论，主要有"赋权说"、"解禁说"和"折衷说"等。"赋权说"认为行政许可实际是行政相对人没有该项权利，只是因为行政机关的允诺和赋权才获得该项被许可的权利。这一学说被质疑的焦点在于许可的权利并非来自行政主体的赋予，而是在许可之前暂时不得行使而已。"解禁说"认为许可是对一般禁止行为的解除，是自由的恢复而不是权利的授予。此说得到了大多数人的认可。"折衷说"认为行政许可既是对行政相对人禁止义务的免除，又是对行政相对人权利或资格的授予。该说实则是"赋权说"的延伸，因而也存在着与"赋权说"同样的缺陷。有关讨论和本章下面一些讨论参见莫于川主编的《行政法学原理与案例教程》(中国人民大学出版社，2007 年) 第九章的阐述内容。

许可权进行贪污受贿等不法行为。

（三）行政许可的设定

表 9-1　行政许可设定的权限

	创设经常性许可	创设非经常性许可	制定具体规定	禁止设定许可
法律	√	无此情况	无此情况	中央立法无特殊禁止
行政法规	√	必要时国务院可以决定方式设定；实施后除临时性许可外，应及时提请全国人大及其常委会立法或自行制定行政法规	行政法规、地方性法规、行政规章可在上位法范围内作出具体规定，但不得增设许可，不得增设违反上位法的其他条件	
地方性法规	√	无此情况		①必须由国家统一确定资格资质的许可
省级地方政府规章	×	上位法未创设许可的，必要时省级政府规章可以创设临时性许可；该许可实施满一年需继续实施的，应当提请本级人大及其常委会制定地方性法规		②企业或其他组织的设立登记及其前置性许可 ③限制外地生产、经营、服务、商品进入的许可

（1）法律的设定权。根据《行政许可法》第 12 条规定，下列事项可以设定行政许可：①直接涉及国家安全、公共安全、经济宏观调控、生态环境保护以及直接关系人身健康、生命财产安全等特定活动，需要按照法定条件予以批准的事项；②有限自然资源开发利用、公共资源配置以及直接关系公共利益的特定行业的市场准入等，需要赋予特定权利的事项；③提供公众服务并且直接关系公共利益的职业、行业，需要确定具备特殊信誉、特殊条件或者特殊技能等资格、资质的事项；④直接关系公共安全、人身健康、生命财产安全的重要设备、设施、产品、物品，需要按照技术标准、技术规范，通过检验、检测、检疫等方式进行审定的事项；⑤企业或者其他组织的设立等，需要确定主体资格的事项；⑥法律、行政法规规定可以设定行政许可的其他事项。

根据《行政许可法》第 13 条规定，对《行政许可法》第 12 条所列事项，通过下列方式能够予以规范的，可以不设定行政许可：①公民、法人或者其他组织能够自主决定的；②市场竞争机制能够有效调节的；③行业组织或者中介机构能够自律管理的；④行政机关采用事后监督等其他行政管理方式能够解决的。

对可以设定行政许可的各类事项，法律可以设定各类行政许可。

（2）行政法规的设定权。行政法规可以在法律设定的行政许可事项范围内，对实施该行政许可作出具体规定；对可以设定行政许可的事项，尚未制定法律的，行政法规可以设定行政许可。

省、自治区、直辖市人民政府对行政法规设定的有关经济事务的行政许可，根据本行政区域经济和社会发展情况，认为通过《行政许可法》第 13 条所列方式能够解决的，报国务院批准后，可以在本行政区域内停止实施该行政许可。

（3）国务院决定的设定权。必要时，国务院可以采用发布决定的方式设定行政许可。实施后，除临时性行政许可事项外，国务院应当及时提请全国人民代表大会及其常务委员会制定法律，或者自行制定行政法规。

（4）地方性法规的设定权。对可以设定行政许可的事项，尚未制定法律、行政法规的，地方性法规可以设定行政许可。地方性法规可以在法律、行政法规设定的行政许可事项范围内，对实施该行政许可作出具体规定。

（5）地方政府规章的设定权。对可以设定行政许可的事项，尚未制定法律、行政法规和地方性法规的，因行政管理的需要，确需立即实施行政许可的，省、自治区、直辖市人民政府规章可以设定临时性的行政许可。临时性的行政许可实施满一年需要继续实施的，应当提请本级人民代表大会及其常务委员会制定地方性法规。

地方性法规和省、自治区、直辖市人民政府规章，不得设定应当由国家统一确定的公民、法人或者其他组织的资格、资质的行政许可；不得设定企业或者其他组织的设立登记及其前置性行政许可。其设定的行政许可，不得限制其他地区的个人或者企业到本地区从事生产、经营和提供服务，不得限制其他地区的商品进入本地区市场。

规章可以在上位法设定的行政许可事项范围内，对实施该行政许可作出具体规定。

法规、规章对实施上位法设定的行政许可作出的具体规定，不得增设行政许可；对行政许可条件作出的具体规定，不得增设违反上位法的其他条件。

（四）行政许可的实施程序

表 9-2　行政许可实施的一般程序

	申请与受理，审查与决定	变更与延续	听证
重要制度	①委托申请：可委托他人代为申请，但人身性许可除外 ②电子政务：行政机关有推行电子政务的义务，当事人可通过多种灵活方式（主要是电信电子方式）申请许可 ③正当程序：需核实申请材料实质内容应有2人以上进行 ④跨级上报：须跨级上报的许可，下级机关应将有关材料直接上报，上级机关不得要求申请人重复提供材料 ⑤陈述申辩：许可事项直接关系他人重大利益的，申请人、利害关系人有权陈述申辩 ⑥政务公开：准予许可的决定应公开，公众有权查阅	当事人要求变更或延续的应当申请，符合法定条件的，行政机关应当依法准予变更或者延续	①启动方式：行政机关对法定事项或其认为涉及公共利益的事项可决定听证（依职权启动）；对直接涉及申请人与他人重大利益的事项应告知听证权（依申请启动） ②公务回避：申请人、利害关系人有权申请听证主持人回避（实体回避）；行政机关应指定审查工作人员以外的人员主持听证（程序回避） ③案卷排它：行政机关应当根据听证笔录作出决定
重要期限	①补正告知期限：补正告知应在5日内1次做出，否则视为受理申请 ②决定期限：一机关决定（20日内决定，经本机关负责人批准可延长10日）；平级多机关决定（统一、联合、集中办理的45日内决定，经本级政府负责人批准可延长15日）；跨级多机关决定（下级机关应在20日内审查完毕） ③颁证期限：准予许可的，应当自决定之日起10日内颁发送达许可证或加贴、加盖标志物 ④听证、招标、拍卖、检验、检测、检疫等时间另计	①需延续的应在许可有效期届满30日前申请 ②行政机关应在许可有效期届满前决定，逾期视为准予延续	①申请期限：权利人应在被告知听证权利之日起5日内申请听证 ②组织期限：行政机关应当在20日内组织听证 ③告知期限：行政机关应于举行听证7日前告知听证时间与地点，必要时予以公告

根据《行政许可法》的规定，行政许可的实施主要包括以下程序：

（1）申请。行政许可的申请程序因申请人行使自己的申请权而开始。行政许可的申请是指自然人、法人或者其他组织等行政许可申请人向行政机关提出从事依法需要取得行政许可的活动的意思表示。申请行为必须符合以下要件：①申请行为必须向有行政许可权的行政机关提出。②申请人有明确的意思表示行为。③申请人必须提交所需的有关材料。

（2）受理。行政机关收到申请人提出的许可申请后，可以根据不同的情形分别作出以下几种处理：①予以受理。对于申请事项属于本行政机关职权范围，申请材料齐全、符合法定形式，或者申请人按照本行政机关的要求提交全部补正申请材料的，受理行政许可申请。②要求当场更正。申请材料存在可以当场更正的错误的，应当允许申请人当场更正。③限期补正。申请材料不齐全或者不符合法定形式的，应当当场或者在确定的时间内一次告知申请人需要补正的全部内容，逾期不告知的，自收到申请材料之日起即为受理。④不予受理。主要有两种情况：一是申请事项依法不需要取得行政许可；二是申请事项依法不属于受理行政机关职权范围，此时行政机关应当即时作出不予受理的决定，并告知申请人向有关行政机关申请。

（3）审查。审查程序包括形式性审查和实质性审查。形式性审查，是指行政机关对申请人提交的申请材料是否齐全、是否符合法定形式进行审查。审查合格后，行政机关能够当场作出决定的，当场就做出书面的行政许可决定。实质性审查则要审查以下几个方面的内容：①申请人是否具有相应的权利能力。例如申请律师执业证的申请人只能是参加司法考试合格的人员以及法律规定的其他人员。②申请人是否具有相应的行为能力。③申请是否符合法定的程序和形式。④授予申请人许可证是否会损害公共利益和利害关系人利益。⑤申请人的申请是否符合法律、法规规定的其他条件。

（4）听证。我国《行政许可法》规定了行政许可听证程序的适用范围和程序环节。适用听证程序的许可事项有：法律、法规、规章规定实施行政许可应当听证的事项，或者行政机关认为需要听证的其他涉及公共利益的重大行政许可事项。

听证的具体程序步骤一般分为：①申请。由申请人或利害关系人要求听证并在被告知有权要求听证之日起一定期限内提出听证申请。②组织听证。行政机关应当自收到申请人或者利害关系人听证申请之日起一定期限内组织听证。③通知有关事项。行政机关应当于举行听证前将举行听证的时间、地点通知申请人、利害关系人，必要时予以公告。④举行听证。行政机关应当指定审查该行政许可申请的工作人员以外的人员为听证主持人，审查行政许可申请的工作人员应当提供审查意见的证据、理由，申请人、利害关系人可以提出证据，并进行申辩和质证。⑤决定。行政机关应当根据听证笔录，并在法定的许可决定期限内作出是否准予行政许可的决定。

（5）决定。行政许可通常有三种决定程序：

其一，当场决定程序。如果申请人提交的申请材料齐全、符合法定形式，行政机关能够当场作出决定的，应当当场作出书面的行政许可决定。

其二，上级机关决定程序。对于某些依法应当先经下级行政机关审查后报上级行政机关决定的行政许可事项，下级行政机关在法定期限内将初步审查意见和全部申请材料报送上级行政机关，由上级机关作出许可决定。

其三，限期作出决定程序，这是最常见的决定程序。行政机关对行政许可申请进行审查后，除当场作出行政许可决定的外，应当在法定期限内按照规定程序作出行政许可决定。许可决定的期限一般都由相应法律作出明确规定。

（6）期限。行政许可期限是许可程序中一个很重要的问题，一般涉及以下几方面的规定：一是许可决定的作出期限；二是上级机关书面复查审查程序中下级机关的审查期限；三是颁发送达许可证件的期限；四是关于许可决定期限的计算。

（7）变更和延续。变更和延续是行政许可决定的后续程序。被许可人在获得行政许可后，可能因为各种原因又要求变更行政许可事项，这种情况下应当向作出行政许可决定的行政机关提出申请。行政机关审查后，认为符合法定条件、标准的，即可以依法办理变更手续。如果被许可人需要延续依法取得的行政许可的有效期，也必须在该行政许可有效期届满前一定期限内向作出行政许可决定的行政机关提出申请，由行政机关决定是否予以延期。

（五）行政许可的撤销、注销与中止

（1）行政许可的撤销。有下列情形之一的，作出行政许可决定的行政主体或者其上级行政机关，根据利害关系人的请求或者依据职权，可以撤销行政许可：①行政主体的工作人员滥用职权、玩忽职守作出准予行政许可决定的；②超越法定职权作出准予行政许可决定的；③违反法定程序作出准予行政许可决定的；④对不具备申请资格或者不符合法定条件的申请人准予行政许可的；⑤依法可以撤销行政许可的其他情形。被许可人以欺骗、贿赂等不正当手段取得行政许可的，应当予以撤销。被许可人基于行政许可取得的利益不受保护。依照上述规定撤销行政许可，可能对公共利益造成重大损害的，不予撤销。

（2）行政许可的注销。有下列情形之一的，行政主体应当依法办理有关行政许可的注销手续：①行政许可有效期届满未延续的；②赋予公民特定资格的行政许可，该公民死亡或者丧失行为能力的；③法人或者其他组织依法终止的；④行政许可依法被撤销、撤回，或者行政许可证件依法被吊销的；⑤因不可抗力导致行政许可事项无法实施的；⑥法律、法规规定的应当注销行政许可的其他情形。行政许可自注销之日起，不再生效。但行政许可的注销，效力不溯及既往，在注销日以前仍为有效。

（3）行政许可的中止。行政许可的中止是指行政许可暂时失去法律效力。能够引起行政许可中止的最重要原因之一，是被许可人有违法行为，行政主体为制止或惩罚被许可人的违法行为而采取一系列行政措施。只有在违法行为等停止、消除或行政主体实现了对被许可人的惩罚后，行政许可才恢复其法律效力。

（4）对于撤销、注销和中止行政许可的救济。行政主体依法撤销行政许可，被许可人的合法权益受到损害的，尽管行政许可的撤销是合法的，是符合公共利益的，但是，行政相对人有权请求得到相应的补偿，行政主体应当依法给予补偿。但是，因被许可人以欺骗、贿赂等不正当手段而取得的行政许可被撤销的，被许可人基于行政许可取得的利益不受保护。对行政许可的撤销、注销与中止不服的，同样适用申请行政复议和提起行政诉讼的规定。

二、行政确认

(一)行政确认的概念

行政确认——是指行政主体依法对相对人的法律地位、法律关系和法律事实进行甄别，给予确定、认可、证明并予以宣告的具体行政行为。

行政确认的特征包括：

(1)行政确认的主体是特定的国家行政机关和法律、法规授权的组织。行政主体的行政确认行为是针对法律规范规定的需确认的事项，是根据法定的条件、依照一定的程序作出的。

(2)行政确认的内容是确定或否定相对人的法律地位和权利义务。其直接对象为与这些权利义务、法律地位紧密相关的特定的法律事实或法律关系。行政主体通过确定特定的法律事实或法律关系是否存在，来达到确定或否定行政相对人的法律地位或权利义务的目的。

(3)行政确认的性质是行政主体所为的具体行政行为，其确认权属于国家行政权的组成部分。[①] 因此，行政确认行为不同于行政机关的调解行为和仲裁行为。虽然行政确认行为中的行政主体往往也处在平等主体的双方当事人之间，但其行政确认行为一般都是具有强制力的行政行为，有关当事人必须服从，否则会受到相应的处理。

(二)行政确认的主要形式和基本分类

1. 行政确认的主要形式

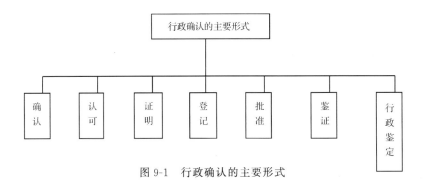

图 9-1　行政确认的主要形式

(1)确认，即对个人、组织法律地位和权利义务的确认。

(2)认可，又称认证，是行政主体对个人、组织已有法律地位和权利义务以及确认事项是否符合法律要求的承认和肯定。

---

① 行政确认与直接设定、变更或消灭相对人权利、义务的行政行为有所区别，因此许多学者将之称为"准行政行为"。

（3）证明，即行政主体向其他人明确肯定被证明对象的法律地位、权利义务或某种情况。

（4）登记，即行政主体应申请人申请，在政府有关登记簿册中记载行政相对人的某种情况或事实，并依法予以正式确认的行为。

（5）批准，即行政主体对相对人申请事项或某种法律行为，经审查后对符合法定条件者予以认可或同意的行为。

（6）鉴证，即对某种法律关系的合法性予以审查后确认或证明其效力的行为。

（7）行政鉴定，即行政主体对特定的法律事实或客体的性质、状态质量等进行的客观评价。

2. 基本分类

（1）按行为动因的不同，行政确认可分为依申请的行政确认和依职权的行政确认；

（2）按行政确认对他种行为的关系，行政确认可分为独立的行政确认和附属性的行政确认；

（3）按行政确认的对象不同，行政确认可分为对身份的确认、对能力的确认、对事实的确认、对法律关系的确认和对权力属性的确认等。

（三）行政确认与行政许可的关系

行政确认与行政许可具有紧密联系：许可与确认总是联结在同一过程中的两个具体行政行为，从某种程度上说，行政确认是行政许可的前提。但是，行政确认和行政许可至少有两个方面的不同：

（1）目的不同。行政许可是使相对人获得某种行为的权利或资格；行政确认则是确定、认可或证明相对人的法律地位和权利义务。

（2）法律效果不同。行政许可允许相对人今后具有某种一般人应禁止的权利，具有后及性；行政确认是对已有身份、能力、事实的确定和认可，具有前溯性。

第二节　行政检查与行政处罚

一、行政检查

（一）行政检查的概念

1. 行政检查的概念

行政检查——是指行政主体基于行政职权依法对公民、法人或其他组织是否遵守法律、法规及规章等方面情况进行了解的行为。

行政检查包含以下几层意思：①从检查主体来看，执行行政检查的具体行为者只能是行政主体；②从检查对象来看，被检查的是行政管理相对人；③从检查内容来看，包括是否遵守法律、法规和规章，是否执行行政决定、命令以及行政规划、行政计划的执行情况等等；④从检查程序来看，检查者实施行政检查必须依法进行。

2. 行政检查的特征（见图 9-2）

行政检查的特征 $\begin{cases} \text{是一种外部的具体行政行为，是对行政相对人的权利产生影响的行政行为} \\ \text{目的主要在于保障法律、法规、规章的实施和行政目标的实现} \\ \text{行政检查属于具体行政行为，所以行政检查要遵循一定的行政程序} \end{cases}$

图 9-2　行政检查的特征

（二）行政检查的分类

从目前理论界比较认同的分类方法看，行政检查可包括以下几种：

（1）根据行政检查对象是否确定和具体，可分为一般行政检查和特定行政检查。所谓一般行政检查，是指行政主体对不确定的一般公民、法人或其他组织是否遵守法律、法规所作的检查。而特定行政检查，是指行政主体对特定公民、法人或其他组织进行检查。

（2）根据行政检查权的来源，可以分为依职权的行政检查、依授权的行政检查和依委托的行政检查。依职权的行政检查是指行政主体依据其成立时组织法规定的行政检查权而进行的检查；依授权的行政检查是指某一行政主体依据法律、法规、规章的授权规定而进行的行政检查；依委托的行政检查是指行使行政检查权的行政主体将其行政检查权依法委托给其他行政机关或其他组织、个人行使，受托者依此进行的检查。

（3）根据行政检查实施的时间区段不同，可以分为事前行政检查、事中行政检查和事后行政检查。事前检查是指行政检查的实施在行政相对人某一行为开始之前；事中行政检查是指行政检查的实施存在于行政相对人行为开始之后尚未完成之前；事后行政检查是指相对人的行为已经完成，行政主体对这一行为或这一行为后果进行的检查。

（4）根据行政主体是否亲自到行政相对人的活动场所进行检查为标准，可以分为书面检查和实地检查。书面检查是指行政主体通过查阅书面材料对行政相对人的守法状况进行的检查；实地检查是行政主体的工作人员或者其他公务人员代表其行政主体直接到检查对象所在地对其守法情况进行现场检查。

二、行政处罚

（一）行政处罚的概念

行政处罚——是指行政机关或其他行政主体依照法定职权和程序对违反行政法规范尚未构成犯罪的相对人给予行政制裁的具体行政行为。

行政处罚具有以下的特征：

（1）实施行政处罚的主体是作为行政主体的行政机关和法律法规授权的组织；

（2）行政处罚的对象是实施了违反行政法律规范行为的公民、法人或其他组织；

（3）行政处罚的性质是一种以惩戒违法为目的、具有制裁性的具体行政行为。其制裁性具体表现在对违法的行政相对人的权益进行限制、剥夺，或对其科以新的义务。

（二）行政处罚的原则

行政处罚的原则是指对行政处罚的设定和实施具有普遍指导意义的准则。根据《行政处罚法》的规定和行政管理的实践，我们认为，行政处罚应遵循以下原则：

（1）处罚法定原则。它是行政合法性原则（或依法行政原则）在行政处罚中的具体体现和要求，指行政处罚必须依法进行。处罚法定原则包含：实施处罚的主体必须是法定的行政主体；处罚的依据是法定的；行政处罚的程序合法。

（2）处罚与教育相结合的原则。它是指行政处罚不仅是制裁行政违法行为的手段，而且也起教育的作用，是教育人们遵守法律的一种形式。《行政处罚法》第5条规定："实施行政处罚，纠正违法行为，应当坚持处罚与教育相结合，教育公民、法人或者其他组织自觉守法。"

（3）公正、公开原则。所谓公正就是公平、正直，没有偏私。公正原则是处罚法定原则的必要补充，是指在实施行政处罚时不仅要求形式是合法的，是在自由裁量的法定幅度的范围内实施的，而且要求在内容上合法，符合立法目的。所谓公开就是处罚过程要公开，要有相对人的参与和了解，以提高公民对行政机关及其实施的行政处罚的信任度，同时监督行政机关及其公务员依法、公正地行使职权，保障相对人的合法权益。

（4）保障相对人权益原则。该原则实质上是由保障相对人陈述权、申辩权和无救济便无处罚原则构成的。对于行政处罚不服的，相对人依法可以申请行政复议或者提起行政诉讼，因行政处罚受到损害的，有权提出赔偿要求。

（5）一事不再罚原则。指对相对人的某一违法行为，不得给予两次以上同类（如罚款）处罚。或者说相对人的一个行为违反一种行政法规范时，只能由一个行政机关作出一次处罚。一事不再罚原则解决的是行政实践中多头处罚与重复处罚的问题。《行政处罚法》第24条规定："对当事人的同一个违法行为，不得给予两次以上罚款的行政处罚。"

（6）过罚相当原则。过罚相当原则是指行政主体对违法行为人适用行政处罚，所科罚种和处罚幅度要与违法行为人的违法过错程度相适应，既不轻过重罚，也不重过轻罚，避免畸轻畸重的不合理、不公正的情况。

（三）行政处罚的种类

1. 人身罚

人身罚——也称自由罚，是限制或剥夺违法者人身自由的行政处罚。

人身权是宪法规定的公民各种权利得以存在的基础，人身权受到限制或剥夺，意味着其他任何权利都将难以行使。

（1）行政拘留。又称"治安拘留"，是公安机关依法对违反行政法律规范（特别是治安管理法律规范）的人，在短期内限制其人身自由的一种处罚。行政拘留的期限为1日以上15日以下。行政拘留一般适用于严重违反治安管理的行为人，并且只有在使用警告、罚款处罚不足以惩戒违法者时才适用。

（2）劳动教养。是对有轻微犯罪行为，但尚不够刑事处罚条件且有劳动能力的人实行强制性教育改造的处罚措施。根据国务院《关于劳动教养问题的决定》和国务院《关于劳动教养的补充决定》的规定，劳动教养的期限为1年至4年。

（3）驱逐出境、禁止进境或出境、限期出境。是指公安、边防、安全机关对违反我国行政法律规范的外国人、无国籍人采取的强令其离开或禁止进入中国国境的处罚形式。

以上第二种和第三种处罚形式，《行政处罚法》未明确列入处罚种类，可以归为"其他行政处罚"一类。

2．财产罚

财产罚——是特定的行政机关或法定的其他组织强迫违法者交纳一定数额的金钱或一定数量的物品，或者限制、剥夺其某种财产权的处罚。

（1）罚款。是指有行政处罚权的行政主体依法强制违反行政法律规范的行为人在一定期限内向国家缴纳一定数额的金钱的处罚方式。

（2）没收。是指有处罚权的行政主体依法将违法行为人的违法所得和非法财物收归国有的处罚形式。

3．行为罚

行为罚——也称能力罚，是限制或剥夺行政违法者某些特定行为能力和资格的处罚。

（1）责令停产停业。是对违反行政法律规范的工商企业和工商个体户责令其停止生产、停止营业的一种处罚形式。为了防止行政机关的恣意性，《行政处罚法》对责令停产停业规定了听证程序，以保护相对人合法权益。

（2）暂扣或者吊销许可证、执照。是限制或剥夺违法者从事某项活动的权利或资格的处罚形式。暂扣许可证、执照的特点在于暂时中止持证人从事某种活动的资格，待其改正违法行为后或经过一定期限，再发还证件，恢复其资格，允许其重新享有该权利和资格。吊销许可证、执照的特点在于撤销相对人的凭证，终止其继续从事该凭证所允许活动的资格。《行政处罚法》对吊销许可证或者执照规定了听证程序，以确保慎重适用该处罚形式，保护相对人合法权益。

4．申诫罚

申诫罚——亦称"精神罚"或"声誉罚"，是行政机关向违法者发出警戒，申明其有违法行为，通过对其名誉、荣誉、信誉等施加影响，引起其精神上的警惕，使其不再违法的处罚形式。

（1）警告。是行政主体对较轻的违法行为人予以谴责和告诫的处罚形式。

（2）通报批评。是行政机关将对违法者的批评以书面形式公布于众，指出其违法行为，予以公开谴责和告诫，以避免其再犯的处罚形式。

表9-3　行政处罚的种类

大类型	自由罚	行为罚	财产罚	声誉罚	其他处罚
子类型	行政拘留；劳动教养等	责令停产停业；暂扣或吊销许可证、执照	罚款；没收违法所得、非法财物	警告	可由法律、行政法规创设

（四）行政处罚的设定

表 9-4　行政处罚的设定

	可创设	可规定	注意问题
法律	各种处罚	下位法应当在上位法规定给予处罚的行为、种类和幅度范围内对已有处罚作出规定	限制人身自由的处罚由法律保留
行政法规	限制人身自由除外		可设定吊销企业营业执照的处罚
地方性法规	限制人身自由、吊销企业营业执照除外		可设定暂扣企业营业执照的处罚
部门规章	警告；罚款		罚款限额由国务院规定
地方性规章			罚款限额由省级人大常委会规定

　　为了保障行政处罚不被滥用，《行政处罚法》对行政处罚的设定作了明确的规定：

　　（1）法律可以设定各种行政处罚。限制人身自由的行政处罚，只能由法律设定。

　　（2）行政法规可以设定除限制人身自由以外的行政处罚。法律对违法行为已经作出行政处罚规定，行政法规需要作出具体规定的，必须在法律规定的给予行政处罚的行为、种类和幅度的范围内规定。

　　（3）地方性法规可以设定除限制人身自由、吊销企业营业执照以外的行政处罚。法律、行政法规对违法行为已经作出行政处罚规定，地方性法规需要作出具体规定的，必须在法律、行政法规规定的给予行政处罚的行为、种类和幅度的范围内规定。

　　（4）国务院部、委制定的规章可以在法律、行政法规规定的给予行政处罚的行为、种类和幅度的范围内作出具体规定。尚未制定法律、行政法规的，国务院部、委制定的规章对违反行政管理秩序的行为，可以设定警告或者一定数量罚款的行政处罚。罚款的数额由国务院规定。

　　（5）省、自治区、直辖市人民政府和省、自治区人民政府所在地的市人民政府以及经国务院批准的较大的市人民政府制定的规章可以在法律、法规规定的给予行政处罚的行为、种类和幅度的范围内作出具体规定。尚未制定法律、法规的，上述人民政府制定的规章对违反行政管理秩序的行为，可以设定警告或者一定数量罚款的行政处罚。罚款的限额由省、自治区、直辖市人民代表大会常务委员会规定。

（五）行政处罚的实施程序

表 9-5　行政处罚的实施程序

	简易程序	一般程序	听证程序
适用条件	对公民 50 元以下、对单位 1000 元以下罚款或警告	不适用简易或听证程序时	责令停产停业、吊销许可证或执照、大额罚款
重要制度	①可以一人执法 ②可以当场决定	①调查检查：至少 2 人执法 ②做出决定：由行政机关负责人（集体）作出决定	①公务回避：应由非本案调查人员主持听证；当事人有权申请听证主持人回避 ②委托听证：当事人可委托 1 至 2 人代理

续表

	简易程序	一般程序	听证程序
重要时限	处罚决定书须当场交付	当事人不在场的应在 7 日内送达处罚决定	①申请期限：应在被告知后 3 日内要求听证 ②告知期限：行政机关应在听证 7 日前通知听证时间与地点

1. 行政处罚的简易程序

行政处罚的简易程序——又称当场处罚程序，是一种简单易行的行政处罚程序，指在具备某些条件的情况下，由执法人员当场作出行政处罚的决定，并且当场执行的步骤、方式、时限、形式等过程。

设定当场处罚程序的法律意义在于，基于行政管理效率的要求，对一些不需要立案调查且影响不大，在其被发现后即可认定事实的行政违法行为直接给予处罚，也并不影响受罚人的合法权益，从而确保行政管理的高效性。

适用简易程序的条件是：①违法事实确凿；②有法定依据；③较小数额罚款或者警告的行政处罚。所谓较小数额的罚款，是指对公民处以 50 元以下、对法人或者其他组织处以 1000 元以下罚款。①

行政主体的行政执法人员在进行当场处罚时，应遵循下列程序：

(1) 表明身份。它是表明处罚主体是否合法的必要手续，执法人员应向当事人出示执法身份证件或委托书。

(2) 说明处罚理由。执法人员应主动向当事人说明其违法行为的事实，说明其违反的法律规范和给予行政处罚的理由和依据。

(3) 给予当事人陈述和申辩的机会。当事人可以口头申辩，执法人员要予以正确、全面地口头答辩，使当事人心服口服，而不得因当事人的申辩而加重处罚。

(4) 制作笔录。执法人员对当事人的违法行为的客观状态当场制作笔录。

(5) 制作当场处罚决定书。

当场处罚决定书应是由有管辖权的行政机关或组织统一制作的有格式、有编号的两联处罚决定书，由执法人员填写。当场处罚决定书应载明：被处罚人姓名或单位名称，违法事实，行政处罚的种类或处罚数额，处罚依据，时间地点，告知复议权利和诉讼权利及期限，处罚的机关或组织名称，执法人员的签名或盖章。当场处罚决定书制作后，应当场交付被处罚人。

(6) 备案。执法人员当场作出的行政处罚决定，必须向所属行政机关备案，以便接受监督和检查。

2. 行政处罚的一般程序

行政处罚的一般程序包括以下几个步骤：

(1) 立案。行政主体通过行政检查监督发现行政相对人个人、组织实施了违法行为，或者通过受理公民的申诉、控告、举报，或由其他信息渠道知悉相对人实施了违法

---

① 《行政处罚法》第 33 条。此外，2004 年施行的《道路交通安全法》第 107 条规定了对道路交通违法行为人予以警告、200 元以下罚款，交通警察可以当场作出行政处罚决定，并出具行政处罚决定书。

行为，应先予以立案。立案是行政处罚的启动程序，应通过一定的法律形式表现出来。一般说来，立案的条件是：第一，经过对有关材料的审查，初步认为有违法行为发生；第二，违法行为是应当受到行政处罚的行为；第三，属于本部门职权范围且归本机关管辖；第四，不属于适用简易程序的案件。对于符合这些立案条件的，应当填写立案报告表或立案审批表（有的部门或机关可能是立案决定书），在经本机关主管负责人审查批准后即完成了法律上的立案程序。

（2）调查取证。行政相对人的违法行为立案后，行政主体即应客观全面公正地调查收集有关证据。必要时，依照法律、法规的规定可以进行检查。行政机关在调查或者进行检查时，执法人员不得少于两人，并应当向当事人或者有关人员出示表明身份的证件。为了解违法情况和违法事实，行政主体有权传唤违法者，对其进行讯问。讯问应当制作笔录，被讯问人经核对认为无误后，应当在笔录上签名或盖章，讯问人也应当在笔录上签名。

行政主体进行调查取证，还可依法暂扣违法行为嫌疑人的物证书证。但在扣押时必须出示行政主体的证件，并邀请有关组织、人员到场，查点清楚，开列单据（一式两份），由执法人员、见证人员和物证、书证、被扣押人签名或盖章后，一份由行政主体收存，一份交物证、书证被扣押人。此外，行政主体在调查取证过程中，根据需要还可以进行鉴定、勘验。鉴定可委托法定鉴定机构进行，勘验应邀请有关组织或人员参加，勘验时应出示证件。对勘验情况和结果应制作笔录，并由执法人员、见证人、当事人签名或盖章。执法人员与当事人有直接利害关系的，应当回避。

（3）说明理由并告知权利。行政主体在作出行政处罚决定之前，应当告知当事人作出行政处罚决定的事实、理由与依据，并告知当事人应当享有的权利。这种说明理由和告知权利的主要意义在于，给当事人以针对处罚理由、根据进行申辩的机会，以及保证当事人在行政处罚过程后及时请求救济，防止错过救济时效。

（4）听取当事人陈述与申辩。行政主体在调查取证之后和作出行政处罚裁决之前，应告知被调查人：根据已掌握和认定的关于被调查人的违法事实，准备对之作出处罚裁决的理由和依据。应给予被调查人以申辩的机会。被调查人依法陈述和申辩的，行政主体必须充分听取，制作申辩笔录。对其提出的事实理由和证据，应当进行复核，复核成立的，应当采纳。申辩笔录应作为行政处罚裁决的根据之一，并在裁决后入档归案，以备今后在行政复议和诉讼时作举证之用。

（5）作出行政处罚决定。行政主体通过调查、取证，且听取了被指控人的申辩后，如审查确认违法事实确实存在，且事实清楚，证据确凿，即可依法根据情节轻重及具体情况作出处罚决定；对于情节复杂或者重大违法行为给予较重的行政处罚，行政主体的负责人员应当集体讨论决定；如认为违法行为不存在或被指控的事实不能成立的则不得给予行政处罚，而应作出撤销案件的决定；如被指控人确实有违法行为，但情节显著轻微，依法可不予行政处罚的，可作出免予行政处罚的决定；如认为被控人不仅有违法行为，且该行为已构成犯罪的，则应将有关材料移送司法机关处理。

行政主体作出处罚决定时，应制作行政处罚决定书，并且应载明：①当事人的姓名（或名称）地址；②违反法律、法规或规章的事实与证据；③行政处罚的种类和依据；

④行政处罚的履行方式和期限；⑤不服处罚决定申请复议或起诉的途径和期限；⑥作出行政处罚决定的行政机关的名称和作出决定的日期。此外，还必须加盖作出处罚决定的行政机关的印章。

行政处罚决定书应当在宣告后，当场交付当事人；当事人不在场的，应当在 7 日内依照《民事诉讼法》的有关规定，将行政处罚决定书送达当事人。行政处罚决定书的送达方式有三种：直接送达、留置送达和邮寄送达。行政处罚决定书一经送达，便产生一定的法律效果。当事人提起行政复议或行政诉讼的期限，从送达之日起计算。

3. 行政处罚的听证程序。

行政处罚中的听证程序——听证程序不是一种与简易程序和普通程序并列的独立、完整的行政处罚程序，而只是普通程序中的一道特殊环节，它是指对重大行政处罚决定作出之前，在违法案件调查承办人员一方和当事人一方的参加下，由行政机关专门人员主持听取当事人申辩、质证和意见，进一步核实和查清事实，以保证处理结果合法、公正的一种程序。

（1）听证程序的概念。

在行政处罚中设立听证程序，其目的在于加强行政处罚活动的民主化、公开化，保证行政处罚的公正性和合理性，督促行政机关依法实施行政处罚，在事前有效地防范行政相对人的合法权益受到侵犯。依法应当举行听证而未举行听证的，行政处罚决定无效。

（2）听证程序的适用范围。根据我国《行政处罚法》第 42 条的规定，在行政处罚程序中，行政机关为了查明案件事实，公正、合理地实施行政处罚，在作出责令停产停业、吊销许可证或者执照、较大数额的罚款等行政处罚决定之前，应当事人要求，须公开举行有利害关系人参加的听证会，在质证和辩论的基础上作出行政处罚决定。至于较大数额的罚款，其标准由各省、市、自治区权力机关或者人民政府根据本地实际情况具体规定；属于实行垂直领导的行政机关的，由国务院有关主管部门作出具体规定，这类规定都应予以公布。

（3）听证程序的组织。行政主体根据调查取证的材料，如果将对被调查人作出吊销营业执照、责令停产停业等涉及企业法人生存权的行政处罚以及数额较大的罚款等行政处罚，应告知当事人有要求举行听证的权利。当事人要求听证的，行政机关应当依法组织听证。

听证程序可以说是一般程序（普通程序）中的特别程序，根据《行政处罚法》第42 条的规定，行政处罚的听证程序为：

1）听证的申请与决定。当事人要求听证的，应当在行政机关告知后 3 日内提出。这是启动听证的必要程序。此外，行政机关认为确有必要时也可主动组织听证。行政机关在接到听证申请后，应决定举行听证的时间和地点，并根据案件是否涉及个人隐私、商业秘密、国家秘密，决定听证是否公开举行。

2）听证通知。组织听证的行政机关在作出有关组织听证的决定后，应当在听证开始的 7 日前，以书面形式通知当事人举行听证的时间、地点和其他有关事项，以便当事人作充分准备在听证会上申辩与质证。

3）听证的形式。除涉及个人隐私、商业秘密、国家秘密外，听证会一律公开举行。

4）举行听证会。听证会由行政主体指定非本案调查取证的和与本案无利害关系的人员主持。要求听证的被调查人可以亲自参加听证，也可以委托1～2名代理人出席或与代理人同时出席。当事人认为主持人与本案有直接利害关系的，有权申请回避。举行听证时，首先由主持人宣布听证会开始、听证事项及其他有关事项，然后由调查取证人员提出当事人违法的事实、证据和行政处罚建议；针对被指控的事实及相关问题，当事人进行申辩和质证；经过调查取证人员与当事人相互辩论，由听证主持人宣布辩论结束后，当事人有最后陈述的权利。最后由听证主持人宣布听证会结束。

5）制作听证笔录。对在听证会中出示的材料、当事人的陈述以及辩论等过程，应当制作笔录，交付当事人、证人等有关参加人阅读或向他们宣读。如有遗漏或差错的应予补正或改正。经核审无误后，当事人应在笔录上签名或盖章。听证结束经主持人审阅后，由主持人和记录人分别签名或盖章。听证笔录是行政处罚的重要依据，应与有关证据材料一起入档封卷，上交行政机关首长。

6）听证费用。行政机关组织听证，目的在于充分听取当事人的意见，全面、客观、公正地调查取证，从而保障行政处罚权的正确行使。因此，当事人不承担行政机关组织听证的费用。

（4）行政处罚决定。听证程序只是一般程序中的一种特殊的调查处理程序，并不涵盖行政处罚程序的全过程。与一般程序中的调查取证程序相比，只是对比较重大的处罚案件适用特殊方式的调查取证，仍应按照一般程序的有关规定作出行政处罚决定。听证结束后，行政机关依照有关一般程序的规定作出处理决定。从这个意义上讲，在我国适用听证程序的案件的最后决定权在行政机关而非主持听证的工作人员。

（六）行政处罚的执行程序

行政处罚执行程序——是指确保行政处罚决定所确定的内容得以实现的程序。

行政处罚决定一旦作出，就具有法律效力。行政处罚决定中所确定的义务必须得到履行。行政处罚的执行程序有以下三项重要内容：

（1）实行处罚机关与收缴罚款机构相分离。《行政处罚法》确立了罚款决定机关与收缴罚款机构相分离的制度，在行政处罚决定作出后，作出罚款决定的行政机关及其工作人员不能自行收缴罚款，而由当事人自收到处罚决定书之日起15日内到指定的银行缴纳罚款，银行将收缴的罚款直接上缴国库。但在以下情况下，可以当场收缴罚款：①依法给予20元以下的罚款的；②不当场收缴事后难以执行的；③在边远、水上、交通不便地区，当事人向指定的银行缴纳罚款确有困难，经当事人提出，行政机关及其执法人员可以当场收缴罚款。

（2）严格实行收支两条线。罚款必须上交财政。执法人员当场收缴的罚款，应当按规定的期限上缴所在的行政机关，行政机关则应按规定的期限交付给指定银行。行政机关实施罚款、没收非法所得等处罚所收缴的款项，必须全部上交国库，财政部门不得以任何形式向作出行政处罚的机关返还这些款项的全部或部分。

（3）行政处罚的强制执行。行政处罚决定作出之后，当事人应当在法定期限内自觉履行行政处罚决定所设定的义务，如果当事人没有正当理由逾期不履行，则导致强制执行。根据《行政处罚法》的规定，实行强制执行有三种措施：①到期不缴纳罚款的，每日按罚款数额的 3% 加处罚款；②将查封、扣押的财物拍卖或者将冻结的存款划拨抵缴罚款；③申请人民法院强制执行。

表 9-6　行政处罚的执行程序

职权分离 的原则	①决定者：行政机关 ②所有者：国库（处罚机关不得截留私分，财政部门不得返还处罚机关） ③收缴者：银行（当事人应自收到处罚决定书 15 日内到银行缴款）
当场收缴 的例外	①适用简易程序处 20 元以下罚款（治安处罚为处 50 元以下罚款且被处罚人无异议），或适用简易程序不当场收缴事后难以执行的可当场收缴，但当场收缴的罚款应当自收缴之日起 2 日内交至行政机关 ②在边远、水上或交通不便地区，当事人向银行缴款确有困难的经当事人提出可当场收缴，在水上、列车上当场收缴的罚款应自抵岸（到站）起 2 日内交至行政机关，行政机关应在 2 日内交至指定银行
强制执行 的措施	①按日处罚款数额 3% 的执行罚②有权机关可以直接强制执行③无权机关只能申请法院强制执行

第三节　行政强制措施与行政强制执行

一、行政强制措施

（一）行政强制措施的概念

行政强制措施——是指行政机关为查明事实情况，或者为了预防、制止、控制违法行为、危害状态，或者为了保障行政管理工作的顺利进行以及在紧急情况下为排除紧急妨碍、消除紧急危险，根据现实情况的需要，按照法定的方式，依职权对有关公民、法人或其他组织的人身、财产及行为进行暂时性限制，以实现一定的行政目的的行为。

行政强制措施的主要特征表现为：

（1）直接强制性。行政强制措施不仅体现国家权力的权威性和强制性，而且不需要当事人的主动申请或要求当事人自觉接受，行政机关依职权对当事人主动采取强制措施相对于其他具体行政行为而言具有更强、更直接的强制性。一旦采取行政强制措施的法定条件成立，行政机关将不管行政相对人是否同意和接受，都会采取强制措施，行政相对人也不得自行抵抗。

（2）手段性。行政强制措施本身并不是结果（行政主体对某一事项管理的结束），而是为了保障其他具体行政行为的顺利作出或实施而采取的措施，所以说其他具体行政行为是目的或结果，而行政强制措施是达到目的的手段。

（3）非制裁性。正因为行政强制措施具有手段性，因此，它便不是对相对人的一种制裁，不具有制裁性。行政机关采取行政强制措施不是为了制裁当事人，而是为了实现一定的行政目的。采取行政强制措施并非以当事人存在违法行为为前提，它可能针对的是违法行为（制止、控制违法），也可能针对的不是违法行为（预防违法和控制危险）；即使是前者，也不是为了制裁违法者，而是为制止当事人继续违法而采取的手段。

（4）暂时性。行政强制措施是对行政相对人权利进行暂时性限制或约束，不是对行政相对人权利作最终处理；它只是一种手段而不是结果。所以，行政强制措施只是行政主体在未作出其他具体行政行为之前暂时采取的措施，是对当事人的人身、财产或行为进行的暂时限制或约束；一旦包含案件结果的其他具体行政行为作出，行政强制措施必然解除。

（二）行政强制措施的方式

（1）限制公民人身自由和对公民身体强制检查。这种措施涉及我国宪法规定的公民的人身自由权，因此，必须有法律的明确规定方可采取。

其一，限制公民人身自由。这是对公民行动自由的限制，例如，《人民警察法》第14条规定："公安机关的人民警察对严重危害公共安全或者他人人身安全的精神病人，可以采取保护性约束措施。需要送往指定的单位、场所加以监护的，应当报请县级以上人民政府公安机关批准，并及时通知其监护人。"

其二，强制检查公民身体。它是行政机关基于公共利益的需要采取的常规措施，主要包括对公民身体的搜查和对公民身体状况的检查。例如《海关法》第6条第1款第4项规定，"在海关监管区和海关附近沿海沿边规定地区……检查走私嫌疑人的身体……"

（2）对财物的查封、扣押、冻结。这是行政主体在执法过程中发现有非法物品或违禁物品而采取的措施。查封，是指行政主体为了顺利地作出具体行政行为而对行政相对人的有关财物予以查实和封存的行为。扣押，是指行政主体对违禁物品等实施的强行留置的行为。冻结，是指行政主体依法要求金融机构对行政相对人的存款和账号暂时停止业务的行为。

（3）进入生产经营场所的强制检查。由于生产经营场所包括的范围很广，因此，行政机关在进行行政管理时，必须根据法律、行政法规的明确规定，在其职权范围内进行检查。例如，《矿山安全法》第35条规定："劳动行政主管部门的矿山安全监督人员有权进入矿山企业，在现场检查安全状况；发现有危及职工安全的紧急险情时，应当要求矿山企业立即处理。"

（4）对产品或商品的强制检验。这是针对关系到公共安全、生命财产安全、人身健康等的产品或商品为保证其质量、消除危险而由法定行政主体所进行的强制行为。

（5）进入或处置土地、建筑物、住宅。这是在紧急状态下，为了公共利益而对行政相对人财产权利的暂时侵犯。例如《消防法》第33条规定："公安消防机构在统一组织和指挥火灾的现场扑救时，火场总指挥员有权根据扑救火灾的需要，决定下列事项……利用临近建筑物和有关设施……为防止火灾蔓延，拆除或者破损毗邻火场的建筑物、构筑物……"

（6）临时紧急征用交通工具或其他财产。这也是在紧急情况下为了保护公共利益或公共安全而对行政相对人财产强制临时使用的行为。例如，《破坏性地震应急条例》第25条规定："交通、铁路、民航等部门应当尽快恢复被损毁的道路、铁路、水港、空港和有关设施，并优先保证抢险救援人员、物资的运输和灾民的疏散。其他部门有交通运输工具的，应当无条件服从抗震救灾指挥部的征用或者调用。"

（7）法律规定的其他强制措施。

（三）行政强制措施的程序

行政强制措施的方式较多，程序不可能完全一样。但是，各种不同行政强制措施应当遵守一般程序，主要有：

（1）除当场采取行政强制措施外，需经行政机关负责人批准；

（2）由行政机关两名以上执法人员实施；

（3）出示执法身份证件以及行政决定书；

（4）当场告知当事人事实、理由、依据、救济途径以及依法享有的权利；

（5）制作现场笔录；

（6）实施查封、扣押的，制作查封、扣押清单；查封、扣押清单一式两份，由当事人和行政主体分别保存；

（7）现场笔录和清单由当事人或见证人和行政执法人员签名或盖章，当事人或见证人拒绝签名或盖章的，应当在笔录中予以注明；

（8）法律、法规规定的其他程序。

二、行政强制执行

（一）行政强制执行的含义

行政强制执行——指在行政法律关系中，行政相对人不履行其应履行的法定义务时，行政机关或人民法院依法采取强制手段，迫使其履行义务，或者达到与履行义务相同状态的活动。

人民法院的行政强制执行，是人民法院依行政机关的申请所作的执法行为，实质上是行政权中执行权能的体现，是行政机关强制执行权的延伸和继续。人民法院只有根据行政机关的申请，并按照法律的明确规定和一定程序，才能实施行政强制执行。

行政强制执行有以下的特征：

（1）行政相对人不履行应履行的义务，是适用行政强制执行的前提条件。行政强制执行，只有在构成了义务不履行的条件下，法律明确规定可以实施行政强制执行时才能实施。对于不构成义务不履行的，如对未到限定期限的义务，就不能实施行政强制执行。

（2）行政强制执行的主体是行政机关或人民法院。由谁适用行政强制执行的问题，必须依据法律规定。一般情况下，对于紧急的、应及时采取行政强制执行的行政行为，都由行政机关负责；而对于经过一段时间不会影响行政行为效果的行政强制执行，出于对行政相对人权益的保护，则由行政机关申请人民法院予以适用。

（3）行政强制执行的目的是实现义务的履行。无论由人民法院负责，还是由行政机关负责，行政强制执行的目的都是实现法定义务的履行。人民法院在接受行政机关的行政强制执行申请时，应对行政行为的合法性进行审查，如合法就应按照行政行为的内容予以强制执行，如不合法则可以拒绝执行。

（4）行政强制执行的对象具有广泛性和法定性。行政强制执行可以针对一切阻碍行政行为执行的对象，以及应执行的一切对象进行。行政强制执行的对象可以是物，如强制划拨；可以是行为，如专利强制许可；也可以是人，如强制拘留。

行政强制执行的具体实施方式，必须由法律、法规明确规定，执行机关必须严格按照法定形式实施，不得任意创新或更改。

（5）在行政强制执行中不得进行执行和解。对于义务主体行政相对人来说只有一个选择，即履行其应履行的义务。对于行政权力享有者行政主体来说，行使行政权力既是权利又是义务，必须依法行使，不得放弃或自由处置。与民事执行不同，在行政强制执行过程中不允许进行执行和解。

执行和解——是指在执行过程中，双方当事人可以自愿达成和解协议，变更生效法律文书确定的履行义务主体、标的物及其数额、履行期限和履行方式，以结束原执行程序。

（二）行政强制执行的种类

我国行政法学界一般依据执行人是否可以亲自或请人代替法定义务人履行其义务为标准，将行政强制执行分为间接强制和直接强制二种。

1. 间接强制

指通过间接手段迫使义务人履行其应履行义务或达到与履行义务相同状态的行政强制执行方式。间接强制又可分为代执行和执行罚二种。

（1）代执行，是行政强制执行机关或第三人代替义务人履行行政行为所确立的可代替作为义务，并向义务人征收必要费用的强制执行方式。

代执行的对象是行政行为所确立的可代替作为义务，如违法建筑物的强制拆除、代出义务工等。对于不可代替作为义务和不作为义务，如接受行政拘留处罚、接受人身隔离、不从事法律禁止事项等，则不能采取代执行的方法。因此，可代替作为义务是代执行的惟一对象。

代执行的程序，一般为告诫、代执行和征收费用三个阶段。告诫应在事先以书面形式进行。在告诫设定的履行期限内，义务人未履行，并且确有不履行义务的故意而不是实际上不能履行时，才可以实施代执行。只有在特殊情况下，由于形势紧迫，来不及采取告诫程序时，才可以不经事先告诫和不待期限届满，立即代为执行，这种情况称为"即时代执行"。代执行以向义务主体征收费用为终结。代执行费用的数额，应当以代执行实际支出的人力、物力为限，而不应超过这一限度，否则就带有处罚的性质。

（2）执行罚。是指行政强制执行机关对拒不履行不作为义务或不可代替作为义务的义务主体科以新的金钱给付义务，以迫使其履行的强制执行方式。

执行罚与行政处罚中的罚款有相似之处，即二者都以行政违法为前提，都是科以相对人一定的金钱给付义务。但是，执行罚与罚款在性质和功能上却有原则的区别。首先，执行罚的目的不是对义务主体进行金钱处罚，而是通过罚缴一定数额的金钱，促使义务主体履行其应履行却尚未履行的义务；而罚款则是对已经发生的行政违法行为给予金钱制裁。其次，执行罚可以针对同一事项反复适用，而罚款则必须遵循"一事不再罚"的原则。

执行罚具有如下特点：第一，执行罚一般只应用于不作为义务和不可代替作为义务。执行罚在我国税务、海关、环保、审计等部门适用法律中已被广泛运用，最为典型的是滞纳金。第二，执行罚的数额必须由法律、法规作出明文规定，执行机关不能自行其是。凡法律、法规明确规定了数额的，执行机关只能依法实施，无裁量余地，如税法等规定的滞纳金。如果法律、法规只规定了一定幅度，执行机关就可以在法定幅度内自由裁量，其标准是能够促使义务主体自动履行义务。第三，执行罚的数额从义务主体应履行义务之日起，按日数计算，并可反复适用。一旦义务主体履行了义务，执行罚则不应再进行。

执行罚的程序大体与代执行相同，即必须预先告诫，在适当的履行期限内义务主体仍不履行其义务时，才能实施执行罚。

2. 直接强制

直接强制——是指义务主体逾期拒不履行其应履行的义务时，行政强制执行机关对其人身或者财产施以强制力，以达到与义务主体履行义务相同状态的一种行政强制执行方式。

直接强制可分为人身强制和财产强制二种。

（1）人身强制。如主管机关对拒绝或逃避隔离的检疫传染病患者予以强制隔离等。

（2）财产强制。如根据《价格管理条例》的规定，对拒缴非法所得或拒缴罚款的，物价检查机构可以按有关规定通知其开户银行予以划拨等。

由于直接强制以国家机关所拥有的强制力为手段，以义务主体的人身权利或财产为执行对象，如适用不当，极易造成对义务主体的合法权利和利益的侵害。因此，法律对直接强制的适用条件和程序作了非常严格的规定，一般应遵循从轻至重按顺序选择的原则来选择适用行政强制执行措施，以确保在完成行政强制执行的同时，有效地避免相对人权利利益受到不应有的损害。

（三）行政强制执行的程序

1. 行政机关自行强制执行的程序

行政机关自行强制执行仅仅限于行政机关拥有自身强制执行权的情况，如果行政机关自身没有直接的强制执行权，应该申请法院强制执行。行政机关自行强制执行一般需遵守以下程序：

（1）调查与审查。若发现原行政行为有违法或者不当之处，不得实施强制执行；若还有其他更为缓和的手段同样可以达到义务履行的目的，则应采用更为缓和的手段，而不应实施行政强制执行。

（2）通知与告诫。在正式实施强制执行前，为给义务人再一次主动履行义务的机会，应该发出通知和告诫，限定适当的义务履行期限。

（3）当事人的陈述和申辩。当事人在接到告诫书后所作的陈述和申辩，行政机关应当充分、认真听取，做好笔录，给予答复；必要时，行政机关可以对当事人提出的事实、证据进行调查核实；核实成立的，行政机关应当采纳。对当事人权益影响重大的行政强制执行，当事人有权要求听证；当事人提出听证要求的，行政机关应当组织进行。

（4）制作执行决定书。在行政机关向当事人发出告诫书后，在合理期限内当事人仍不履行行政决定的，行政机关应当作出行政强制执行决定、制作行政强制执行决定书，决定书通常应包括下列内容：第一，当事人姓名或名称、地址；第二，违法事实和行政强制执行的依据；第三，行政强制执行的方式和期限；第四，申请行政复议或提起行政诉讼的途径和期限；第五，行政机关的名称和日期。

（5）强制执行决定书的送达。行政强制执行决定书必须送达当事人，原则上应在执行时当场交付当事人，但当事人是否接受决定书并不影响决定书的执行。

（6）强制执行。义务人在行政强制执行决定书送达之前没有自行履行义务，行政机关将依据决定实施强制执行。行政强制执行应当制作现场笔录。属于代执行的，执行费用由义务人承担。

2. 申请人民法院强制执行的程序

（1）强制执行的申请。行政相对人在法定期限内不履行义务，根据法律规定此类强制执行应由人民法院负责的情况下，行政机关或有利害关系的第三人可以向人民法院申请强制执行。

行政机关申请强制执行的应当提交申请材料，包括：第一，行政机关的强制执行申请书；第二，行政机关的决定书以及作出决定的事实、理由和法定依据；第三，行政机关作出决定后当事人的意见以及催告情况；第四，申请强制执行的标的；第五，申请强制执行的期限；第六，行政机关负责人签字及行政机关印章。

有利害关系的第三人申请人民法院强制执行的应当提交以下材料：第一，行政机关的决定书原件或经行政机关盖章的决定书复印件；第二，申请强制执行的理由；第三，申请强制执行的标的和期限；第四，申请人的姓名或名称、地址。

（2）受理与审查。人民法院在接到行政机关或有利害关系的第三人的申请后，对不予受理的应当在 5 日内书面通知申请人并告知不予受理的理由和救济途径。

人民法院对已经受理的申请原则上只进行书面审查，对符合法律规定的，人民法院应当在 5 日内作出执行裁定。但是，公民、法人或其他组织提出要求，人民法院在审查中认为确有必要的，也可以对行政决定的事实、理由和依据进行实质性审查。人民法院经过审查，认为存在下列情形之一的，裁定不予执行，并将理由告知行政机关：第一，行政机关作出的决定没有法定依据、明显事实不清或违反法定程序的；第二，执行该行政决定违背社会公共利益的。

（3）公告。人民法院作出执行裁定的，应当在 3 日内发布公告并送达当事人，限定当事人履行的期限。当事人在人民法院公告的期限内自觉履行的，人民法院不再强制执行；当事人逾期不履行的，人民法院应当予以强制执行。

人民法院的公告类似于行政机关的告诫，起到督促当事人自觉履行义务的作用，不同的是对于公告当事人没有借此机会进行陈述或申辩的权利。公告是人民法院强制执行的先行程序，只有出现紧急情况或为保障公共安全的需要，行政机关可以在作出决定后申请人民法院立即执行；在此情形下，须经人民法院院长批准，在人民法院在作出裁定之日起 5 日内予以执行。

（4）执行。义务人在人民法院执行裁定限定的期限内没有自行履行义务，人民法院将依据裁定对义务人实施强制执行。执行结束后，还应将情况书面通知申请人。强制执行需支出费用的，一律由被执行人负担。被执行人应及时交纳有关费用，否则，人民法院可采用强制手段予以收取。

（四）行政强制执行的原则

（1）依法执行的原则。是指行政强制执行必须严格依照法律的规定进行。首先，执行机关必须合法，无执行权的机关和组织均不得强制执行。其次，执行活动必须有法律依据，没有法律依据便不能强制执行。再次，行政强制执行必须依照法定程序进行。

（2）说服教育和强制相结合的原则。在采取行政强制执行措施前，必须告诫当事人，通过说服教育工作，赋予当事人依法自觉履行法定义务的机会。行政强制执行，既要有严肃性、权威性，又要对当事人做必要的说服教育工作，在说服教育后当事人仍不自觉履行法定义务时，方才实行强制执行。

（3）及时、准确、手段正当的原则。在法律、法规规定了时限时，行政强制执行必须在法定期限内进行，不得逾期；当法律、法规没有就时限作出规定时，执行机关应该在不使相对人隐藏、转移、变卖、毁损强制执行标的物或不使其拒不履行的行为发展成为违法犯罪行为的适当期限内，采取强制执行措施。行政强制执行必须准确，证据确凿，执行手段合理、公平、适当，以取得最佳社会效果。

（4）执行标的有限的原则。对财产和金钱给付义务的强制执行，应该有一定的范围和限度：首先，不得超出被执行人应当履行义务的范围；其次，对于负有法定义务而拒不履行的，应当保留被执行人及其所扶养家属的生活必需费用和生活必需品，以不影响被执行人及其所扶养家属的最低生活标准为限。在某些复杂的情况下，采取强制执行措施时难以准确判断所涉及财产的价值，强制执行后才发现已超出被执行人应当履行义务的范围时，应当将多余部分退还被执行人。

（5）强制与预防相结合的原则。通过强制措施，可以避免拒不履行法定义务的行为继续下去，避免其发展成为违法犯罪行为，给国家和社会公共利益造成更大的危害。但是，一旦实施行政强制执行，则难免造成行政主体和行政相对人之间某种程度上的对立、抵触，不利于社会稳定发展。因此，在日常的行政活动中，应加强调查研究，分析预测，堵塞或减少拒不履行法定义务的行为。

（6）保护当事人合法权益的原则。在查封、扣押财产时，或者在强制迁出房屋、强制拆除违章建筑、强制退出土地时，应当通知被执行人或者其成年家属（法人或其他组织的法定代表人或者主要负责人）到场。应该赋予被执行人陈述、辩论的权利，必要时，也应该组织一定范围内的听证。

（7）协助执行的原则。在行政强制执行中，若执行标的物不由被执行人占有或持有，而由案外的有关单位或者个人占有、持有或者保存时，执行机关应当通知有关单位或者个人协助执行，有关单位或者个人有义务按照通知精神协助执行。如果有义务协助执行的有关单位或者个人，无故推脱、拒绝或者妨碍执行，则要依法追究责任。

✦ **小结提升**

本章研讨了行政许可、行政确认、行政检查、行政处罚、行政强制措施、行政强制执行等几种非常重要的行政行为。在学习的过程中，可以结合有关的行政法基本原则加深对这几种行为的理解。比如信赖保护原则在行政许可中有什么要求？我国《行政许可法》是如何体现信赖保护原则的？行政机关在实施行政处罚过程中如何才能更好地实现依法行政？"无法律，即无行政"对于行政处罚的要求是什么？比例原则在行政强制中的地位如何？比例原则的要求如何才能在行政强制中得到体现？行政确认和行政检查如何才能更好地符合正当行政程序的要求？以上问题值得认真思考。

[本章阅读文献]

1. 余凌云：《行政强制执行理论的再思考》，《中国人民大学学报》，1998 年第 4 期。
2. 钱翠华：《不可胜诉行政确认行为的处理》，《法学杂志》，2000 年第 1 期。
3. 杨海坤、刘军：《论行政强制执行》，《法学论坛》，2000 年第 3 期。
4. 杨解君、叶树理：《行政强制制度的现实检讨》，《南京社会科学》，2000 年第 3 期。
5. 马怀德：《行政许可制度存在的问题及立法构想》，《中国法学》，2000 年第 11 期。
6. 张克：《行政确认不规范问题的法律适用》，《人民司法》，2003 年第 6 期。
7. 刘安伟：《最大的挑战在于能否尽快转变观念——莫于川教授谈学习贯彻〈行政许可法〉》，《工商行政管理（半月刊）》，2004 年第 13 期。
8. 傅士成：《行政强制措施研究》，《南开学报（哲学社会科学版）》，2004 年第 5 期。
9. 胡建淼：《"其他行政处罚"若干问题研究》，《中国法学》，2005 年第 1 期。
10. 房绍坤：《论我国征收立法中公共利益的规范模式》，《当代法学》，2006 年第 1 期。
11. 叶平、陈昌雄：《行政处罚中的违法所得研究》，《中国法学》，2006 年第 1 期。
12. 杨寅：《行政许可法实施中的困境》，《法学杂志》，2006 年第 2 期。
13. 姜明安：《法律规范行政强制行为的意义和途径》，《法学家》，2006 年第 3 期。
14. 莫于川：《行政强制立法应坚持平衡理念与兼顾原则》，《法学家》，2006 年第 3 期。
15. 余凌云：《增设突发事件中警察行政强制措施的立法建议》，《法商研究》，2007 年第 1 期。
16. 王克稳：《我国行政审批与行政许可关系的重新梳理与规范》，《中国法学》，2007 年第 4 期。

[相关链接]

1. 胡建淼：试论德国行政上的即时强制制度及理论。（见："中国宪政网"）
2. 何海波：英国行政法上的听证。（见："中国宪政网"）

第十章　具体行政行为分述二

引例　张浩等诉黟县碧阳镇人民政府教育费附加行政征收案①

黟县碧阳镇人民政府为了进一步加大教育投入，改善教学条件，弥补教育投入留下的资金缺口，于 1999 年 8 月 12 日以文件形式，作出了碧政字（1999）44 号"关于征收教育费附加的若干规定"：自 1999 年起，各小学、幼儿园（班）按在校学生人数，每人每学年征收教育费附加 60 元。在新学年开始时，由各班一次性征收。根据这项规定，1999 年秋季开学时，张浩、胡莉莉、左玥珺所在的黟县碧阳实验小学分别向三人收取了教育费附加人民币 60 元，并代镇政府财政所出具了号码分别为 0012535、0012641、0012656 的黟县教育事业费附加收款收据。张浩等认为，碧阳镇人民政府向小学生和幼儿开征教育附加费的行为完全是越权擅自设立收费项目，其任意自定收费标准，扩大征收对象范围，直接侵犯了未成年人的合法权益，违犯了国家和省有关明令禁止乱收费的规定，要求法院予以撤销。

本案中，黟县碧阳镇人民政府征收教育费附加的行为是否违法？

☞概述

本章共分三节，主要内容是有关行政征收、行政征用、行政给付、行政奖励、行政裁决、行政仲裁的基本理论和法律实践。上述内容是行政管理事件中相对常见的行政行为，需要学习者对其基本概念、特征、制度框架等要素加以准确把握。

♨方法

在掌握基本知识的基础上，学习者应当结合具体的法律规定分析实践中的事例、案例，加深对有关内容的理解。同时注意运用比较的方法，分析有关行为之间的异同。

❖教学内容

第一节　行政征收与行政征用

一、行政征收

（一）行政征收的概念

行政征收——是指行政主体凭借国家行政权，根据国家和社会公共利益的需要，依

---

① 《中国审判案例要览》（2003 年行政卷），中国人民大学出版社、人民法院出版社，2004 年，第 170～173 页。

法向行政相对人强制地、无偿地征集一定数额金钱或实物的具体行政行为。

行政征收的特征包括：

（1）法定性。行政征收直接指向行政相对人的经济利益，直接指向行政相对人的财产权益，这就决定了其对行政相对人的财产权益始终都具有侵害性。因此，为了确保行政相对人的合法权益不受违法行政征收行为的侵害，必须确立行政征收法定的原则。将行政征收的整个过程纳入法律调整的范围，使具体的行政征收行为受相对稳定的法律的支配，使行政征收项目、行政征收金额、行政征收机关、行政征收相对人、行政征收程序都具有法律上的明确依据，这是现代行政的必然要求。

（2）强制性。行政征收机关实施行政征收行为，实质上是履行国家赋予的征收权，这种权力具有强制他人服从的效力。因此，实施行政征收行为，无需征得行政相对人的同意，甚至有时可以在违背行政相对人意志的情况下进行。行政相对人必须服从行政征收命令，否则将承担一定的法律后果。

（3）无偿性。国家为了完成其职能，维护其统治，必须耗用一定的物质资财，而作为管理机构的国家行政机关，本身并不直接从事生产，因而只有凭借国家行政权力，通过行政征收获得所需物质资财。行政相对人的财产一经国家征收，其所有权就转移为国家所有，成为国家财产的一部分，由国家负责分配和使用，以保证国家财政开支的需要。

（二）行政征收的种类

目前我国的行政征收体制主要由税和费组成。

（1）税。亦称税收，是国家税收机关凭借其行政权力，依法强制地、无偿地取得财政收入的一种手段。税收只能由国家特定的行政机关——税务机关及海关负责征收。税收一经征收入库，就为国家所有，不管是什么税种，都处于国家整体支配之中，通过国家预算支出，统一用于社会各方面的需要。

（2）费。即各种社会费用，是一定行政机关凭借国家行政权所确立的地位，为行政相对人提供一定的公益服务，或授予国家资源和资金的使用权而收取的代价。目前，我国的各种社会费用主要有公路运输管理费、车辆购置附加费、公路养路费、车辆通行费、港口建设费、排污费、河道工程修建维护管理费等。无论征收何种社会费用，都必须严格依法进行，不得自立名目、擅自订立征收标准。各种社会公益费用，由从事该方面服务的行政机关负责征收，遵循专款专用、列收列支、收支平衡的原则，以收取部门提供一定的专门公益服务为前提而用于其自身开支，或者将此项收费专门用于特定的社会公益事业，以直接为被征收人提供更好的公益服务。

（三）行政征收的程序

（1）行政征收事项的登记。行政征收事项的登记，目的在于通过对征收事项申请登记，为征收管理工作积累资料，使国家行政征收机关掌握应征收的款源。对于不按规定办理有关行政征收事项登记的缴纳主体，行政征收主体有权予以批评教育，情节严重的，可以给予相应的行政处罚。

（2）缴纳鉴定。是行政征收机关依据有关法律和缴纳主体的实际情况，对缴纳主体应缴纳款项的种类、比率、缴纳环节、征收依据、缴纳方式等进行的鉴定。

（3）缴纳申报。是缴纳主体履行缴纳义务的必经手续，缴纳主体应按有关法律、法规的规定，按期向行政征收机关进行缴纳申报。例如纳税申报。

（4）款项征收。即各级行政征收机关依法向缴纳主体征收各种税和各种社会费用，将应收款项及时、足额地收齐，把已收款项及时解缴入库。款项征收是行政征收的最后程序，它直接涉及各缴纳主体的利益和国家、社会公共利益的平衡关系，因此要特别严格地遵守法律、法规和有关规章制度，确保各种款项安全地汇入国库和用于社会发展。征收机关依法征收税款，不得违反法律、行政法规的规定开征、停征、多征、少征、提前征收、延缓征收或摊派税款。

二、行政征用

行政征用——是指行政主体出于公共目的，为满足公共利益需要，依法强制取得相对人财产所有权或使用权的行政行为。

行政征用具有以下特征：

（1）强制性。行政征用是一种通过对社会个体的利益加以限制以促进社会公共利益能够更有效的实现的行政行为，它影响到被征用者的切身利益，在存在利益差别以及资源稀缺的情况下，征用行为必然要有强制力作为后盾才能保证其有效的实现。

（2）公共目的性。行政征用强制力的价值合理性在于其结果将符合社会整体利益。

（3）权属转移性。行政征用行为是因公共利益的需要，国家限制被征用者对其财产自由处分，而责令其将财产向国家转移，这样，国家获得对财产的权利，被征用者丧失相应的权利；财产权实现转移，包括财产所用权的转移和财产使用权的转移两种情况。

（4）补偿性。这是行政征用与行政征收的最大区别。国家牺牲无责任特定人的合法权益以满足其他社会成员的利益需求，破坏了原有利益分布格局，应当对受损害的特定成员给予公平合理的补偿，以体现公平、正义的原则。

表 10-1　行政征收与行政征用的区别

	是否有偿	对象	相对人是否可预见
行政征收	无偿	有形财产，主要是金钱	可以预见
行政征用	有偿	有形财产、无形财产、劳动力	一般不能预见

第二节　行政给付与行政奖励

一、行政给付

（一）行政给付的概念

行政给付——又称行政物质帮助、行政资助，它是指行政机关对公民在年老、疾病或丧失劳动能力等情况或其他特殊情况下，依照有关法律、法规、规章或政策等规定，赋予其一定的物质权益（如金钱或实物）或与物质有关的权益的具体行政行为。

行政给付具有以下特征：

（1）行政给付是行政机关所作的一种具体行政行为。行政给付是由行政机关具体承担的一项物质帮助职能，这种物质帮助因其特定的实施主体而成为一种履行国家行政管理法定职责的活动，具有行政行为的性质，故区别于由社会或一定社会组织进行的物质帮助。

（2）行政给付的对象是特定的公民或组织。行政给付只对出现了特殊困难和特殊情况的公民个人或组织作出，其对象是特定的。如抚恤金的发放对象是因战、因公伤残的人员；救灾物资及款项是发放给灾民；社会福利金是发放给社会福利机构或者直接发给残疾人、鳏寡孤独的老人和孤儿；而独生子女补贴、有特殊贡献专家补贴、城市居民最低生活保障金等均是分别发送给相应的特定对象的。行政给付的对象无须具备为国家、社会作出了特别贡献这样的一个条件。换言之，可以行政奖励作为比较，其实质是国家给予奖励对象的一种补偿或对价，而行政给付并不是国家给予给付对象的一种补偿或对价，可以说这是行政给付与行政奖励的根本区别。随着社会的不断发展与进步，国家经济实力的整体增强和福利政策理念的不断扩展，行政给付行为将会得到更加广泛的运用，形成给付行政的管理方式。

（3）行政给付是应当事人的申请并依据法律和行政法规实施的行政行为。当然，只有在自然灾害等紧急情况出现的时候可以由行政机关基于职责主动实施（即使此种情况发生，实践中也往往要履行简单的登记或申请手续等）。通常情况下，行政给付往往根据当事人的申请并应按法律、行政法规的规定实施，而非任意给付，这就决定了行政给付行为的法律属性。也就是说，获得行政给付，对于符合给付条件的行政相对人来说，是法律上的一项权利，至于是否行使该项权利，完全取决于相对人自己。如果相对人意欲获得给付，则需向行政机关申请。对于行政机关来讲，如果符合条件的行政相对人提出申请，则必须作出给付行为。

（4）行政给付的内容是赋予被帮助人以一定的物质权益或与物质相关的权益。行政给付的内容主要体现在物质权益上，被帮助人通过行政给付获得一定的物质以帮助自己解决困难。这种物质可以是直接的财物，也可以是与财物相关的其他利益，如免费受教育等。

（5）行政给付通常情况下属于羁束行政行为。一般来说，法律规范对行政给付的对象、条件、标准、项目、数额等都作出具体规定，行政机关不能任意给付。如有关最低社会保障费的数额、抚恤金数额等都是法律明确规定的，行政机关没有自由裁量的权力。

（二）行政给付的内容和形式

1. 行政给付的内容

行政给付的内容是指行政机关通过行政给付行为赋予被帮助人的权益。它不同于行政奖励的内容，不具有精神上和职务上的权益，一般只具有物质上的权益和与物质有关的权益两部分内容。

（1）物质上的权益。表现为被帮助人获得一定数量的金钱或实物，如一定数额的货币、物品等。

（2）与物质有关的权益。这是赋予被帮助人以一定的权利，即需具备一定物质条件才能实现的某些权利，如免费入学受教育、享受公费医疗等。

2. 行政给付的形式

行政给付的形式较为复杂，这主要是因为我国有关行政给付的法律、法规的规定较为零散，各种具体的行政给付散见于法律、法规、规章之中，名称各异，含义不一，致使行政给付的形式很难准确界定。目前，我国有关行政给付形式的法律、法规、规章主要有：《残疾人保障法》、《森林法》、《消防法》、《军人抚恤优待条例》、《中国人民解放军志愿兵退出现役安置暂行办法》、《退伍义务兵安置办法》、《革命烈士褒扬条例》、《国营企业行业职工保险暂行规定》、《城市生活无着的流浪乞讨人员救助管理办法》、《城市生活无着的流浪乞讨人员救助管理办法实施细则》等。此外，还有近年来国务院发布的《关于在全国城市建立居民最低生活保障制度的通知》（1997年9月），以及民政部发布的《关于全面普及城市居民最低生活保障制度的通知》（1999年2月）等政策性文件。综合这些法律、法规、规章和政策的规定，可将行政给付的形式概括为以下几种：

（1）抚恤金。这是最为常见的一种行政给付形式。一般包括对特定牺牲、病故人员的家属的抚恤金、残疾抚恤金、烈军属、复员退伍军人生活补助费、退伍军人安置费等。

（2）特定人员离退休金。这里指由民政部门管理的军队离休、退休干部的离休金或退休金和有关补贴。

（3）社会救济、福利金。这里包括农村社会救济，城镇社会救济，精简退职老弱病残职工救济以及对社会福利院、敬老院、儿童福利院等社会福利机构的经费资助。

（4）自然灾害救济金及救济物资。这里包括生活救济费和救济物资、安置抢救转移费及物资援助等。

(三) 行政给付的程序

行政给付作为行政机关的一种法律行为，须按照一定程序实施。尽管我国目前在行政给付方面尚无统一的法律规定，但在不同的法律、法规、规章中对不同形式的行政给付程序均作了一些简单规定。

（1）定期性发放的行政给付。如伤残抚恤金、离退休金、烈军属生活困难补助等，通常应当由给付对象本人或所在组织、单位提出申请，主管行政机关依法对其进行审查、评定等级，在有些情况下，还需要通过技术专家或专门部门的鉴定，以确定标准，然后再定期（按月或按年）发给。

（2）一次性发放的行政给付。如因公牺牲或病故人员的丧葬费、退伍军人安置费、烈士家属抚恤金等，通常由给付对象提出申请，主管行政机关予以审查核实，然后按照法律、法规或规章所确定的标准一次性发给。

（3）临时性发放的行政给付。如自然灾害救济、公民突发性困难紧急救济等，有的由给付对象提出申请，有的则由有关基层组织确定给付对象，或者经有关基层组织发给给付对象。

各种行政给付的具体程序应由有关法律、法规或规章规定，至少应由统一的政策规定。不同形式的行政给付程序也存在一些共同的程序规则，主要有：申请程序、审查程序、批准程序与实施程序。在这些程序中，一般都要求书面形式，由于行政给付的标的多为一定的财物，所以，在具体的给付程序中，法律、法规和规章还会规定一定的财务、物品登记和交接程序。

二、行政奖励

（一）行政奖励的含义

行政奖励——是指行政主体为表彰先进、激励后进，充分调动和激发人们的积极性和创造性，依照法定条件和程序，对为国家、人民和社会作出突出贡献或模范地遵纪守法的行政相对人，给予物质的或精神的奖励的具体行政行为。

行政奖励具有以下特征：

（1）实施行政奖励的主体是国家行政机关或法律法规授权的其他社会组织。未经授权的个体企业、外资企业等非行政主体实施的奖励行为，不是行政奖励。

（2）行政奖励的目的在于表彰先进，激励和推动后进，调动和激发广大人民群众的积极性和创造性。

（3）行政奖励的对象是对国家、人民和社会作出突出贡献或模范地遵纪守法的集体和个人，其范围相当广泛，外国组织或个人在我国作出了显著贡献者，同样可以成为行政奖励的对象。

（4）行政奖励的内容包括物质的和精神的奖励。这两种奖励，既可单独进行，又可合并进行。

（二）行政奖励的性质

（1）行政奖励是具体行政行为。行政奖励是行政主体依照行政法律规范针对特定的行政相对人实施的，每一个行政奖励决定，都直接关系到该相对人的权利和义务，导致实施行政奖励行为的行政主体与受奖励者之间的行政法律关系的发生。行政奖励行为具有法律后果，即被奖励者获得了一种由国家认可的资格，并依此资格取得一定的权益，而社会及其他个人和组织都必须予以承认。

（2）行政奖励行为是单方行政行为，但不具有强制执行力。尽管有时也采取推荐、申报等方式，但行政奖励是由行政主体单方面决定的。不过，被奖励者对行政主体给予的奖励可以放弃，这是由受奖权本身具有可放弃性决定的。

（3）行政奖励是一种法定的行为。行政奖励的内容、方式、程序及条件等，都由国家行政法律规范予以明确规定，行政主体必须依法作出行政奖励行为。

我国许多行政法律规范对行政奖励作了规定，并且还有一些专门规定奖励的行政法律规范。如《教学成果奖励条例》、《群众报矿奖励办法》、《国家优质工程奖励条例》、《国家科学技术奖励条例》、《海关奖励缉私办法》等，为行政主体依法实施行政奖励行为提供了主要依据。此外，在如《文物保护法》、《环境保护法》、《森林法》、《草原法》、

《土地管理法》以及《会计法》等与各部门相关的行政法律规范中，也有许多关于行政奖励的规定，这些规定都是行政奖励行为的依据。我国正在制定的《行政奖励法》一旦出台后，将会更有力地规范行政奖励行为，进一步提升行政奖励制度的法治化水平。

（三）行政奖励的基本原则

（1）依法奖励、实事求是的原则。行政奖励是一种法定行为，任何行政奖励都必须坚持法定的标准和条件，实事求是地进行。因为行政奖励的目的在于表彰先进，激励和推动后进，若脱离法定标准和条件，由领导者个人的意志决定是否实施行政奖励，势必影响行政奖励行为目的的实现，甚至产生负效应。因此，为了确保达到行政奖励的本来目的，对于违反这一原则者，要按情节给予批评、撤销奖励直至行政处分。

（2）奖励与受奖行为相当的原则。这一原则实质上是前一原则的延伸，是实事求是原则的具体化。在实施奖励时，奖励的内容和形式都必须与被奖励的行为相一致，奖励的等级与贡献的大小相适应，做到论功行赏，合理适度。

（3）精神奖励和物质奖励相结合的原则。精神奖励和物质奖励可以分别独立实施，也可以合并实施，但是，在我国现阶段物质财富尚不丰富的情况下，不仅要贯彻二者相结合的原则，而且需要强调以精神奖励为主，以物质奖励为辅的方针。

（4）公正、合理、民主、平等的原则。作为调动广大人民群众的积极性和创造性的重要方式，行政奖励必须以实际功绩和贡献为评奖的惟一依据，必须有一套体现民主、公正和平等的评奖机制。凡符合法定条件者，人人都有平等受奖励的权利。行政奖励的程序也必须公开。

（5）及时性、时效性和稳定性原则。行政奖励既然以调动人民积极性和创造性为目的，就必须及时地对符合法定条件者给予奖励，以表明国家对其表彰和鼓励。行政管理活动的特点决定了行政行为必须对应行政需要及时地作出反应。在行政奖励中强调和贯彻及时性原则也是国家管理活动的特点所决定的。

由于传统习惯和僵化观念的影响，过去奖励制度存在着不成文的"终身制"，一旦受奖，终身得益。这样不利于充分达到行政奖励的目的。某一时期受到行政奖励，只能表明受奖者在那个时期的功绩和贡献，而不能表明其后的功绩和贡献。所以，只有贯彻时效性的原则，才能够激发受奖者奋发向上、不断进取的热情，从而更好地推动后进。同样，对于法定的行政奖励，应予以真正意义上的制度化，连续不断地给予符合条件者以奖励，即坚持奖励制度的稳定性原则，对于发挥奖励制度所应有的作用，具有极其重大的意义。

（四）行政奖励的构成要件

行政奖励是法定行为，因此，行政奖励必须符合法定条件，包括：

（1）符合法定的奖励条件和标准。这是行政奖励行为的客观要件。行政主体在实施行政奖励行为时，必须依据各相关法律规范所规定的具体标准和条件进行，做到依法奖励，避免随心所欲，不得擅自确立法外的条件和标准。相反，对于符合法定奖励要件而未依法给予奖励的，权利人可以请求有关部门依法行使其行政奖励权。行政奖励是行政主体对符合法定奖励条件的组织或个人，赋予一定的权益、以资鼓励的行政行为，该行政行为的相对人在其法定权益不能实现时，有依法提起行政诉讼、获取保护的权利。

（2）符合法定的奖励形式。没有一定的奖励形式，行政奖励行为便不存在。行政奖励行为是法定行为，对于不同的奖励对象和不同的奖励条件，必须依据法律规定，采取适当的形式实施行政奖励。

（3）符合法定的奖励权限。行政奖励行为涉及动用大量的国家财政资金，必须充分发挥其应有的效用，杜绝徇私滥用和不当使用的漏洞。行政主体实施行政奖励行为时，须受一定的奖励权限的制约，而不能超越其权限范围任意决定授予相对人某种形式的奖励。否则会导致行政奖励行为无效。一般说来，某一行政主体是否有权实施行政奖励行为以及采取哪种奖励形式，是由法律规范规定的，一般与其管理权限相一致。

（4）符合法定的奖励程序。我国虽然不存在有关行政奖励程序的统一规定，但是，根据现行法律、法规的规定，行政主体实施行政奖励行为，一般应遵循以下程序：奖励的提出、审批、公布、授奖和存档。程序上的瑕疵有时也会影响行政奖励的效力。

（五）行政奖励的内容和形式

行政奖励的内容，是指行政主体通过行政奖励行为所赋予被奖励人的权益。行政奖励行为的广泛性，决定了其表现形式的多样性。但是，一定的行政奖励形式，都是对行政奖励内容的反映或实现。行政奖励的内容和形式可从如下三个方面综合考虑：

（1）精神方面的权益，如授予"劳动模范"等荣誉称号，给予表扬、通令嘉奖、记功，发给奖状、荣誉证书、奖章等。

（2）物质方面的权益，即发给奖金或各种各样的奖品。

（3）职权方面的权益，即予以晋级或晋职。

表 10-2　行政奖励与行政给付的区别

	对象	内容
行政奖励	适用于做出先进行为与贡献的人	包括给予物质利益（奖金等）与精神利益（荣誉称号等）
行政给付	适用于生活困难的特定社会群体	只给予物质性利益（主要指发放抚恤金、保障金、保险金）

第三节　行政裁决与行政仲裁

一、行政裁决

（一）行政裁决的含义

行政裁决——是指行政机关依照法律授权，对当事人之间发生的、与行政管理活动密切相关的、与合同无关的民事纠纷进行审查，并作出裁决的行政行为。

行政裁决具有以下特征：

（1）当事人之间发生了与行政管理活动密切相关的民事纠纷，是行政裁决的前提。

随着社会经济的发展和政府职能的扩大，行政机关的活动范围冲破了从前民事纠纷最终由法院裁断且只能由法院裁断，行政机关只行使行政权而不裁决处理民事纠纷的传统，获得了对民事纠纷的裁决权。但是，鉴于行政和司法毕竟有所区别，行政机关对民事纠纷的裁决，并非涉及所有民事领域。只有在特定情况下，即在民事纠纷与行政管理密切相关的情况下，行政机关才对该民事纠纷予以裁决，以实现行政管理的目的。成为行政裁决对象的只能是与行政管理活动密切相关的民事纠纷。

（2）行政裁决的主体是法律授权的行政机关。在我国，除了商标、专利等知识产权领域设有专门行政裁决机构外，《土地管理法》、《森林法》、《草原法》、《食品卫生法》、《专利法》、《治安管理处罚法》、《药品管理法》等法律，对侵权赔偿争议和权属争议作出规定，授权有关行政机关对这些争议予以裁决。各个单行法律的有关规定，构成了我国行政裁决制度。没有法律的授权，行政机关便不能成为行政裁决的主体。

（3）行政裁决程序依当事人的申请为开始。争议双方当事人在争议发生后，可以依据法律、法规的规定，在法定期间内向法定裁决机构申请裁决。申请裁决通常要递交申请书，载明法定事项。

（4）行政裁决是行政机关行使行政裁决权的活动，具有法律效力。行政裁决权的行使，具有行使一般行政权的特征，民事纠纷当事人是否同意或是否承认，都不会影响行政裁决的成立和其所具有的法律效力。对行政裁决不服，只能向法院提起诉讼。所以，行政裁决不包括单纯以调解方式处理并不发生相应的法律效力的行为。

（二）行政裁决的原则

（1）公平、平等的原则。行政机关运用行政裁决权，必须坚持和贯彻公平、平等的原则。首先，必须在法律上处于独立的第三人地位。其次，应当实行严格的回避制度。第三，必须客观而全面地认定事实，正确地运用法律，并公开裁决程序。行政机关行使行政裁决权，必须按照法律规定，在程序上为双方当事人提供平等的机会和手段，以确保纠纷的双方当事人在法律面前人人平等。

（2）简便、迅捷的原则。行政机关行使行政裁决权，必须在程序上考虑行政效率和实现行政职能，在确保纠纷得以公正解决的前提下，尽可能地采取简单、迅速、灵活的裁决程序。

（3）客观、准确的原则。行政裁决必须客观而全面地认定事实，根据案情的需要，有时需要组织有关调查、勘验或鉴定。例如在交通事故争议、医疗事故争议、环境污染争议、产品质量争议等技术性争议案件中，必须坚决贯彻客观、准确的原则，尊重科学，尊重事实。

（三）行政裁决的种类

（1）权属纠纷的裁决。权属纠纷，是指双方当事人因某一财产的所有权或使用权的归属产生争议，包括草原、土地、水、滩涂及矿产等自然资源的权属争议，双方当事人可依法向有关行政机关请求确认，并作出裁决。例如，关于土地的所有权、使用权的权属产生的争议，依法请求土地管理机关给予确认。

此外，权属争议或纠纷也可能产生于房产等非自然资源方面。依据法律规定，对于这方面的纠纷，有关行政机关都可以依法作出裁决。权属纠纷的裁决结果是权属关系得以确认。

（2）侵权纠纷的裁决。侵权纠纷是由于一方当事人的合法权益受到他方的侵犯而产生的纠纷。产生侵权纠纷时，当事人可以请求行政机关予以裁决。例如，对商标权、专利权的侵犯引起的纠纷，分别由工商行政管理部门、专利管理机关进行裁决。我国《专利法》规定，对未经专利权人许可而实施其专利的侵权行为，专利权人或利害关系人可以请求专利管理机关进行处理。裁决侵权纠纷的目的在于制止侵权行为，保障当事人的合法权益。

（3）损害赔偿纠纷的裁决。损害赔偿纠纷是一方当事人的权益受到侵害后，要求侵害者给予损害赔偿所引起的纠纷。这种纠纷广泛存在于在食品卫生、药品管理、环境保护、医疗卫生、产品质量、社会福利等许多方面。产生损害赔偿纠纷时，权益受到损害者可以依法要求有关行政机关作出裁决，确认赔偿责任和赔偿金额，使其受到侵害的权益得到恢复或赔偿。

（4）权属纠纷、侵权纠纷和损害赔偿纠纷及其裁决之间的关系。首先，权属关系的确定是侵权事实得以确定的基础，侵权事实的确认又为损害赔偿请求提供了依据。环环相连，不可分割。其次，三种纠纷各自的着眼点不同，分别强调了一个连续过程的不同阶段。由于各自的争议标的不同，行政裁决的目的便不完全相同，但在保护当事人的合法权益，并服务于行政管理这一点上，三种行政裁决的目的是一致的。

二、行政仲裁

行政仲裁——指的是行政机关以第三者身份对当事人之间的民事纠纷，按照仲裁程序作出公断的制度。

行政仲裁是行政机关以第三者身份对当事人之间的民事纠纷，按照仲裁程序作出公断的制度。它是我国一项特有的行政司法制度。在《仲裁法》颁布之前，我国仲裁制度可适用于经济合同行政仲裁和劳动争议仲裁。由于行政仲裁带有较强的行政性，与民间仲裁形成了鲜明的对比。1994年我国颁布了《仲裁法》，行政仲裁发生了很大变化。多年来诸如合同纠纷、产品质量纠纷的仲裁等具有行政仲裁性质，现都改为民间仲裁。所以，目前只有劳动争议仲裁和人事争议仲裁仍保留着行政仲裁的属性。

目前，我国行政仲裁的情况虽然不多，但不能否定这一行政司法行为的存在及其价值。而且，从我国的现实来看，行政仲裁过去曾经对我国的经济建设和法治建设作出很大贡献，现在仍然发挥着特殊的非诉讼解决纠纷机制的积极作用。可以相信，随着经济发展和行政法治的要求，行政仲裁将继续发挥其应有的纠纷解决作用。

从我国《劳动法》、《劳动合同法》、《劳动争议调解仲裁法》来看，对劳动争议仲裁制度规定得已较完善。但也应该看到，随着我国行政机构改革以及事业单位人事制度改革的深入，大量的行政机关转化问题和事业单位劳动人事争议问题都会不断突出。今后，各类单位的劳动用工制度运行中发生的纠纷问题，理应依法适用劳动争议仲裁制度和人事争议仲裁制度加以解决。自2006年1月1日起施行的我国《公务员法》第100

条规定：国家建立人事争议仲裁制度，聘任制公务员与所在机关之间因履行聘任合同发生争议的，可以申请人事争议仲裁委员会予以仲裁解决，人事争议仲裁根据合法、公正、及时处理的原则依法维护争议双方的合法权益。

✤ 小结提升

　　本章重点学习了行政征收、行政征用、行政给付、行政奖励、行政裁决和行政仲裁等几种行政管理行为。在这几种行为中，有一些具有很强的相似性，在理论上应予以准确理解和把握。在实践中，有时候某些行为的名称使用得比较混乱，如行政征收和行政征用在立法中经常被混同使用，或者在不同的立法中含义不同。那么如何才能有效地解决这种混乱，有必要从理论上进一步的思考和厘清。如《外资企业法》第 5 条规定："国家对外资企业不实行国有化和征收；在特殊情况下，根据社会公共利益的需要，对外资企业可以依照法律程序实行征收，并给予相应的补偿。"再如《台湾同胞投资保护法》第 4 条规定："国家对台湾同胞投资者的投资不实行国有化和征收；在特殊情况下，根据社会公共利益的需要，对台湾同胞投资者的投资可以依照法律程序实行征收，并给予相应的补偿。"对于上述立法提及的"征收"，应当如何理解，还需要仔细斟酌。对于行政给付、行政奖励、行政裁决和行政仲裁来讲，要不要遵循严格的法律保留，法律保留的事项包括哪些，都值得学习者进一步思考。

[本章阅读文献]

　　1. 董佩林：《试论我国现行的行政征用制度》，《法学论坛》，2001 年第 3 期。

　　2. 陈江龙、曲福田：《土地征用的理论分析及我国征地制度改革》，《江苏社会科学》，2002 年第 2 期。

　　3. 王成栋、江利红：《行政征用权与公民财产权的界限——公共利益》，《政法论坛》，2003 年第 3 期。

　　4. 程浩：《行政征用制度探析》，《当代法学》，2004 年第 4 期。

　　5. 黄学贤：《给付行政适用法律保留原则若干问题探讨》，《江海学刊》，2005 年第 6 期。

　　6. 柳砚涛、刘宏渭：《行政给付的功能》，《行政与法》，2006 年第 2 期。

　　7. 徐继敏：《行政裁决证据规则初论》，《河北法学》，2006 年第 4 期。

　　8. 周佑勇、尹建国：《我国行政裁决制度的改革和完善》，《法治论丛》，2006 年第 5 期。

　　9. 胡敏洁：《给付行政与行政组织法的变革——立足于行政任务多元化的观察》，《浙江学刊》，2007 年第 2 期。

　　10. 于安：《论我国社会行政法的构建》，《法学杂志》，2007 年第 3 期。

　　11. 刘清山：《行政裁决刍议》，《湖北经济学院学报（人文社会科学版）》，2007 年第 4 期。

　　12. 莫于川：《公共利益是一个混乱且无法丢弃的筐》，《现代物业》，2007 年第 12 期。

[相关链接]

1. 朱芒：立法、行政的不作为与国家赔偿责任——日本麻风预防法违宪国家赔偿诉讼。(见："中国宪政网")

2. 关于行政征收、行政征用、行政仲裁的概念。(见："中国宪政网")

第十一章 其他行政管理行为

引例 泉州工商机关综合采用多种行政指导方式取得良好的监管效果

2006年初，泉州市部分中小学生家长对当地一家电信企业——泉港区电信局开通的"家校通"亲情卡业务进行了集体投诉，泉港区工商局接到投诉后了解到，这种电信业务具有帮助家长及时掌握学生动态、便于履行监护义务的功能，但在具体展开这项业务的过程中，该企业的工作粗糙、方法简单、操作失当，加之宣传不够、缺乏沟通，涉嫌一定程度的强制推销，造成学生家长不满，侵犯了消费者的合法权益。于是，他们没有匆忙简单地采取处罚和取消的措施，而是首先采用调停性行政指导来调处争议、缓解矛盾，该企业接受了指导意见，诚恳赔礼道歉、退回已缴费用，采取妥善措施纠正错误行为、消除侵权后果，得到学生家长的原谅，化解了电信企业与消费者之间的矛盾。同时，泉港区工商局通过调查了解到，该电信企业还拟定了若干与"家校通"亲情卡配套或类似的电信业务发展计划，一旦推出也有可能造成与"家校通"亲情卡类似的侵权后果，于是采取规制性行政指导的方式劝阻其放弃正准备实施的那些不当计划，从而防患于未然。随后泉港区工商局又应该企业的请求，实施了助成性行政指导，帮助其深入具体了解有关法律规定，尽快完善内部规章制度，努力改善经营管理。企业根据这些指导意见，对"家校通"亲情卡业务作了调整，规范了其业务办理程序，并加大宣传力度，最终获得消费者的认可，"家校通"亲情卡的使用率迅速上升到70%以上，其他方面的业务也更加规范，同时取得了良好的社会效益和更好的经济效益。这一典型事例中，工商行政机关先后配套地采用了三类主要的行政指导方式（调停性行政指导、规制性行政指导、助成性行政指导），使得行政指导措施更为深入，指导效果更加明显，有效协调了各方利益关系，使原本尖锐的社会矛盾得以缓解、转化、消失，最终维护了当地电信市场秩序和社会秩序的稳定，帮助了有关电信企业健康发展。

上述案例中，有关行政机关采取了不同的行政管理行为方式带来了不同的社会效果，其背景原因值得关注。

☞ 概述

本章共分三节，主要内容是有关行政合同、行政指导和行政规划的基本理论和法律实践。以上三种行为更多的体现了非强制性的特征，是近年来范围日益广泛、作用日益重要、理论上日益受到重视的新型行政管理行为。

♨ 方法

对于本章内容，应特别注意在掌握基本知识的基础上，运用比较的方法，分析行政合同、行政指导、行政规划与传统强制性行政行为的异同，以加深对上述三种行为的理解。

◈ **教学内容**

第一节　行　政　合　同

　　行政合同是一种充分体现参与性、互动性、协商性和可选择性的行政管理方式和方法。过去行政实务界和学术界都对行政合同长期存在非议和争论，后来渐趋一致，在大陆法系国家和英美法系国家都逐步得到广泛运用。在我国，改革开放以来行政合同在行政管理实践中的采用也日益增多。与此同时，对行政合同的研究也开始受到学界的重视，行政合同理论已成为我国行政法学体系框架中的一个重要组成部分。

一、行政合同的概念

　　行政合同——也称为行政契约，是指行政主体与相对人之间为执行公共事务，实现行政管理目标，适用行政法规则，依双方意思表示一致，设立相互权利和义务的协议。

　　行政合同具有以下特征：①必有一方是行政机关；②双方当事人的地位不同；③目的在于实施国家行政管理的目标；④以双方当事人意思表示一致为成立要件；⑤行政机关享有行政优先权；⑥在法律上的救济手段不同。[①]

二、行政合同的功能和分类[②]

　　一般认为行政合同的功能为：①扩大服务领域；②代替行政干预；③增强平等性；④提高行政效率；⑤减小行政成本。

　　综合概括起来，行政合同的主要类别有：国家订货合同；公用征收合同；行政委托合同（如我国普遍推行的科研合同）；国土使用权有偿出让合同；国企承包、租赁合同；公共工程合同（包括政府特许权协议即 BOT 主合同）；等等。

三、BOT 方式带来的课题与契机

　　所谓 BOT 方式，英文是 Build—Operate—Transfer，即"建设—经营—移交"的运作方式，也称 BOT 政府特许工程项目，它是 1984 年正式提出来的，其首倡者是当时的土耳其总理厄扎尔，他首先推动将 BOT 方式应用于该国的公共设施的私有化项目。此后，BOT 方式就在世界许多国家特别是发展中国家推广开来。例如，美国在 20 世纪 80 年代和 90 年代出现私有化浪潮，BOT 项目方式几乎覆盖了美国基础设施的全部领域。在发达国家和地区已进行的 BOT 项目中，以三大海底隧道工程（英吉利海峡、悉尼港、香港海底隧道工程）最为著名。

　　还需要指出，BOT 方式作为政府对公共工程特许权的选择配置，且采取特殊和复杂的行政合同形式（例如作为 BOT 项目主合同的政府特许权协议），与政府的行政职

---

　　① 罗豪才：《行政法学》，中国政法大学出版社，1989 年，第 228～229 页。
　　② 胡锦光、莫于川：《行政法与行政诉讼法概论》，中国人民大学出版社，2002 年，第 151～152 页。

权、职责和行政目标密切相关，因而是操作难度大、伴有特殊风险和涉及一系列法律问题的现代行政活动方式，它对于我们许多决策者和管理者来说还比较生疏，缺乏经验。如何运作好 BOT 方式并加以有效的法律调控，这既是摆在政府有关部门和工作人员面前，也是摆在经济管理、行政管理和行政法学者面前需要认真研究解决的一个重要现实课题。例如，有些地方已经在道路、桥梁等公益设施的 BOT 项目执行过程中发生纠纷（政府机关不当干预、合同乙方乱收费等），影响到当地投资环境形象或损害到民众利益，实际上既损害了公益又损害了私益。又如，在 BOT 合同的后期执行与管理方面，就存在公益与私益之间矛盾交织、冲突加剧的特殊疑难问题，更需要未雨绸缪加以专门研究和准备有关对策。如果对此掉以轻心、操作失当，极易导致损害公益或私益的侵权案件，反而制约发展速度、增大社会成本和影响社会稳定。

可见，我国市场经济发展的新形势和 BOT 方式的上述特殊风险性，要求采用 BOT 方式解决基础设施建设资金不足难题的地方政府及其经济管理部门对此加以高度重视、认真学习和精心操作，同时相应的立法建制工作（包括 BOT 方式的专门立法）也必须跟上。在实施西部大开发战略的进程中，对于亟须加快基础设施建设步伐而资金缺口很大的西部地区来说，尤其需要积极运用 BOT 方式。这也正是在新形势下依法行政的新领域，是提高我国各级各类行政机关及其工作人员特别是领导决策者"学会运用法律手段管理经济"、"学会运用（合同）法律手段实现行政目标"能力的一个重要契机。

四、行政合同中的权利和义务

(一) 行政主体适度的主导性权利以及相应义务

1. 行政主体的主导性权利 [①]

主导性权利在行政合同订立时一般是作为强制性条款规定的，对相对一方来说，要签订契约，就必须接受。一般来说，主要包括以下几个方面：

(1) 对契约履行的指导与监督权。

(2) 对不履行契约义务的相对一方的直接强制执行权。若相对人无正当理由不履行契约，而且公共利益迫切要求尽快履行行政合同时，行政主体可以享有直接强制执行权。当然，如果强制执行发生错误，行政主体应当赔偿当事人因此遭受的损失。

(3) 作为制裁手段的直接解除合同权。只有在相对一方严重违约，且具有时间上的急迫性，如不径行解除合同，将对公共利益造成不可挽回的重大损害时，行政主体才能直接解除合同。在一般情况下，应申请法院裁决，取得执行名义。而且，由于导致采取这种制裁措施的原因是相对人不履行契约义务，因此，相对人要对其违约独自承担这种不利益结果。

(4) 对严重违约构成违法的相对一方处以行政制裁措施的权利。

(5) 在情势变迁情况下单方变更与解除合同的权利。如在缔结行政合同之后遇到情势变迁，应当允许行政主体根据公共利益的需要随时变更契约履行标的或内容，或者解除契约。具体的程序是，行政主体可以与相对一方协商改变契约内容或标的，或者解除

---

① 余凌云：《行政契约论》，中国人民大学出版社，2000 年，第 20～45 页。

已完全失去履行可能的契约；如果行政合同的变更解除具有急迫性，为防止或免除公共利益遭受重大损失，也应允许行政主体享有单方变更解除权。但是，为了保障相对人的合法权益，必须要求行政主体书面作出变更解除的理由说明。

（6）对行政合同的解释权。为保障相对人合法权益不致因为行政机关滥用解释权而受到侵害，应允许相对人申请行政救济。

2. 行政主体的义务

行政主体的义务主要包括：向合同相对一方兑现应给予的优惠或照顾；给付价金；给予单方行为引起的物质损害赔偿。也即，行政主体变更或解除行政合同，如果给相对人造成经济上的损失，那么从平衡相对人利益的角度，应当按照"经济平衡原则"给予相对人补偿。

（二）合同相对一方的权利和义务

承认行政主体应享有主导性权利，实际上就是保证行政主体对相对一方拥有强制性、主导性的督促后者履行契约义务的能力，但与此同时，也必须认识到行政合同所预期的特定行政目的的实现，实际上取决于行政主体与相对一方各自切实履行彼此的义务。因此，从权利义务配置上，也应考虑发挥相对一方对作为契约一方当事人对行政主体履行契约义务的督促作用。

概括起来，行政合同相对一方的权利主要包括：①获得报酬权（报酬权不能由行政主体单方面变更）；②享受优惠或照顾的请求权；③给予物质损害赔偿或补偿请求权；④必要或有益的额外费用偿还请求权；⑤不可预见的意外和特殊困难补偿请求权；⑥"统治者行为"的补偿请求权等。

行政合同相对一方的义务包括：履行合同；接受监督和指挥；等等。

五、行政合同的程序制度

（一）签订契约的基本方式

（1）招标。招标是通过竞标方法，按照一定的标准与政策选择行政合同的相对一方，多适用于具有经济目的的行政合同。比如，政府采购项目多是通过招标来签订采购合同的。

（2）协议。这是行政合同签订的最主要的方式。也就是通过行政合同双方当事人就合同的内容等问题进行协商，最终达成的一种协议。

（二）行政合同的基本程序

（1）协商。通过协商有利于取得相对一方对行政机关所要推行的政策的理解和支持，以及协调可能发生冲突的公共利益和其他程序参加者的利益之间的关系。因此，协商制度在行政合同制度中占据着枢纽的位置，在行政合同的缔结、内容的形成以及执行等各个阶段都应当贯彻协商的精神。

（2）听证。为保证行政机关能考量公共利益而及时行使主导性权利，要尽量避免行政程序上的过分牵制，仅在涉及相对人重大利益时，要求行政机关必须举行听证；在其他情况下则由行政机关自由斟酌是举行听证，还是用说明理由方式来替代。

（3）书面形式。当然，不分契约的种类、大小，不管情况如何，都要求采取书面形式，而一概排斥采取电传或口头等其他形式，这种僵硬的态度显然也是不可取的，不符合实际需要以及效益原则。因此，法律应当为行政机关根据实际情况以及成本核算采取其他的缔约形式留有一定的选择余地。

（4）公开、回避、平等竞争原则。在行政合同的缔结以及执行阶段，除公开将会危害公共利益的情况外，行政机关有义务将所有与契约有关的情况予以公开，包括对拟将缔结的行政合同的基本情况、参加竞争的条件、资格的审查及甄选的结果等。

（5）说明理由。说明理由是行政机关在存在多名符合资格的竞争者中间进行利益的分配时，对最终决定所作的依据解释，或者作为听证的替代方式对主导性权利行使的理由进行书面的阐述。

（6）参与保留。在缔结行政合同时必须征得其他行政机关（多为上级行政机关）的核准、同意或会同办理的程序，也能在一定程度上抑制行政恣意，增加决定的正确性。这在行政法理论上称为"参与保留"。

（7）对第三人的保护。在行政合同侵害第三人权利时，应当以该第三人书面同意作为契约生效的必要条件。[①]

六、行政合同的救济制度

（一）司法外救济途径

（1）协商或者由政府出面调处。由双方当事人通过非正式的谈判与意见交流来消弥彼此对契约条款理解的差异以及有关纷争，是诸种解决方法中成本最低且效益最高的解决方式，在我国传统文化背景下对于处理当事人彼此间存在隶属关系的契约争议极具价值。

（2）仲裁。目前为解决特定行政合同纠纷，行政机关在行政体系内部专门设立了仲裁机构，比如，在人事部成立人事仲裁公证厅，受理因履行聘任合同或聘用合同发生的争议。这种模式对于解决行政合同，特别是行政机关之间、行政机关与所属下级行政机构及公务员之间缔结的行政合同的纠纷具有较强的示范与借鉴作用，落实在制度设计上就是能否考虑在行政机关体系内设立专门的具有一定独立地位的仲裁机构。

（3）行政复议。尽管在行政实践中也存在运用行政复议解决农村经济承包合同案件的实例，[②]《行政复议法》第 6 条第 6 项中还进一步明确了可以受理因行政机关变更或者废止农业承包合同而引发的争议。但是，我们认为，这种处理问题的路数，不是将行政合同纠纷作为有机整体来解决，而是将行政合同中类似于行政权力的主导性权力引发的纠纷拆解出来单独解决，因此是不可取的。

目前我国行政复议制度的构造尚不适合解决行政合同纠纷，应当对行政复议制度作

---

① 余凌云：《行政契约论》，中国人民大学出版社，2000 年，第 142～159 页。

② 张志华：《南漳县政府授权政府法制机构严肃查处村级行政组织单方面撕毁经济承包合同案件》，《行政法制》，1996 年第 3 期。

相应的修改。之所以如此，是因为在我们所要建立的行政合同制度中，行政机关所享有的主导性权利是以公共利益必需为限度的，因而是有节制的、适度的。在这种制度运作过程中，除行政机关行使主导性权利情况下可以将自己对契约履行的预期与要求通过单方的行为实现外，在一般情况下，契约双方当事人发生纷争，都只能诉请第三方进行裁决，而现行行政复议制度仅对相对人提供救济的单向性结构根本不符合行政合同纠纷解决的要求。因此，制定专门解决行政合同纠纷的特别规则，也就是在行政复议制度原有的单向性救济结构中建立专门解决行政合同纠纷的双向性救济结构，应当成为行政复议制度改革的题中应有之义。

（二）司法救济途径

我国学者研究行政合同司法救济制度的结论多倾向将行政合同案件纳入行政诉讼范畴，这是有道理的。但在具体操作过程中，应对原有的行政诉讼制度框架进行一些改进。[①]

第一，在行政合同的审查依据和法律适用上应更多地适用混合规则，其中公法因素应当使用公法规则，与此同时，不排斥在契约共有的规律上适用私法规则。

第二，在审查模式上实行双向性审查结构，法院不仅要判断契约当事人有没有违法问题，也要判断当事人有没有不恰当履行行政合同的行为。

第三，在原告、被告的资格方面，传统行政诉讼上的原告与被告具有恒定性的特点，这与行政合同的诉求不相契合。因此，应在传统的行政诉讼之外建立特别规则，允许行政机关就契约纠纷问题提起行政诉讼，成为原告。另外，假如行政机关与契约当事人之间的协议侵害了第三人的利益，第三人也应有资格作为原告提起行政诉讼。

第四，在举证责任上，行政诉讼上表现出来的行政机关举证责任较重是因为在行政执法阶段通常由行政机关主张权力，其实质仍然没有逃脱民事诉讼上"谁主张、谁举证"的樊篱。因此，在行政合同纠纷的解决上，也没有必要制定出另外的、特别的举证责任分配规则。

第五，围绕行政行为建立起来的传统行政诉讼制度之中不需要反诉制度，但行政合同作为一种双方行为，是合意的产物，这意味着它不能够通过行政机关单方意志来运作，行政机关自身的解决纠纷能力有限，必须依靠法院的力量来推动。因此，对于与原告诉求主张相反的意见和主张也需要提交给法院，由后者裁断是非，需要有反诉制度。

第六，在判决形式上，需要完善整个行政诉讼类型，以适应解决行政合同纠纷的需要。

第二节　行政指导

一、行政指导的概念和重要特征

行政指导——是指行政机关在其职责范围内为实现一定行政目的而采取的指导、劝

---

① 余凌云：《论行政契约的救济制度》，《法学研究》，1998年第2期。

告、建议等不具有国家强制力的行为。

　　行政指导具有以下重要特征[①]：①非强制性，从行为的法律关系和拘束力度看，行政指导是不具有强制性、无法律拘束力的行为；②主动补充性，从行为动因和目的角度看，行政指导是适应多样化的社会管理需求的主动行为；③主体优势性，从行为主体的角度看，行政指导主要是由具有综合优势和权威性的行政机关实施的行为；④相对单方性，从行为本身的角度看，尽管行政指导追求相对人的同意和协力，但行政指导毕竟是由行政机关单方实施即可成立的行为；⑤行为引导性，从行为品格的角度看，行政指导是具有利益诱导性或综合引导性、示范性的行为；⑥方法多样性，从行为方式的角度看，行政指导是适用范围广泛、方法灵活多样的行为；⑦实质合法性，从行为受约束的角度看，尽管某些行政指导行为可以没有行政作用法上的具体依据即可作出，但所有行政指导行为都是受到实质法治主义约束的行为；⑧事实行为性，从行为过程来看，行政指导是不改变法律关系、不直接产生法律效果的行为。[②]

　　从上述特征可以看出，行政指导行为既不同于设立法律规范的行政立法行为，也不同于执行法律规范的行政执法行为，又区别于直接产生法律效果的行政契约行为，与这些行为方式共同构成当代行政活动的基本行为方式体系。

二、行政指导的产生发展和国外做法

(一) 行政指导的产生发展背景

　　以政府干预来弥补市场不足的同时，应注重采用一些新的行为方式或者在传统行政管理和行政法制模式中不受重视的行为方式，来弥补以往政府干预的缺陷，这正是第二次世界大战（"二战"）后特别是近40年来出现经济行政民主化、柔软化潮流的一个重要表现，也是作为通过行政相对人自愿同意和协力而起作用的行政指导行为得以产生和广泛运用的一个背景和动因。在现代市场经济条件下，政府机关在行政管理过程中积极采用具有柔软灵活特点的行政指导方式，是面向现实和未来、适应市场经济和社会发展趋势的一种比较理性的行为选择。

　　因周期、费用、信息和知识等多方面局限，立法工作（包括行政立法工作）不可能完全满足不断发展的对公共管理的社会需求，难以预先十分周全地为行政活动设定面面俱到的法律依据和具体对策，必然存在法律未能覆盖的行政管理领域或曰"行政的法律空域"。因此，在某一公共管理领域出现社会需求而又存在法律空域时，有关的行政机关应及时灵活地采取行政措施进行调控，而不能以所谓"无法律处无行政"等传统行政法观念为由，采取消极态度对该事项不管不问、袖手旁观，这样做显然违背了立宪、立法的宗旨和对现代政府的角色要求。再则，法律规范是在对既往社会生活经验作最一般的考量和概括之后制定出来的，比较原则且相对稳定；而现实社会生活却是千变万化、丰富多彩的，有时会出现就某类事务而言虽有作出行政处罚、行政强制等行政行为的具体法律依据，但由于该具体事项的特殊性或出现新变化，已有的法律规范未必恰好切合

　　① 莫于川：《行政指导要论——以行政指导法治化为中心》，人民法院出版社，2002年，第11页。
　　② 莫于川：《行政指导要论——以行政指导法治化为中心》，人民法院出版社，2002年，第26～32页。

于实际，如果刻板地径行采取属于"强行为"性质的权力强制性法律措施，其社会效果反而不及采取属于"弱行为"性质的行政指导等柔软灵活性措施，于是有必要通过"弱行为前置方式"来先行采取行政指导措施进行调控，以求更便宜地达到行政目的。而且，在行政指导行为不能达到预期目的时还可再依法采取强行为（狭义行政行为）发挥作用，并未丧失权力强制性行政行为的"用武之地"，在产生损害后果时还有怨情申诉、复议、诉讼、赔偿等各种救济制度作为保障。这些可说是行政指导产生发展和得以在行政实务中发挥作用的一些基本缘由。

（二）行政指导的国外做法

当今世界几乎所有国家和地区都先后走上市场经济的道路，出现了市场经济一体化、经济全球化的趋势；同时，由于各国在资源条件、政治制度、意识形态、文化传统和发展基础等方面存在差异，其市场经济的角色定位、操作形态和成熟程度也不尽相同，因而又呈现出市场经济模式多样化的发展趋势。在上述市场经济一体化及其模式多样化的发展趋势中，几乎所有实行市场经济体制的国家，都在已经对社会经济生活实施不同广度和深度的政府干预的基础上，进一步注意采用更为柔和、灵活和有效的行政活动方式，包括程度不同地将行政指导作为一种行政手段、行政方式乃至政府的职能、职责，与其他手段（如法律强制、经济制裁等手段）和其他职能、职责（如安全、监督等职能）配套施行，以适应经济发展新趋势的客观要求，并程度不同地取得了明显成效。

行政指导成为当今市场经济国家一种重要的行政手段、行政方式和政府职能、职责，这还可从"二战"后各国经济行政管理实践中的一些具体做法和成效，来进一步加以认识。例如，"二战"以后美国的联邦、州及地方政府都曾以农业和中小企业为对象，实施带有扶持措施性质的指导性保护政策。再如，"二战"以后英国也曾将利率诱导、技术指导、道德劝导作为政府推行货币政策的柔性管理手段。又如，德国、法国、日本等国政府在战后都曾通过制定协商性、指导性的经济计划和产业政策、发布行政信息、提出经济调整建议等广义行政指导范畴的一些较为柔和的行为方式，对社会经济进行引导和调整，取得了明显成效，并将其作为政府经济管理部门的职责任务。此外，从行为主体的角度来看，"二战"后法国政府的计划署，瑞士的国民经济部，英国政府的全国经济发展委员会，日本的经济企划厅和通产省，韩国的经济企划院等，在经济行政管理过程中都曾经扮演过或仍扮演着行政指导者的角色。

三、行政指导的构成要件和基本功能

（一）行政指导的构成要件

行政指导的构成要件包括如下五个方面：

（1）指导主体（指导方）。也即作出指导行为的行政机关，包括一些得到授权而实施行政指导行为的组织，这是行政指导的最基本要素。

（2）指导对象（受指导方）。指导行为所指向的行政相对人，包括特定的行政相对人和非特定的行政相对人，这也是行政指导的基本要素。但指导方是否接受某行政指导的内容并不是必然的，接受与否也不影响该指导行为的作出和成立。

（3）指导内容。指的是指导方为一定行政目的而作出的指向受指导方的指导行为之具体内容，如劝告或建议相对人作出或不作出什么行为。

（4）指导方式。指导方采取指导行为的具体方式，表现各异，种类繁多，总的来说可分为抽象的指导行为和具体的指导行为（下文将作讨论）。

（5）指导后果。指的是受指导方接受或不接受该项行政指导行为后可能产生的实际结果，包括积极后果和消极后果，但不是直接和必然会产生的。

（二）行政指导的基本功能

在现代市场经济条件下，行政指导广泛运用于经济、科技和社会管理领域，特别是在经济管理领域运用得更为普遍，并发挥着多方面功能。这些功能往往是交叉复合而非孤立的。从各国行政指导的实践效果来看，符合现代行政民主和法治精神的行政指导，在现代行政管理过程中具有如下基本功能：

（1）行政指导的补充和替代作用。这一作用又可分为三种情况：其一，由于经济与社会生活加速发展等原因，难免存在"法律空域"的现象，因此及时灵活地采取行政指导措施予以调整，以补充单纯法律手段之不足，就成为客观的要求。其二，已有关于作出行政命令行为的具体法律规定，但采用法律强制手段尚不必要或不及时，或成本太高、效果较差、后遗问题较多，在此情况下也可先行采取行政指导措施，来替代法律强制手段进行调整，以期更为及时有效地实现行政目标。其三，法律明确规定可单独采取或作为行政命令行为的前置程序采取行政指导措施，当然就应依法采取行政指导行为。

（2）行政指导的辅导和促进作用。由于行政机关在掌握知识、信息、政策上的优越性和宏观性，因此其实施的行政指导具有一种特殊的启发、导向和促进作用。特别是在现代市场经济条件下，行政机关与行政相对人之间更多地具有一种平等协商、相互尊重的关系，采取柔和的行政指导措施可起到引导、影响相对人行为选择的作用，以增进和保护社会公益。

（3）行政指导的协调和疏通作用。社会生活的多元主体之间的利益矛盾和冲突需要协调，由于行政指导的非强制性和自主抉择性，以及指导主体所具有的相对于利益冲突的某种超脱性和中立性，使其在协调、缓解和平衡各方之间的矛盾冲突过程中，能通过行政指导措施发挥协调和斡旋作用。还有某些一时发生隔阂、障碍的社会关系，也需要采用行政指导措施及时便利地予以疏通和调停。

（4）行政指导的预防和抑制作用。社会组织和个人往往存在一种为增加自身利益而不惜损害社会利益的倾向（经济学称此为"外部效应"），对此需要加以有效抑制。而在损害社会利益的行为尚处于酝酿和萌芽状态或初现弊端时，最宜采用行政指导进行调整。换言之，行政指导对于可能发生的妨害经济秩序和社会公益的行为可起到防患于未然的预防作用，对于刚萌芽的妨害行为则可起到防微杜渐的抑制作用。

四、行政指导的分类、方式和程序

（一）行政指导的基本分类

关于行政指导的类型，可以从不同的角度加以划分。从国内外情况看，学者们大致

是从行政指导具有何种功能、有无具体依据、如何
加以救济等角度来划分的，其中又主要是从行政指
导具有何种功能（作用）的角度来加以划分，各种
划分方法存在某些交叉、相似和相通之处。其中运
用较多的是"功能角度三分说"的分类。这种分类
是从功能分析的角度将行政指导划分为助成性指导、
规制性指导、调停性指导三大类型，往下再划分为
若干层次。

图 11-1　行政指导的基本分类

　　除从功能角度划分以外，有的学者也从行政指导行为有无具体的法律依据这一角
度，将行政指导行为划分为如下三类：其一，有行政指导的具体法律依据，可径行采取
劝告、鼓励、建议等行政指导行为；其二，无行政指导的具体法律依据，但就该事项来
说已有可作出行政命令、许可、认可的具体法律依据，则可在行使行政权而作出命令、
许可、认可行为之前，作为其前置程序先行采取行政指导行为；其三，无任何行政作用
法上的具体依据（既无行政指导的法律规定又无相关行政命令方面的法律规定），但该
事项属于行政机关的职能、职责或管辖事务范围内之事项，则可基于行政组织法的一般
授权而采取行政指导行为。[①]

（二）行政指导的常用方式

　　行政指导行为最突出的一个特点是灵活多样、不拘一格和追求效率，这与行政指导
作为非权力强制行为的性质是相适应的。这一特点对于行政指导在行政实务中发挥积极
作用来说具有重要意义，同时也是其伴生负面作用的原因之一。结合国内外行政指导的
实施现状和研究成果，可以将行政指导的常用方式大致概括为抽象行政指导行为、具体
行政指导行为、抽象具体两可型行政指导行为，及其往下更具体的表现方式。主要包
括：①导向性行政政策·行政纲要；②发布信息·公布实情；③指导·引导·辅导·帮
助；④劝告·劝诫·劝阻·说服；⑤告知·指点·提醒·提议；⑥商讨·协商·沟通；
⑦斡旋·调解·调和·协调；⑧建议·意见·主张；⑨赞同·表彰·提倡；⑩宣传·示
范·推荐·推广；⑪鼓励·激励·勉励。上述行政指导方式方法相辅相成、相互配合、
相互补充，其作用和意义非常重要。随着科学技术和社会生活的不断发展以及政府角色
的演化，行政指导的方式方法将会日益增多。

（三）行政指导的程序制度

1. 行政指导程序的概念

　　所谓行政指导程序也即行政指导操作程序、行政指导实施程序，是行政机关实施行
政指导行为应依循的方式、方法和步骤的总和，它具有简明化的特点。对于行政指导而
言，完善相应的程序制度，通过适当的程序约束，来规范行政活动，提高行政效率，实
现行政目标，有效地保护行政相对人，富有现实意义。

----

① 林纪东：《行政法》，三民书局股份有限公司，1988 年，第 437～438 页。

2. 行政指导的一般程序

综观各国的行政指导实践，多样化的行政指导程序尽管存在不完全定型化、法定化程度不高等问题，但如下程序规定和实际做法是比较普遍的（其中一部分属于惯常做法而非法定程序），值得认真研究，可谓之行政指导一般程序：关于行政指导行为的发动方式的规定和做法，大致分为依职权的发动方式和依申请的发动方式；调查了解真实情况，确定有无进行该指导行为的必要性；在进行技术指导类的行政指导时，向专家和专业部门进行咨询论证；与有关相对人进行商谈、协商或其他方式的交流，以取得理解、谅解和配合；关于进行指导的时机的规定和做法；关于指导行为的目的、内容、负责人员等的告知和说明，分为书面方式和口头方式；主动或应请求提供与该指导行为有关的文件、资料、数据供利害关系人和有关方面参考；主动听取利害关系人和其他行政相对人的意见；提供机会给利害关系人辩明理由、提出意见，并作书面记载；重大的行政指导行为，还可应行政相对人的申请举行或主动举行听证会、专题审议会。

3. 行政指导程序方面的问题探讨

综观各国的行政指导制度，应当说在有关行政指导程序的法律规定方面还存在不少问题，主要包括：行政指导的程序规定过于粗疏；对于已有的行政指导程序规范不予认真执行；行政指导的暗箱操作、变相强制现象突出；对行政指导行为的程序约束的规范执行不力。

4. 完善行政指导程序制度的思路

在我国行政实务中，尽管不能以过于繁琐复杂的程序规则来束缚和抵消掉行政指导的灵活多样化的特点，但也应建立健全基本的程序规范。故须坚持公开、科学、民主和法治等原则，采取多方面的有效措施加以完善：对最基本、最常用的行政指导一般程序，如商谈、告知、说明事由、听取意见、交付资料等，应作出明确具体而又有一定弹性的法律规定；进一步增强行政指导程序规定的公开性、参与性和民主性，从程序保障的角度为实现行政民主创造更好的条件；逐步完善对行政指导行为进行监督和制约的程序规定，包括建立健全行政指导程序责任机制，能够依法追究不按有关法律规定来实施行政指导行为者的责任；在我国将出台的统一行政程序法典中，应就行政指导行为作出最必要、最基本、以程序为主的法律规范，将行政指导行为更好地纳入法治化轨道。

五、行政指导的现实问题和完善路径

（一）行政指导制度实践中存在的问题

行政指导也存在一些不可忽视的缺陷，在其制度实践中会产生一定的负面效应，这正是行政指导制度还不够成熟和完善的表现。除了人们对行政指导的性质、作用、方式等的认识尚不一致外，从各国行政指导实务来看还较普遍地存在如下带有共性的负面问题：①行为不够透明；②动机不尽纯正；③关系尚未理顺；④保障变成强制；⑤责任不甚明确；⑥救济缺乏力度。

（二）完善行政指导的责任机制

1. 行政指导责任的概念

所谓行政指导责任，是指行政指导方作出指导行为，如果产生了不良后果发生了行政争议，经过法定程序所认定的由行政指导当事人（即指导方和受指导方）各自应当承担的相应法律责任和其他责任后果，它是实施权利救济的基础。

2. 按行政指导法治化的要求建立健全科学合理的责任机制

具体来说，可从三个方面来考虑：

（1）关于指导方的法律责任。尽管行政指导行为不具有国家强制力，听从指导与否听凭行政相对人的自愿，但如果行政指导行为本身违法、违反政策（其原因可能是指导者没有尽到注意的义务所致），而行政相对人在接受指导时无法识别判断出这一点，因此听从指导并产生了危害后果，其责任应由指导方即实施该指导行为的行政机关承担（包括承担赔偿责任）①。如果实施行政指导行为之后又出尔反尔予以否认，给行政相对人造成信赖利益损失，则应由指导者承担责任；如果理应实施行政指导却害怕承担责任而不作出行政指导，则该行政机关（及该公务员）就未能尽到职责，应当受到行政效能监察的监督，承担违背行政组织法（以及公务员法）的失职责任；如果行政指导行为既不违反法律和政策，又无不当之处，则该行政机关不承担法律责任，如果产生了什么后果则由自愿接受指导而采取行动的相对人承担，而不是一味由行政机关承担责任。

（2）关于受指导方的法律责任。行政机关在行政相对人可能做出违法行为时，对之进行劝告、告诫、提醒、建议等行政指导，如果行政相对人不听从指导，仍然实施了违法行为，其违法责任当然由行政相对人承担，这一点并无疑问；如果行政相对人在接受行政指导时已识别判断出该行政指导措施违法、违反政策或不当，却出于个体利益的某些考虑而自愿服从指导并产生了损害后果，其责任由受指导方即该行政相对人自己承担；在行政相对人虽已识别判断出该行政指导行为违法、违反政策或不当，本来也不愿服从该行政指导，但事实上又服从了该行政指导的情况下，如果该行政相对人能提供关于行政机关实施行政指导时实际上已为此采取或变相采取了强制措施来迫使自己就范的证明（实际强制力之证明），而且此证明能够得到确认，则该相对人可以免责，而由指导方承担责任。

（3）关于建立科学合理的行政指导责任与救济机制。行政指导行为难免会发生失误和造成损害，必须建立相应机制以明确和追究责任，在此基础上实施救济。就行政机关即指导方而言，其承担行政指导责任的原因、条件和形式是多种多样的，相应的救济渠道和方式也应是多种多样的。建立科学合理的行政指导的责任机制和相应的救济制度，其目的首先是保护行政相对人的合法权益，同时保障行政机关认真履行职责，通过实施行政指导来维护社会公益、达成行政目标。

---

① 当然，如果指导方履行了法定职责并尽到了注意的义务，只是由于一般意义上的有限理性（科学认识过程中在某一发展阶段客观存在的普遍认识局限本身的原因）导致的指导失误，则可减轻其责任，因为这理应属于各方均应承担的社会成本。

（三）行政指导的立法约束思路

要解决法律对行政指导的拘束力问题，可从多方面入手，如下两条准则尤须加以重视：一是行政指导不得与现行法律规则相抵触，即遵循法律优先原理；二是行政指导要受法律一般原则的拘束，也即行政指导行为不得违反比例原则、平等原则、公开原则、诚实信用原则、禁止反言原则、正当程序原则等最一般的法律原则，一些国家的有关立法和判例也体现了这一共识。20 世纪 90 年代以来，一些国家通过立法特别是有关行政程序立法来规范行政指导行为，体现出"以行政程序立法约束方式来实现行政指导法治化"的思路。

通过专门立法特别是行政程序立法作出制度安排，例如听取意见、协商、听证、提供陈述事实和辩明理由机会、国民参与、专家咨询、行为过程公开、多样化的权利救济方式等程序设计，建立起对行政指导行为的有效监督与救济机制，乃是一个符合现代法治理念和实际的行政指导法治化路径选择，因而自 20 世纪后期以来日益受到各国重视和采用。例如，日本于 1993 年、韩国于 1996 年、我国台湾地区于 1999 年通过的行政程序法都以专章规定了有关行政指导程序约束的有关内容。这一动向值得重视和研究。

（四）我国行政指导立法约束的路径选择

尽管以往我国各层次法规文件中对行政指导行为作过一些分散的规定，2000 年 3 月 10 日起实施的《行政诉讼法》司法解释也以排除方式对行政指导作出规定，但还远不适应发展市场经济和推进民主法治的客观要求。在实施依法治国方略、全面推进依法行政的新形势下，我国应加快相关立法步伐，完善行政指导法律规范，加大对行政指导行为的法律约束力度，为行政指导制度建设提供必要的法律保障。为此，宜从如下四个方面加以立法完善：一是通过完善行政诉讼法律规范将行政指导行为纳入司法审查范围；二是在行政程序法典中专门设置行政指导行为约束条款；三是在条件成熟之际适时制定出专门的行政指导行为法典；四是在各层次制定和完善配套的相关法律规范。

第三节　行政规划

一、行政规划的概念、特点和性质

（一）行政规划的概念①

行政规划——在静态上是指为处理行政事务、实施行政事业或制定行政政策而由行

---

① 首先需要说明的是：人们对于行政规划有广义和狭义的理解。广义的行政规划包括指导性（非拘束性）行政规划和指令性（拘束性）行政规划，还可包括介于这二者之间的影响性行政规划。在现代市场经济国家，少有指令性行政规划，行政法学著述中提到的行政规划一般是指导性行政规划。我国实行市场导向改革后，指令性行政规划日益减少，在市场经济体制条件下的行政规划主要是指导性行政规划，故本章的讨论对象也主要是指导性行政规划。还需说明的是，由于讨论问题的需要和角度不同，国内外行政法学著作中，有的将行政规划作为与行政指导并列的行政活动方式加以论述，有的则将行政规划作为行政指导的一种具体方式而放在行政指导范畴内加以论述，这里采取前一种方式来处理。

政机关确定的行政指导性目标；在动态上是指行政机关在实施公共事业及其他活动之前综合地提示有关行政目标和制定出规划蓝图以具体明确行政目标，并进一步制定出为实现行政目标所必需的各项政策性大纲的活动过程。

（二）行政规划的重要特点

从当今各主要市场经济国家的情况来看，行政规划具有如下特点：①它是用于实现一定政策的手段和工具；②它是实现行政目标的一个过程；③在时间上，它具有动态展开的要素；④行政规划的内容具有非完结性和留有一定的余地；⑤一般来说，单纯的综合性规划或指导性规划，并不一定要有具体的法律根据，但当行政规划（指拘束性规划）的决定将产生各种权利限制的效果时，则必须要有行政作用法上的具体法律根据。[①]

具有上述特点的行政规划行为，主要由行政规划的主体、对象（客体）、内容、形式等要素构成。

（三）行政规划的性质

行政规划类似于行政立法行为，是针对不特定多数人适用，关系到一般公共秩序；但一些拘束性行政规划产生的权利限制效果却又类似于具体行政行为，指向非常明确具体。因而可以说，凡是具有直接限制国民权益的效果的拘束性行政规划，应视为一种权力行政方式；凡是不直接影响国民权益的非拘束性行政规划，则属于一种非权力行政方式。[②]

行政规划虽然一般不直接影响行政相对人的权利和义务（某些拘束性行政规划除外），但由于它也是行政机关的活动标准，所以规划实施机关必须遵守它；同时，由于行政规划是行政机关的行政活动标准，相对人也能以此预测行政活动，从这一角度说，行政规划具有引导国家机关的预算、立法的功能，具有引导民间活动的功能，而这些功能也从某种角度体现了行政规划的本质。[③]

二、行政规划的运用背景与现实意义

（一）行政规划的运用背景

在市场经济成熟国家和转型为市场经济的国家，也广泛运用行政规划并发挥行政规划的特殊调整作用，行政规划的运用背景在经济规划领域表现得特别明显。这是因为，"在实施市场经济的国家，讲求自由竞争，但是国家也不能够采取放任的态度，必须以国家整体的立场规划出一个经济政策，且必须具有前瞻性，并且拟定执行与完成的年限。这是调和了市场经济制度的自由动力优点与规划经济的整体性与积极性特色。"[④]

---

① ［日］和田英夫：《现代行政法》，倪建民等译，中国广播电视出版社，1993年，第216页。
② 杨建顺：《日本行政法通论》，中国法制出版社，1998年，第563页。
③ ［日］室井力：《日本现代行政法》，吴微译，中国政法大学出版社，1995年，第54～55页。
④ 陈新民：《中国行政法学原理》，中国政法大学出版社，2002年，第239页。

考察主要市场经济国家运用行政规划的情况不难看出，政府制订的关于经济发展的行政规划对于行政相对人来说并不具有国家强制性，往往仅表明今后的奋斗目标，主要包括对增长率、物价水平、国际收支等指标作出预测，旨在为企业、公民从事经济活动提供参考。可以说，这也是在现代市场经济条件下行政规划有其地位和作用并获得发展的重要原因之一。

（二）行政规划的现实意义

在排斥市场机制作用的传统规划经济体制下，规划（主要是指令性规划）的作用被严重夸大、放大，成为资源配置的主体性、基础性手段甚至唯一手段，实践证明这并不能保证资源配置和经济发展的高效率。在现代市场经济条件下，市场作为资源配置的基础性手段在调节经济运行中发挥着重要作用；同时，规划（主要是指导性规划和影响性规划）仍然作为宏观调控的有效手段，在社会经济运行中发挥着重要作用。从我国市场经济体制下的经济领域的情况看，行政规划无论在形式上还是在作用上都根本不同于传统规划经济体制下的行政规划，它主要是通过规划所体现的经济发展的方针、政策和战略考虑（如产业政策、收入政策、技术政策、区域政策、进出口政策、基础设施建设方针等），来引导经济总量平衡和重大结构优化，促使国民经济快速、健康和稳定发展。

行政规划的必要性还表现在它对行政机关自身的行为也具有指引作用，有助于整体推进各种行政活动，有利于完整和协调地实现行政目标。这是因为在行政活动呈多样化、扩大化的今天，如果缺乏规划性地孤立实施个别的行政活动，这与其他行政活动之间产生摩擦或冲突的可能性很大。

三、行政规划的基本功能和适用范围

（1）行政规划的基本功能。行政规划的基本功能，总的来说是设定指标性的行政目标来引导相对人以及行政主体自身的行为。由于在现代社会中规划行政的日益展开和规划手段的广泛运用，行政规划的功能日趋复杂多样化，这包括：①引导和指导行政相对人的预期和行为；②引导、联系和协调其他行政手段（包括行政法律手段）；③通过确立科学、合理的行政目标来有效调动行政资源、实施行政活动；④通过取得有关行政机关的共识和协调行政政策来提高整体行政效果；等等。

（2）行政规划的适用范围。在传统的市场经济国家，有限运用的行政规划主要是在国防事业、防灾救急、城市管理等方面，表现为国防规划、防灾规划、城市规划等保安性质的行政规划，其适用面较窄、政治色彩较浓。正如德国学者分析的那样："规划的适用范围和强度，取决于国家活动的范围和强度。在19世纪的自由法治国家时代，国家管理的范围限于排除危险，规划自然萎缩……在现代社会法治国家，危险排除行政之外的给付行政和社会塑造活动任务，使规划成为国家活动的重要手段。"[1]

---

[1]　[德] 哈特穆特·毛雷尔：《行政法学总论》，高家伟译，法律出版社，2000年，第407页。

第二次世界大战以后，随着国家干预增多和行政民主发展这一双向强化过程，行政规划在越来越广泛的领域特别是经济领域以及社会领域得到日益增多的运用，行政规划的经济性和社会性大大增强。例如，日本在战后制定了综合经济规划、区域开发规划、土地利用规划等全国规模或地区规模的行政规划，根据这些规划处理具体事务，实施具体事业，其行政规划的对象广泛涉及政治、财政、社会、教育、文化等几乎所有行政领域；特别是在空间保护行政领域里，行政规划的运用和发展尤为显著。[①]

四、行政规划的类型、程序与救济

（一）行政规划的基本类型

行政规划的法律形式和内容非常多，可从多种角度分类。例如：根据制定规划的主体不同，可分为中央政府的国家规划，中央各部的行业性规划，地方政府的区域发展规划，等等；根据规划内容可分为经济规划、开发规划、教育规划、产业规划等；根据规划的时间长短可分为长期规划、中期规划、短期规划、年度规划、临时规划；根据规划的适用地域可分为全国规划、大区规划、省规划、市镇规划等；根据规划事项的范围可分为综合规划、专题规划等。

根据不同的标准可以对规划作不同的分类，其中主要是法律、经济和社会学方面的标准。被广泛采用的一个标准是规划的约束力，也即规划影响行政相对人行为的强度。根据该标准，规划可以分为指导性规划、调控性规划和命令性（处理性）规划。这是最有意义的分类。[②]

（二）行政规划的程序制度

1. 行政规划程序的概念

行政法学界比较注重从程序法制的角度研究行政规划，有的国家（如德国）和地区（如我国台湾）甚至在其行政程序法中作出专门规定，力图通过程序约束将行政规划纳入法治化轨道。所谓行政规划程序，是指行政规划主体作出行政规划行为所必须遵循的方式和步骤的总和，它属于特别要式程序。其要点有三：其一，行政规划的主体是行政机关；其二，行政规划行为包括行政规划的制定、实施和监督等行为；其三，它是行政规划行为的方式和步骤所构成的完整动态过程。这里所谓方式，是行政规划行为的空间表现形式，如调查了解情况，收集信息，公布草案，听取意见，说明理由等；所谓步骤，是行政规划行为的时间表现形式，包括行为方式的先后顺序和每种方式、每一环节的时间限制。

2. 行政规划程序的规范形态

行政规划程序是通过各种具体规定和惯常做法来表达的，这些具体规定和惯常做法就是行政规划程序的规范形态。目前各国的行政规划程序的规范形态是多种多样多层次

---

① ［日］南博方：《日本行政法》，杨建顺、周作彩译，中国人民大学出版社，1988 年，第 60 页。

② ［德］汉斯·J·沃尔夫、奥托·巴霍夫、罗尔夫·施托贝尔：《行政法》，高家伟译，商务印书馆，2002 年，第 181～182 页。

的，其中最主要的有：①宪法中规定的；②法律中规定的；③法规（法令）中规定的；④政府（行政）规章中规定的；⑤一般规范性文件规定的；⑥纲要性文件附带规定的；⑦在政府（行政机关）工作中长期形成并惯常运用的。

3. 行政规划的最低限度程序要求

许多学者认为，出于程序正义的起码要求，对于涉及多数人权益的通盘式行政规划，应规定最基本的程序标准来衡量行政规划行为，也即实行行政程序最低限度保障原则。有学者提出，这一最起码的要求包括行政规划的草拟程序、磋商程序、审议程序等三大步骤。① 也有学者提出，符合程序中立、程序公正、程序理性、程序经济等要求的行政规划程序制度，最低限度应涵括：①公开制度，包括依据公开、资讯公开和决定公开；②沟通制度，包括当事人参与行政规划过程发表意见和行政机关听取行政相对人意见；③时限制度，包括披露信息的时限和作出决定的时限。②

4. 行政规划的主要程序

行政规划程序大致分为行政规划的制定程序、行政规划的实施程序、对于行政规划制定和实施进行监督的程序等三大类，其中最主要的是行政规划的制定程序（或称为确定程序）。综观各国关于制定行政规划程序的规定和惯常做法，最主要的行政规划制定程序包括：①确定规划主体（行政规划的制定机关）和规划对象（行政规划的范围和主题内容）；②调查情况、收集信息、汇总资料和数据；③考虑直接有关的利益因素和比较分析相关因素、数据；④拟订草案并准备规划的背景说明及有关参考资料；⑤在官方文件和有关传媒预告出来征求利害关系人和广大民众及专家、专业部门的意见；⑥由各个方面提出意见；⑦由制定行政规划的机关负责向公众说明理由和解释疑问；⑧召开公听会（必要时还可召开专门的审议会）；⑨采纳合理意见，修改草案；⑩对有关的期日（如民众提出意见的时限等）加以规定；⑪经有关机关审批；⑫正式公告，周知民众。

（三）行政规划的法律救济

行政规划法治化过程中必须重点解决三个方面的问题：一是行政规划的依据；二是行政规划的程序；三是行政规划的司法控制。它们分别属于行政法上特别关键的实体法问题、程序法问题和救济法问题。行政规划的救济请求权取决于有关规划的形式和内容。具体包括：规划存续请求权，规划执行请求权，过渡措施和补救措施请求权，补偿请求权，等等。行政规划的目标通过行政相对人遵循行政规划去行动来加以实现。但行政规划是基于对未来的预测作出的，伴随着不确定性，而且要适应不断变化的情况进行着具有弹性的变更。对信赖行政规划而获得信赖利益的行政相对人给予保护，与对行政规划进行具有弹性的变更之间，就存在冲突且难以通过传统补救机制加以解决，故需创造出更适合行政规划的争讼方法来加以救济。③

① 杨解君、肖泽晟：《行政法学》，法律出版社，2000年，第361页。
② 黄海华：《行政计划理论初探》，苏州大学法学院2003年硕士学位论文，第40～42页。
③ ［日］山下淳、小幡纯子、桥本博之：《行政法》，有斐阁，2001年，第155～156页。

五、行政规划的现实问题与完善路径

（一）行政规划制度实践中的现实问题

由于认识、体制和操作上的种种原因，各国在采用行政规划这一手段以达成行政目标的过程中，程度不同地存在一些问题和矛盾，最主要的有：①关于如何认识和处理行政规划与行政法治的关系，人们尚有很多分歧；②行政规划的法律责任和政策责任尚不够明确，纠错性和救济性较差；③当出现行政规划特别是某些拘束性规划的再分配功能失当造成相对人负担不公平的情况时，尚无有效机制对此加以必要调整；④某些行政规划庞杂琐细，面面俱到，预测性和前瞻性较差，科学性和针对性不足，指导性和导向性不强；⑤行政规划制定过程中的民众参与、民意吸纳和公益协调机制尚不完善，公开性和民主协商性不足；⑥行政规划的制定和实施的制度化不够，制定规划的主观随意性和实施规划的虎头蛇尾等现象比较普遍。

在我国的行政规划制度实践中，目前存在的主要问题是：①在行政规划的立法上，以分散立法为主，缺少统一的行政规划基本法的指引；②在行政规划的程序上，行政规划的确定过程的民主性不足，基本上是在行政机关内部封闭运行，忽视行政相对人的参与作用；③在行政规划的内容、手段和进度上，科学性、合理性比较差，而且朝令夕改的现象严重；④在行政规划的效果上，行政规划的关系人的合法权益难以得到有效的救济和保障，而随意变更规划的行政机关却难以被追究法律责任。[①]

（二）行政规划制度的完善路径

鉴于上述问题和矛盾，应当系统地采取切实有效的措施，来促使我国行政规划走向规范化、制度化、高效化和法治化。在现阶段至少需要采取如下举措：①进一步深化对行政规划的认识；②切实增强行政规划制度的民主性；③建立健全行政规划的信赖保护和权利救济机制；④完善行政规划程序制度；⑤加强行政规划立法的力度，将行政规划纳入法治化轨道。

✛小结提升

本章学习的三种行政管理行为——行政合同、行政指导和行政规划与传统的强制性行政行为有很大的不同，更多的体现了行政民主性、灵活性的特点，给予行政相对人更多的参与机会，弱化传统的行政机关权力运行的高权性和单一性，行为的作出和效果的实现更多的加入了相对人意志的因素。但是并不能因此而完全否定这些行为可能的侵害性，那么，当面对可能的侵害时，相对人能不能像传统的行政行为那样获得救济就是值得深入思考的问题。对于这一问题，理论上和实践中都是存在很大争论的。比如，行政诉讼对于行政合同、行政指导和行政规划而言有没有适用的空间？法律应不应该把行政指导和行政规划纳入受案范围之中？我国目前正在酝酿修改《行政诉讼法》，上述问题都是值得认真对待和思考的。

---

① 王克稳：《经济行政法》，北京大学出版社，2004年，第264～266页。

[本章阅读文献]

1. 莫于川：《国外行政指导典型案例研究》，《行政法学研究》，2003 年第 2 期。

2. 高秦伟：《行政计划及其法律规制》，《理论探索》，2003 年第 5 期。

3. 莫于川：《论行政指导的立法约束》，《中国法学》，2004 年第 2 期。

4. 莫于川：《法治视野中的行政指导行为——论我国行政指导的合法性问题与法治化路径》，《现代法学》，2004 年第 2 期。

5. 莫于川：《行政指导比较研究》，《比较法研究》，2004 年第 5 期。

6. 莫于川：《行政指导救济制度研究》，《法学家》，2004 年第 5 期。

7. 莫于川、田文利：《行政指导的功能解读》，《北京行政学院学报》，2004 年第 5 期。

8. 周佑勇、王青斌：《论行政规划》，《中南民族大学学报（人文社科版）》，2005 年第 1 期。

9. 李凌波：《行政规划基本范畴研究》，《行政法论丛》，总第 8 期。

10. 赵宏：《试论行政合同中的诚实信用原则》，《行政法学研究》，2005 年第 2 期。

11. 叶伟平：《行政合同纠纷几个法律问题探讨》，《法学研究》，2005 年第 3 期。

12. 蔺耀昌：《论行政契约撤销原因的确定》，《法学研究》，2005 年第 3 期。

13. 郭庆珠：《论行政规划利害关系人的权利保障和法律救济——兼从公益与私益博弈的视角分析行政规划的法律规制》，《学习论坛》，2005 年第 12 期。

14. 应松年：《政府职能的演变与行政规划》，《郑州大学学报（哲学社会科学版）》，2006 年第 1 期。

15. 姜明安：《行政规划的法制化路径》，《郑州大学学报（哲学社会科学版）》，2006 年第 1 期。

16. 胡锦光：《论对行政规划行为的法律控制》，《郑州大学学报（哲学社会科学版）》，2006 年第 1 期。

17. 宋雅芳：《论行政规划确定程序中的参与机制》，《郑州大学学报（哲学社会科学版）》，2006 年第 1 期。

18. 莫于川、郭庆珠：《我国行政法学界关于行政规划的理论研究现状分析》，《南都学坛》，2007 第 1 期，《人大复印报刊资料·宪法学、行政法学》，2007 第 3 期转载。

[相关链接]

1. 姚燕：从美国政府采购制度看政府采购合同之性质。（见："中国宪政网"）

2. 关于行政规划的性质、特点和作用。（见："中国宪政网"）

第十二章　行政程序法制

行政程序，通说认为是指行政主体的行政管理活动程序，即行政主体采取行政行为的方式、步骤、顺序、时间等。行政程序作为规范行政权、体现法治形式合理性的行为过程，是实现行政法治的重要前提。本讲的主要内容是行政程序的基本理论和基本制度。

第一节　行政程序的基本理论

引例　胡某诉县城区管理所强行拆除房屋案

胡某是从事服装经营的个体工商户。1997 年 5 月，胡某未经批准，擅自将坐落在城关镇北正街的临时营业棚改建成两层楼房。在施工时，该县城区建设管理所曾多次劝阻无效，胡某终将楼房建成，并开始营业。6 月 1 日，县城区建设管理所依法对胡某的违章建房行为作出处理，责令胡某在 10 日内拆除。胡某在限期内未执行这一决定。于是，县城区建设管理所派人将胡某的违章建筑拆除。在拆房时，县城区建设管理所未通知胡某或其成年家属到场，对室内物品也没有清点保管，致使胡某经营的部分商品受损。胡某对县城区建设管理所的强行拆除行为不服，向法院提起诉讼，要求被告方赔偿其经济损失。

☞ 概述

行政程序的基本理论包括行政程序的概念、行政程序的功能、行政程序的基本原则以及行政程序的类型。行政程序的基本理论是行政程序制度建构的理论前提，同时也为我们对不同国家行政程序制度的评价提供标准与平台。

♨ 方法

本节要求学习者能够准确地理解行政程序的概念，并在此基础上了解行政程序的基本原则和类型，其中行政程序的基本原则是本节的重点，具有一定的理论深度。本节为学习者提供了提纲挈领的介绍，学习者可以在课外结合国外的行政程序法律制度以及参考文献进行更为深入的学习。

❖ 教学内容

一、行政程序的概念和特征

（一）概念

程序是指一定的运动过程及其构成运动的因子或因素之间内在关联之总和。各国由于法律传统、行政法基本观念的差异以及行政程序法调整范围的不同，没有形成普遍适用的行政程序概念。对此，我国学界至今也尚有争论，主要形成了两种代表性的观点，即狭义说和广义说。

行政程序——狭义说认为：行政程序仅指行政主体的活动程序，即行政主体采取行政行为的步骤、方式、次序。行政程序行为的主体必须是行政机关以及法律法规授权的组织和个人，行政相对人不能成为行政程序行为的主体。广义说认为：行政程序是行政法律关系主体在行政活动中应遵循的程序。因此行政程序的主体不仅包括行政主体，也包括行政相对人，凡是行政法律规范确定的行政法律关系主体活动的程序都是行政程序。

我们认为，行政程序作为规范行政权、体现法治形式合理性的行为过程，是实现行政法治的重要前提。行政法治的实质就是依法定程序行政。虽然，行政主体实施行政行为往往离不开行政相对人的参与，但是，以行政主体与行政相对人在行政权运行过程中的不平等法律地位为视角，行政程序法制就应当以规范行政主体的行政行为为主要目的。因此，多数人赞同狭义行政程序说。

（二）特征

一般认为，行政程序具有下列主要特征：

（1）法定性。行政程序的法定性，是指用于规范行政行为的程序一般应当通过预设的立法程序法定化，使其具有可控制行政行为合法、正当运作的强制力量。行政主体和相对人在进行法律活动时必须严格遵守法定程序。其行为的步骤和方式受法定程序的制约，违反法定程序将会招致不利的法律后果，尤其对于行政主体，不仅要求实施行政行为时具有实体法上的依据，而且其行政行为必须符合法定程序。

（2）多样性。行政程序的多样性，是指因为不同行政行为性质上的差异导致所遵循的行政程序的态势在客观上是不尽相同的。现代社会，由于行政事务纷繁复杂，不同的行政行为必然会出现行政程序不同方式的运行，程序在客观上呈现出多样性的特征。

（3）分散性。行政程序的分散性，是指有关行政程序的规范分散于众多的、具有不同效力的法律文件中。行政法的一个显著特征是行政实体法没有统一的法典，受此影响行政程序规范往往也分散于众多不同效力等级的单行行政法律文件中。尽管有不少国家制定了单行的行政程序法典，但仍然不可能穷尽行政行为的一切程序，有不少行政程序仍散落于各个具体的行政法律文件中。

（4）顺序性。行政程序的顺序性，是指行政程序是由行为的时限、方式和步骤所构成，这些方面是行政程序的空间和时间表现形式。一般来讲，行政程序都要经历启动、进行和终结三个阶段。有些国家正是以行政程序的不同阶段作为立法线索，构架行政程序法。

二、行政程序的基本原则

我们认为，作为具有保权和限权功用的行政程序法，至少应当具备下列原则：

（一）程序正当原则

"正当程序条款"的端倪，最早可追溯到 11 世纪的西欧。① 近代以来，英国法律传

---

① 一些学者认为，程序公正观念肇端于英国。（章武生等：《司法现代化与民事诉讼制度的构建》，法律出版社，2000 年，第 47 页。）

统中的"自然公正"原则构成了程序正义的最基本内容：任何人不能自己审理自己或与自己有利害关系的案件；任何一方的诉词都要被听取。[①] 美国法律接受并发展了"自然公正"程序原则。美国联邦宪法修正案第 5 条及第 14 条均规定："未经正当法律程序，不得剥夺任何人的生命、自由和财产。"这标志着"正当法律程序"（due process of law）在美国以宪法原则的形式得到确认和保障。正当法律程序可分为实体性正当程序和程序性正当程序。程序公正是实体公正的必要保障，其本身的独立价值和内在质地不容忽视。制定行政程序法的目的，不能仅限于制约行政权，也不能仅为私人利益而不顾及社会公共利益，行政程序法只有兼顾了这两方面内容，才能体现出法律的公正性。

"正义是社会制度的首要价值，正像真理是思想体系的首要价值一样。一种理论，无论多么精致和简洁，只要它不真实，就必须加以拒绝或修正；同样，法律和制度，不管她们如何有效率和有条理，只要它们不正义，就必须加以改造或废除……作为人类活动的首要价值，真理和正义是绝不妥协的。"[②] 如果说，"程序真正永恒的生命基础在于它的公正性"[③]，那么，正当就当之无愧的是行政程序的出发点和归宿，是行政程序所追求的价值所在。从内涵上来看，程序正当原则至少应当包括程序合法、程序合理、程序公正和程序公平的内蕴。

（二）公平、公正原则

公平、公正原则是指行政主体在实施行政行为过程中，要排除各种可能不平等或不公正的因素，公正、平等地对待各方相对人。公平的基本含义是同等情况同样对待，不同情况区别对待，行政主体对行政相对人不能实行差别待遇，不偏私、不歧视；所谓公正，是针对行政自由裁量权而提出的要求。

在法律实务中，行政法是通过一系列具体程序来保障行政行为的公平、公正性的。例如：回避程序要求，同所处理的行政事务或相对人之间存在有可能影响程序公正进行的利害关系时，行政人员应当避免参与有关行政行为，以免造成有偏见的事实或嫌疑；调查程序要求，行政主体应公正地查明一切与作出行政行为有关的事实真相，要以事实为根据，以法律为准绳；辩论程序要求，相对人各方有平等的陈述权和申辩权，以便维持自己的合法权益；议决程序要求，涉及重大权益时，行政行为应由若干行政人员组成一定的会议讨论后作出，避免个人专权，以显出行政行为的公正性。

（三）程序公开原则[④]

公开原则是指行政主体在实施行政行为过程中，除法律规定的情形外，必须将行政行为公开于行政相对人及社会。

---

① ［英］戴维·M. 沃克：《牛津法律大辞典》，李盛平等译，光明日报出版社，1988 年，第 628 页。

② ［美］罗尔斯：《正义论》，何怀宏译，中国社会科学出版社，1988 年，第 1～2 页。

③ 柴发邦：《体制改革与完善诉讼制度》，中国人民公安大学出版社，1991 年，第 39 页。

④ 章剑生：《行政程序法比较研究》，杭州大学出版社，1997 年，第 145 页。姜明安：《行政法与行政诉讼法》，北京大学出版社、高等教育出版社，2005 年，第 370 页。

在行政程序中确立程序公开原则,是现代民主政治发展的基本要求。这一原则的法治意义是将行政权运作的基本过程公之于社会,接受社会监督,防止行政权被滥用。

在法制实务中,这项原则的具体要求是:其一,行使行政权力的依据公开。也即凡是涉及行政相对人合法权利的行政权力的依据必须向社会公开。行政主体在行使行政权时所依据的法律法规必须是被公开的,任何人的合法权益不受非公开的法律法规的影响。行政主体依据未公开的法律法规所实施的行政行为对行政相对人不发生法律效力。其二,行政信息公开。即行政主体应当根据职权或行政相对人的请求,将行政信息向行政相对人或者社会公开展示,并允许查阅、摘抄和复制。行政相对人了解、掌握行政信息,是其参与行政程序、维护自身合法权益的重要前提。依据于行政相对人的申请,行政主体应当及时、迅速地向其提供所需要的行政资料和有关档案,法律规定不得公开的内容除外。其三,行政决定公开。行政主体对行政相对人合法权益作出有影响的决定,必须向行政相对人公开,从而使行政相对人获得行政救济的权利和机会。不及时公开的行政决定应当不产生法律效力,从而不具有强制执行力。其四,设立行政听证程序。行政过程公开并不是要求行政主体将整个行政过程都让行政相对人参与或者了解,而是在行政程序中几个对行政相对人的合法权益有影响的阶段前后,让行政相对人有参与或者了解的机会。其中听证是最重要的公开形式。

行政听证——指行政机关在作出影响行政相对人合法权益的决定之前,由行政机关告知决定理由和听证权利,行政相对人陈述意见、提供证据以及行政机关听取意见、接纳证据并作出相应决定等程序所构成的一种法律制度。

(四)效率原则①

效率原则,指的是行政程序中的各种行为方式、步骤、时限、顺序的设置都必须有助于确保基本的行政效率,并在不损害行政相对人合法权益的前提下适当提高行政效率。

在法制实务中,这项原则具体体现在:一是时限制度。为了保证行政活动的高效率,行政程序的各个环节应当有时间上的限制。时限是行政程序法律关系主体在法定期间内不作为,待期限满后即产生不利后果的一种法律制度。二是代理制度。代理是指行政主体不履行或者无法履行法定义务时,依法由他人代而为之的一种法律制度。其法律意义在于督促行政主体及时履行职责,减少行政怠职,促使行政相对人自觉履行义务,提高行政效率。三是不停止执行制度。除法律规定的情形外,行政相对人因不服行政决定而提起申诉后,行政决定应当继续执行。其意义在于使行政行为获得迅速执行,从而提高行政效率。此外,建立简易程序、紧急处置程序和行政协助制度等也是实现行政效率的路径选择。

---

① 姜明安:《行政法与行政诉讼法》,北京大学出版社、高等教育出版社,2005年,第376页。

（五）参与原则

参与原则是指行政主体在履行行政职权过程中，除法律另有规定的程序外，应当尽可能为行政相对人提供参与行政活动的机会，从而使行政活动更加符合社会公共利益。

参与权的理论根据，源于公共利益与个人利益的关系。行政程序是行政主体对公共利益的集合、维护和分配行为。公共利益是个人利益的集合，是各社会成员的共同利益。因此，相对人必须得到行政主体的充分尊重；在涉及自身利益时具有发表和被听取意见的机会，对合理的要求有被接受的权利。① 参与原则的内容集中体现在行政相对人的行政程序上的权利，主要包括：获得通知权、陈述权、抗辩权和申请权等。

（六）比例原则

比例原则是调整公共利益关系的一个宪法性原则。在现代社会中，公共利益的发展有时需要牺牲私人利益，但这种牺牲不应当是无边无际的，应当以必要为限度。比例原则，是指行政主体实施行政行为应兼顾行政目标的实现和保护相对人的权益，如为实现行政目标可能对相对人权益造成某种不利影响时，应使这种不利影响限制在尽可能小的范围和限度内，保持二者处于适度的比例②。正所谓："目的和手段之间的关系必须具有客观的对称性。禁止任何国家机关采取过度的措施；在实现法定目的的前提下，国家活动对公民的侵害应当减少到最低限度。"③ 从功能上看，比例原则所体现的法律价值是在于对行政权的制约，保护相对人的合法权益。而采用最低损害的方法有助于行为目的的完成是实现比例原则的基本内容。

1998 年我国台湾地区立法机构通过的行政程序法草案第 4 条规定："行政行为应受法律及一般法律原则之拘束，尤应注意下列原则：……④有多种同样能达成目的之方法时，应选择对人民权益损害最少者。⑤采取之方法所造成之损害不得与欲达成的目的之利益显失均衡。"

行政行为能够达到行政目的
行政行为所采手段是否为对人民权益损害最少者
行政行为所欲实现之目的与损害之权益是否显失均衡

图 12-1　比例原则的审查步骤

德国《行政程序法》也有类似的规定，该法的第 36 条规定："附加规定不得与行政行为之目的相抵触。"该法第 40 条进一步规定："行政机关被授权，依其裁量而行为的，其裁量应符合授权之目的，并遵法定裁量范围。"

（七）信赖保护原则

信赖保护原则，是指行政主体对自己作出职权性的行为或承诺应当遵守信用，不得随意改变，不得反复无常。台湾地区行政程序法草案第 8 条规定："行政行为，应以诚

① 叶必丰：《行政法的人文精神》，北京大学出版社，2005 年，第 158 页。
② 姜明安：《行政法与行政诉讼法》，北京大学出版社、高等教育出版社，2005 年，第 71 页。
③ ［德］哈特穆特·毛雷尔：《行政法学总论》，高家伟译，法律出版社，2000 年，第 106 页。

实信用之方法为之，并应保护人民正当合理之信赖。"该原则源自于私法中的"诚实信用"原则。古罗马时代，"诚实信用贯穿了整个私法的实体法和程序法的全部"，[①] 主要内容是法律主体的行为应在主观的善意和客观的衡平基础上进行民事活动。后经公法学家的努力，诚实信用原则被移作行政法领域中的信赖保护原则，意味着行政行为一经作出，没有法定理由并经法定程序不得随意撤销、废止或改变，即使该行为违法或对行政机关造成了某种不利。另外，如确因法定事由需要撤销或者变更原行政行为，应给予无过错的相对人相应的补偿或者赔偿。

（八）公序良俗原则

行政程序法是一定层次的公共利益与个人利益关系为基础和调整对象的法。公共利益和个人利益关系在本质上是一种以公共利益为本位的利益关系，行政程序法在本质上也是以公共利益为本位的法。行政程序主要是以行政主体单方的意思表示为依据的一种程序规则。不论行政相对人是否同意，是否表示接受，行政主体的意思表示都具有公定力、确定力和执行力。这是公共利益本位性质的内在要求。然而，随着"权利本位"、"服务行政"等理念的逐步树立，行政行为"最终还有赖于公众的满意程度，所以有必要考虑公众对行政行为的态度"。"也就是说，不仅要从行政行为产生的实际效果来评价行政行为，而且还应从利益受影响的公众对行政行为的理解角度来评价行政行为"。[②] 否则，强制现象持续不断的出现，就会降低公众对政府的信任，并且产生抵触情绪。这就要求行政主体在行政程序过程中增加程序的透明度，让行政相对人及时了解行政程序的进行，通过相对人的积极参与减少他们对行政行为的抵触，增强其对行政行为的可接受性，从而达到行政程序的目的，实现行政程序的价值。

三、行政程序的分类

行政程序按照不同标准，可以做出如下分类：

（1）事先程序与事后程序。这是根据行政程序在行政管理过程中所处的时间顺序进行的分类，目的是要求人们重视事先程序。在行政管理活动中存在两种行政行为，一种是行政主体直接针对相对一方相对人作出一种规定或决定；另一种是行政法律关系相对一方的相对人之间或者相对一方的相对人同行政机关之间发生了纠纷或争议，行政主体针对纠纷或争议作出裁判。前一种行为的程序就称为事先程序，它是行政机关主动、积极进行行政管理时所遵循的程序，而把后一种行为的程序称为事后程序，它是相对人之间发生矛盾冲突后，为解决矛盾冲突而要遵循的程序。

（2）内部程序和外部程序。这是依照行政行为与相对人的关系，即是否影响相对人权利义务为标准来划分的，目的是要求充分认识外部程序的重要性。内部程序是行政主体内部行政活动的工作程序。外部程序是行政主体作出外部行政行为以影响相对人权利义务时所采取的程序。

---

① 傅静坤：《二十世纪契约法》，法律出版社，1997年，第38页。

② 叶必丰：《行政法的人文精神》，北京大学出版社，2005年，第256页。

（3）抽象行政程序和具体行政程序。这是根据行政行为的抽象性和具体性所作的划分，其目的是要认识对两类行政行为的不同程序要求。抽象行政程序，是指行政机关制定规范性文件时所采取的行政程序，这类程序具有稳定性和反复适用性。具体行政程序，是指行政主体作出具体行政行为所应遵循的行政程序，这类程序在适用时具有较强的针对性和适用性。不是针对该事项的程序，不能随意适用。

（4）行政立法程序、行政执法程序和行政司法程序。这是根据实施行政行为时形成法律关系的特点所作的分类。行政立法程序是制定抽象行政行为所必须遵循的程序，由于行为内容的广泛性、行为对象的不特定性和效力的后及性，使得行政立法程序比较复杂、严格，一般都要经过规划、起草、审定、发布、备案等阶段，每个阶段又包括一些具体的办法和相应的制度，如听证制度、专家论证制度及备案制度等是立法程序不可缺少的内容。行政执行程序是行政主体在执法过程中所采取的程序，由于行政执法行为对象的特定性、内容的具体性以及行为方式和手段的多样性，使得行政执行程序的设置也具有多样性，必须设置不同的程序制度。行政司法（裁判）程序是行政机关以第三者的身份，依法解决行政管理范围内的纠纷所必须遵循的程序。由于行政司法程序针对的行为对象是具有争议的纠纷双方相对人，使得行政司法程序具有准司法的特点和司法化的趋势，而公正性成为行政司法程序的核心内容。

（5）强制性程序和任意性程序。这是以行政主体实施行政行为时，所遵循的程序是否可以自主选择为标准所作的划分。强制性程序是指行政主体在实施行政行为时所遵循的程序没有自主选择性，必须严格遵守法律明确规定和要求的程序。任意性程序是指法律未对行政行为程序作出具体的详细的规定和要求，由行政主体实施行政行为时自由裁量决定或选择采取的程序。

区别强制性程序和任意性程序具有如下法律意义：一是对于涉及相对人重大权益的行政行为，应当在行政程序立法中予以重视，一般要采取强制性程序方式来调整；二是对于强制性程序，行政主体必须予以遵守，不得进行任意选择或违背，否则将导致该行政行为违法，而对于任意性程序的违背，不直接导致该行为违法，但要受公正合理性原则的控制与调整。

行政程序 {
以时间顺序分：事先程序与事后程序
以适用对象分：内部程序和外部程序
以行为性质分：抽象行政程序和具体行政程序
以法律关系特点分：行政立法程序、行政执法程序和行政司法程序
以选择自由度分：强制性程序和任意性程序
}

图 12-2　行政程序的分类

✛小结提升

行政程序是指行政主体的活动程序，即行政主体采取行政行为的步骤、方式、次序。本节的重点是行政程序的基本原则，尤其是公正公平原则、公开原则、参与原则、比例原则、信赖保护原则是重中之重，是本节学习的重点。

第二节　行政程序的基本制度

引例　哈尔滨某有限公司饮料分公司诉省卫生监督所行政处罚案

2002 年 1 月，黑龙江省卫生监督所食品卫生监督人员在一次日常检查中发现，哈尔滨某有限公司饮料分公司自 2001 年 3 月至 2002 年 1 月，在未取得生产经营饮用天然矿泉水卫生许可证的情况下，与黑龙江省某天然矿泉水厂联营，擅自生产经营矿泉水 4180 桶，并以每桶 6 元人民币的价格销售，共计违法所得 25 080 元。经省卫生监督所合议，认为相对人（哈尔滨某有限公司饮料分公司）的行为违反了《中华人民共和国食品卫生法》第 27 条第 1 款的规定，根据《食品卫生法》第 40 条规定，对相对人提出如下处理意见：予以取缔；没收违法所得人民币 25 080 元；处以罚款人民币 25 080 元。相对人对此处罚持有异议，提出听证申请。2002 年 5 月 27 日，黑龙江省卫生厅及省卫生监督所就此举行了行政处罚听证会。本次听证会双方争论的焦点是：哈尔滨某有限公司饮料分公司与黑龙江省某天然矿泉水厂联营生产饮用天然矿泉水，后者有生产经营饮用天然矿泉水卫生许可证，前者应不应该办理生产经营饮用天然矿泉水卫生许可证？

相对人认为，根据《中华人民共和国商标法》第 26 条的规定，"商标注册人可以通过签订商标使用许可合同，许可他人使用其注册商标"，其与黑龙江省某天然矿泉水厂家依法签订了商标使用许可合同，所以黑龙江省某天然矿泉水厂使用其注册商标生产矿泉水，相对人哈尔滨某有限公司饮料分公司经营该矿泉水的行为是合法的。省卫生监督所的专业人士指出，相对人的观点显然是错误的。根据相对人提供的材料，其卫生许可证许可范围是生产销售纯净水，而事实上该公司擅自超越卫生许可证上核定的许可范围，从事了矿泉水的生产经营。依据《食品卫生行政处罚办法》第 11 条的规定，该行为应当按未取得卫生许可证查处。相对人的行为虽然符合《中华人民共和国商标法》的规定，但违反了《食品卫生法》的有关条款。听证会结束不久，相对人就在规定的期限里履行了相关行政处罚，本案顺利结案。

☞ 概述

本节在将行政程序的基本理论加以研讨的基础上，就已经法定化的一般行政程序制度加以具体探讨，包括程序启动、回避、调查、证据、说明理由、陈述意见、听证、简易程序、紧急程序、信息公开等行政程序制度。

♨ 方法

本节的内容涉及较多法律规范，在学习的过程中应当紧密结合法律条文。可以将一些重要的法律条文按照其规范的内容，参考教材的体例进行归纳和分类。同时，还可以将现行法的规定与上一节中行政程序的基本理论结合起来，考察现行法的理论依据以及存在的不足之处。

◈ 教学内容

行政程序的启动——也称为行政程序开始，是行政主体或行政相对人认为需要作出行政行为而发动行政程序的活动。

一、行政程序的启动

行政程序可以由行政主体依职权启动，也可以由行政相对人向行政主体申请启动。依职权行政行为，由行政主体主动启动行政程序，行政相对人或利害关系人可以向行政主体提供材料要求行政主体启动行政程序。依申请行政行为，由行政相对人向行政主体申请启动行政程序，行政主体不能主动启动此类行政程序。

（一）行政主体依职权启动行政程序

1. 行政主体依职权启动行政程序的材料来源

行政主体主动启动行政程序需要法定的依据，有符合要求的事实材料。行政主体依职权启动行政程序的材料来源于四个方面：公民、法人或其他组织提供的材料；行政主体检查、检验和现场执法等获得的材料；其他国家机关移送的材料；行政相对人提供的材料。

向行政主体提供材料和反映情况是我国公民、法人或其他组织法定的权利。我国大量法律赋予了公民、法人或其他组织此项权力。如《环境保护法》第6条规定："一切单位和个人都有保护环境的义务，并有权对污染和破坏环境的单位和个人进行检举和控告。"《治安管理处罚法》第77条规定："公安机关对报案、控告、举报或者违反治安管理行为人主动投案，以及其他行政主管部门、司法机关移送的违反治安管理案件，应当及时受理，并进行登记。"

我国大量法律法规赋予行政主体对行政管理事务进行监督、检查等权力。如《行政许可法》第62条规定："行政机关可以对被许可人生产经营的产品依法进行抽样检查、检验、检测，对其生产经营场所依法进行实地检查。检查时，行政机关可以依法查阅或者要求被许可人报送有关材料；被许可人应当如实提供有关情况和材料。行政机关根据法律、行政法规的规定，对直接关系公共安全、人身健康、生命财产安全的重要设备、设施进行定期检验。对检验合格的，行政机关应当发给相应的证明文件。"另外，我国行政主体还采用大量现场执法，通过现场执法也可以获得大量材料。如《行政处罚法》规定的当场行政处罚就是这样。行政主体检查、检验等获得的线索和材料是启动行政程序的重要材料来源。

其他国家机关在作出管理行为时，发现应当作出行政行为的，应当将相关材料移交有权作出行政行为的行政主体，这类材料也就成为行政主体启动行政程序的材料来源。

行政相对人提供的材料也是行政程序启动的重要材料来源。如纳税义务人的纳税申报材料是税务机关征税行为及作出行政处罚行为的材料来源；治安违法行为人主动投案交代的材料是作出治安处罚的材料来源。

2. 行政主体依职权启动行政程序的条件

行政主体获得有关案件材料后，应当对材料进行形式审查，以决定是否启动行政程序。行政主体依职权启动行政程序应当符合以下条件：

（1）材料能初步证明案件事实存在。存在案件事实是作出行政行为的前提，启动行政程序时不能要求完全查清案件事实，但至少要有案件事实的线索或案件事实初步查明。

（2）依据法律法规规定可以作出行政行为。行政行为要有法律依据，行政主体决定启动行政程序时就应当考虑此要求，如果启动行政程序作出的行政行为缺乏法律依据，行政主体是不能启动行政程序的。

（3）属于本行政主体管辖。行政主体作出的行政行为应当属于本行政主体管辖范围，不属于本行政主体管辖范围的，行政主体不应当启动行政程序，而是将案件移送有管辖权的行政主体。

（4）未超过时效。我国大量行政法律规范对时效作出了规定，超过时效的，行政主体不应当再启动行政程序。如《行政处罚法》第 29 条规定："违法行为在二年内未被发现的，不再给予行政处罚。"《治安管理处罚法》第 22 条规定："违反治安管理行为在六个月内没有被公安机关发现的，不再处罚。前款规定的期限，从违反治安管理行为发生之日起计算；违反治安管理行为有连续或者继续状态的，从行为终了之日起计算。"因此，对一般行政违法案件超过二年，治安违法案件超过六个月，行政主体就不应当启动行政程序。

3. 行政主体依职权启动行政程序的环节

行政主体接受公民、法人或其他组织控告或举报的，应对公民、法人或其他组织提供的材料进行审查，符合受理条件的，应当受理并决定启动行政程序。行政主体认为不属于本行政主体管辖的，告知控告人或举报人向有权行政主体控告或举报，或将有关材料移送有权行政主体处理。行政主体认为不应当受理的，应当向举报人或控告人说明理由。

行政主体通过检查、检验等获得材料、由其他国家机关移送材料或由行政相对人主动提交材料后，认为需要作出行政行为的，应启动行政程序。

行政主体依职权决定启动行政程序的，应当在一定时限内告诉行政相对人。

（二）行政相对人申请启动

1. 行政相对人申请启动行政程序的条件

行政相对人申请启动行政程序应当符合以下几个条件：

（1）申请的内容与行政相对人有利益关系。行政相对人申请启动行政程序应当与申请内容有利益关系，如果与申请内容无利益关系，申请人只能是代理人或申请不具有启动行政程序的效力。

（2）被申请行政主体享有作出行政行为的职权。行政相对人应当向有管辖权的行政主体提出申请，向无管辖权的行政主体提出申请并不能产生启动行政程序的效力。

（3）向行政主体提出书面申请。行政相对人申请启动行政程序应当采用书面形式，申请人书写申请书确有困难的，可以口头申请，情况紧急的，也可以电话申请，由行政主体记入笔录。申请书除直接送达行政主体外，申请还可以通过信函、电报、电传、传真、电子数据交换和电子邮件等方式提出。

2. 行政相对人申请启动行政程序的环节

行政相对人申请启动行政程序一般要经过以下几个环节：

（1）行政相对人提交申请书。申请人可以亲自向行政主体提交申请书，也可以委托代理人提出申请。但是，依法应当由申请人到行政主体办公场所提出申请的除外。申请书应包括以下内容：①申请人的姓名、地址和通信方式；②被申请行政主体名称；③申请的事实、理由和请求；④申请人签名或盖章；⑤申请日期。申请书还应当附相关证据材料。

（2）行政主体登记和回执。行政主体收到公民、法人和其他组织的申请书后，应当登记，并出具回执。申请人也有权要求行政主体出具回执，行政主体不得拒绝。回执应当载明：①行政主体收到申请的日期、地点和收件人；②行政主体收到的证据材料清单。

（3）申请的移送。被申请行政主体认为行政相对人提出的申请不属于自己的职权范围的，应当如何处理，各个国家作出了不同的规定，一些国家规定由行政主体将申请移送有管辖权的行政主体，有的国家规定由行政主体告诉申请人向其他行政主体提出申请，还有的国家规定行政主体既可移送，也可告诉申请人向其他行政主体提出申请。如瑞士《行政程序法》第8条规定："对案件无管辖权之官署，应立即将案件移送有管辖权之官署。"奥地利《普通行政程序法》第6条规定："官署应依职权调查其事务管辖及土地管辖，如对其所提出之案件，行政官署无受理之权限时，不得有不必要之拖延，致生提起人之不利益，应即将该案件移送有管辖权之官署，或将有管辖权之官署通知提起人。"我国《行政许可法》第32条规定："申请事项依法不属于本行政机关职权范围的，应当即时作出不予受理的决定，并告知申请人向有关行政机关申请。"我们认为，被申请行政主体认为申请不属于自己职权范围的，应当依据具体法律法规的规定即时作出处理。

（4）更正或补充材料。申请人提交的申请材料存在可以当场更正的错误的，应当允许申请人当场更正。申请材料不齐全或者不符合法定形式的，应当当场或者在一定期限内一次告知申请人需要补充的全部材料。行政主体逾期不告知的，自行政主体收到申请材料之日起即为受理。

（5）受理或驳回申请。行政主体对申请人提出的申请，应当根据下列情况分别作出处理：申请事项属于本行政主体职权范围，申请材料齐全、符合法定形式，或者申请人按照本行政主体的要求提交全部补充材料的，应当受理申请。申请事项依法不需要获得申请的，应当即时告知申请人不受理。行政主体认为申请不足以表明应当开始有关的行政程序，应以书面形式驳回申请。行政主体受理或者不予受理申请，应当出具加盖本行政主体专用印章和注明日期的书面凭证。

行政主体受理申请，即意味着启动程序完成，行政主体应当开展调查取证工作，并在法定期限内作出行政行为。

二、行政程序中的回避

（一）行政程序中回避的概念

行政程序法中的回避——是指行政公务人员在行使职权、实施管理的过程中，因其职务的特殊性及其与所处理的法律事务有利害关系，为保证实体处理结果和程序进展的公平性，依法终止其职务的行使并由他人代理的法律制度。

回避制度的理论基础源于英国普通法的自然公正原则。

自然公正原则——源于英国普通法的自然公正原则包含两条基本规则：①任何人不应成为自己案件的法官。根据这一规则，行政机关实施任何行政行为，参与行为的官员如果与该行为有利害关系，或被认为有成见或偏见，即应回避，否则，该行为无效。②任何人在收到惩罚或其他不利处分前，应为之提供公正的听证或其他听取意见的机会。

普通法的自然公正原则派生出的一条重要规则就是"任何人都不得在与自己有关的案件中担任法官"。因为，如果法律程序的主持人与程序结果有利害关系，人们就难以公正的心态去认同该法律程序的结果。可见，实行回避制度一方面可排除足以影响公正的行政人员主持行政程序，避免由其作出不公正的行政决定；另一方面可增进社会对行政机关的信任感，为行政机关进行有效率的行政管理活动创造更好的条件。

（二）行政程序中回避的类型

从不同的角度，可对回避制度作出不同的划分。

从由谁提出回避的角度，可划分为自行回避、申请回避、指令回避。行政人员在处理行政案件时，如出现一些法定情形，应当自行申请回避；行政相对人或案件相对人存在一些法定情形，可以向行政机关提出回避请求，由行政机关决定有关行政公务人员回避；行政机关如发现应当回避的情形时，也可以直接令其工作人员回避。

从回避事由的角度，可划分为行政公务人员的任职回避和公务回避。例如，我国《公务员法》第68条规定："公务员之间有夫妻关系、直系血亲关系、三代以内旁系血亲关系以及近姻亲关系的，不得在同一机关担任双方直接隶属于同一领导人员的职务或者有直接上下级领导关系的职务，也不得在其中一方担任领导职务的机关从事组织、人事、纪检、监察、审计和财务工作。"第69条规定："公务员担任乡级机关、县级机关及其有关部门主要领导职务的，应当实行地域回避，法律另有规定的除外。"上述规定属于任职回避。《公务员法》第70条规定："公务员执行公务时，有下列情形之一的，应当回避：（一）涉及本人利害关系的；（二）涉及与本人有本法第68条第一款所列亲属关系人员的利害关系的；（三）其他可能影响公正执行公务的。"这一规定则属于公务回避（见图12-3）。

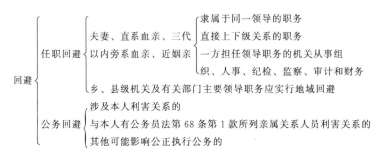

图 12-3　公务员回避的类型

（三）我国行政程序中回避制度存在的问题

多年来我国行政回避制度存在的主要问题是：以"利害关系"作为实行回避的法定条件普遍规定得比较模糊，弹性太大；符合回避条件的情形出现后的决定程序比较缺乏或太简略，不便操作；缺乏违反回避制度要求之后应承担的法律后果的具体规定，使得回避制度要求缺乏权威性；行政公务人员普遍缺乏严格执行回避制度的观念和自觉性。有鉴于此，今后我国应在上述方面通过立法建制加以改进和完善，例如对提出回避请求的情形、资格、方式、受理机关、决定机关、决定方式、时限、责任、救济等作出更加明确的规定。同时，要有严格执行回避制度的配套措施，形成严格遵守回避制度的法文化氛围，才有利于这项行政程序法律制度的有效推行。

三、调查

（一）调查的概念与原则

行政法上的调查——是指行政主体查明案件事实、获取证据的活动。除当场作出行政行为的案件外，调查是行政程序的必经程序。

行政主体实施调查活动应当遵循以下原则：

（1）依法调查原则。行政主体及工作人员调查案件事实和收集证据应当依法进行。调查应当采用法律法规规定的手段和措施，严禁刑讯逼供或者采用威胁、引诱、欺骗等非法手段调查和收集证据。以非法手段收集的证据不得作为作出行政行为的根据。行政主体及工作人员在调查中获得的涉及国家秘密、商业秘密或者个人隐私的事项，应当予以保密。

（2）依职权调查原则。在行政主体主动调查取证方面，两大法系国家采用了不同的做法。大陆法系国家一般赋予行政主体依职权调查案件事实的权利，行政主体调查的方式和范围不受参与人提供的证据以及证明要求的限制。英美法系国家行政程序法一般未赋予行政主体依职权调查案件事实的权利，而是强调相对人在行政程序中提供证据的权利与责任，强调相对人的质证。

我国应当借鉴大陆法系国家的做法，赋予行政主体依职权调查案件事实的权利。原因在于我国有大量关于行政管理的法律法规，这些法律法规一般都赋予行政主体调查案件事实的权力和责任。另外，依职权调查案件事实是我国行政管理的惯例，行政主体工作人员习惯主动依职权对案件事实进行调查。但在行政程序中，参与人有提供证据的权利，行政主体对参与人提出的事实、理由和证据应当进行复核，参与人提出的事实、理由和证据成立的，行政主体应当采纳。行政主体驳回参与人证据申请的，应当说明理由。

（3）书面审查与言词审理相结合原则。书面审查指行政主体根据相对人提供的材料书面审查核实案件事实的制度和原则。言词审理指行政主体调查案件事实、收集和核实证据、认定证据和案件事实、适用法律等应在相对人、利害关系人、证人和鉴定人参加的情况下，口头听取他们对证据和案件事实的意见，并准许他们进行交叉盘问和辩论的一种制度和原则①。我国《行政处罚法》、《行政许可法》等规定的听证制度是一种正式的言词审理方式。

　　我国行政调查程序应采用书面审查与言词审理相结合的原则。确定言词审理范围应考虑言词审理的二重价值，即程序正义和查清事实。一方面要有利于保护行政相对人的程序权力，实现程序正义；另一方面要有利于行政主体查清案件事实。《行政处罚法》所确定的"重大行为标准"是一个较好的标准，对于一些重大行政行为应当实行言词审理。另外，以下几类情况也应适用言词审理：行政裁判行为；行政主体拟拒绝的重要行政许可、确认和认证行为；案件事实查证困难的案件；需要证人证明的案件；涉及多个利害关系人的案件；行政主体认为需要实行言词审理的其他案件。

（二）调查的方法

　　在我国，除行政主体依职权调查收集证据外，相对人和行政程序参与人也是证据收集主体。相对人和行政程序参与人有权依据法律、法规规定调查收集证据，并将这些证据在行政程序中提供。尽管这样，行政主体还是主要的调查主体，行政主体可以采用以下方式调查案件事实和收集证据：

　　（1）询问。行政调查中的询问是指行政主体调查人员与案件有关人员或案件事实知情者进行谈话，依法了解案件情况的专门活动。

　　（2）调取书证及物证等证据材料。行政主体可以依职权向有关单位和个人调取书证、物证或者视听资料等证据材料。

　　（3）检查。检查是行政主体调查案件事实和收集证据的方式，相对人一般不能采用此种办法。

　　（4）勘验。勘验是指调查人员对与案件有关的场所、物品等进行观察、检验，以便发现和收集证据、了解案件有关情况的活动。

　　（5）指定或委托鉴定。鉴定是指具有特定专业知识的人，接受指派或委托，对行政程序中涉及需要用特定专业知识或特殊技能加以解决的问题进行鉴别或判断的活动。

　　（6）言词审理。为了查明案件事实和收集证据，行政主体还可进行言词审理，听证是一种正式的言词审理方式，行政主体大量采用的应当是非正式的言词审理方式。

（三）调查的要求

　　行政主体进行调查必须依法进行。在调查过程中需要采取强制措施的，没有强制职权的行政主体应当按照法定程序寻求协助。行政主体实施调查须符合以下要求：

　　（1）行政主体实施调查的人员不得少于两人。

　　（2）出示证件，事先表明身份。

　　（3）询问相对人和证人应当分别进行。

　　（4）行政主体从有关单位和个人调取证据的，必须出具书面收据，注明有关证据或者材料的项目和编号，遵循有关单位的内部规章制度，并且保护关系人的隐私权。

---

　　①　徐继敏：《各国行政程序中的言词审理及对我国的借鉴意义研究》，《云南行政学院学报》，2004 年第 2 期。

（5）行政主体实施检查的，检查前应当持有行政负责人签名的检查证，向被检查人表明身份，出示执法证，告知实施检查的法律依据，并且要求关系人或者被检查人所在单位、社区组织或勘验地区组织两名以上无利害关系的证人在场。行政执法人员进入私人场所实施检查，应当征得所有人或者管理人的同意，法律另有规定的除外。强制进入住宅及其他私人场所进行检查，必须由具有强制权的行政主体进行。

四、行政程序中的证据

行政证据——指用来证明行政案件事实的材料。证据制度是行政程序法的重要内容，行政程序在一定程度上应当围绕证据调查收集、质证和认证展开。

由于其重要性，各国行政程序法一般都对行政证据制度作出规定。[①] 行政程序证据有九种类型：书证；物证；证人证言；参与人陈述；视听资料；鉴定结论；勘验笔录；现场笔录和言词审理笔录；电子证据。

（一）行政证据排除规则

行政证据排除规则——是指某一些行政证据材料具有证明价值，本应予以认证采纳，但基于种种原因而不得采纳来认定案件事实而被排除作为证据的法则。

行政程序证据排除规则包括以下内容：

（1）非法性排除。非法性排除是指在行政程序排除来源和形式为非法的证据材料，不将它们作为认定案件事实的依据。行政程序应对以下证据材料适用非法性排除：①不合法主体收集或提供的证据；②非任意性自白；③非法搜查、扣押取得的证据；④通过秘密手段取得的证据；⑤以利诱、欺诈、暴力、胁迫等手段取得的证据；⑥其他程序违法取得的证据。

（2）资格排除。资格排除是指由于自然人精神状态、身体状况、特定身份关系或法律关系等原因，被排除充当证人资格，其证人证言不具有证明力的证据排除规则。行政程序应当进行资格排除的情况有：①不能正确陈述其见闻的证人；②公务员因其保密义务未免除，如要求其作证将使其证言违背保守公务秘密的责任的，免除其作证义务；③如其陈述对于证人本人、配偶、血亲或姻亲之尊卑亲属、侄，或更近的血亲或同等的姻亲，以及养父母或养子女、义父母或义子女、监护人或扶养义务人，将引起财产上直接的重大不利益或将发生刑事追诉的危险，或将导致名誉上的损毁的；④律师、医生等基于委托关系、医患关系而知道的事实。

（3）非原本排除。非原本排除是指证据材料为复制件，相对人不能提供原件或原件线索，对方相对人又否认的情形下，一般不能作为定案的依据。非原本排除不是一味地排除复制件的证明力，完全采用原本主义也是不可取的，复制件只要符合一定条件就可以采信，包括：①相对人只能提供复制件而不能提供原件、原物有正当理由的；②相对人提供的复制件有其他证据材料印证其是真实的；③对方相对人对复制件予以认可的；

---

① 这里的讨论可参见莫于川：《行政法学原理与案例教程》（中国人民大学出版社，2007年）第十二章的论述内容。

④行政机关或行政相对人在行政程序中已出示过原件，且该原件已为行政机关和行政相对人核对无异，应当允许他们在行政诉讼中提供复制件。

（4）超期限排除。超期限排除指证据的提供无正当理由而超出了法定或指定的期限，该证据将不被采纳的规则。行政程序超期限排除规则的内容包括以下几项：①未在法律规定时限内提供的证据材料；②未在行政主体依法确定时限内提供的证据；③要求在言词审理程序中提供的证据，未在言词审理时提出的证据材料。

（5）程度排除。程度排除是指证据一定程度、部分地被排除，即排除一些证据单独或主要作为认定案件事实的能力，而非根本性排除。程度排除的价值是排除一些受环境影响大、可能被改动的证据材料单独作为证据证明案件事实的能力。适用程度排除规则的证据包括：①未成年人所做的与其年龄和智力状况不相适应的证言；②与一方相对人有亲属关系或者其他密切关系的证人所作的对该相对人有利的证言，或者与一方相对人有不利关系的证人所作的对该相对人不利的证言；③应当出庭作证而无正当理由不出庭作证的证人证言；④难以识别是否经过修改的视听资料；⑤无法与原件、原物核对的复制件或者复制品；⑥经一方相对人或者他人改动，对方相对人不予认可的证据材料；⑦被相对人或者他人进行技术处理而无法辨明真伪的证据材料；⑧法律规定的其他不能单独作为定案依据的证据材料。

（6）根据国家和公共利益的排除。根据公共利益认为证据存在相应危险情形远远大于其证据价值的或偏见性证据，可以拒绝采纳该证据。所谓危险情形主要是指一方相对人有不公平的偏见、存在疑惑以及将产生不适当的拖延诉讼、浪费时间等；偏见性证据是指具有提供证明价值但同时会导致非法干涉、不当歧视的证据[①]。根据国家和公共利益应当排除的范围包括：①为了国防、外交等国家政策而依据法律、法规确定的标准应予保密的事务；②法律、法规规定的其他不宜公开的事务；③仅仅涉及行政机关内部人事规则与实务的事项；④贸易秘密以及由个人提供且具有特许性或机密性的商业或金融情报；⑤法律、法规规定行政机关不得向非行政机关相对人公开的机关之间或机关内部的备忘录或信件；⑥人事和医疗档案及其他透露出去会明显构成侵犯个人隐私权的档案；⑦作为证据使用可能会危及个人生命或人身安全，或可能干扰行政执法过程的。

（7）协商和解证据的排除。相对人为协商和解主张而提出的证据，涉及对案件事实认可，即使案件中相对人自认该主张有效或无效，该证据都无可采性，应予以排除。协商和解证据排除的价值是鼓励和解从而解决争议，如果此类证据不被排除，则将有碍和解的实施。另外，相对人和解的动机一般是谋求和睦，相对于案件事实和证据材料的确定而言，更看重的是和解的结果，因此，和解程序中相对人认可的事实可能与真实情况有较大差异。协商和解证据的排除规则排除的应当是和解程序中相对人的陈述、承认和认可等，相对人在和解程序中提出的其他证据仍应在行政程序中采用。

（二）证明对象

证明对象——指在行政程序中必须用证据予以证明或确认的案件事实及有关事实。

---

① ［美］杰佛里·C. 哈洋德：《美国民事诉讼法导论》，张茂译，中国政法大学出版社，1999 年，第 140 页。

（1）实体性事实。实体性事实是由实体法规定的，行政主体作出行政决定必须查清并证实的事实。实体性事实是行政证明对象的主要部分，实体性事实的查明与证实是实现行政实体公正的保障。

（2）程序性事实。程序性事实是行政程序的形式是否符合要求、行政程序步骤是否完成、是否遵守行政程序顺序的规定、行政程序是否遵守时限的规定等事实。

（3）不需证明的事实。不需要证明的事实指依据法律规定，一些对案件处理有意义但不需要用证据证明的事实。行政程序中不需要证明的事实主要是可以通过推定、行政认知确认的事实。

（三）证明责任

证明责任——包括提供证据的责任和说服责任。提供证据的责任指的是相对人有义务把他掌握的全部与案件有关的证据在行政程序阶段提出，如果相对人不提出该证据，在后置的行政诉讼中则认为相对人已放弃利用这项证据的权利，不能在以后的行政诉讼中再提出这项证据。行政程序中的说服责任指的是相对人所提供的证据，具有足够的证明力量，能够确定相对人所主张的事实。

行政程序证明责任分配的一般原则是：主张权利一方应对权利根据的事实负证明责任，对方对权利妨碍的事实或权利消灭的事实负证明责任，类似于民事诉讼中的"谁主张，谁举证"。

相对人在行政程序中承担证明责任一般有两种情况：①在行政调解、行政裁决中承担证明责任。②在依申请行政程序中承担证明责任。此外，相对人对于不承担证明责任的案件事实也有提供证据的权利，行政机关对相对人提供的证据应当认真核实，相对人提供证据是真实的，行政机关应当采纳。

行政程序中除相对人承担证明责任外，其他的案件事实由行政机关承担证明责任。行政机关承担证明责任一般有三种情况：①程序性事实。行政机关对大多数程序性事实承担证明责任，如在行政处罚程序中已听取相对人陈述和申辩的事实、已告知相对人权利的事实等。②行政机关依职权作出行政行为的案件事实。③行政机关拒绝相对人请求事项的原因事实。

（四）证明标准

证明标准——又称证明要求，是指按照法律规定认定案件事实或者形成一定法律关系对证明所要求达到的程度或标准。

行政证据制度应当引入法律真实标准，针对不同行政案件，选择采用排除合理怀疑、清楚而有说服力、优势证据、实质证据等证明标准。行政许可程序中申请人是否符合颁发许可证条件事实的证明标准应当为有"合理根据"标准，行政许可程序性事实的证明标准应当为"优势证据"，被许可人是否依法实施行政许可或是否建立相关制度的证明标准应当为"清楚和有说明力"。应急性行政强制措施的证明标准应当为有"合理根据"证明标准；强制性行政检查措施应当采用"有理由的相信"证明标准；行政强制执行应当采用排除合理怀疑的证明标准。当场行政处罚案件采用排除滥用职权标准，即行政机关证明相对人违法事实存在的标准是能够证明自己在对案件事实认定过程中未滥用职权。非当场行政处罚案件应当采用排除合理怀疑原则，即最大程度的盖然性。行政裁决案件应当以"优势证据"作为证明标准。

五、说明理由

说明理由——是指行政主体在行政程序中将认定事实和适用法律的理由向相对人说明。

说明理由是一项非常重要的行政程序制度。说明理由制度促进行政主体在作出行政决定时慎重考虑，在理由充分的情况下才形成自己的判断，有利于增强行政主体自律自控功能，克服恣意擅断。行政主体对证据的采信和事实的认定实际是心证的过程，心证需要说明理由。自由心证在行政程序中存在是必要的，说明理由制度是对自由心证较好的限制和防范制度。建立说明理由制度，还有利于行政相对人监督行政行为。

说明理由贯穿于行政程序全过程，包括行政程序中说明理由和行政决定说明理由。行政程序中需要说明理由的情况很多：如相对人有权向行政机关提出调查收集证据的申请，行政机关拒绝相对人申请的，应当说明理由，并且记录在卷；相对人提供的证据与案件明显无关或者重复的，行政机关可以拒绝接受，但必须说明理由；相对人认为主持人在听证中有违法或者不当行为的，可以即时提出异议，主持人认为异议成立的，应当撤销原行为，认为异议不成立的，可以驳回异议，但应当说明理由。

除行政程序中说明理由外，行政主体必须在行政决定中说明作出行政行为的理由。说明理由的内容包括三个方面：①程序性问题的理由。如不采纳相对人和利害关系人提供证据的理由，决定不回避的理由等。②事实认定的理由。行政主体说明采信证据及事实认定的理由是说明理由制度的核心内容。行政主体在行政程序中和在行政决定中应说明：证据采信的理由，排除不具有关联性和合法性的证据材料的理由；推定和行政认知的理由；通过证据材料认定案件事实的理由等。③法律适用的理由。法律适用的理由应当表述在行政决定中，说明行政主体为什么适用某一部法律及某一个条款。

有以下情形的，行政决定可以不说明理由：①行政决定有利于相对人的，但相对人仍不满意或者第三人提出异议的情形除外；②因维护国家利益、公共利益或他人利益而情况紧急，行政机关没有时间说明理由的；③涉及国家机密、商业秘密或者个人隐私的；④有关资格考试、专门知识的行政决定；⑤法律规定可以不需要说明理由的其他情形。

六、陈述意见

任何权利必须公正行使，对相对人不利的决定必须听取他的意见，这是英美普通法的一个重要原则，称为自然公正原则。在行政上，这个原则表现为行政机关的决定对相对人有不利的影响时，必须听取相对人的意见，不能片面认定事实，剥夺对方辩护权。我国法律也逐渐接受了正当程序原则，如《行政处罚法》第32条规定："相对人有权进行陈述和申辩。行政机关必须充分听取相对人的意见，对相对人提出的事实、理由和证据，应当进行复核；相对人提出的事实、理由和证据成立的，行政机关应当采纳。"

相对人陈述意见权力包括陈述权和申辩权，具体内容包括：陈述自己知晓的案件事实；反驳行政主体对案件事实的认定；提出证据材料反驳行政主体对案件事实的认定或支持自己对案件事实的陈述；指出行政主体对证据采信或案件事实认定的错误；提出法律的主张，包括是否构成违法、是否应当作出不利行政行为以及有无从轻、减轻或免除不利行政行为的情节等。

相对人陈述意见包括告知、陈述和复核三个环节：

（1）告知。行政主体拟作出对相对人不利的行政决定之前，应当告知相对人享有陈述意见的权利，并以书面或者口头形式将下列事项通知相对人：①相对人的基本情况；②拟作出的行政决定所依据的事实、理由及依据；③相对人陈述意见的权力及陈述要点；④陈述意见的期限、方式及逾期不陈述意见的法律后果；⑤其他应当告知相对人的事项。

（2）听取陈述和申辩。相对人对案件事实的陈述，一方面可以作为证据材料，另一方面也可以帮助行政主体查明案情。申辩是相对人对行政主体告知的事实、不利行政行为作出的理由、法律依据等提出自己的意见、提供有利于自己的证据材料和事实理由，为不应当作出不利行政行为、应当作出较轻行政行为等进行辩解。对相对人的申辩，工作人员应当认真听取。

相对人可以采用书面方式向行政主体陈述对行政决定所涉及的事实、理由及依据的意见。相对人采用口头方式向行政主体陈述意见的，行政主体应当制作记录，向相对人宣读或由其阅览确认内容无误后，由相对人签名或者盖章。相对人对记录有异议的，应当更正。

（3）复核。行政主体工作人员必须充分听取相对人的意见，对相对人提出的事实、理由和证据，不论认为相对人的意见有理与否，都应当进行复核。复核是处置相对人意见的必经程序。复核后认为相对人提出的事实、理由或者证据成立的，行政主体应当采纳。

相对人陈述意见权力具有以下效力：①行政主体不听取相对人的陈述不能作出不利于相对人的行政行为。②行政主体不能因为相对人的陈述而加重不利于相对人的行政行为。③相对人的陈述应当引起足够重视。

七、特别行政程序

除一般行政程序外，我们对听证程序、简易程序和紧急程序等特别行政程序再做一简单介绍。

（一）听证程序

行政程序中的听证——是指行政主体作出一项影响行政相对人及利害关系人权利义务的行政决定之前，应当给予行政相对人及利害关系人参与并发表意见的机会，行政主体就有关事实问题和法律问题广泛听取意见，以保证行政决定合法、合理的程序性法律制度。

听证渊源于英国普通法中的"自然正义"原则。这一原则最初仅用于司法权的行使，作为司法审判活动中的必经程序，谓之"司法听证"，随着司法听证的广泛应用和不断发展，听证逐渐被移植到立法方面，形成了"立法听证"制度。20世纪以后，随着行政权的不断扩张，行政机关拥有了行政立法权和行政司法权。按照自然正义原则，行政机关行政立法权应遵循立法听证要求，行使行政司法权，也应遵循司法活动的要求举行司法听证①。

我国近年对行政听证也不断作出规定。如《行政处罚法》第 42 条规定："行政机关作出责令停产停业、吊销许可证或者执照、较大数额罚款等行政处罚决定之前，应当告知相对人有要求举行听证的权利；相对人要求听证的，行政机关应当组织听证。"《行政许可法》第 46 条规定："法律、法规、规章规定实施行政许可应当听证的事项，或者行政机关认为需要听证的其他涉及公共利益的重大行政许可事项，行政机关应当向社会公告，并举行听证。"第 47 条规定："行政许可直接涉及申请人与他人之间重大利益关系的，行政机关在作出行政许可决定前，应当告知申请人、利害关系人享有要求听证的权利；申请人、利害关系人在被告知听证权利之日起 5 日内提出听证申请的，行政机关应当在 20 日内组织听证。"

1. 行政听证的范围

各国对行政程序听证的范围规定不一。有的国家行政程序法明确规定适用听证的范围；有的国家由其他法律对听证范围作出规定，再由行政程序法确认该规定；还有一些国家行政程序法赋予行政机关选择适用听证的权力。

我国行政听证的范围包括：①法律、法规、规章、行政规范性文件规定作出行政决定应当举行听证的；②行政机关认为有必要举行听证的。除法律法规规定必须举行听证会的情况外，相对人有选择听证的权利。

2. 听证主持人

听证主持人是主持听证活动并根据听证进程制作听证笔录的人。从各国情况看，听证主持人为行政机关一般工作人员、行政机关负责人或行政法官；有的国家要求听证主持人作出行政决定，有的国家仅规定听证主持人作出记录而不作出行政决定；有的国家规定由调查人员担任听证主持人，有的国家要求听证主持人与调查人员相分离；有的国家规定对听证主持人给予特殊的职务保护，以保证其公正的主持听证，有的国家将听证主持人与一般公务员等同。

我国听证主持人由行政机关负责人从本机关工作人员中指定人员担任，但直接参与行政事务调查的人员，不得担任主持人。

听证主持人行使下列职权：①决定是否进行预备听证；②通知或者允许利害关系人参加听证；③决定听证的时间、地点，指挥听证的进行；④对妨碍听证正常进行的人依法决定采取强制性措施；⑤由于相对人不到场或者中途退场的，决定听证的开始、延期，或者终止听证；⑥因不可抗力或其他原因不能如期举行听证的，依职权或者根据相对人的申请，中止听证；⑦采取其他保证听证顺利进行的必要措施。

3. 听证参加人

听证参加人包括相对人、利害关系人、证人和鉴定人。相对人应当参加听证，也可以委托代理人参与听证，但法律规定必须相对人亲自参加听证的，相对人必须亲自参加听证。与听证事项有法律上利害关系的公民、法人和其他组织，可以申请参加听证，或者由听证主持人通知参加听证。有证人或鉴定人的，证人和鉴定人应当出席听证会，并

---

① 杨海坤、黄学贤：《中国行政程序法典化》，法律出版社，1999 年，第 138 页。

接受相对人和利害关系人的询问。

相对人和参加听证的利害关系人在听证中享有以下权利：①得到通知；②委托代理人；③申请听证主持人回避；④阅览案卷；⑤陈述意见；⑥提出证据和质证；⑦经主持人许可，询问调查人员；⑧得到相关案卷副本，但涉及国家秘密、商业秘密和个人隐私的除外；⑨法律、法规规定的其他权利。

4. 听证笔录及其效力

听证应当制作笔录，听证笔录记载以下事项：①主持人的姓名、部门、职务；②相对人、利害关系人的姓名、名称、住所、是否出席听证会；③调查人员的姓名、部门、职务；④听证的时间、地点；⑤听证是否公开进行，不公开进行的理由；⑥相对人、利害关系人的陈述及提出的证据，调查人员的陈述及提出的证据；⑦证人、鉴定人陈述的主要内容；⑧相对人、利害关系人声明异议及主持人对异议的处理；⑨其他必要的事项。

相对人、利害关系人在听证时提供的书证、物证或者其他证据材料，作为听证笔录的附件。相对人、利害关系人对听证笔录记载的事项有异议的，应当即时向主持人提出。主持人认为异议成立的，应当更正或补充；认为不成立的，应当将异议附记于笔录中。听证笔录应当由相关人员签名或者盖章。相关人员拒绝签名或者盖章的，应当记明事由。

各国行政程序法一般都赋予听证结果对行政决定的约束效力，但这种约束效力的表现形式是不同的：一种情况是作为听证主持人初步决定的依据；另一种情况是决定者受听证认定事实的约束。

5. 听证的程序

听证包括告知听证权利和申请听证、通知或公告、预备听证、举行听证等几个环节。

（1）告知听证权利和申请听证。依照规定应当举行听证的，行政主体应当告知相对人有要求听证的权利，并告诉相对人申请听证的时间。相对人应当在限定期限内申请听证，相对人在限定期限内不申请听证的，视为放弃听证。

（2）通知或公告。行政机关应当在听证的一定时间之前，书面通知相对人及已知的利害关系人举行听证的时间、地点、听证内容、听证程序权利及缺席听证的法律后果。无法送达相对人和参加听证的利害关系人时，可以采用公告方式。

（3）预备听证。行政机关认为案情复杂，需要事先归纳、明确各方争议要点的，可以在听证之前举行预备听证。

（4）举行听证。除涉及国家秘密、商业秘密或者个人隐私外，听证应当公开进行。听证会程序如下：①听证开始。由听证主持人核对调查人员、相对人、利害关系人、代理人的姓名、名称，询问相对人是否申请主持人回避。②调查。由调查人宣读行政机关拟作出的行政决定，以及该行政决定认定的事实、适用的法律。已经举行预备听证的，主持人应当宣读经整理的案件争议点。相对人、利害关系人在预备听证中没有提出异议的事项，听证会中不再进行调查。③辩论。辩论按照下列顺序进行：调查人员发言；相对人及其代理人发言；利害关系人及其代理人发言。辩论可以进行一轮至多轮。

（二）简易程序

简易程序——又称非正式程序，是指行政主体对案情简单的行政事务，给予处理和执行，或者在紧急情况下的没收、扣押违法物品、工具等所应遵守的程序。

在行政事务中采取简易程序一般出于以下考虑：能够节省行政行为的成本费用，对于情节简单、证据确凿的案件无需普通程序也可处理；能够提高行政效率，减轻不必要的负担；存在一些当场必须给予处理的情形，对于流动性大、身份不确认的行为人，非简易程序事后难以执行；设立简易程序应当充分保护行政相对人的合法权益，否则其设立没有意义；国外简易程序的立法实践为我们提供了借鉴。简易程序是简化了的行政程序，包括以下特点：

第一，申请程序简化。适用简易程序的，申请人可以口头向行政机关提出申请，由行政机关记明申请人的基本情况、申请时间和申请事项。

第二，听取意见简便。拟适用简易程序作出对相对人不利的行政决定的，行政机关应当听取相对人的意见，可以采用就地听取相对人的陈述或申辩等简便方式。相对人书面向行政机关陈述意见的，行政机关不得拒绝。

第三，可以当场作出决定。事实清楚且相对人对事实的认定没有异议的，行政机关可以当场作出行政决定。当场作出行政决定的，行政机关工作人员应当向相对人出示执法身份证件，填写预定格式、编有序号的行政决定书。行政决定书应当载明相对人的基本情况、认定的事实、决定的内容，以及作出决定的依据、时间、地点和行政机关的名称，并由执法人员签名或者盖章。执法人员当场作出决定后，应当报所属行政机关备案。

第四，作出行政决定时间较短。适用简易程序，除当场作出行政决定的，行政主体应当自行政程序启动之日起 10 日内作出行政决定。

一般来说，适用简易程序须符合以下条件：

（1）事实清楚，情节简单，且社会影响不大的案件。如《行政处罚法》第 33 条规定："违法事实确凿并有法定依据，对公民处以 50 元以下、对法人或者其他组织处以 1 000 元以下罚款或者警告的行政处罚的，可以当场作出行政处罚决定。"

（2）有法律、行政法规规定适用简易程序作出行政决定。如《道路交通安全法》第 107 条规定："对道路交通违法行为人予以警告、200 元以下罚款，交通警察可以当场作出行政处罚决定，并出具行政处罚决定书。"

（三）紧急程序

紧急程序——指在公共紧急情况下，行政机关作出行政决定，制定行政规范、实施行政指导、履行行政合同，根据公共应急管理的需要，可以灵活确定上述行为行政程序，变通或者省略一般行程的步骤、方式、形式、顺序和时间等方面的要求，但必须保留表明身份、说明理由、准予司法复审等最低限度的程序要求。

紧急程序的适用范围包括以下三项：①全国或部分地区被依法宣布进入紧急状态时，行政程序不得与紧急状态时实施的特别法律相抵触，适用特别法律规定的程序。②因重大突发事件导致公共紧急情况，法律法规对行政程序有特别规定的，执行特别规定。③因重大突发事件导致公共紧急情况，法律法规没有特别规定，而执行一般程序不能适用公共应急管理需要的，为维护社会基本秩序和公共利益，保障公民、法人和其他组织的根本利益，报国务院批准，执行紧急行政程序。

需要指出的是，为防止行政恣意和滥用权力，现代行政法治对行政紧急行为也提出了现实性、专属性、程序性、适当性的要求，紧急程序的运用需要有相应的法律约束和救济机制作为保障。换言之，紧急程序的特殊性还表现在非常规状态下行使行政紧急权力过程中的程序要求并非一味放松、放弃，针对一些特殊情形甚至会有一些特殊的更高的程序要求，例如对某些政令和措施的出台设置更高的事中或事后审查门槛。

行政机关及工作人员不得以执行紧急行政程序为由超越职权和滥用职权。

在公共紧急情况消除后，对于需要且能够补办行政程序手续的，应当补办。由于实施紧急行政程序，对公民、法人和其他组织的合法权益造成特别损害的，应当补偿。

✚小结提升

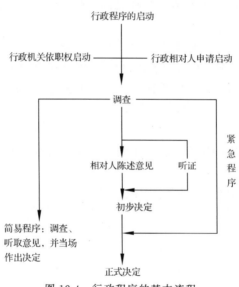

图 12-4 行政程序的基本流程

[本章阅读文献]

1. 应松年：《论行政程序法》，《中国法学》，1990 年第 1 期。

2. 莫于川、王静：《程序的民主性：行政立法的关键》，《法学》，1995 年第 2 期。

3. 杨建顺、刘连泰：《试论程序法与实体法辩证关系》，《行政法学研究》，1998 年第 1 期。

4. 章剑生：《现代行政程序的成因和功能分析》，《中国法学》，2001 年第 1 期。

5. 肖凤城：《我国行政程序法典的框架思路》，《法学》，2002 年第 9 期。

6. 李元起：《行政程序违法的补正》，《杭州商学院学报》，2003 年第 2 期。

7. 莫于川：《行政程序约束——行政指导行为法治化的理性选择》，《法制日报》，2003 年 9 月 11 日第 3 版，《人大复印报刊资料·宪法学、行政法学分册》2003 年第 6 期转载。

8. 莫于川：《建议在我国行政程序法典中设立紧急程序条款》，《政治与法律》，2003 年第 6 期。

9. 莫于川：《认识行政程序也必须与时俱进》，《检察日报》，2004 年 11 月 16 日第 3 版。

10. 韩大元：《试论我国政府信息公开法治化》，《国家行政学院学报》，2004 年第 2 期。

11. 高秦伟：《正当行政程序的判断模式》，《法商研究》，2004 年第 4 期。

12. 韩大元、王贵松：《论制定中国行政程序法的宪法基础》，《宪政与行政法治评论（创刊号）》，2004 年第 1 期。

13. 王万华：《行政程序法的立法架构与中国立法的选择》，《行政法学研究》，2005 年第 2 期。

14. 姜明安：《行政程序：对传统控权机制的超越》，《行政法学研究》，2005 年第 4 期。

15. 莫于川、林鸿潮：《行政机关借助市民力量取证，证据是否有效——"广州市民被拍违章状告公安局"案评析》，《人民检察》，2005 年第 4 期（下）。

16. 何海波：《英国行政法上的听证》，《中国法学》，2006 年第 4 期。

[相关链接]

1. 朱芒：开放型政府的法律理念与实践——日本的信息公开制度。（见："中国宪政网"）

2. 马怀德：澳大利亚行政法中的程序公平原则。（见："中国宪政网"）

第四编　监督与救济论

导言：本编透过一些典型案例分析讨论了对行政的监督，包括国家权力性的监督和非国家权力性的监督，专门讨论了行政违法、行政不当、监督行政、行政责任、行政救济等监督救济法制的一些重要范畴，还介绍了若干西方法治国家的行政救济制度。在此基础上，重点研究了行政复议、行政赔偿、行政补偿等若干重要的广义行政救济制度。对行政的监督是指享有监督权的公民或组织对行政主体及其公务员的监督，也有学者称之为"监督行政"或"行政法制监督"。对行政的监督是控制行政权行使的一种有效制度，能够预防和惩治逾越、滥用和放弃行政权的行为，维护正常的行政秩序，保障公民的权利。具体说来，有以下两方面的作用：一是监督行政权的行使。行政主体掌控着丰富的政治、经济、文化和社会资源，因此行政权极容易遭到滥用或不作为，必须接受监督。而享有监督权的国家机关、社会组织和公民采用各种方式进行的监督，既可及时发现行政主体及其公务员的违法情况，并作出相应的处理，从而纠正行政权的违法现象；也可促使处于被监督状态之下的行政机关加强自律机制，改善内部管理，规范行政公务人员的行为，防患于未然。二是保障公民的合法权利。强大的行政权常常会对公民的权利造成巨大的威胁，因此对行政的监督在纠正了行政违法的同时，也保障了公民的合法权利。此外，通过国家机关、新闻媒体、政党、社会团体等对行政权进行的监督，公民可以充分地行使知情权、参政权等民主权利。如果公民的合法权利受到伤害，可以通过救济机制予以补救。俗话说，没有监督，势必滥用权力；没有救济，也就没有权利。因此，本编以较大的篇幅介绍讨论了丰富的内容，以反映这方面的新近发展变化。

第十三章 监督与救济概述

监督与救济论是现代行政法学的重点，也是本书的重点之一。由于现代行政活动面广、量大、情况复杂多样，行政权力又有扩张和滥用的倾向，行政主体在行政过程中难免出现偏差，产生负面作用和影响，损害行政相对人的合法权益。因而必须按照现代法治原则对行政权力加强监督，采取有效措施来防止和纠正偏差，明确和追究责任，及时和公正地对因行政偏差致使合法权益受到损害的行政相对人予以救济。这既是贯彻依法治国方略和依法行政方针的要求，也是 21 世纪中国行政法学需要进一步加强研究和认真解决的一个重要课题。

明确概念是展开深入学习、展开讨论的基础。为准确把握行政法的监督与救济理念，有助于完善我国监督行政法制，本章首先介绍行政责任，这是启动监督与救济程序目的和结果，然后阐述监督行政的基本理论和制度，最后简略介绍各国行政救济制度现状。

第一节 行政责任

引例 北京市大唐电器公司诉北京市公证处行政赔偿案

1996 年 12 月 25 日，北京市大唐电器公司与成远集团到北京市公证处口头申请公证，提交了双方签订的总价款为 319.5 万元的冰箱"购销合同"、"抵押协议"、"北京市外销商品房预售契约"，要求对"抵押协议"进行公证。该"抵押协议"中，债务人成远集团将北京利达玫瑰园别墅欧陆区 771 号别墅的房产作为抵押物。北京市公证处接待了双方，并制作了"接谈笔录"。同日，北京市公证处作出（1996）京证经字第 3767 号"公证书"，证明当日双方在北京市公证处签订了"抵押协议"，"签约行为及协议内容均符合中华人民共和国有关法律规定"。同时又出具了（1996）京证经字第 3768 号"公证书"，证明成远集团与开发商签订的北京利达玫瑰园欧陆区 771 号别墅的"北京市外销商品房预售契约"买卖双方"签名均属实"，"签约行为及协议内容均符合中华人民共和国有关法律规定"。次日，大唐电器公司与成远集团向北京市公证处递交各自填写的"办理经济事务公证申请表"，北京市公证处收取公证费 4792.5 元。

北京市公证处对"抵押协议"公证后，大唐电器公司履行了"购销合同"中供货的义务，现持有成远集团于 1997 年 1 月 9 日出具的收条。证明收到伯乐牌冰箱共计 1500 台，以及承诺 4 月 15 日前还请 319.5 万元欠款的"承诺书"。成远集团未履行债务，大唐电器公司于 1997 年 5 月 13 日向北京市通州区人民法院提起民事诉讼，追索货款。审理期间，大唐电器公司得知北京利达玫瑰园别墅欧陆区 771 号别墅的产权人不是成远集团。1997 年 8 月 21 日，通州区人民法院以涉嫌诈骗为由，将此案移送公安机关。公安机关于 1998 年 8 月以此案仍属经济纠纷案件为由予以结案。1998 年 5 月 6 日，大唐电器公司就"抵押协议"公证向北京市公证处提出异议。5 月 13 日，北京市公证处作出（1998）京证文字第 015 号决定，以抵押人未取得用以抵押的房屋所有权，无权进行抵押为由，撤销（1996）京证经字第 3767 号公证书。并退还大唐电器公司公证受理费，大唐电器公司不服，认为北京市公证处的错误公证给其造成巨额损失，请求法院判决北京市公证处赔偿大唐电器公司损失 240.3 万元。

☞ 概述

行政上监督和救济的启动一般都以违法的行政主体承担相应行政责任为结果。行政责任是指行政主体因违反行政法律规范而依法必须承担的法律责任，它是行政违法（以及部分行政不当）所引起的法律后果。本节对行政责任的特征、构成要件、种类形式以及变化过程作了全面的介绍。

♨ 方法

掌握本节的关键在于透过各种不同的学说，认真领会行政责任的概念和构成要件，防止与行政相对人的责任、刑事责任等概念相混淆。由于本节的内容侧重于监督救济理论的概括和阐述，建议读者结合相应的案例来辅助理解。

❖ 教学内容

一、行政责任的概念和特征

由于看问题的角度不同，人们对于行政责任这一概念的理解有很大的差别。如某些行政管理学者是将政治责任、道德责任等也包括在行政责任范畴内的。即便在我国行政法学界，对此也见解不一。

例如，前苏联行政法学者的如下"权威"定义在我国行政法学初创阶段译介进来后曾产生过相当的影响："行政责任意味着行政处分的适用和实现。它是法律责任的一种特殊形式……无论狭义理解或是广义理解，行政责任毕竟是行政强制的一部分。"[①] 按此说法，行政责任是仅由相对人承担的一种法律责任，这显然是传统的"管理论"的观点，尽管早已过时，但它带来的影响现在仍不可忽视。

又如，在我国曾影响很大的《法学词典》甚至将违反企事业单位内部规章的后果也纳入行政责任的范畴，认为行政责任既包括法律责任又包括纪律责任，将行政责任定义为"实施法律或企业事业单位规章禁止的行为引起的行政上必须承担的法律后果。性质属于轻微违法失职或违反内务纪律，尚不够追究刑事责任，因而只能从行政上追究违反者的法律责任和纪律责任。"[②] 这种将私人行政与公共行政混同一体的早期做法，现在看来太过宽泛，显然不当。有的学者借用西方某些行政法著述的观点，将行政责任单纯视为国家赔偿责任。这种定义显然过于狭窄，也不符合实际。[③]

[①] ［苏］B. M. 马诺辛等：《苏维埃行政法》，黄道秀译，群众出版社，1983 年，第 209 页。

[②] 《法学词典》（增订版），上海辞书出版社，1984 年，第 337 页。

[③] 应松年：《行政法学新论》，中国方正出版社，1998 年，第 607 页。

还有一些学者认为，对行政责任应从内涵和外延两方面来看：就内涵来看，是指行政违法，即行为人违反行政法律规范或不履行行政法律义务所应承担的法律后果；就外延来看，行政责任的行为人是行政法律关系的各类主体，即行政主体及其公务员和行政相对人；因此行政责任就是"行政法律关系主体因行政违法而应承担的法律后果，它是同民事责任、刑事责任并列的三大法律责任之一。"[①] 这是目前较有影响的一种广义的理解。

也有不少学者持一种狭义的理解，认为行政责任是"行政主体因违反行政法律规范而依法必须承担的法律责任。它是行政违法（以及部分行政不当）所引起的法律后果。"这是目前比较通行的观点。

按上述狭义理解的行政责任，其主要特征有：①行政责任是一种法律责任，而非道义责任或其他什么责任。它不是基于道义或约定产生的，而是由法律（行政法）单方设定的。②行政责任是行政违法行为（以及某些行政不当行为）所引起的一种法律后果，它基于行政法律关系而发生。这也是它区别于其他法律责任的一个重要特征。③行政责任是一种独立的责任，有其相对特殊的内容和归责条件。行政责任不能代替其他责任，其他责任也不能取代行政责任。④行政责任是行政主体的一种外部责任，它不包括行政主体内部的责任（如违法行政的行政机关工作人员受到政纪处分），也不包括行政相对人的责任（如作出违法行为的公民接受行政处罚）。[②]

表 13-1   行政责任的特征

行政责任的特征	区别的对象
法律责任	道义责任
行政责任	民事、刑事责任
外部责任	内部责任
行政主体的责任	行政相对人的责任

二、行政责任的构成、种类和形式

探讨行政责任的构成，旨在便于确认行政违法的后果及其性质，解决应否追究和追究哪种行政责任的问题。为此，需要着重考察行政责任的如下四个构成要件：①已构成行政违法行为（包括某些行政不当行为）；②行政相对人的合法权益受到了损害；③行政相对人的合法权益受损是由行政违法行为（包括某些行政不当行为）造成的；④必须是法定的应予追究的由该行为主体承担的法律责任。

需要指出，关于主观过错应否作为行政责任的构成要件，我国行政法学界尚有争论，分歧较大，其中持肯定意见者和持否定意见者皆有，而目前多数学者持否定意见。但即便在持否定意见者中也有一部分人认为，尽管主观过错不是行政责任的构成要件，但在监督行政法制实践的过程中也需要考察一下行为人的主观恶性程度

---

① 罗豪才：《行政法学》，中国政法大学出版社，1996 年，第 322 页。
② 应松年：《行政法学新论》，中国方正出版社，1998 年，第 608 页。

（如动机、目的、事后的态度等），因为主观过错与行为人承担行政责任的轻重相关联。[1]

关于行政责任的种类，从不同角度可有不同的划分方法。已取得较多共识的有如下三种划分方法：

（1）划分为国家（行政）侵权责任和国家（行政）合同责任。这是英国行政法对行政责任的一种划分方法。在英国行政法学者看来：行政当局及其雇员执行职务中的侵权行为被诉后都应由普通法院管辖且确定有责任后由国家承担责任，行政当局违反行政合同应负赔偿责任，如因社会公益而单方改变行政合同条款则应予以补偿。简言之，行政责任通常因行政当局的侵权或违约而产生且应由国家予以赔偿或补偿。此种划分方法也为许多国家行政法学者所普遍接受。[2]

（2）划分为惩罚性行政责任和补救性行政责任。前者是指针对具体实施行政违法或不当行为者的通报批评、行政处分、责令承担一定赔偿额等，它通过惩罚来达到教育的目的；后者是指对因行政违法或不当行为而致合法权益受到损害的相对人予以各种有效补救，它是承担行政责任的主要方面。

（3）划分为制裁性行政责任、强制性行政责任和补救性行政责任。这三类法律责任是紧密联系、互为补充和有所区别的。其中的强制性行政责任如：我国《行政诉讼法》第65条规定，行政机关拒绝履行发生法律效力的判决、裁定时，第一审人民法院可以强制执行，包括强制划拨和执行罚。

行政责任的表现形式多种多样，其中主要是补救性的行政责任形式（其中有一些另外也作为民事责任形式）。具体而言，可采用的补救性行政责任形式主要有如下八类：①承认错误，赔礼道歉。这是非财产性质的最轻微的一种补救性行政责任形式。②恢复名誉，消除影响。这也是非财产性质的补救性行政责任形式。③履行职务。这种责任由行政失职者具体承担。④撤销违法。对于行政违法行为，行政机关本身有义务撤销，行政相对人有权要求撤销，权力机关、上级行政机关、审判机关有权依法予以撤销。⑤纠正不当。此即行政不当行为要予以矫正的责任。⑥返还权益。当行政相对人的合法权益被非法或不当剥夺，因而撤销或变更该行政违法行为（或某些行政不当行为）时，必须返还相对方的权益。⑦恢复原状。在行政违法行为（或某些行政不当行为）造成相对人的物品损坏时，行为人应承担恢复原状的责任。⑧行政赔偿。行政侵权行为造成行政相对人财产上的实际损失，必须承担赔偿责任，这是一种纯粹的财产责任；而且这也是在无法恢复原状的情形下给予该相对人权利补救的一种形式。[3]

三、行政责任的追究、免除、转继和消灭

行政责任的追究、免除、转继和消灭，是我国监督行政法制实务中大量存在和较有难度的问题，但在学界争论较小。对此，目前比较普遍的认识是：

---

① 胡建淼：《行政法学》，法律出版社，1998年，第518页。
② ［英］威廉·韦德：《行政法》，徐炳等译，中国大百科全书出版社，1987年，第442～491页。
③ 许崇德、皮纯协：《新中国行政法学研究综述》，法律出版社，1991年，第535～536页。

（1）行政责任的追究，是指在确定行政责任的基础上，有权机关强制负有责任的行为人履行一定的义务。在我国，法定有权追究行政责任的国家机关有三类，即：①权力机关。例如，它可用"撤销"行政机关的抽象行为的手段来追究有关行政机关的责任。②行政机关。由行政机关追究行政责任的权限范围是相当广泛的，表现在上级行政机关有权追究下级行政机关或所属部门的行政责任，监督职能机关有权追究其他行政机关的行政责任，等等，而且适用多种责任形式。③司法机关。例如，人民法院在司法审查的范围内有权通过裁判来追究行政主体的行政责任。

从我国监督行政法制的实践来看，追究行政责任必须坚持如下四项原则：其一，责任法定原则。必须是违反行政法律规范的行为才构成行政违法行为，且在追究法律责任时必须严格依法办事。其二，责任自负原则。这是现代法治的一项基本要求。其三，法律责任与违法程度相适应原则。有的学者也将这项原则称为"主客观相一致原则"，认为追究责任应与该行为的性质、情节和后果相一致，还应考虑是否具有从轻、从重或免除的条件。其四，惩戒与教育相结合原则。这项原则在我国具有特殊的意义，而且在许多法律（如《行政处罚法》、《人口与计划生育法》）中都有所体现。

（2）行政责任的免除，是指虽然符合行政责任的构成条件，但根据某些法定条件或理由，追究机关决定不追究作出该行为者的行政责任。它分为两种情形：一种是一般免除；另一种是特定免除（又称豁免），其条件是法定的，其性质是强制的。

（3）行政责任的转继，是指在法定条件下行政责任主体的更换，即行政责任从一个主体身上转移到另一个主体身上，原责任者的行政责任为另一主体所继受。这种转继关系实为转移人与继受人之间的行政责任转换关系。对此，需要明确如下几点：①行政责任的转继是法定的，不是由行为人自行决定的。②行政责任的转继是有条件的，只能在符合这些条件的情况下才发生行政责任的转继。从主体条件上看，行政责任的转移人和继受人限于行政主体，而不发生在个人之间；从时间条件上看，处于行政责任已被确定，但尚未履行或者尚未履行完毕；从客观条件上看，出现了导致行政责任转继的某些法律事实，例如该行政主体被撤销、合并。③行政责任的转继应当公开明确，否则就会失去有效监督，不利于确保有关的行政相对人的权益补救。

（4）行政责任的消灭，是指行政责任被确定后，因某些法律事实的出现而不复存在（例如行政机关作出的行政赔偿决定在行政诉讼中被人民法院撤销）。它与行政责任的免除、行政责任的转继相比较，有明显的区别。例如从时间的角度来看，区别在于：一是行政责任的免除发生在责任确定过程中，而行政责任的消灭发生在责任被确定以后；二是行政责任的转继发生在责任确定后尚未履行或尚未履行完毕之时，而导致责任消灭的法律事实之一却是行政责任已履行完毕。

✛ 小结提升

界定行政责任的前提是判断是否存在行政违法或行政不当。因此，我们有必要掌握行政违法和行政不当的概念。

1. 行政违法

行政违法——是指行政主体所实施的行政管理行为违反行政法律规范，侵害受法律调整和保护的行政关系，但尚未构成犯罪，行为者须承担相应的行政法律责任。

行政违法至少具有如下四个特征：①行政违法行为是行政主体所实施的行为，与行政主体实施的民事行为相区别。②行政违法是违反行政法律规范，侵害受法律调整和保护的行政关系的行为。此特征使其与违纪行为相区别，也与民事侵权等其他违法行为相区别。③行政违法是尚未构成犯罪的违法行为。但如果行政违法后果严重、危害很大，也可上升为犯罪，例如行政失职行为后果严重超过一定限度就会构成渎职罪。出现这种情况将由刑法加以调整。④行政违法的法律后果是承担行政责任。违反法律必须承担相应的法律责任，这是法治的基本要求。故违反行政法律规范，要相应的承担行政责任。[①]

行政违法的构成要件有三个方面：①行为人负有相关的法定义务。这是构成行政违法的首要条件，是判断某个行政行为是否属于行政违法行为的前提。②行为人有不履行相关法定义务的行为。它包括作为或不作为，并带来不履行义务的一定的社会危害性。③这种行为是出于行为人的过错，即故意或过失。但对这一要件的理解不能绝对化。现在越来越多的学者认为在具体分析某一行为是否违反行政法律规范时应实行客观违法原则，即着重考察该行为的客观表现（包括损害事实），而不必过于强调主观过错，除非法律另有规定。[②]

从目前我国监督行政法制中的行政复议和司法审查的操作实态来看，行政违法行为可大致分为如下七大类：①行政失职；②行政越权；③行政滥用职权；④事实根据错误；⑤适用法律规范错误；⑥违反法定程序；⑦行政侵权。

关于行政违法的后果，行政法学者的看法尚不完全一致。其中一种意见认为，行政违法的后果就是行为人应承担的相应法律责任，行政违法与行政责任是因果关系，这是比较狭义且比较普遍的理解；另一种意见认为，行政违法的后果就是指影响该行为的法律效力和引起相应法律责任这两个方面，其中影响法律效力表现为完全失去法律效力和经补正后方具有法律效力这样两种情形，引起相应法律责任表现为纠正偏差责任和补救权利责任这样两种责任类型，这是比较广义的理解。这两种意见各有道理，影响较大，值得关注。[③]

2. 行政不当

行政不当——是指行政主体所为的同行政违法相并列的一种有瑕疵的行为。

行政不当具有四个方面的法律特征：①行政不当行为合法，但存在一定的瑕疵，即合法但不合理。②行政不当行为主要发生在裁量行为中。③行政不当行为并不必然引起

[①]　许崇德、皮纯协：《新中国行政法学研究综述（1949—1990）》，法律出版社，1991 年，第 512～513 页；张尚鷟：《走出低谷的中国行政法学——中国行政法学综述与评价》，中国政法大学出版社，1991 年，第 306～308 页；应松年：《行政法学新论》，中国方正出版社，1998 年，第 572 页。

[②]　罗豪才：《行政法学》，中国政法大学出版社，1996 年，第 319～320 页；罗豪才：《在邓小平理论指导下走向繁荣的中国行政法学》，《中国法学》，1998 年第 5 期。

[③]　胡建淼：《行政法学》，法律出版社，1998 年，第 482～487 页。

行政责任的承担，且引起的只是补救性的行政责任。④行政不当只是该行为可被撤销的一种理由，并不构成该行为自始无效的根据。

行政不当与行政违法一样，也会引起相应的法律效果。目前在我国，行政不当并不一律导致该行为无效。行政不当与承担行政责任之间没有必然的因果联系，而且承担责任时一般也以补救性的责任为限。但是行政不当的仍然要寻求法律救济，以保障相对人的合法权益。

表 13-2   行政违法与行政不当的区别

区别标准	行政违法	行政不当
前提	合法	合法但不合理
对应的行为	羁束行为、裁量行为	裁量行为
行为效力	无效、被撤销或经补正后有效	经补正后有效
责任	必然引起法律责任，且包括惩罚性的法律责任和补救性的法律责任	不必然引起法律责任，且主要是补救性的责任

需要说明的是，如果依照现代法治理念，对"法"作广义的理解，包括法律规范和法律原则的话，那么严重的行政不当，诸如滥用裁量权、显失公正等往往违反的是法律原则，这些行政不当也是违"法"的，需要承担严格的法律责任。而轻微的行政不当，才是不合理的行为。

第二节   监督行政的基本理论和基本制度

引例   尹琛琰诉卢氏县公安局 110 报警不作为行政赔偿案

2002 年 6 月 27 日凌晨 3 时许，尹琛琰位于卢氏县县城东门外"工艺礼花渔具门市部"发生盗窃，作案人的撬门声惊动了在街道对面"劳动就业培训中心招待所"住宿的旅客吴古栾、程发新，他们又叫醒了该招待所负责人任春风。当他们确认有人行窃时，即打电话 110 向警方报案，前后两次打通了卢氏县公安局 110 指挥中心并报告了案情，但卢氏县公安局始终没有派人出警。20 多分钟后，作案人将盗窃物品装上一辆摩托车后驶离了现场。尹琛琰被盗的物品为渔具、化妆品等货物，价值总计 24 546.50 元。案发后，尹琛琰向卢氏县公安局提交了申诉材料，要求卢氏县公安局惩处有关责任人，尽快破案，并赔偿其损失。

☞ **概述**

监督行政的基本理论和基本制度是本章的核心内容。本节首先探讨了监督行政的概念、特征、意义、原则、类型等基本理论，然后按照监督行政的一般分类，将其分为国家权力性监督和非国家权力性监督两类，对其中具体的监督制度的概念、特征、方式等加以介绍。

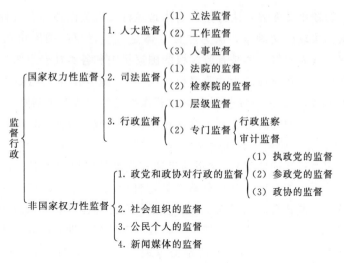

图 13-1　我国监督行政的体系

🔥**方法**

　　本节涉及多种监督制度，由于监督主体和监督方式千差万别，容易导致读者在理解上的混淆，因此应当结合上述监督行政体系图示对各种监督制度进行合理的定位，同时各种监督制度大都有相应的宪法或组织法上的依据，应当注意法条和制度之间的对应关系。

◇◇**教学内容**

一、监督行政的基本理论

（一）监督行政的概念与特征

　　在我国行政法学教科书中，一般是在两个完全不同的角度上谈到监督问题：其一是将行政法上的监督理解为由行政执法者实施的对行政相对人进行监督检查的具体行政行为，即以行政机关为主体而对行政相对人是否依法行使权利和履行义务进行的监督检查，这实际上就是指的那种属于行政执法行为之一的"行政监督检查"，它显然不是我们这里所要研究的范畴；其二是将行政法上的监督理解为由监督者对行政进行的监督，即由监督主体（有监督权的组织和公民）依法对监督对象（行政机关及其工作人员）进行的监督，它是现代行政法学最重要的研究内容之一，也正是本文所要研究的范畴。

　　在上述后一种理解的基础上，行政法学者又按自己对监督主体、监督对象、监督内容等要素的不同理解和研究题目的侧重，而对行政法上的监督问题作出了不同的划分和表述。例如，从对监督主体范围的理解角度看，除了"行政监督"这个概念通常被理解为仅指行政系统内部进行的监督制约而较少歧见以外，学者们对行政法上的监督可以说理解不一。从监督主体的角度来看，可大致分为五种：①最狭义理解，认为监督主体是除行政机关以外的国家机关；②狭义理解，认为监督主体是各级各类国家机关（按此种理解，罗豪才教授主编教材称之为"监督行政行为"、应松年教授主编教材称之为"对行政的监督"）；③较狭义理解，认为监督主体是除行政机关以外的有监督权的国家机关和各类社会组织；④较广义理解，认为监督主体是有监督权的国家机关和各类社会组织；⑤广义理解，认为监督主体是有监督权的国家机关和各类社会组织、公民（按此种理解，王连昌教授主编教材称之为"监督行政"、许崇德教授和皮纯协教授主编的著作称之为"行政法制监督"、朱维究教授主编的著作称之为"政府法制监督"）①。

　　一般认为，作广义的理解更有利于全面地认识和把握行政法上的监督问题；而其中"监督行政"的表述比较简明，其实际含义就是"对行政的监督"（但其中应包括国家机关以外的监督主体对行政的监督）。这两种表述实际上是同质的。对此试作如下简要分析：①与行政（关系）相对应的互补范畴乃是监督行政（关系），它们构成了行政法的一对基础性范畴；②监督行政的行为实施者包括行政外部监督者和行政内部监督者，它们完整地构成了对行政的监督主体框架；③行政内部监督（即对行政的内部监督，或者说行政系统内部的各种监督）也常常约定俗成地简称行政监督，是一种外延较窄的概念，它属于国家权力性监督；行政外部监督（即对行政的外部监督，或者说外部对行政机关的监督）是一种外延较宽的概念，它既包括属于国家权力性监督的人大监督和司法监督，又包括非国家权力性监督的政党监督、民主监督、社会监督、新闻监督、民众监督等等。从现代行政法的实践看，非国家权力性监督也程度不同地逐渐走上法治化轨道，许多原先属于所谓事实现象的监督行为也随着社会发展和法制发展的进程而开始演变为有法律意义和法律效果的行为（如公民对环保行政机关的一般呼吁性的监督行为随着新的环保立法出台而成为法定的监督行为），这可说是此类监督纳入现代行政法研究范畴的原因之一。

　　广义的监督行政——具有监督权的国家机关和包括执政党在内的各类社会组织、公民依法对行政机关及其工作人员行使行政权力、实施行政管理的过程进行的监督。

　　按上述定义，监督行政主要有五个特征：①从性质上看，监督行政是一种法律制度，是我国整个监督体系中一个重要组成部分。②监督主体多元多样化，大致分为两部分：一是国家权力性监督主体（权力机关、行政机关、司法机关等国家机关）；二是非国家权力性监督主体（国家机关以外的组织和个人）。③监督对象比较确定，主要是行政机关及其工作人员，还包括被授权组织和受委托组织及其执行公务人员。④监督内容非常广泛，既包括行政立法、行政执法、行政司法等行政主体活动的全过程，又包括行政主体活动的合法性、合理性、合目的性等各方面。⑤从行为程序来看，监督行为中的一部分（主要是国家权力性监督行为）须严格遵行某些法定程序，属于要式监督行为。

（二）监督行政的法治意义

　　监督行政法制是现代行政法（学）的一个日益受到重视和加强的领域，也是依法行

---

　　①　这些见解的出处是：罗豪才主编的《行政法学》（中国政法大学出版社，1996 年）；应松年主编的《行政法学新论》（中国方正出版社，1998 年）；王连昌主编的《行政法学》（中国政法大学出版社，1997 年）；许崇德、皮纯协主编的《新中国行政法学研究综述》（法律出版社，1991 年）；朱维究主编的《政府法制监督论》（中国政法大学出版社，1994 年）。

政的重要制度保障。对行政机关及其工作人员行使行政权力的过程进行有效监督，具有促进依法行政的重大现实意义，是加强我国社会主义民主和法制建设的重要任务，也是我国积极实践《公民权利和政治权利国际公约》的必然要求。

在我国，人民是国家的主人，一切权力属于人民，行政机关的权力从根本上说都来源于人民，故其应当对人民负责；同时，在人民代表大会制度下各国家机关依法实施以及人民群众依法参与对行政机关及其工作人员的监督，这从根本上说也体现了宪法规定的民主监督权。行政权力是一种范围广、影响大的公权力，既有不可替代的积极作用，又有扩张和滥用的可能性。为防止行政机关滥用职权、以权谋私或作出其他违法失职行为而致侵害相对人的合法权益，有必要建立系统和严密的监督机制即监督行政法制，对行政进行有效监督。其主要作用有两点：一是监督和维护行政机关依法行使职权；二是依法保护公民、法人和其他组织的合法权益。这两个方面相互联系，相辅相成，不可偏废。

历史经验表明：行政权力在行使过程中具有扩张和滥用的顽强倾向，故监督行政的首要目的是防止行政权力的失衡、失控和异化，以保护相对人的合法权益。因此，加强监督行政法制建设，实现监督行政的民主化、科学化、规范化、高效化和制度化，这对于正处在社会转型发展关键时期的我国来说，无疑具有重大的现实意义和多重的深远意义，是实现依法治国方略的必然要求。

（三）监督行政的原则

监督行政的原则是指导监督行政行为全过程的。在我国现阶段，要对行政权力的行使过程实施有效的法律监督，简要概括起来，应坚持如下八项原则：①高位原则，即应通过立法赋予监督职能机构以较高的地位和较大的职权，增强其权威性；②强效原则，即应使监督职能机构拥有强硬、高效和完备的监督手段；③专职原则，即应切实做到监督机构必须专司监督之职，不要兼司他职；④独立原则，即应使监督者在人、财、物和监督工作等方面具有必要的自主独立性，不因这方面因素受制于被监督者；⑤网络原则，即形成以人大监督委员会牵头的网络化监督组织体系；⑥民主原则，即充分发挥民主党派、人民团体、各种社会组织、传媒和人民群众在监督工作中的特殊作用；⑦责任原则，即从制度上、组织上明确规定对某一行政权力行使过程的监督由谁负责及其失职责任，做到"监督者受监督"；⑧保障原则，即从各个方面对监督职能部门及其工作人员（包括对各种社会监督力量）予以充分的法律和政策保障。这些原则的覆盖面广、涵括性强，对于我国监督行政法制建设具有重要意义。

（四）监督行政的分类

监督行政是多元化、多样化、按一定方式有机结合而成的体系，从不同的角度可对其作不同的分类，其中有些分类存在相互交叉的关系。例如，可从主体、对象、范围、内容、程序、效力等角度作如下分类：

（1）按监督的主体，可分为：①国家权力性监督，如权力机关的监督，行政机关的监督，司法机关的监督；②非国家权力性监督，如执政党、参政党和统战组织的监督，社团组织的监督，企业事业单位的监督，中介组织的监督，新闻舆论的监督，公民的监督。

（2）按监督的对象，可分为：①侧重于对行政机关的监督，如行政复议、行政诉讼；②侧重于对公务员的监督，如财产申报；③既对行政机关又对公务员的监督，如行政监察、权力机关的监督。

（3）按监督的范围，可分为：①对抽象行为的监督，如全国人大常委会撤销国务院制定的同宪法、法律相抵触的行政法规（宪法第 67 条第 7 项的规定）；②对具体行为的监督，如行政复议和司法审查中复议机关和人民法院撤销适用法律、法规错误的具体行政行为。

（4）按监督的内容，可分为：①对行政主体行为的合法性的监督；②对行政主体行为的合理性的监督；③对行政主体行为的合目的性的监督。

（5）按监督的程序（顺序、时间），可分为：①事前预防性监督，如设立专门的行政程序，权力机关组织人民代表视察行政机关的工作并提出建议，等等；②事后纠错性和补救性监督，如行政复议，司法审查，行政赔偿，等等；③行为全过程监督，如上级行政机关对下级行政机关、行政机关对其工作人员的行为实施的各种监督措施。

（6）按监督行为的法律效力，可分为：①直接产生法律效力的监督行为，如权力机关作出的撤销决定，人民法院作出的撤销判决，等等；②不直接产生法律效力的监督行为（但会产生政治影响力等其他作用，且经转化也可能产生法律效力），如政党、社团、传媒、民众对行政机关工作的评价、批评和建议，等等。

二、国家权力性的监督

国家权力性的监督——是指由享有监督权的国家机关对行政主体及公务员所进行的具有法律效力的监督。

国家权力性的监督涵盖了立法机关监督、司法机关监督和行政机关监督三种监督方式。下面简要介绍这三种监督方式的基本理论和制度。

（一）立法机关的监督

立法机关监督——是指全国人民代表大会和地方各级人民代表大会及其常委会对行政主体及公务员行使行政权的行为所进行的监督。

立法机关的监督是享有立法权的机关对行政主体及公务员进行的监督。在我国，根据宪法规定，国家的一切权力属于人民，而人民行使国家权力的机关是人民代表大会，行政机关由人民代表大会产生，是权力机关的执行机关，对权力机关负责并受它监督。因此，我国的立法机关监督是指全国人民代表大会和地方各级人民代表大会及其常委会对行政主体及公务员行使行政权的行为所进行的监督，有关监督理论主要建立在民主集中制的基础上。而西方国家的立法监督则主要指的是议会监督，其监督理论主要建立在人民主权说和分权制衡说的基础之上。

立法机关对行政的监督的内容及采取的方式是十分广泛的，概括而言，主要可以分为三方面内容：立法监督、工作监督和人事监督。

1. 立法监督

立法机关对行政机关的立法监督，主要体现在两方面：

第一，是对一般行政立法的监督。行政立法包括行政法规、部门规章、自治条例、单行条例和地方政府规章。备案是指行政立法在公布后的一定期限内，由法定机关报送人大存档，以备审查。根据我国《立法法》第 89 条的规定，在公布后的 30 日内，行政法规应当向全国人大常委会备案，地方政府规章应当向本级人大常委会备案，较大的市制定的规章应当报本级人大常委会和省、自治区的人大常委会备案。

审查是指人大对报送备案的法规是否与宪法和法律相抵触进行审查，并提出审查意见。根据宪法和立法法的规定，全国人大常委会有权撤销国务院制定的同宪法、法律相抵触的行政法规、决定和命令。根据《宪法》、《地方组织法》、《立法法》及《人大常委会监督法》的规定，地方各级人大及其常委会有权撤销本级人民政府不适当的决定和命令，地方人大常委会有权撤销本级人民政府制定的不适当的规章，所谓不适当包括以下情形：超越法定权限，限制或者剥夺公民、法人和其他组织的合法权利，或者增加公民、法人和其他组织的义务的；同法律、法规规定相抵触的；应当予以撤销的其他不适当的情形。

第二，是对授权行政立法的监督。我国的授权立法主要包括：全国人大及其常委会授权国务院制定有关行政法规，全国人大常委会在授权经济特区所在省、市人大及其常委会立法的同时授予同级地方政府立法权。授权决定应当明确授权的目的、范围，被授权机关应当严格按照授权目的和范围行使该项权力，在没有授权机关明确允许的情况下，被授权者不得进行再授权。关于对授权立法的监督，《立法法》第 89 条规定，根据授权制定的法规应当报授权决定规定的机关备案。该法第 88 条规定，授权机关有权撤销被授权机关制定的超越授权范围或者违背授权目的的法规，必要时可以撤销授权。

2. 工作监督

（1）听取政府工作报告。听取和审议政府工作报告，是立法机关监督政府的基本形式。我国《宪法》第 92 条明确规定，国务院对全国人民代表大会负责并报告工作；第 110 条规定，地方各级人民政府对本级人民代表大会负责并报告工作。听取报告主要包括三个方面：第一，人大全体代表会议听取和审议政府工作报告，对本级本届政府所作的工作报告进行审议，对政府工作进行全面评价，并通过大会决议。第二，人大及人大常委会听取和审议政府的专题工作报告，一般涉及的都是人民群众较为关心的问题。第三，人大各委员会听取政府有关部门的情况汇报，目的在于帮助人大的各委员会及时了解和掌握有关情况，协助人大及常委会对政府工作的监督。

（2）对国民经济和社会发展计划（规划）和财政预算的监督。由于政府的一切工作都要建立在一定的计划（规划）和财政预算的基础之上，因此对计划（规划）和预算的监督是立法机关的一项重要职权。

审批国家经济和社会发展计划（规划）制度包括以下内容：全国人大行使审查和批准全国的计划（规划）和计划（规划）执行情况的报告的权力；县级以上人民代表大会行使审查和批准本行政区域内的计划（规划）和计划（规划）执行情况的权力；乡镇人民代表大会行使根据国家计划（规划）决定本行政区域内的经济、文化事业和公共事业的建设计划（规划）的权力；全国人大常委会行使在全国人大闭会期间，审查和批准计划（规划）在执行过程中所必须作的部分调整方案的权力；地方各级人大常委会行使根据本级人民政府的建议，决定本行政区域内计划（规划）部分变更的权力。

我国现行《宪法》、《地方组织法》、《预算法》、《审计法》《人大常委会监督法》等均明确规定了各级人大及其常委会审批监督预算的职权，并赋予人大常委会审查批准决算和调整、变更部分预算的权力。各省也制定了加强预算监督的地方性法规。全国人大设立了财政经济委员会专门负责审查国家预算和监督预算的执行情况，全国人大常委会也成立了专门负责预算监督的预算工作委员会。而地方各级人大则多数在财经委员会下设立预算监督处，少数省、市人大常委会还设立了预算工作委员会。

（3）询问、质询。询问是指人大及其代表在人大全体会议、代表团会议或专门委员会会议上审议政府工作报告或者议案的过程中，对政府及其领导人就有关行政活动提出疑问、了解情况的行为。询问一般以口头方式提出，要求当场答复，也可以在一定时期内作出答复。询问是人大及其代表行使知情权的体现，其程序比较灵活，因此在地方人大工作中被广泛采用。

质询是指人大及代表对政府的某些行政行为提出质问，要求被质问的政府及部门在法定时间内正式作出答复的活动。质询的意义在于传递民意，增强公共政策的理性化和科学化程度，促使行政管理的公开化。与询问相比，质询涉及的问题更为重要，往往关系到公共利益。

（4）特定问题调查。我国《宪法》规定，全国人大和全国人大常委会认为必要的时候，可以组织关于特定问题的调查委员会，对特定问题展开调查，并根据调查委员会的报告，作出相应的决议。《地方组织法》也对县级以上地方人大及其常委会组织特定问题调查委员会作出了规定。

（5）对政府工作的评议。这是我国地方人大及常委会在监督方面探索出的新形式，即对政府部门及其领导实行工作评议和述职评议。

工作评议是指人大代表对政府工作进行评议，由评议人员对被评议单位进行调查研究，形成评议意见，然后由评议对象提出整改方案，并在一定期限内完成整改任务，并向人大常委会反馈。

对政府领导的述职评议，指的是人大常委会对由它选举或任命的本级政府领导人或部门首长在一定任期内的工作听取汇报和进行评议的活动。参评的人大代表先组成调查组了解评议对象的情况，然后举行大会听取评议对象作述职报告，随后提出评议意见，由评议对象进行整改，人大及其常委会通过检查、听取汇报等形式，跟踪监督，促进整改，在3～6个月后，再召开述职评议整改情况的汇报会议，听取并审议评议对象关于整改情况的报告，作出评议结论。①

（6）对行政执法的监督。对行政执法的监督主要表现为行政执法检查的方式，行政执法检查是由各级全国人大及常委会、人大的专门委员会对于行政机关依法行政情况进行的检查和监督。

---

① 蔡定剑：《国家权力机关的监督》，载应松年：《当代中国行政法》，中国方正出版社，2005 年，第 1609～1670 页。

此外，现在全国各地还推行了部门执法责任制，即由人大常委会组织和推动行政执法部门明确自己主要执行的法律、法规，并通过一系列制度保证执法责任到位的一种制度，包括四方面工作：第一，人大常委会在同级党委的领导和支持下，作出实行部门执法责任制的决议，并组织行政机关制定实施方案；二是人大常委会指导下，由各行政执法部门汇集并层层分解法律，做到法律到位，执法到岗，责任到人，有些地方执法部门上下级间还签订了执法责任书；三是普遍组织执法人员在学习法律的基础上建章立制，保证执法责任的落实；四是人大常委会通过听取工作汇报，开展评议和执法检查工作，对执行部门执法责任制的情况进行监督。①

3. 人事监督

人大对行政的监督还体现在任免权和罢免权的行使上。根据《宪法》、《全国人大组织法》、《地方组织法》的规定，行政机关的主要负责人均由人大任免，在中央包括总理、副总理、国务委员、主任、部长、审计长、秘书长，地方包括省长、市长、县长以及各职能部门的正职负责人。其中，罢免权的行使是最为有力的监督手段之一。

（二）司法机关的监督

司法机关的监督——是指人民法院和人民检察院依法对行政主体及公务员的行政活动行使审判权和检察权，从而监督其合法行使的活动。

司法监督包括法院监督和检察院监督两方面。

1. 法院的监督

法院监督是指人民法院通过依法行使审判权，对行政主体及公务员的行为进行的监督。该监督具有以下特征：①事后性，由于法院实行不告不理，具有被动性，因此不能主动发现和制止行政机关及工作人员的违法行为，只有当事人起诉时，才会启动监督程序；②合法性，目前，法院对行政进行的监督是有限的，只限于对具体行政行为的合法性监督，不涉及合理性、恰当性等问题，也不涉及对抽象行政行为的监督；③程序性，法院的监督要遵循一套完整的诉讼程序的规定。

法院监督的方式包括：①在一审、二审及再审的行政诉讼程序中对具体行政行为作出撤销、确认违法、变更等判决；②对非诉行政强制执行行为进行审查，法院受理行政机关申请执行其具体行政行为的案件后，应对其合法性进行审查，认为行政机关申请执行的行政行为明显缺乏事实根据的，明显缺乏法律依据的，或有其他明显违法并损害被执行人合法权益的行为的，应当裁定不予执行；③向行政机关提出司法建议。④对公务员违反政纪的监督。《行政诉讼法》第56条规定，人民法院在审理行政案件中认为行政机关的主管人员、直接责任人员违反政纪的，应当将有关材料移送该行政机关或者其上一级行政机关或监察机关、人事机关；认为有犯罪行为的，应将材料移送公安机关或检察机关。

随着公民权利意识的增强，行政诉讼对于监督行政权的行使所发挥的作用越来越

① 蔡定剑：《国家权力机关的监督》，载应松年：《当代中国行政法》，中国方正出版社，2005年，第1602~1603页。

大，但是我国行政诉讼受案范围过窄，加上法院独立性不够强，容易受到外界尤其是行政机关的干扰，因此行政诉讼的效果仍不够理想，需要通过今后修改《行政诉讼法》和建立健全有关制度来增强法院对行政的监督的实效。

2. 检察院的监督

检察院的监督是指检察院对于行政主体及公务员的行为运用检察权进行监督的活动。检察院的监督包括以下几种方式：①查处行政机关及公务员的职务犯罪行为，主要是贪污贿赂、挪用公款等经济犯罪和渎职侵权犯罪；②对劳改、劳教场所及其管教人员实施日常监督，处理劳改、劳教工作中违法行为。《国务院关于劳动教养的补充规定》第5条规定，人民检察院对劳动教养机关的活动实行监督；③对行政诉讼进行监督。《行政诉讼法》规定，人民检察院有权对行政诉讼实行法律监督。对于法院已经发生法律效力的判决、裁定违反法律、法规规定的，有权按照审判监督程序提出抗诉。

（三）行政机关的监督

行政机关的监督——是指行政组织系统内部自上而下的监督，或者设立专门的行政监督机构对行政主体及公务员进行的监督。

为了保证行政权力行使的高效、有序，行政权内部也需要分工和制约。行政机关的内部监督是一种保证政令畅通的形式，它借助于行政系统内部的反馈机制，因此具有全面性、实效性和便捷性。行政监督可以分为上下级行政机关之间的层级监督和专门监督机关的监督两大类，后者又包括行政监察和审计监督两种形式。

1. 层级监督

层级监督——是行政内部监督中最基本的监督机制，是指上级行政机关对下级行政机关实施的监督，既包括上级行政机关对其领导的下级行政机关和所属部门的监督，也包括上级主管部门对其主管的下级工作部门的监督。

层级监督具有下列特点：

（1）全面性。因为上级行政机关对下级行政机关具有隶属关系和领导权，不仅能够对下级行政机关进行监督，还能对下级行政机关的公务员进行监督；不仅能针对下级行政机关的具体行政行为进行监督，也能对其抽象行政行为进行监督；不仅能对行政行为的合法性进行监督，也能对行政行为的合理性进行监督。

（2）及时性。根据行政机关的组织和运作规律，上级行政机关在对下级行政机关进行领导或指导的同时，必然要对其工作进行监督和检查，而下级行政机关也要经常性地对上级行政机关汇报工作或进行请示，因此上级行政机关能快速及时地了解情况，对违法现象作出处理。

（3）实效性。上级行政机关可以采取多种方式对下级行政机关进行监督，包括执法检查、规范性文件的备案审查、行政复议等，也可以采取责令改正、行政处分等多种处理措施，由于行政系统内部的严格的组织纪律性，因此上级行政机关的监督检查的实效性往往比较强。

层级监督的方式包括：

（1）备案审查。这是一种事后审查制度。根据《立法法》、《规章制定程序条例》和

《法规规章备案条例》的规定，上级行政机关应当对下级机关制定的规章和规范性文件进行备案审查。

（2）行政执法监督检查。上级行政机关有权对下级机关执法情况进行监督检查。根据《行政处罚法》第 55 条、《行政许可法》第 60 条规定，上级行政机关应当对下级机关实施的行政处罚、行政许可行为进行监督检查。行政执法监督检查采取的手段主要包括：定期或不定期的巡视检查与实地查访、查阅执法案卷、走访被处罚单位、参与执法活动和开展定期执法情况调查等。①

（3）信访制度。信访是指公民、法人或者其他组织采用书信、电子邮件、传真、电话、走访等形式，向各级人民政府、县级以上人民政府工作部门反映情况，提出建议、意见或者投诉请求，依法由有关行政机关处理的活动。

（4）行政复议制度。行政复议是指行政相对人要求原处理机关或上级行政机关进行依法重新处理或者纠正原处理决定的一种行政救济制度。

（5）专项调查活动，上级行政机关就某一重大行政审批违法行为可以组成调查组，对下级行政机关的行政活动展开调查。

（6）请示报告制度，由下级政府或本级政府的工作部门向上级政府报告行政工作的开展情况。

（7）行政执法情况统计报告制度。行政机关对行政执法情况进行综合及分类的统计和分析，并将统计结果向上级机关报告，接受上级机关的指导和监督。

2. 行政监察

行政监察——是指行政系统中专门设置监察机关对行政机关及公务员的行为进行检查及惩戒的一种监督形式。

行政监察的目的是保证政令畅通、维护行政纪律，督促行政机关及公务员依法行政，履行法定职责，改善行政管理，提高行政效能。

行政监察有两个典型的特征：①专门性。行政监察是行政系统内专门设立的一种履行监察职能的机关，它与一般的层级监督相比更加专业，《行政监察法》对行政监察的原则、对象、体制、权限及程序等都进行了规定。②全面性。行政监察的范围比较广泛，涵盖了事前监督、事中监督和事后监督；既监督行政机关，也监督公务员；既监督违法行为，也监督不当行为。

3. 审计监督

审计监督——是指国家审计机关对被审计的财政、财务收支的真实性、合法性、效益性进行审查和评价的独立性经济监督活动。

审计监督的对象包括国务院各部门、地方各级人民政府及各部门、国有金融机构和企事业单位、法律、行政法规规定的其他单位以及行政机关工作人员，特别是主管人员。我国于 1994 年制定了《审计法》，并于 2006 年 2 月进行了第一次较大幅度的修改，2006 年 6 月开始实施。修改后的《审计法》明确扩大了审计机关的执法依据、审计范围及内容、强化了审计监督手段和保障机制。

---

① 王周户：《行政系统监督》，载应松年：《当代中国行政法》，中国方正出版社，2005 年，第1644～1645 页。

审计监督的特征如下：①独立性。根据《审计法》的规定，审计监督机关是独立于被审计单位之外的专职机关和专职人员，审计机关依法独立行使审计监督权，不受其他行政机关、社会团体和个人的干涉，审计机关履行职责所必需的经费，应当列入财政预算并由本级人民政府予以保证；②对象的特定性，审计监督的对象是国务院各部门和地方各级人民政府及其各工作部门，国有的金融机构和企事业单位，审计范围是财政收支、财务收支；③审计目标是真实、合法、效益。真实是指有关经济活动是否客观存在，有关会议资料是否反映客观实际，有无虚假隐瞒的情况发生；合法是指财政收支、财务收支及有关经济活动是否遵守法律、法规和有关规章制度的规定；效益是指财政收支、财务收支及其有关经济活动的经济效益和效果。

三、非国家权力性的监督

与国家权力性监督不同，非国家权力性监督的主体并不是国家机关，而是包括政党和政协、社会团体、公民个人和新闻媒体。

(一) 政党和政协的监督

政党对于行政活动具有重大的影响力。我国实行的是中国共产党领导的多党合作制，执政党和参政党都对行政活动发挥着监督的作用。

（1）执政党对行政的监督。该监督主要采取以下方式：一是共产党通过制定正确的路线、方针、政策来实现监督；二是通过共产党的各级组织对各级政府具体实施党的路线、方针、政策和国家的法律、法令的过程实行监督；三是通过推荐优秀党员干部担任政府重要职务来实现党对行政机关工作的监督；四是通过宣传教育和思想政治工作等手段来实现共产党对行政机关公务员的领导和监督；五是通过党的各级纪律检查委员会审查和处理党员领导干部违反党纪政纪的行为实行监督。2004年，中共中央发布了《中国共产党党内监督条例（试行）》，明确党的各级纪律检查委员会是党内监督的专门机关，其职责包括：协助同级党的委员会组织协调党内监督工作，组织开展对党内监督工作的督促检查；对党员领导干部履行职责和行使权力情况进行监督；检查和处理党的组织和党员违反党的章程和其他党内法规的比较重要或复杂的案件；向同级党委和上一级纪委报告党内监督工作情况，提出建议，依照权限组织起草、制定有关规定和制度，作出关于维护党纪的决定；受理对党组织和党员违犯党纪行为的检举和党员的控告、申诉，保障党员的权利。共产党对行政权的监督不等于对其直接发号施令，应当避免党政不分的现象发生，将监督纳入法治化的轨道。

（2）参政党对行政的监督。我国的参政党是各民主党派。《宪法》明确规定，一切国家机关和国家工作人员必须接受人民的监督，人民当然也包括了各民主党派在内。民主党派监督的特点在于：第一，各民主党派主要政治活动就是参政、议政和民主监督，都有自己独立的纲领和完备的组织形式；第二，民主党派的领导人物大多在各级国家权力机关和统战机构中任职，监督富有针对性，经验丰富；第三，民主党派的成员多是知识分子，具有高度的政治敏锐性、社会责任感和强烈的政治参与意识。民主党派监督的内容包括：讨论政府工作报告及国民经济和社会发展计划和预决算报告；参加人大或政府组织的对行政事项的检查活动，监督法律法规的制定、实施情况、国民经济规划和财政预算的执行情况，以及国家工作人员的遵纪守法情况。监督形式包括：列席各级人民代表大会；担任行政机关聘请的特邀监督员制度；与行政机关所属部门对口联系制度；参加行政机关组织的调查会、协商会、通报会、座谈会、专题讨论会；参加政协活动等。

（3）政协对行政的监督。我国《宪法》规定，中国共产党领导的多党合作和政治协商制度将长期存在和发展。中国人民政治协商会议是广泛的爱国统一战线，政协组成人员包括了民主党派和无党派人士。其监督行政机关的主要形式有：①在政治协商中向行政机关提出意见；②在政协大会发言和提出提案；③在视察、调研中提出意见或用其他形式提出批评和建议。

（二）社会组织监督

社会组织作为国家权力与公民权利之间的平衡和沟通的桥梁，随着市民社会力量的增长，其作用日益凸显。我国社会组织包括：工会、青年团、妇联、居委会、村委会、文联、侨联、学会、联合会、商会、科协、基金会、行业协会、企事业单位、中介组织。社会组织监督的方式多种多样，主要有：提出建议、批评和意见，检举，控告，申请复议，提起诉讼等。

（三）公民个人监督

公民个人监督是人民当家做主管理国家事务的一种重要形式。国家权力来自于人民的授予，政府是人民的公仆，应当为了人民的同意和为了人民的幸福而存在，政府由选举产生，向人民负责，所以人民批评政府为理所当然。因为权力最终来源于权利，权利制约权力是一种根本的监督，是民主政治的重要表现。这也是当代民主之所以不断扩大直接参与民主的原因所在。

公民个人监督行政的方式很多，主要有向行政机关提出询问、要求、批评、建议，向行政机关举报、控告、复议、诉讼、申诉、信访，参与民主测评等。

（四）新闻媒体监督

新闻媒体监督是通过电视、电影、广播、报刊、书籍、网络等各种媒体所发表的言论和思想，对行政权力进行监督从而维护公民权利的一种监督形式。我国《宪法》第35条规定了公民享有言论与出版自由，为新闻监督奠定了基础；第41条又规定公民对于任何国家机关和国家工作人员，有提出批评和建议的权利，更加明确了新闻监督的对象包括了政府机关及其工作人员。

新闻监督的基本形式有：①公开报道决策过程和结果；②评说政府事务和公共事务；③批评各种违法活动、腐败行为。

✦小结提升

除了上述介绍的监督制度之外，我国还有行政申诉、信访制度也发挥着监督行政的功能，值得关注。对于国外类似的制度，这里对日本的苦情处理和许多国家建立的监察专员制度略加介绍。

1. 行政申诉

申诉权是《宪法》赋予公民的一项基本权利，是公民在因国家机关及其工作人员的违法失职行为而受到侵害时，有权依照一定的程序向有关机关申述理由，要求重新处理的权利。依据申诉受理机关的不同，可以分为人大申诉、行政申诉、司法申诉等。

行政申诉——是指公民在因行政机关及其工作人员的违法失职行为受到侵害时，有权依照一定的程序向有关机关申述理由，要求重新处理的制度。

从立法依据来讲，行政申诉制度在《公务员法》、《教师法》、《教育法》中都有相应的规定，尤其是《公务员法》对于公务员的申诉事由、申诉受理机关、受理程序、受理效力等都有比较细致的规定。一些行政机关也出台了相应的规定，比如海关总署2005年实施的《海关办理申诉案件暂行规定》，公安部1995年的《公安机关受理控告申诉暂行规定》等。

行政申诉制度相对于行政诉讼而言，其意义体现在：第一，成本低，效率高。与程序复杂，时间漫长的行政诉讼相比，行政申诉的程序比较简易灵活，效率高，成本低，有利于纠纷的快速解决，是一种有效的诉讼外纠纷解决机制。第二，符合我国公民的传统心理。我国公民历来有着行政优位的传统，遇到纠纷首先想到的是找政府解决，而并非通过司法途径，因此行政申诉符合我国民众传统心理。

2. 行政信访

行政信访——是指公民、法人或者其他组织采用书信、电子邮件、传真、电话、走访等形式，向各级人民政府、县级以上人民政府工作部门反映情况，提出建议、意见或者投诉请求，依法由有关行政机关处理的活动。

依照信访受理主体的不同，信访可以分为人大信访、行政信访和司法信访。1951年，政务院颁布了《关于处理人民来信和接见人民工作的决定》，标志着我国的信访制度的确立。我国宪法第41条规定的公民的批评、建议、申诉、控告、检举等监督权的规定成为信访制度的宪法基础。我国正处于社会转型和制度变迁过程之中，近年来大规模、群体性信访事件与日俱增，对社会影响极大，故而引发了对信访制度改革的高度关注。2005年，国务院于对1996年生效的《国务院信访条例》进行了修改，对于信访制度进行了重新调整和规范。

根据修改后的《信访条例》，信访人主要享有以下四项权利：①信访事项提出权。信访人对行政主体及其工作人员的职务行为反映情况，提出建议、意见，或者不服其职务行为，可以向有关行政机关提出信访事项。公民、法人或者其他组织发现可能造成社会影响的重大、紧急信访事项和信访信息时，可以就近向有关行政机关报告。②要求保密权。信访人的信访行为受到保护，行政机关及其工作人员不得将信访人的检举、揭发材料及有关情况透露或者转给被检举、揭发的人员或者单位。③请求复查权、复核权。信访人对行政机关作出的信访事项处理意见不服的，可以自收到书面答复之日起30日内请求原办理行政机关的上一级行政机关复查。收到复查请求的行政机关应当自收到复查请求之日起30日内提出复查意见，并予以书面答复。信访人对复查意见不服的，可以自收到书面答复之日起 30 日内向复查机关的上一级行政机关请求复核。收到复核请求的行政机关应当自收到复核请求之日起 30 日内提出复核意见。④了解权。信访人可以持行政机关出具的投诉请求受理凭证到当地人民政府的信访工作机构或者有关工作部门的接待场所查询其所提出的投诉请求的办理情况。有关行政机关收到信访事项后，能够当场答复是否受理的，应当当场书面答复；不能当场答复的，应当自收到信访事项之日起 15 日内书面告知信访人。对已经或者依法应当通过诉讼、仲裁、行政复议等法定途径解决的，不予受理，但应当告知信访人依照有关法律、行政法规规定程序向有关机关提出。

而信访机关的职责包括：①公开有关信息。各级人民政府、县级以上人民政府工作部门应当向社会公布信访工作机构的通信地址、电子信箱、投诉电话、信访接待的时间和地点、查询信访事项处理进展及结果的方式等相关事项，应当在其信访接待场所或者网站公布与信访工作有关的法律、法规、规章，信访事项的处理程序，以及其他为信访人提供便利的相关事项。②便民。设区的市级、县级人民政府及其工作部门，乡、镇人民政府应当建立行政机关负责人信访接待日制度，由行政机关负责人协调处理信访事项。信访人可以在公布的接待日和接待地点向有关行政机关负责人当面反映信访事项。③及时告知及处理信访事项。县级以上人民政府信访工作机构收到信访事项，应当予以登记，并在 15 日内予以分别转送有权处理机关，或向有关机关报告。④督办。县级以上人民政府信访工作机构发现有关行政机关无正当理由未按规定的办理期限办结信访事项的、未按规定反馈信访事项办理结果的、未按规定程序办理信访事项的、办理信访事项推诿、敷衍、拖延的、不执行信访处理意见的，应当及时督办，并提出改进建议，收到改进建议的行政机关应当在 30 日内书面反馈情况；未采纳改进建议的，应当说明理由。

3. 苦情处理

苦情处理——是日本的一种法律制度。广义上的苦情处理是指行政机关受理国民有关对行政的不满、不服等的苦情申诉，并采取解决的必要措施。狭义上的苦情处理是指特别设立的苦情处理机关根据来自国民的苦情申诉，在进行必要的调查的基础上，将苦情内容通知有关机关，为谋求其解决而采取劝告、调停等必要的措施。

日本的苦情处理与行政不服审查、行政裁判都是行政不服申诉的组成部分。与苦情处理相比较，行政不服审查、行政裁判是更为正式的法律程序，它们的处理权限、范围、程序都不同。① 苦情处理（也称行政怨情处理）的意义在于：第一，关于行政的所有事项，任何人都可以简便的提出苦情申诉。以弥补正式法律上的行政争讼的不足，发挥行政救济职能。第二，有利于行政机关自主谋求改善行政工作及纠正行政偏差。苦情申诉并非在法律上要求行政机关有义务处理一定的苦情申诉案，而且处理机关的劝告和调停也不拘束有关行政机关，但它有助于行政机关的自我拘束。

1965 年 5 月 7 日，日本内阁通过"关于改善行政事务工作"的决议，行政机关为了消解国民对行政的不满情绪，设立苦情处理机关，接待国民的来访和受理有关申诉。苦情处理机关包括：①总务厅行政监察局：负责检察行政，具体调查国家的行政和特殊

① ［日］室井力：《日本现代行政法》，吴微译，中国政法大学出版社，1995 年，第 210 页。

法人的业务实际情况，指出必须改善的问题，以确保行政工作的公正与效率为目的。②行政商谈委员：行政商谈委员从对行政工作的改善具有理解和热忱的在社会上有声望的人当中选拔。委员的任务是接待国民，就其对国家行政机关及特殊法人的业务所提出的苦情申诉，向申诉人提供必要的忠告。③法务省人权保护局、人权保护委员会：前者以调查侵犯人权案件及收集情报为任务，后者为使国民的基本人权不被侵犯进行监视，如果人权遭受侵犯，则采取适当措施予以救助。④市民商谈室、公听科等：许多地方公共团体设置的苦情处理机关，是处理有关地方公共团体的事务，综合进行苦情商谈、调停和处理的窗口。① 可喜的是，我国深圳等地行政机关于近年来尝试推行类似的行政损害道歉制度，效果不错。

苦情处理的基本程序如下：②

（1）苦情的申诉、受理。对行政机关业务有苦情者，任何人都可以提出苦情申诉。苦情可以以书面或口头方式提出。

（2）听取情况、掌握实情。有苦情申诉时，要恳切听取申诉人提供的情况，对苦情申诉案认为有必要时，要照会有关机关，要求其提供资料，或作出说明，以此查明有关苦情的实际情况。

（3）对苦情的调停。调停是苦情处理机关介于申诉人与有关机关之间，排除造成苦情的原因，促进苦情自主解决的行为。调停本身并不在法律上拘束双方当事人。另外，对已经着手调查的案件、现正在法院审理中的案件以及法院已有判决的案件，不进行调停。特别是需要政治和技术性判决、或者有其他情况调停较为困难或不适当的案件，应充分说明理由。

4. 监察专员

监察专员制度（Ombudsman），源于瑞典的议会司法专员（Office of the Parliamentary Justice Ombudsman，简称 JO），二战后，在许多欧美国家得到发展，截至 2002 年，世界上有 100 多个国家在国家、州、市、地区层次上设立了监察专员制度，也有超国家的监察专员，如欧盟监察专员。到 2003 年，大约有 60 多个国家在宪法中确立了监察专员制度。③

监察专员——是由宪法设定的独立、无党派人士承担监督职能的专门机构负责人。监察专员通常由国会选举产生或元首任命，享有很高的地位，与立法、行政、司法机关没有任何的隶属性，而且未经法定程序不得罢免。

监察专员负责监督行政，处理公民、法人和其他组织针对行政不公和不良行政的申诉，对个案和行政程序有调查、报告和建议权，但无权作出命令或撤销行政行为。其中调查权是核心，对于行政相对人的申诉是否提起调查，监察专员享有裁量权，但这一权力并非不受限制，由于监察专员每年要在向议会提交的年度报告中公布受理的案件数量、拒绝受理的案件数量和原因，还要列出年度开支，因此其裁量权受到了议会的监

---

① ［日］室井力：《日本现代行政法》，吴微译，中国政法大学出版社，1995 年，第 212 页。
② ［日］室井力：《日本现代行政法》吴微译，中国政法大学出版社，1995 年，第 210～213 页。
③ 沈跃东：《论监察专员制度对经济、社会和文化权利的保障》，《福建论坛》（人文社科版），2007 年第 4 期。

督。监察专员的调查权有许多制度作为保障，监察专员可以查询一切资料信息，询问一切有关人员，拒绝调查的人员可以构成"藐视法庭罪"。[1]

监察专员制度的优势在于：①程序快捷。向监察专员申诉，无须缴纳任何费用，提起的程序也较简单，调查过程没有严格的程序限制，在监察专员的调解之下，双方可以达成和解，终止程序。通常处理一个案件的时间不超过1年。②审查全面。绝大多数国家地监察专员在处理监察事项时采取了合法与合理兼顾的标准进行审查。合理标准主要判断是否偏私、是否滥用权力、是否违反法律原则等。③监督有力。监察专员对于所监督事项在法定期间必须向议会提交年度报告或特别报告。报告的内容往往十分详尽，包括了调查问题的性质、内容、结果、监察专员的观点、程序、已经采取的措施和结果，具有很强的说服力。在议会对报告进行讨论的过程，实际上对被监督对象形成了无形的政治压力，迫使其改进。此外，报告的内容必须向社会公众公开，就会形成强大的舆论压力。因此，监察专员的建议尽管没有法律上的拘束力，但有很强的威慑力。[2]

第三节 行政救济概述

引例 昆明凯瑞佳丰贸易有限责任公司不服昆明工商行政管理局不正当竞争行为处罚案

昆明凯瑞佳丰贸易有限责任公司生产的"云南风光旅游扑克"系列商品获外观设计专利证书，1999年5月18日被昆明市旅游局认证为"昆明市旅游局推荐旅游商品"，凯瑞公司向浙江武义联合印刷有限公司订作10万副该扑克牌。并要求在扑克牌包装封面上印刷凯瑞佳丰贸易有限责任公司的名称、地址、电话字样，将生产企业名称及电话印刷在封口隐侧内。1999年7月，昆明凯瑞佳丰贸易有限责任公司向昆明旅行社（国际）有限公司，昆明市友联旅行社推销该扑克牌时，在扑克上粘贴上述两公司的名称、电话、地址字样不干胶标志，1999年8月23日，昆明市工商行政管理局扣留凯瑞公司以上扑克牌226箱及部分未贴的认证标志，同年8月27日予以立案，2000年4月25日作出昆工商处字（2000）第42号行政处罚决定书，责令凯瑞公司停止违法行为，处以1.3万元罚款的行政处罚。凯瑞公司不服，于2000年6月1日诉至法院，请求判决：①撤销该行政处罚决定书；②赔偿损失2万元。

概述

行政救济也是广义的监督行政中的组成部分，侧重于事后的监督，此外，救济更加强调对行政相对人的权利提供保障的功能，我国的行政救济包括了行政复议、行政诉讼、行政赔偿等部分。本节介绍了英、美、法、德、日以及中国的行政救济的基本内容，读者可以从中窥见世界主要国家的行政救济制度的现状及发展。

方法

本节的难点在于如何从各国对行政救济不同的界定中厘清行政救济与监督行政间的

---

[1] 曾祥华：《近年来各国监察制度的完善及其借鉴意义》，《行政与法》，2006年第7期。

[2] 沈跃东：《论监察专员制度对经济、社会和文化权利的保障》，《福建论坛》（人文社科版），2007年第4期。

界限。由于监督行政具有多重功能，贯穿于行政权力行使的始终，而那些事后的、主要以保障公民权利为目标的监督制度则作为一类行政救济制度相对独立出来。为加深对本节的理解，建议读者阅读一些国内外经典的行政法学教材。

◈◈ **教学内容**

在行政法学上，行政救济与监督行政是紧密联系又有所区别的概念，二者之间的界线尚不十分清晰，有时交织在一起令人难以把握，而且各国行政法学界对此有不尽相同的理解（即便同一法系国家的行政法学者在理解上也未必一致），故厘清二者的关系实有必要。从已经介绍进来的外国行政法（学）文献来看，人们对于行政救济有不同的理解，行政救济概念在各国行政法学中的使用情况也不尽相同。若干重要国家的情况是：

一、英国的行政救济

在英国，"权利依赖救济"（威廉·韦德《行政法》第六编开篇语）的观念为人们所普遍接受，救济制度已成为当代英国行政法的重要制度，救济概念也是其行政法学中的重要概念。具体来说，当代英国法中的救济分为三大类：一是普通私法救济，包括损害赔偿、禁制令（Injunction）、宣告令（Declaration）等救济措施；二是公法上的特别救济（Prerogative remedies），主要有人身保护令、调卷令（Certiorari）、禁令（Prohibition）、强制令（Mandamus）等救济措施；三是特殊的法定救济，它有时排除所有其他的救济。这些救济措施都有其特殊的程序，它们分别类似于我国行政诉讼和民事诉讼中的各项具体制度和措施。例如，强制令就相当于我国《行政诉讼法》第五十四条第（三）项的履行职责判决，它专门用来对付行政机关的错误的不作为（相比之下，调卷令和禁令则用来对付错误的作为）。[①] 在英国行政法学教科书中，通常使用"救济"概念，往往都用较多的篇章讨论救济问题，而一般不使用监督行政、行政法制监督之类概念。例如前述威廉·韦德的《行政法》、我国著名行政法学者王名扬教授编撰的《英国行政法》等权威著作均是如此。

二、美国的行政救济

在美国，"正当法律程序"的观念深入人心，行政程序法在美国行政法中有特别重要的地位；而行政程序实际上是关于监督行政的重要制度设计之一，行政程序、行政法上的权力（即行政组织及其授权）、司法审查（也是关于监督行政的重要制度设计之一），这三者已并列为美国当代行政法的三大组成部分。从一些重要的美国行政法学教科书来看，当代美国行政法学大致包括"行政组织及其授权"和"监督行政制度"这样两大部分内容（有的也将行政程序从后者中单独列出来进行讨论而形成三大部分内容），一般也不使用行政救济这个概念而是直接使用司法审查这个概念为题列出专门章节进行讨论。简言之，在美国行政法中，监督概念已涵括了狭义的救济概念，监督行政制度是

---

① ［英］威廉·韦德：《行政法》，徐炳等译，中国大百科全书出版社，1997年，第233～334页。

美国行政法的主要内容，其中的重点是行政程序和司法审查。[1]

三、法国的行政救济

在法国，行政救济是指"有权限的国家机关根据利害关系人的申请，矫正违法的和不当的行政行为的监督措施的总称。"它分为两大类："一是诉讼外的救济，在法院（指行政法院——引注）以外进行，主要包括议会救济、（狭义的）行政救济和调解专员救济三种方式；二是诉讼救济，由法院（指行政法院——引注）通过诉讼程序进行，又称为行政诉讼。"[2] 而诉讼外的救济和诉讼救济又统称为对行政活动的监督，也即监督行政。可见，在法国行政法和行政法学中，广义的行政救济与广义的监督行政的含义大致相同，这两个概念往往可以互换使用。

四、德国的行政救济

在德国行政法中，行政监督（其实际含义大致相当于本章所讨论的监督行政的概念）是一个普遍使用和含义广泛的重要范畴，它"首先是要监督行政行为的合法性"，其目的在于"使行政受宪法和法律的制约……行政监督不仅是监督行政决定的合法性，同时也考查行政行为的目的性"，"监督的目的是保障一个好的行政管理而存在和运作"，它"因监督执行者的不同分为内部或外部监督"；"行政内部监督首先是对人和物的监督……另一种方式是（上级机关对下级机关的）监管"；"行政外部监督的主要方式是各种法律救济，同时包括议会监督，在地方上则是地方代表监督……还可以包括由审计署进行的预算监督和由公众进行的监督。"[3] 此外，1976 年通过的德国《联邦行政程序法》共有八章，其中第六章就是法律救济程序。可见，德国行政法中的救济概念是与监督概念密切联系且与后者相比较少使用和较为狭义的概念，从某种角度可以说在德国行政法中行政救济已涵括于行政监督范畴中了。

五、日本的行政救济

在日本，早期的和一些当代的行政法学者不大使用行政救济这个概念，在其撰写的行政法学专著和教科书中一般也不单列章节专门讨论行政救济。例如，美浓部达吉、田中二郎、南博方等著名行政法学者的一些重要行政法著作中就没有行政救济的专门章节。[4] 而另有一些日本当代著名行政法学者却较多使用行政救济这个概念，并在其行政法学著作中列出章节加以专门讨论。例如，和田英夫的《现代行政法》、室井力的《日

---

① 此情况可参见如下 3 本已在我国出版的较有影响的美国行政法学著作的有关章节：①［美］B·施瓦茨：《行政法》，徐炳译，群众出版社，1986 年；②［美］E·盖尔霍恩等：《行政法和行政程序概要》，黄列译，中国社会科学出版社，1996 年；③王名扬：《美国行政法》，中国法制出版社，1995 年。

② 黎国智：《行政法词典》，山东大学出版社，1989 年，第 517 页。

③ ［德］赖纳·皮查斯：《德国行政监督和行政审判的制度及其功能》，王建斌译，载刘兆兴：《中德行政法现状——行政行为、行政监督、行政审判》，社会科学文献出版社，1998 年，第 118~120 页。

④ 这些著作包括：美浓部达吉的《行政法（1）》（岩波书店，1933 年）；田中二郎的《行政法总论》（有斐阁，1957 年）；南博方的《日本行政法》（广播大学教育振兴会，1986 年）。

本现代行政法》都将行政救济法与行政法基本原理（基础理论）、行政组织法、行政作用法等并列，作为专门的一编（均下设五章）进行论述，其内容大致包括国家责任、国家补偿与赔偿、行政监察与苦情处理、不服申诉（即行政复议）、行政诉讼等具体章节，而不另用行政监督或监督行政的概念。可以说，在日本现当代行政法学中，行政救济是一个使用者逐渐增多、使用频率逐渐增大的概念，其包含的实际内容与德国的行政监督概念和本书使用的监督行政概念相似。

六、我国的行政救济

在我国，过去很长时间行政法学者较少使用行政救济这个概念，或者将行政救济仅作狭义理解，认为行政救济就是行政机关对受到损害的行政相对人权利进行的救济。一般的行政法学教科书、专著、综述和词典中，都未列专门章节论述行政救济，而一般是各有侧重和取舍地采用监督行政、行政法制监督、对行政的监督等概念以专章甚至专编进行论述，其具体内容大致有行政内部和外部的监督、行政违法与行政不当、行政责任、行政复议、行政诉讼、行政赔偿、行政补偿等等。但是，近些年来已有一些中青年行政法学者借鉴英、法等国行政法学理论，在自己的论著中开始使用行政救济这个概念，广义行政救济范畴的使用和研究表现出逐渐增大的趋势。从已出专著来看，所论述的行政救济法的内容主要包括行政复议、行政诉讼、行政赔偿等几个部分，大致涵括在广义的监督行政的范畴之内。

由上可见，无论是英美法系国家还是大陆法系国家以及日本（现代日本行政法已兼具两大法系的特点）和我国的行政法学中，各国学者对行政救济与监督行政（或曰监督行政行为、对行政的监督、行政法制监督）这两个用语的理解和使用都有所不同，但总的看它们是密切联系、含义相近、交叉很大、重点不同、常可通用的概念。例如，从狭义上说，监督行政所强调的是对行政权力行使过程的偏差的预防和纠正，它犹如"事前、事中审查"；而行政救济所强调的是对行政权力行使偏差造成相对人合法权益损害结果的恢复和补救，它犹如"事后审查"。正是在这个意义上说，二者是有所区别和各有侧重的。大体而言，在对这两个概念的理解和使用上，我国行政法学与德国行政法学比较接近，许多行政法学著述也是在上述理解的基础上来使用监督与救济的概念。

✚ 小结提升

行政救济——是国家为化解行政行为对公民，法人和其他组织合法权益的侵害后果而采取的各种事后补救手段与措施所构成的制度。

从行政法制创新实践和趋势来看，我国行政法的监督与救济环节中许多曾长期争论的内容，以及新的监督与救济制度，今后将陆续形成共识和得到确立。例如，关于怨情申诉的法律制度将通过现有信访投诉举报制度的更新改造得以建立健全，新闻舆论对行政的监督将得到有效的法律保障和规范，将有更多的行政机关的外部行为（包括行政契约行为、行政指导行为、抽象行政行为等）纳入行政复议和司法审查的范围，涉及和影响到公民权益的行政内部行为和一些准行政行为也将逐步纳入行政复议和司法审查的范围，新的复议、诉讼类型将得以确立。① 简言之，监督行政法律制度中的司法化因素将逐步增大（但也不是无限度地增大），人大监督（特别是人大对政府的"人事监督"和"钱包监督"）的牵头作用也将日益充分地发挥出来，各种非诉讼的纠纷解决机制（ADR 运动）也将获得积极发展，直至达到对行政的必要监督力度后与其他监督行政的方式处于动态平衡和协调状态。由于行政赔偿、行政补偿、行政追偿制度将获得进一步发展和完善，对行政相对人的权利救济将更加便利、充分和可靠，同时对有严重过错的行政执法人员的责任追究也将更有力、更规范。

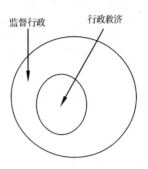

图 13-2　监督行政与行政救济的关系

[**本章阅读文献**]

1. 莫于川：《完善监督机制是实现依法行政的关键》，《现代法学》，1998（增刊）。
2. 莫于川：《监督行政法制的若干重要范畴研究》，《现代法学》，1999 年第 3 期。
3. 莫于川：《行政执法监督制度论要》，《法学评论》，2000 年第 1 期。
4. 俞荣根、莫于川：《观念更新、制度创新与人大监督》，《政治与法律》，2000 年第 3 期。
5. 查庆九：《试论我国监督行政法制的完善》，《行政法学研究》，2003 年第 2 期。
6. 杨建顺：《行政裁量的运作及其监督》，《法学研究》，2004 年第 1 期。
7. 莫于川：《完善警察权力制约机制仍需努力》，《法制日报》，2004 年 10 月 28 日。
8. 周亚越：《论我国行政问责制的法律缺失及其重构》，《行政法学研究》，2005 年第 2 期。
9. 骆梅英：《行政救济法上的亲属概念》，《法学研究》，2005 年第 3 期。
10. 莫于川、田文利：《信访制度改革新思路》，《廊坊师范学院学报》，2005 年第 1 期。
11. 吴偕林：《民事、行政救济程序交叉问题之解决》，《法律适用》，2007 年第 7 期。

[**相关链接**]

1. 曾祥华：近年来各国行政监察制度的完善及其借鉴意义。（见："中国宪政网"）
2. 关于监督救济制度的新近发展。（见："中国宪政网"）

---

① 这里提及的行政复议和行政诉讼类型已在许多国家实行。例如在美国，非正式行政行为、某些行政内部行为等都根据"造成损害且引起可由司法裁决的争议"这一理由纳入了司法审查的范围。参见伯纳德·施瓦茨：《行政法》，徐炳译，群众出版社，1986 年，第 488～491 页。

第十四章　行 政 复 议

引例　郝某不服某区地方税务分局行政处罚复议案

2000 年 6 月，郝某将北环城路 209 号内约 5 平方米的私人房屋出租给个体经营户黄某使用，月租 125 元。同年底，双方又达成扩大租赁面积，增加房租的协议。确定从 2001 年 1 月起，月租改为 300 元，房产税每月 54 元，由承租人黄某承担。同时，又以扩大租赁面积影响郝某之妻经营茶水、茶叶蛋为由，每月补贴郝某 200 元（共 18 个月，一次性给付 3600 元）。2001 年 3 月，郝某向某市某区地方税务分局申报纳税金为 300 元。某区地方税务分局以申报数额计征。2001 年 12 月，某区地方税务分局根据揭发材料，通知郝某将 2000 年 7 月至 2001 年 6 月间由承租人黄某承担的税款作为租金补缴房产税 116.64 元；经济补贴也作为房租补缴房产税 648 元，但郝某拒绝。2002 年 2 月，某区地方税务分局发出违章处理决定通知书，决定对郝某除上述补征外，还对 648 元房产税以偷税为由处以 2 倍罚款，同时向郝某发出房产税缴款书。郝某不服，决定以某区地方税务分局对其处罚认定事实不符，证据不足，无法接受为由，向某区人民法院提起诉讼。令郝某没有想到的是，某区人民法院驳回了他的起诉，告知其必须先经由行政复议机关复议，对复议决定不服，才可以向法院起诉。于是，郝某向某市地方税务局提起了行政复议。

☞ **概述**

行政复议是解决行政争议的主要程序之一，是最为重要的内部行政监督体制，也是公民权利保障和救济的主要途径之一。本章将介绍行政复议制度的基本内容，包括行政复议的概念和特征、受案范围、管辖机关、主要当事人、具体程序和复议决定等方面。

♨ **方法**

由于我国的行政复议制度是在行政诉讼制度的带动下出台的，因此，无论是在整个制度框架上，还是在多数具体制度的架构上，乃至于在许多法律规范的内容中，都与行政诉讼相当接近。因此，对行政复议制度的掌握，应时刻注意与行政诉讼上的相关制度进行联系和比较，以探求其异同、认识其规律。

✤ **教学内容**

我国的行政复议制度始建于 20 世纪 50 年代初。1950 年 11 月 15 日颁布施行的《财政部设立财政监察机构办法》第 6 条规定："被检查的部门，对检查机构的措施认为不当时，得具备理由，向其上级检查机构，申请复核处理"。这是新中国最初建立的行政复议制度。1991 年 1 月 1 日起施行的《行政复议条例》，打下了行政复议制度规范化的基础。1994 年 10 月 9 日《行政复议条例》进行了一些重要修改，例如纳入了资源确权案件，变条条管辖为条块管辖，使得行政复议制度有了新的发展。1999 年 4 月 29

日，第九届全国人大常委会第九次会议通过了《行政复议法》，明显拓宽了行政复议的受案范围，标志着我国行政复议制度的逐步成熟。在《行政复议法》施行8年之后，为了解决实践中出现的诸多误解和分歧，国务院颁布了《行政复议法实施条例》并于2007年8月1日起施行，在既有的法律框架下，对行政复议中的一系列具体问题做了进一步的明确和解释。

总的来看，《行政复议法》与《行政复议法实施条例》是当下我国行政复议制度最主要的法律渊源。除此以外，还存在大量的地方性法规和规章对各地方、各部门的行政复议制度做出了具体规定；最高人民法院也曾多次以批复、答复的形式对《行政复议法》中的个别条款（主要是涉及行政复议与行政诉讼衔接关系的条款）做出司法解释。

一、行政复议的概念和特征

行政复议——是指与行政行为具有法律上利害关系的人认为行政机关所作出的行政行为侵犯其合法权益，依法向具有法定权限的行政机关申请复议，由复议机关依法对被申请行政行为合法性和合理性进行审查并作出决定的活动和制度。

从这一概念出发，可以发现行政复议制度具有下列本质和特征：[①]

首先，行政复议行为是一种具体行政行为。行政（法律）行为，指的是行政主体依法行使行政权力所实施的具有法律意义、产生法律效果的行为，其基本构成要素包括：①主体要素。行政行为是行政主体的行为。行政主体包括行使行政权力的行政机关和被授权组织，行政复议机关显然属于国家行政机关。②权力要素。行政行为是运用行政权做出的行政行为，行政权的存在与运用是行政行为形成的条件。行政复议职能是行政复议机关所享有行政权力的具体表现形式之一。③法律要素。行政行为必须能够引起行政法上权利义务关系的变动。很显然，行政复议决定对作出具体行政行为的行政机关和行政相对人都能够产生法律效果。由此可见，行政复议具备了具体行政行为最基本的要素，在性质上属于具体行政行为的一种。

行政复议行为与一般具体行政行为的差别在于：①启动者不同。行政复议的提起人是具体行政行为的利害关系人，没有利害关系人的申请就没有行政复议行为，行政机关主动对违法和不当的具体行政行为的审查与纠正，不属于行政复议行为。当然，在其他具体行政行为当中也存在依申请的行政行为，但申请人对这两种行为的期望值显然不同。例如，申请行政复议的目的是维护或者保障权益，申请行政许可的目的是获得权益，申请行政裁决的目的是裁断民事纠纷。②行政机关的职能不同。一般具体行政行为通常是执行法律的行为，即将法律规范的规定直接适用于行政相对人的活动。行政复议行为是对具体行政行为进行事后救济的活动，目的在于解决因行政管理活动而产生的争议。③行政主体的法律地位不同。一般具体行政行为的实施机关通常以"执法者"的身份直接与行政相对人形成法律关系；行政复议机关则以"裁判者"的身份居间裁判申请人与被申请人之间发生的行政争议。

---

① 此处主要参考了莫于川：《行政法学原理与案例教程》（中国人民大学出版社，2007年，第410~412页）中陈宏光所撰《行政复议》一章中对行政复议性质的论述。

其次，行政复议是一种行政监督法律制度。行政权力的享有和行使除了受到来自行政机关系统之外的监督，行政管理的国家性和执行性的特点也决定了行政机关系统内部必须建立和完善自律性的监督机制，以保障行政管理活动沿着法治的轨道运行。这种自我调控的监督机制在行政法上即是狭义的行政监督。在我国行政法制监督体系中，行政机关的内部监督包括上下级行政机关的层级监督，和监察和审计等机关实施的专门监督。层级监督建立在行政隶属关系的基础上，是上级行政机关对下级行政机关违法或不当行政行为行使的监督权，是行政领导权的应有内涵，行政复议的监督便属于这一类型的监督。专门行政监督则是行政系统中专司监督职能的监察、审计等行政机关在其职权范围内实施的监督。层级行政监督和专门行政监督共同构成了行政机关的内部监督体系，共同把行政机关的违法或不当行政行为予以矫正并恢复到合法的状态。从这个意义上讲，行政复议是一种行政监督活动。

行政复议具有行政监督的属性，但并不等同于行政组织法规定的一般层级监督。设定行政复议的监督机制实质上是将层级监督中行政行为利害关系人申诉这种特定形式予以制度化、专门化、规范化、法律化。尽管一般层级监督的存在为行政复议的存在提供了可能和条件，但行政复议权的运作和程序有其特殊性，有别于一般层级监督。

再次，行政复议是一种行政救济法律制度。行政救济是国家行政机关通过解决行政争议，制止和矫正违法和不当的行政侵权行为，从而使行政相对人的合法权益得到补救的法律制度。在行政管理活动中，由于各种主客观原因，行政主体和一般公民、法人和其他组织处于不对等的法律地位，使得行政主体实际存在侵犯后者合法权益的现实可能性。因此，国家有必要建立行政救济制度设定排除行政侵害的救济途径、方法和手段，用法律的力量约束和控制行政权力，制止和纠正违法或不当的行政行为，恢复和补救被侵害者的合法权益。我国主要的行政救济法律制度包括行政复议、行政诉讼、行政赔偿和行政补偿。建立行政复议制度不仅要求行政机关通过发挥监督职能纠正违法或不当的行政行为，而且对合法权益受到侵害的行政相对人还应给予充分有效的补救。

二、行政复议的受案标准

包括行政复议在内的各种行政争议解决途径，都有其功能上的局限性，也都必然需要对受案范围做出一定的限制。对受案范围的规定，可以是概括式的，也可以是列举式的，还可以是概括与列举混合式的，我国的行政复议制度采取的是混合式的规定。也就是说，《行政复议法》在总体上规定了一般的受案标准之后又进行了详细的列举，而列举的方式包括肯定列举和否定列举，即列举了可以受理的案件，也列举了不得受理的一系列案件。

从总体上看，行政复议的受案范围与行政诉讼大致相同，但略宽于后者。而对于各种行政行为能否进入行政诉讼的问题，在本书后文有关行政诉讼的内容中将给予详细介绍，在内容上与行政复议多有重复，故在此处不作赘述。这里主要介绍行政复议受案的一般标准。

一般认为，确定某一行政行为所引起的争议能否进入行政复议的标准主要包括：

表 14-1 行政复议的受案标准

职权标准	具有行政职权的机关和组织及其工作人员的行为
行为标准	①具体行为，并可附带审查规章以下的抽象行为②违法或不当的行为
结果标准	损害合法权益

（一）职权标准

引起行政争议的行为，必须是由具有行政职权的机关、组织及其工作人员，或者是由这些机关、组织所委托的组织和个人所实施的。只有基于行政职权的行使而引发的争议才有可能进入行政复议，行政机关以民事主体身份从事的行为不可能引发行政复议。对于这一点，行政复议与行政诉讼的受案标准完全相同。

（二）行为标准

行政复议受案的行为标准呈现出与行政诉讼的明显不同。一方面，行政复议既可以直接审查具体行政行为，还可以附带审查一部分抽象行政行为，而行政诉讼只能审查具体行政行为。对于抽象行政行为的附带审查，我们应当注意两点：第一点，何谓附带审查？附带审查是相对直接审查而言的，就是说，如果申请人直接就一个抽象行政行为要求审查的话，复议机关不应受理；但如果申请人先对一个具体行政行为要求审查，再提出一个作为这个具体行为依据的抽象行政行为，要求复议机关一并审查，此时复议机关就应当受理，这就是所谓的附带审查。在这个附带关系里，是抽象行为"依附"于具体行为，由具体行为"带领"着抽象行为进入复议程序的。第二点，什么样的抽象行为可以被附带审查？一句话，就是规章以下（不含规章）的其他行政规范性文件可以被附带审查，规章或者是效力高于规章的其他抽象行政行为，目前还不属于行政复议的审查范围之中。综合起来讲，对于这个问题，如果讲直接审查，则行政诉讼与行政复议的标准就是一样的，都要求必须是具体行政行为，只不过复议里边多了一个附带审查的问题，而行政诉讼没有这方面的规定。

行政复议受案行为标准与行政诉讼的第二点不同，表现在行政诉讼只受理当事人认为违法的行政行为，而行政复议在此之外，还可以受理当事人认为不合理（不适当）的行政行为。也就是说，行政复议既审查行政行为的合法性，也审查行政行为的合理性（适当性）。行政诉讼与行政复议之所以存在这方面的差别，根本原因在于法院与复议机关在性质上的差别。人民法院与行政机关之间的关系是监督关系而非领导关系，因此只能对具体行政行为做合法性上的审查；而复议机关一般是被申请人的领导机关，特殊情况下还可能是被申请人自己，① 当然可以对被申请人的行政行为做合法性与合理性上的全面审查。

（三）结果标准

行政诉讼与行政复议受案的结果标准也是相同的，都要求只有在当事人认为行政行

---

① 当被申请人是省部级行政单位的时候，第一次复议就由它自己充当复议机关。

为侵害其合法权益的情况下，方能受理有关争议。需要注意的是，这里讲的行政行为造成当事人合法权益受损的结果，也只是当事人认为的、主张的，而未必是实际发生的。

综合以上受案标准，可以对行政复议的受案范围得到如下结论：第一，凡是具体行政行为，当事人均可直接申请复议；第二，效力低于规章的行政规范性文件，不得直接申请复议，但可以申请复议机关附带审查；第三，行政规章和效力高于行政规章的规范性文件，既不能申请行政复议，也不能申请复议机关附带审查。

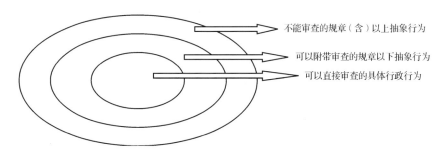

不能审查的规章（含）以上抽象行为

可以附带审查的规章以下抽象行为

可以直接审查的具体行政行为

图 14-1　行政复议受案范围解析

三、行政复议机关

行政复议机关——是指享有和行使行政复议权的行政主体。行政复议法规定，依法履行行政复议职责的行政机关是行政复议机关，即依照法律的规定，有权受理行政复议的申请并依法对被申请的行政行为进行合法性、适当性审查并作出裁决的行政机关。

复议机关的确定又被称为复议管辖。一般情况下，行政复议机关是复议被申请人的上级行政机关或者其他直接主管机关，特殊情况下由被申请人自己充当复议机关。复议机关的确定主要包括三种类型：条块管辖、条条管辖、自我管辖。

（一）条块管辖

在行政管理的实践中，人们常将行政机关之间垂直领导的关系称为"条条"关系，而将地方人民政府对其下属部门的领导关系称为"块块"关系，行政复议机关的确定规则，就以我国行政管理体制上的这种"条块"分割为基础。

行政复议中的条块管辖，是确定复议机关的一般原则，也是最为常见的情况，指的是由被申请人的同级人民政府或者上一级主管部门作为复议机关的情况。条块管辖适用于县级以上地方人民政府的一般工作部门作为复议被申请人的情况。具体而言，这些作为被申请人的机关包括县、市、省三级人民政府的一般工作部门，它们在体制上既受同级人民政府领导，又受其上一级主管部门领导，因此这两个领导机关都可以充当其复议机关。例如，对某市水利局具体行政行为不服的案件，其复议机关是市政府或者省水利厅。

（二）条条管辖

条条管辖，指的是只由被申请人的上一级领导机关充当复议机关，而排除其同级人民政府作为复议机关的情况。条条管辖的情况相对特殊一些，主要适用于两种情况：一是地方各级人民政府作为被申请人的情况，二是垂直领导部门作为被申请人的情况。

首先，地方各级人民政府作为复议被申请人的情况。此时，被申请人自己就是一级人民政府，它的直接领导机关自然只有一个，就是其上一级人民政府。① 例如，以成都市政府作为被申请人的案件，其复议机关就是四川省政府。这种情况下实行的管辖规则，实际上也就是"条条管辖"。

其次，垂直领导部门作为被申请人的情况，这类情况相对复杂一些。所谓垂直领导部门，按照《行政复议法》的规定，主要指的是中央垂直领导，即从中央到基层均实行垂直领导的部门，具体包括海关、金融、国税、外汇管理四个部门。当然，有的部门实行的是并非完全的垂直领导，这主要是国家安全部门，国安部门同时受到其同级人民政府与上一级国安部门的领导，名义上还是其同级人民政府的一个工作部门，但实际上偏重于上一级主管部门的垂直领导，因此，《行政复议法》也将其与上述四个垂直领导部门同等对待。也就是说，以上述五个部门为被申请人的复议案件，只能由被申请人的上一级主管部门作为复议机关。例如，以某市国税局为被申请人的案件，其复议机关就是省国税局，而不包括该市政府。

（三）自我管辖

自我管辖，指的是复议被申请人自己作为复议机关的情况。实行自我管辖的情况只有一种，就是省部级行政机关管辖自己作为被申请人的复议案件。所谓省部级行政机关，具体包括国务院的组成部门、直属单位以及其他有行政主体地位的下属机构，还包括各省级人民政府。需要注意的是，对于省部级行政机关做出的具体行政行为适用自我管辖规则，但这并不意味着对这些行为不能直接提起诉讼。当事人如对这些行为不服，既可提起行政诉讼，也可申请行政复议，而对于复议结果不服，仍然可以再提起诉讼，或者申请国务院做出裁决（相当于二级复议）。

（四）复议转送

除了上述的条块管辖、条条管辖、自我管辖三类主要规则之外，还存在着其他更为特殊的复议案件，这些案件共有五类，包括：①地方人民政府派出机关作为被申请人的案件；②行政机关的派出机构作为被申请人的案件；③被授权的社会组织作为被申请人的案件；④多个行政机关作为共同被申请人的情况；⑤做出具体行政行为的机关被撤销的情况。这些案件的特殊之处表现在：第一，其复议机关的确定与以上三种主要规则并不完全相同；第二，这些案件可以由案件发生地的县级人民政府转送复议申请。

1. 这些案件复议机关的确定

这些案件的复议机关按照以下规则确定：

（1）地方人民政府派出机关作为被申请人的案件，地方政府的派出机关主要是地区行政公署、区公所、街道办事处三种，其地位类似于一级人民政府，其作为被申请人的

---

① 在某些地区，没有地级市的建制，只有省级人民政府设立的派出机关——地区行政公署。则在这些地区，对某个县级人民政府具体行政行为不服的复议案件，就由该地区行政公署管辖。

案件，由设立它的地方人民政府作为复议机关。

（2）行政机关的派出机构作为被申请人的案件，行政机关的派出机构常见的如派出所、税务所、工商所等，当其作为复议被申请人时，复议机关是派出它的行政机关及该机关的同级人民政府两家，但如果派出它的机关是垂直领导部门，则复议机关中不包括其同级人民政府。例如，对县公安局派出所的具体行政行为不服的，复议机关是县公安局和县政府；而对县国税局（垂直领导部门）派出的税务所的具体行政行为不服的，复议机关就只有县国税局一家，而不包括县政府。

（3）被授权的社会组织作为被申请人的案件，此时复议机关就是直接管理该组织的行政机关。例如，对中国人民大学的行为不服的，其复议机关就是教育部。

（4）多个行政机关作为共同被申请人的情况，此时复议机关就是这些机关的共同上一级行政机关。例如，某市的甲县公安局和乙县公安局的共同上一级机关就是该市公安局；而该市文化局与该市公安局的共同上一级机关就是该市政府。

（5）做出具体行政行为的机关被撤销的情况，此时首先要找到另外一个机关替代原有的机关作为复议被申请人，再根据后者的具体情况，确定其相应的复议机关。一般来讲，一个行政机关被撤销时，应当有另外一个机关继续行使其职权，此时后者就代替前者作为被申请人。但有的时候，一个行政机关被撤销是因为其职权已经无须行使了，此时就不存在另外一个机关来继续行使它的职权，这种情况下，应当以撤销它的机关代替它作为复议被申请人。

2. 这些案件的复议转送问题

由于以上五类案件复议机关的确定规则不同寻常、较为复杂，一般当事人很难准确识别，这无疑提高了当事人申请行政复议的"门槛"。因此，为了便利当事人申请行政复议，《行政复议法》规定，对于这些案件，申请人除了向复议机关申请之外，也可以向具体行政行为发生地的县级人民政府提出复议申请。此时，接受复议申请的县级人民政府很可能并非真正的复议机关，其扮演的是一个传递、转送的角色。县级人民政府对于其接受的复议申请应当做出判断，对于自己有权管辖的案件应当受理，对于自己无权管辖的案件应当在接到申请之日起七日内转送有权的复议机关，并告知申请人。

在行政复议机关的确定方面，向来存在一个争议极大的问题，这就是省级以下或市级以下垂直领导部门的复议管辖问题。在行政管理的实践中，除了实行全国垂直领导的部门之外，还有一些其他部门实行省级以下、或者市级以下的垂直领导，这是近年来我国政府机构改革的结果。但这些改革在时间上均发生于《行政复议法》颁布之后，因此没有被纳入这部法律的规定当中，其复议机关的确定规则主要由部门规章加以规定。其中，实行省级以下（不包括省级）垂直领导的部门包括工商、地税、质量技术监督、药品监督、国土资源管理等，而实行市以下垂直领导关系的主要是各市公安局与其下辖区的公安分局。按照国务院相关部门制定的本部门复议工作规则（性质上属于行政规章），对于这些实行省级以下或市级以下垂直领导的部门，其复议机关只有上一级主管部门一个，而不包括其同级人民政府。因为，一旦这些机关实行了垂直领导，其同级人民政府就不再是该部门的领导机关，而我们知道，复议管辖权直接来源于行政机关之间的领导权，我们很难想象，一个并非被申请人领导者的行政机关将如何管辖这样的复议案件。

因此，在实践中，上述部门的复议管辖体制曾在我国大部分地区得到推广。

但是，由于这些问题并没有在《行政复议法》中被明确规定下来，而仅仅以部门规章的形式存在，因此，无论是在实践上还是在理论上，这些做法的合法性都受到极大争议。在实践中，曾有一些省份的政府法制机构为争夺省以下垂直领导部门的复议管辖权，而与被申请人的上一级主管机关长期争执不下。在理论上，也有一些学者否认这些部门的行政复议应当实行"条块管辖"规则，其理由是《行政复议法》第12条第2款规定的海关、金融、国税、外汇管理等实行垂直管理的行政机关中的"等"字应作"等外"理解，除上述部门外，还应包括省以下或市以下垂直部门。

2007年8月1日实施的《行政复议法实施条例》回答了这一难题，规定省级以下垂直领导部门作为复议被申请人时，其复议机关仍为同级人民政府或上级主管部门，除非该省、自治区、直辖市另有规定。

表 14-2 行政复议机关的确定

类型	被申请人	复议机关	说明
条块管辖	县级以上政府部门	同级政府或上一级主管部门	国安机关虽是政府组成部门，但此处除外
条条管辖	省级以下政府	上一级人民政府	如上级无地级市政府，则地区行署也可复议
	垂直领导机关	上一级主管部门	海关、国税、金融、外汇管理、国安
自我管辖	省部级单位	原机关自己	对复议决定不服可起诉或申请国务院裁决
特殊情形	政府派出机关	设立该派出机关的政府	包括行政公署、区公所、街道办事处三类
	部门派出机构	该机构所在的主管部门或该主管部门的同级政府	如是垂直领导部门的派出机构作为被申请人，则复议机关仅包括其所在主管部门
	被授权组织	直接管理该组织的机关	但被授权的国务院直属事业单位以部委论
	多个行政机关	其共同上一级机关	复议机关是同级政府或共同上级主管部门
	被撤销的机关	其职权继承机关的上一级机关	视继续行使职权的机关为被申请人处理即可

四、行政复议申请人与被申请人

行政复议的参加人——是指参加行政复议的当事人和与行政复议当事人地位相类似的人，包括行政复议申请人、被申请人、第三人以及代理人等，其中最主要的参加人是申请人与被申请人。

行政复议申请人和被申请人的确定规则，与行政诉讼原告和被告的确定规则基本相同，仅在个别问题上有所差别。一般来说，谁有资格作为原告提起行政诉讼，谁就有资格作为申请人申请行政复议；相应的，谁应当在行政诉讼中作为被告，它也就应当在行政复议中作为被申请人。由于在本书下一编有关行政诉讼的内容中将对行政诉讼原告、被告的确定规则做详细的介绍，而行政复议申请人、被申请人的确定标准也基本上适用这些规则，因此，在这里我们不作详细赘述。

在这里，我们将简要介绍行政复议申请人与被申请人的一般确定规则，以及它们与行政诉讼原告、被告确认规则的个别差异。

（一）行政复议申请人

行政复议申请人——是指认为行政机关的具体行政行为侵犯其合法权益，依法向行政复议机关提出行政复议申请的公民、法人或者其他组织。

行政复议的申请人资格，法律上并不要求其必须是具体行政行为的相对人，只要是与具体行政行为有法律上直接利害关系的公民、法人或者其他组织，即具体行政行为的利害关系人，对该行政行为不服的，均可申请行政复议。

$$
\text{与行政行为有} \atop \text{直接利害关系}
\left\{
\begin{array}{l}
\text{行政相对人}\\
\text{行政相关人}
\end{array}
\right.
\longrightarrow
\left\{
\begin{array}{l}
\text{行政诉讼原告}\\
\text{行政复议申请人}
\end{array}
\right.
$$

图 14-2　行政复议申请人的确定

有权申请行政复议的公民死亡或行为能力受限，或者法人与其他组织终止的，其原告资格按照以下规则发生转移：①公民死亡的资格转移。有权申请行政复议的公民死亡的，其近亲属可以申请行政复议。近亲属包括配偶、父母、子女、兄弟姐妹、祖父母、外祖父母、孙子女、外孙子女和其他具有扶养、赡养关系的亲属。②行为能力受限的资格转移。有权申请行政复议的公民为无民事行为能力人或者限制民事行为能力人的，其法定代理人可以代为申请行政复议。③组织终止的资格转移。有权申请行政复议的法人或者其他组织终止的，承受其权利的法人或者其他组织可以申请行政复议。

（二）行政复议被申请人

行政复议被申请人——是指其具体行政行为被申请人指控违法侵犯其合法权益，并由行政复议机关通知参加行政复议的行政主体。

一般情况下，行政复议被申请人的确定，主要根据两个条件进行判断：第一，它是实施被申请具体行政行为的行政主体；第二，申请人针对它提出了申请。同时符合这两个条件的行政机关或被授权组织，可以成为行政复议被申请人。根据上述标准，对行政复议被申请人的确认，可归纳如下：

表 14-3　行政复议被申请人的确定

行为者	被申请人
一般机关	该机关
派出机关	派出机关
授权行政	被授权组织
委托行政	委托机关
不作为案件	有作为义务的机关
原主体被撤销	继续行使职权的主体，或撤销它的主体
内设或派出机构	仅在超越职权种类时为所属机关；其余情况下均为自己
多机关共同行为	作为共同被申请人
经批准行为	批准机关为被申请人

在多数情况下，行政复议被申请人与行政诉讼被告的确定是完全相同的，但在下列特殊情况下，两者呈现出一定差别：

（1）共同行政行为案件中的被申请人资格。所谓共同行政行为，指的是多个行政主体以共同的名义一起做出的行政行为。按照一般原则，当事人在对共同行政行为提起诉讼或者申请复议时，应当以实施这些行为的多个行政主体作为共同被告或者共同被申请人。但在有的情况下，原告或者申请人只将其中的一部分行政主体列为被告或者被申请人，则剩余的行政主体在行政诉讼与行政复议中的地位如何，可能有所差别。在行政诉讼中，对于共同做出行政行为的多个行政主体，如果原告只起诉了其中的一部分行政主体，这一部分行政主体当然成为被告。但是，法院并不能直接将剩余的行政主体也列为被告，而应当先要求原告追加其他行政主体作为共同被告，如果原告坚持不追加的，法院只能将其列为第三人。

但对于行政复议来说，情况就有所不同。由于行政复议只是一种内部监督机制，而共同行政行为的实施者都是复议机关的下级，受到复议机关的领导。此时，如果申请人没有将共同行政行为的所有实施者全部列为申请人，则复议机关可以直接将遗漏的行政主体追加为共同被申请人，而不是像行政诉讼那样，将这一部分行政主体列为第三人。因此，在这种情况下，行政诉讼被告与行政复议被申请人的确定规则有所不同。

（2）经批准行为的被申请人资格。在某些情况下，行政主体在做出具体行政行为之前，事先经过了上级机关的批准。则对于这种经批准的具体行政行为，如利害关系人不服申请行政复议或提起行政诉讼，则应以何人为被告或被申请人。在行政诉讼中，根据《最高人民法院关于执行行政诉讼法若干问题的解释》的规定，经批准行为的被告是在记载具体行政行为的文书中署名的机关，即采用形式标准。但在行政复议中，根据《行政复议法实施条例》的规定，经批准行为的被申请人是批准该行为的机关，即采用实质标准。

应当认为，对于经批准行为被告或被申请人的确定，行政复议法和行政诉讼法的标准各有优劣。行政诉讼采用署名标准，使原告较易识别判断，但并非所有具体行政行为均以正式文书做出，对于此类行为，署名标准无异于形同虚设。行政复议使用权力标准，可以适用于各种具体行政行为，但许多时候申请人很难证明被申请人是否适格。

除申请人与被申请人之外，行政复议程序的其他参加人包括第三人、代表人、代理人等，其有关规定与行政诉讼基本相同，本书将在下一编行政诉讼的内容中给予详细介绍。

五、行政复议程序

行政复议程序——是指行政复议机关审理行政复议案件所遵循的步骤，其法律性质属于行政程序。

根据行政复议法的规定，行政复议程序大体上可以分为申请、受理、审理、决定四个阶段。其中，对于决定阶段我们将结合行政复议的决定方式在后文叙述，这里主要介绍申请、受理和审理三个阶段，其大致流程归纳如图14-3。

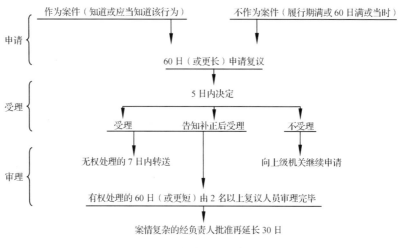

图 14-3   行政复议程序解析

(一) 申请

行政复议是一种依申请的行政行为,没有利害关系人的申请,就不能启动复议程序。因此,申请环节是行政复议程序的开始,对此我们主要掌握申请期限、申请方式和申请条件三个方面。

有关行政复议的申请期限,主要了解申请期限的长度和申请期限的起算:

(1) 申请期限的长度。根据《行政复议法》规定,行政相对人应当在知道具体行政行为之日起 60 日内提出复议申请,但法律规定的申请期限超过 60 天的除外。也就是说,利害关系人申请复议的一般期限为 60 天,如法律另有规定超过 60 天者则从其规定,如另有规定少于 60 天者则以 60 天为准。这一规定给公民、法人和其他组织规定了足够的时间行使复议申请权,体现了便民原则。

(2) 申请期限的起算。如果被申请的具体行政行为是作为的,其申请期限按以下规则起算:①当场作出具体行政行为的,自具体行政行为作出之日起计算;②载明具体行政行为的法律文书直接送达的,自受送达人签收之日起计算;③载明具体行政行为的法律文书邮寄送达的,自受送达人在邮件签收单上签收之日起计算;没有邮件签收单的,自受送达人在送达回执上签名之日起计算;④具体行政行为依法通过公告形式告知受送达人的,自公告规定的期限届满之日起计算;⑤行政机关作出具体行政行为时未告知公民、法人或者其他组织,事后补充告知的,自该公民、法人或者其他组织收到行政机关补充告知的通知之日起计算;⑥被申请人能够证明公民、法人或者其他组织知道具体行政行为的,自证据材料证明其知道具体行政行为之日起计算。行政机关作出具体行政行为,依法应当向有关公民、法人或者其他组织送达法律文书而未送达的,视为该公民、法人或者其他组织不知道该具体行政行为。

如果被申请的具体行政行为是不作为的,其申请期限按以下规则起算:①有履行期限规定的,自履行期限届满之日起计算;②没有履行期限规定的,自行政机关收到申请满 60 日起计算;③公民、法人或者其他组织在紧急情况下请求行政机关履行保护人身权、财产权的法定职责，行政机关不履行的，行政复议申请期限不受上述规定的限制。

在上述期限内，申请人可以通过下列方式申请行政复议：

（1）书面申请。申请人书面申请行政复议的，可以采取当面递交、邮寄或者传真等方式提出行政复议申请。有条件的行政复议机构可以接受以电子邮件形式提出的行政复议申请。

（2）口头申请。申请人口头申请行政复议的，复议机构应当当场制作行政复议申请笔录交申请人核对或者向申请人宣读，并由申请人签字确认。

行政复议机构——是享有行政复议权的行政机关内部设立的一种专门负责行政复议案件受理、审查和裁决工作的办事机构。

行政复议申请应当符合下列条件，才有可能被依法受理：

（1）申请人适格。申请人必须是认为具体行政行为侵犯其合法权益的利害关系人，或者是依法承受其申请人资格的人。

（2）有明确的被申请人。相对人申请行政复议必须指明被申请人，即作出具体行政行为侵犯其合法权益的行政主体。没有明确的被申请人，复议机关可以拒绝受理。

（3）有具体的复议请求和事实根据。复议请求是申请人申请复议所要达到的目的，主要包括四种情况：一是请求撤销违法的具体行政行为；二是请求变更不适当的具体行政行为；三是请求责成被申请人限期履行法定职责；四是请求确认具体行政行为违法并决定被申请人赔偿损失。任何一种复议请求都必须以一定的事实根据为基础才能够得到法律支持。

（4）属于受理复议机关管辖。申请人必须向有法定管辖权的复议机关提出复议申请。复议机关对不属于自己管辖的复议案件应当告知申请人向有管辖权的复议机关提起申请。

（5）申请人认为被申请人不履行法定职责的，应当提供曾经要求被申请人履行法定职责而被申请人未履行的证明材料；申请人申请行政复议时一并提出行政赔偿请求的，应当提供受具体行政行为侵害而造成损害的证明材料。

（二）受理

（1）受理条件。行政复议申请符合下列规定的，应当予以受理：①有明确的申请人和符合规定的被申请人；②申请人与具体行政行为有利害关系；③有具体的行政复议请求和理由；④在法定申请期限内提出；⑤属于行政复议法规定的行政复议范围；⑥属于收到行政复议申请的行政复议机构的职责范围；⑦其他行政复议机关尚未受理同一行政复议申请，人民法院尚未受理同一主体就同一事实提起的行政诉讼。

（2）受理期限。行政复议机关收到行政复议申请后，应当在5日内进行审查，视情况做出如下处理：①对符合条件的复议申请，决定受理；②对不符合法定的行政复议申请，决定不予受理，并书面告知申请人；③对符合法律规定，但是不属于本机关受理的行政复议申请，应当告知申请人向有关行政复议机关提出；④行政复议申请材料不齐全或者表述不清楚的，行政复议机构可以自收到该行政复议申请之日起5日内书面通知申请人补正，申请人无正当理由逾期不补正的，视为申请人放弃行政复议申请。

（3）"受"、"理"分离。依照《行政复议法》第15条的规定，对派出机关的复议、派出机构的复议、对授权组织的复议、对共同机关的复议、对被撤机关的复议五种特殊情况，申请人除了可以向法定的复议机关申请复议之外，还可以向具体行政行为发生地的县级地方人民政府提交复议申请。对属于其他行政复议机关管辖的复议申请，县级人们政府接受，并在自接到申请之日起7日内转送有关行政复议机关。

（4）管辖竞合。申请人就同一事项向两个或者两个以上有权受理的行政机关申请行政复议的，由最先收到行政复议申请的行政机关受理；同时收到行政复议申请的，由收到行政复议申请的行政机关在10日内协商确定；协商不成的，由其共同上一级行政机关在10日内指定受理机关。协商确定或者指定受理机关所用时间不计入行政复议审理期限。

（5）督促受理。公民、法人或者其他组织依法提出行政复议申请，行政复议机关无正当理由不予受理的，上级行政机关认为行政复议机关不予受理行政复议申请的理由不成立的，可以先行督促其受理；经督促仍不受理的，应当责令其限期受理，必要时也可以直接受理；认为行政复议申请不符合法定受理条件的，应当告知申请人。

表 14-4   行政复议的受理程序

审查期限	接到申请后 5 日内
予以受理	符合条件的予以受理
补正受理	5 日内告知补正后符合条件的予以受理
不予受理	不符合条件的决定不予受理
只受不理	县级政府无权处理的应在 7 日内转送有权机关处理并告知申请人
督促受理	由上一级机关责令受理或直接受理

（三）审理

（1）审理机构。行政复议案件的审理一般由复议机关中的负责法制工作的机构实施，行政复议机构审理行政复议案件，应当由2名以上行政复议人员参加。

（2）审理方式。行政复议原则上采取书面审查的办法，但是申请人提出要求或者行政复议机构认为有必要时，可以实地调查核实证据；对重大、复杂的案件，申请人提出要求或者行政复议机构认为必要时，可以采取听证的方式审理。行政复议人员向有关组织和人员调查取证时，可以查阅、复制、调取有关文件和资料，向有关人员进行询问。

（3）审理过程。行政复议审理的一般过程包括：①送达申请书。行政复议机构应当自行政复议申请受理之日起7日内，将申请书副本或者申请笔录复印件发送被申请人。②提供证据和答辩。被申请人应当自收到申请书副本或者申请笔录复印件之日起10日内，提出书面答复，并提交当初作出具体行政行为的证据、依据和其他有关材料。③查阅证据材料。申请人、第三人可以查阅被申请人提出的书面答复、作出具体行政行为的证据、依据和其他有关材料，除涉及国家秘密、商业秘密或者个人隐私外，行政复议机关不得拒绝。行政复议机关应当为申请人、第三人查阅有关材料提供必要条件。

六、行政复议决定

按照《行政复议法》的规定，行政复议机关应当自受理申请之日起 60 日内结案；但是法律规定的行政复议期限少于 60 日的除外。情况复杂，不能在规定期限内结案的，经复议机关负责人批准可以适当延长，并告知申请人和被申请人；但延长期限最多不超过 30 日。

除下列情况之外，复议机关必须以做出复议决定的方式结案：

（1）申请人撤回申请。申请人在行政复议决定作出前自愿撤回行政复议申请的，经行政复议机构同意，可以撤回。申请人撤回行政复议申请的，不得再以同一事实和理由提出行政复议申请。但是，申请人能够证明撤回行政复议申请违背其真实意思表示的除外。行政复议期间被申请人改变原具体行政行为的，不影响行政复议案件的审理。但是，申请人依法撤回行政复议申请的除外。

（2）和解结案。公民、法人或者其他组织对行政机关行使法律、法规规定的自由裁量权作出的具体行政行为不服申请行政复议，申请人与被申请人在行政复议决定作出前自愿达成和解的，应当向行政复议机构提交书面和解协议；和解内容不损害社会公共利益和他人合法权益的，行政复议机构应当准许。

（3）调解结案。有下列情形之一的，行政复议机关可以按照自愿、合法的原则进行调解：①公民、法人或者其他组织对行政机关行使法律、法规规定的自由裁量权作出的具体行政行为不服申请行政复议的；②当事人之间的行政赔偿或者行政补偿纠纷。当事人经调解达成协议的，行政复议机关应当制作行政复议调解书，载明行政复议请求、事实、理由和调解结果，并加盖行政复议机关印章。行政复议调解书经双方当事人签字，即具有法律效力。调解未达成协议或者调解书生效前一方反悔的，行政复议机关应当及时作出行政复议决定。调解结案是《行政复议法实施条例》上的新规定，这一制度变革打破了行政争议不得调解的圭臬，具有重要意义。之所以规定上述两类案件可以在当事人自愿的基础上调解结案，其主要原因在于这两种案件的处理均与具体行政行为的合法性判断无关。对于第一类案件，实际上是对具体行政行为合理性的判断，合理性判断自然与合法性判断非此即彼的性质有所不同，具有一定的裁量空间。对于第二类案件，由于行政赔偿或行政补偿问题都是在被申请具体行政行为合法性已经明确的前提下展开的，因此也不再涉及合法性争议。

除了上述情形，在其他情况下复议机关必须做出复议决定，对被申请具体行政行为的合法性或合理性做出判断。行政复议决定的类型，与行政诉讼一审判决的类型十分接近，具体适用规则如下：

（1）维持决定。被申请的具体行政行为认定事实清楚，证据确凿，适用依据正确，程序合法，内容适当的，复议机关应当决定予以维持。

（2）驳回决定。驳回决定是《行政复议法实施条例》新增的复议决定类型，在以下两种情况适用：①申请人认为行政机关不履行法定职责申请行政复议，行政复议机关受理后发现该行政机关没有相应法定职责或者在受理前已经履行法定职责的；②受理行政复议申请后，发现该行政复议申请不符合行政复议法和本条例规定的受理条件的。应当承认，驳回决定的增加是一大进步，但这一规定并未详细区分驳回复议申请和驳回复议请求，仍显不足。实际上，上述第一种情况属于驳回复议请求，而第二种情况属于驳回复议申请。

（3）撤销、变更或者确认决定。被申请具体行政行为有下列情形之一的，复议机关应当决定撤销、变更或者确认该具体行政行为违法：①主要事实不清、证据不足的；②适用依据错误的；③违反法定程序的；④超越或者滥用职权的；⑤具体行政行为明显不当的。复议机关决定撤销或者确认该行为违法的，可以同时责令被申请人在一定期限内重新作出具体行政行为，被申请人不得以同一的事实和理由作出与被申请行为相同或者基本相同的具体行政行为。

一般情况下，对于违法或不当的具体行政行为，复议机关可以在撤销决定、变更决定或确认违法决定之间做出选择。但《行政复议法实施条例》明确了变更决定的适用范围，规定具体行政行为有下列情形之一，行政复议机关才可以决定变更：①认定事实清楚，证据确凿，程序合法，但是明显不当或者适用依据错误的；②认定事实不清，证据不足，但是经行政复议机关审理查明事实清楚，证据确凿的。一言以蔽之，除了程序违法的行为之外，复议机关均可选择撤销、变更或确认违法，而对于程序违法行为，则只能决定撤销或确认违法，而不得变更。对于变更决定的适用还应注意，行政复议机关在申请人的复议请求范围内，不得作出对申请人更为不利的复议决定，如加重罚款数额或增加拘留日期等。

（4）履行决定。对于被申请人不履行法定职责或者没有及时履行法定职责的案件，复议机关应当做出履行决定，责令被申请人在一定期限内履行职责。

（5）赔偿决定。行政复议的赔偿决定包括两种类型，一是依申请做出的赔偿决定，二是依职权做出的赔偿决定，这是行政复议与行政诉讼的一个不同之处，因为在行政诉讼中绝不可能出现法院依职权主动做出赔偿判决的情形。

其一，依申请做出的赔偿决定。如果申请人在申请复议时一并提出行政赔偿请求的，则对于其中符合国家赔偿要件的情况，复议机关在对具体行政行为违法决定撤销、变更或者确认违法的同时，应当决定被申请人对申请人给予赔偿。

其二，依职权做出的赔偿决定。如果申请人在申请复议时虽然没有提出行政赔偿请求，但被申请的具体行政行为是直接针对财物做出的，诸如罚款、违法集资、没收财物、征收财物、摊派费用、查封财产、扣押财产、冻结财产等，且该行为依法应当被撤销或变更的，则复议机关应当同时依职权责令被申请人给予赔偿。

（6）对具体行政行为依据的附带处理。行政复议与行政诉讼的显著不同之一，就是复议机关在对被申请具体行政行为进行审查的同时，还可以对作为该具体行为依据的有关文件进行附带审查，并做出相应处理。复议机关对具体行政行为依据的附带处理，同样包括依申请的处理与依职权的处理两种情况：

其一，依申请的处理。如果申请人在对某一具体行政行为申请行政复议时，一并提出对作为该具体行政行为依据的、效力在规章以下（不含规章）的抽象行政行为的审查申请，则复议机关应当对该抽象行为加以审查。复议机关自己有权处理的应当在 30 日内处理完毕；无权处理的应当在 7 日内依法转送有权处理的其他行政机关，后者应当在

60 日内处理完毕。处理期间中止对具体行政行为的审查。

其二，依职权的处理。如果申请人在对某一具体行政行为申请行政复议时，并未对该行为的依据申请审查，但复议机关在案件的审查过程中主动发现其依据不合法的，则复议机关也应当加以处理。其中复议机关有权处理的应当在 30 日内处理完毕；无权处理的应当在 7 日内依法转送有权的国家机关处理。处理期间同样中止对具体行政行为的审查。需要注意的是，依职权审查的对象并不限于规章以下的抽象行政行为，复议机关无权处理时其转送的对象也不限于行政机关，而受转送机关的处理也无期限上的限制。

表 14-5　行政复议的决定类型及其适用

决定类型		主要内容	适用条件
被申请人获胜	维持决定	维持原具体行政行为	原具体行政行为完全合法
	驳回决定	驳回申请或驳回复议请求	①不应受理的案件 ②对不作为的申请不成立
申请人获胜	撤销决定	解除原行为法律效力	各种情况下，作为的具体行政行为违法
	变更决定	做出新的权利义务安排	除程序违法之外，其他情况下作为的具体行政行为违法
	履行决定	决定被申请人限期履行	不作为的具体行政行为违法
	确认决定	确认原行为违法或无效	①行为不宜撤销②不宜责令履行③行为本身不成立或无效
	责令重做	撤销和确认的后续决定	重做期限为原履行期或 60 天
不分胜负	调解结案	注意其适用条件与和解结案的不同	①合理性争议案件 ②赔偿和补偿问题
附带决定	赔偿决定	如果调解不成就做出决定	依申请做出：如申请人提出，必须决定赔偿与否
			依职权做出：撤销或变更直接针对财物做出的行为
	附带审查的决定	审查作为具体行政行为依据的文件并加以处理	依申请审查：仅针对规章以下的文件，限 30 日内处理，无权处理的应在 7 日内转送有权行政机关，后者应在 60 日内处理
			依职权审查：参照依申请审理，但审查范围不限于规章以下的文件，接受转送的有权机关不限于行政机关且无审查期限

七、行政复议法实施条例的创新

2007 年 8 月 1 日起施行的行政复议法实施条例，本着"以人为本、复议为民"的行政立法宗旨，坚持方便申请、积极受理、创新方式、有利操作、强化监督、落实责任的原则，在符合立法精神并在法定职权范围内作出了一系列重要的创新努力。这些制度创新，有利于更切实地维护行政相对人通过行政复议寻求法律救济的权利，应当正确认知并加以实践。

其一，规定了例外排除受理、上级责令受理、不利必须告知等多项制度，使得行政复议受案范围更加合理、宽泛、清晰，复议救济渠道更为畅通。实施条例规定，行政相对人认为具体行政行为侵犯其合法权益而提出行政复议申请，除不符合行政复议法和实施条例规定的申请条件的，行政复议机关必须受理。实施条例规定了，上级行政机关认为行政复议机关不予受理行政复议申请的理由不成立的，可先行督促其受理；经督促仍不受理的，应责令其限期受理，必要时也可直接受理。实施条例还规定，行政机关作出的具体行政行为对行政相对人的权利、义务可能产生不利影响的，应告知其行政复议的申请权利、申请期限以及申请机关。以此促使行政复议机关积极受理行政复议案件，保障行政相对人的行政复议知情权，体现了建设服务型政府和法治政府的要求。

其二，规定了调查核实证据、听证、和解、调解、禁止不利变更等制度，改进了审理方式，体现了便民、高效、民主和实事求是的原则，有助于提高办案质量。实施条例规定，行政复议机构认为必要时，可以实地调查核实证据；对重大、复杂的案件，申请人提出要求或者行政复议机构认为必要时，可以采取听证的方式审理。这样的规定，体现了行政自我纠错机制的救济权力充分性和高效率的特点。实施条例规定了，行政相对人对行政机关行使法定自由裁量权作出的具体行政行为不服申请行政复议的，申请人与被申请人在行政复议决定作出前可自愿达成和解；行政复议机关对于此类申请以及当事人之间的行政赔偿或行政补偿纠纷，可以按照自愿、合法的原则进行调解。虽然行政复议法没有直接规定和解制度，也没有规定调解制度，但行政复议实践中大量存在和解现象，大量运用着调解办法并取得良好效果，因此实施条例从我国实际和社会效果出发，明确规定了和解制度，同时作出了和解自愿以及和解内容不损害社会公共利益和他人合法权益的原则限制，引入了调解结案方式，同时作出了自愿、合法的原则限制。实施条例还规定，在申请人的行政复议请求范围内，行政复议机关不得作出对申请人更为不利的行政复议决定。这有助于鼓励行政相对人通过行政复议的方式解决行政争议，打消行政相对人"不敢告"的思想负担，更符合现代行政法治精神。

其三，规定了行政复议指导和监督制度，例如督促、指导、检查、抽查、意见书、建议书、重大决定备案、定期报告等一系列制度，加大了对行政复议工作的指导监督力度，有助于行政复议工作的健康顺利开展。首先，进一步明确了行政复议指导和监督职责。行政复议机关应加强对行政复议工作的领导，行政复议机构在本级行政复议机关的领导下按照职责权限对行政复议工作进行督促、指导。其次，规定了县级以上地方各级人民政府应通过定期组织检查、抽查等方式，加强对所属工作部门和下级人民政府履行行政复议职责的监督，行政复议机关应加强对其行政复议机构履行行政复议职责的监督。再次，规定了行政复议机关可向被申请人或其他下级行政机关提出纠正相关行政违法行为或做好善后工作的意见书制度，行政复议机构可就行政执法中的普遍性问题向有关机关提出完善制度、改进行政执法的建议书制度。第四，规定了下级行政复议机关应当及时将重大行政复议决定报上级行政复议机关备案的制度。第五，细化地规定了行政复议机构的职责，包括定期向本级人民政府提交行政复议工作状况分析报告、定期组织行政复议人员的业务培训等项制度。

其四，规定了更加明确具体的行政复议责任制度，形成了保障行政复议机关、行政复议机构切实履行行政复议法定职责的机制，有助于建设责任政府。首先，规定各级行政复议机关应认真履行行政复议职责，支持本机关负责法制工作的机构依法办理行政复议事项，并依照有关规定配备、充实、调剂专职行政复议人员，保证行政复议机构的办案能力与工作任务相适应，而这恰恰是多年来行政复议制度实践中的突出问题。其次，规定县级以上地方各级人民政府应当建立健全行政复议工作责任制，将行政复议工作纳入本级政府目标责任制，这是非常关键、力度很大的一项举措。再次，强化了行政复议的责任追究制度，包括直接处分、处分建议、材料转送等制度。

此外，实施条例还作出了一系列具体的制度改进，例如：明确了行政复议申请期限的计算方法以及行政复议申请书应当载明的事项；明确规定了行政复议中止和终止的适用情形，完善了行政复议审理程序；针对一些特殊情形规定了驳回行政复议申请的行政复议决定类型；为了避免出现一些人为的拖延现象而明确地规定了被申请人重新作出具体行政行为的时限；等等。这些制度创新有助于行政复议制度的潜力得到充分释放，能够提高行政复议的可行性、合理性和有效性。

✤ 小结提升

在掌握行政复议制度时，学习者应特别注意辨析若干名称或内容较为接近的概念和制度，例如：行政复议的和解与调解两种结案方式；依申请的行政赔偿决定和依职权的行政赔偿决定；依申请的附带审查处理和依职权的附带审查处理；等等。略举一例说明：

在有关行政复议的期限中，有两个概念经常为学习者所混淆，即行政复议的申请期限与审理期限，因为《行政复议法》对这两个期限的规定存在某些相似之处，两者一般均为60天。在此，我们主要分析一下这两个期限之间的不同之处：

第一，两者的含义不同。复议的申请期限，是对申请人的期限限制，指的是从当事人知道具体行政行为之日到提出复议申请之间的时段。而复议的审理期限，是对复议机关的期限限制，指的是从复议机关受理复议申请之日起到做出复议决定之间的时段。

第二，两者的例外规定不同。复议申请期限原则上是60天，法律可以对其做出长于60天的例外规定。复议审理期限原则上也是60天，法律可以对其做出短于60天的规定。之所以存在这种差别，是因为申请期限限制的对象是申请人，应以宽松为宜；而审理期限限制的是复议机关，应以严格为宜。

第三，两者能否延长不同。申请期限不能延长，只能在发生不可抗力等正当事由时，将耽误的时间扣除。而审理期限则可以延长，对于情况复杂的复议案件，经行政复议机关的负责人批准，其审理期限可以适当延长，但延长期限最多不得超过30日。

图14-4　对复议申请期限与复议审理期限的辨析

[本章阅读文献]

1. 赵祥生：《评复议期间具体行政行为不停止执行原则》，《行政法学研究》，1994年第3期。

2. 彭书清：《关于建立统一行政复议机关的思考》，《行政法学研究》，1997年第

2 期。

3. 马怀德：《将抽象行政行为纳入行政复议的范围——规范和监督政府行为的重要途径》，《人大复印报刊资料·宪法学、行政法学》，1998 年第 3 期。

4. 刘莘：《行政复议制度近期可能的改革》，《行政法学研究》，2005 年第 2 期。

5. 黄永忠：《关于〈行政复议法〉若干问题的思考》，《行政法学研究》，2005 年第 4 期。

6. 章志远：《我国行政复议与行政诉讼程序衔接之再思考》，《现代法学》，2005 年第 4 期。

7. 莫于川：《发挥行政自我纠错机制的潜力——颁行行政复议法实施条例的创新意义和现实课题》，《法制日报》，2007 年 7 月 29 日第 2 版。

[相关链接]

1. 关于行政复议的定义。（见："中国宪政网"）

2. 关于行政复议制度的比较研究。（见："中国宪政网"）

第十五章　行政赔偿与行政补偿

行政赔偿与行政补偿是两项重要的行政救济制度，它们一方面具有相对独立的理论体系和制度框架，另一方面又与其他行政监督救济制度有所交叉，譬如在许多情况下赔偿和补偿的实现必须通过行政诉讼或行政复议来达到。由于这两项制度在理论和制度上密切相关、颇多相似，而行政赔偿在我国目前已有《国家赔偿法》加以集中调整，行政补偿制度则散见于宪法和诸多单行法律、行政法规中。因此，本章将以较多篇幅介绍行政赔偿，在此基础上通过比较、联系的方法讲述行政补偿。

第一节　行政赔偿

引例　仪征上佳电器销售公司诉仪征市公安局不履行法定职责附带行政赔偿案

2001 年 4 月初，上佳公司股东纪立琴与公司实际负责人尚东华因股份转让事宜发生纠纷，7 月 31 日纪立琴将公司和仓库门锁起来，后发展到双方锁门。8 月 10 日、11 日上佳公司向仪征市城北派出所报告请求对纪立琴等人寻衅滋事立案侦查、通知纪立琴在 8 月 12 日上午 8 时 30 分把门打开，维持正常经营。8 月 29 日和 30 日凌晨，纪立琴将上佳公司部分电器转移他处。9 月 2 日、11 月 30 日上佳公司两次向仪征市公安局控告纪立琴触犯《刑法》第 291 条第 1 款规定，构成聚众扰乱社会秩序罪，请求立案侦查，追究其刑事责任。仪征市公安局及时接警处理 16 次，劝解双方矛盾，建议当事人通过协商或诉讼解决。经过调查，认为纪立琴的行为不构成犯罪，分别于 2001 年 9 月 2 日和 11 月 30 日作出"不予立案通知书"，上佳电器销售公司不服，认为仪征市公安局拒不履行职责并导致其财产损失 48.5 万元，请求法院判决仪征市公安局依法履行保护企业生产、经营秩序不受侵犯的法定职责，并赔偿经济损失 12.5 万元。

☞概述

本节内容，包括国家赔偿的构成要件、行政赔偿的范围、行政赔偿请求人、行政赔偿义务机关、行政赔偿程序，以及赔偿的方式和计算等，分别解决行政赔偿"赔什么"、"谁赔谁"、"如何赔"、"怎么算"等问题。其主要法律渊源是 1994 年颁布的《国家赔偿法》，以及最高人民法院对该法所做出的一系列司法解释。

♨方法

对本节内容的掌握，应当注意两点：一是理解并把握好国家赔偿责任的构成要件，这是整个行政赔偿制度建立的理论基础，其中又以行为要件和因果要件最为重要。二是要密切结合行政主体理论、行政复议制度和行政诉讼制度，才能更好地理解行政赔偿义务机关和行政赔偿程序的有关内容。

◆◆ **教学内容**

一、国家赔偿的构成要件

国家赔偿——是指国家机关及其工作人员违法行使职权侵犯公民、法人或其他组织的合法权益造成损害的，国家对受害人所应承担的赔偿责任。

要件即必要条件。国家赔偿构成要件，即要求国家承担赔偿责任的全部必要条件。如条件齐全，则国家承担赔偿责任；如条件不全，则国家不承担赔偿责任。此类要件共计主体、行为、结果、因果、法律五项，缺一不可，其中尤以行为与因果两要件，需重点掌握。

表 15-1   国家赔偿责任的构成要件

主体要件	由具有行政职权或司法职权的机关、机构、组织及其工作人员引起
行为要件	职权性；权力性；执行性；违法性
结果要件	是合法权益；属人身财产权；有直接损失；属物质损害，及特定条件下的精神损害
因果要件	行为与损害有逻辑联系并直接相关
法律要件	有法律的规定作为赔偿依据

（一）主体要件

所谓国家赔偿，顾名思义，必须是因国家侵权行为所引起的赔偿责任，而国家的行为必须通过一定的机关来实施。从总体上分类，国家机关包括国家权力机关（各级人大及其常委会）、国家元首、行政机关、司法机关、军事机关，这些机关所实施的行为都有可能侵犯公民、法人或其他组织的合法权益。但是，并非所有国家机关实施的行为都能够获得国家赔偿，按照《国家赔偿法》的规定，只有行使国家行政权与行使国家司法权的机关和组织所实施的行为，才有可能引起国家赔偿。行使国家行政权的主体就是行政主体，具体包括行政机关与获得行政授权的机构和组织；行使国家司法权的主体则具体包括法院、检察院以及实施刑事侦查活动的公安机关、国家安全机关、监狱管理机关等。

按侵权主体进行区分，行政主体实施的侵权行为引起行政赔偿，而司法机关实施的侵权行为引起司法赔偿，其中最为重要的是刑事司法赔偿，也称冤狱赔偿。

（二）行为要件

引起国家赔偿的行为，称为国家侵权行为。确定某一行为是否属于国家侵权行为，主要通过它是否具备职权性、权力性、执行性与违法性四项特征来判断。

（1）职权性。职权性要件，意味着只有国家机关及其工作人员实施与其职权有关的行为，方能引起国家赔偿，如公务人员实施与其职权无关的行为，则属民事侵权，只能引起民事赔偿。对职权性的判断，可以通过行为实施的时间、空间、名义、目的等因素的综合考虑来实现，一般不致发生错误。但对公务人员实施某一行为时，同时具有职权因素与个人因素的情况，则往往难以判断。此时应当以导致行为发生的决定因素作为衡量标准，如职权因素居决定地位则为国家侵权，如个人因素居决定地位则为民事侵权，不能一概而论。

（2）权力性。权力性的特征，意味着只有国家机关及其工作人员运用权力实施的行为，方能引起国家赔偿，国家通过非权力方式实现其职能的行为，即使给当事人带来了实际损失，也不能引起国家赔偿。例如，行政机关通过指导、劝说、宣传等方式实施的行政指导行为就不能引起赔偿责任；类似地，行政机关以民事主体身份进行的小额采购也不能引起国家赔偿。

（3）执行性。执行性的特征，意味着只有国家机关及其工作人员针对具体对象与具体事项实施的行为，方能引起国家赔偿。如果是针对不特定对象实施的行为，如立法行为、抽象行政行为等，则虽然给当事人造成损害，也不能引起国家赔偿。

（4）违法性。违法性的特征相对费解一些，这一特征意味着只有国家机关及其工作人员实施的违法行为，方能引起国家赔偿，如是合法行为致害则只能引起国家补偿。因此，行为的违法性是区分国家赔偿与国家补偿的关键，而判断违法性的标准向来众说纷纭、莫衷一是，存在"行为违法说"、"结果违法说"、"主观违法说"等诸多观点。对此，我们应紧紧抓住赔偿与补偿的根本差别来认识它，简单地说，对权利的侵犯引起国家赔偿，而对权利的限制引起国家补偿。对于某一个具体事件来讲，如果事件中国家对公民的权利负有某种义务，即负有避免这种权利遭受损失的义务，而一旦国家违反这种义务，即没有避免该损失发生的话，此时引起的就是国家赔偿；因此，如警察因执行公务而鸣枪示警，而流弹伤及无辜的情况，应属国家赔偿，因为警察鸣枪时有保证无辜公民生命与健康的义务。反过来，如果事件中国家是为了实现某种更重大、更迫切的利益，而要求公民就其权利做出一定忍让、付出、牺牲的话，此时引起的就是国家补偿[①]；因此，如消防局因救火需要，而推倒失火者邻家墙壁的行为，就属于国家补偿。

我国的《国家赔偿法》采用违法责任作为国家赔偿的归责原则，我们认为应对这里的"违法"标准做出广义理解。具体而言，可能导致国家赔偿的"违法"行为应当包括这样几个层次：第一，国家侵权主体违反了具体的法律规范，包括违反法律、法规、规章和其他具有普遍约束力的规范性文件；第二，国家侵权主体虽未违反某一具体法律规范，但违反了法律的基本原则和精神；第三，国家侵权主体的行为从形式上看并不违法，但属滥用职权、显失公正、明显不当，其后果视同违法；第四，国家侵权主体在行使职权或履行职责时没有尽到一般人的合理注意义务。

---

① 公民的某些权利，特别是财产性权利在现代社会中是受到一定限制的，这种限制就包括在特殊情况下有出于公益的需要，而应国家的要求就这些权利做出一定牺牲的义务。因此我们可以说，国家在紧急情况下，为了更加重大、更加迫切的利益而要求公民牺牲一定权益的行为，实际上就是对这些权利所做的限制。而由于受到这种限制的公民只占全部公民中的极小比例，意味着这些公民为了公共利益做出了特别的牺牲，则出于公平负担的原则，国家应当给这些公民以一定的补偿。当然，公民为公共利益所做的权益牺牲是有一定限度的，并非所有权利都可以牺牲，一般限于财产性权利，特殊情况下也涉及人身权利，但像生命权、健康权等基本权利，则国家不得通过行政命令等强制手段来迫使公民做出牺牲来满足公共利益，这也称为基本权利克减底线。

（三）结果要件

国家赔偿的结果要件指的是，国家机关及其工作人员的行为必须造成了公民、法人或其他组织合法权益上的损害。国家赔偿与民事赔偿不同，民事赔偿上的结果要件可以简单地被概括为"无损害必无赔偿，有损害必有赔偿"；而国家赔偿却并非如此，它的结果要件应当被概括为"无损害必无赔偿，有损害未必有赔偿"。也就是说，如果没有造成当事人合法权益的损害，国家必然无需承担赔偿责任，而即使已经造成当事人合法权益的损害，国家也未必承担赔偿责任。原因很简单，就是国家赔偿的权利范围是有限的，并不赔偿一切合法权益损失，而仅仅赔偿其中的一部分，能够获得国家赔偿的权益应当具备这样几个条件：①属于合法权益。国家绝不赔偿当事人不法权益的损失。②属于人身权或财产权。具体一点讲，应当属于人身自由权、生命权、健康权、名誉权、荣誉权、财产权中的某一种类，对于其他种类的权利，国家概不赔偿。③应当属于直接损失。所谓直接损失，就是因国家侵权行为而引起的必然的、现实的损失，国家对于可得利益损失不予赔偿。④应当属于物质损害。国家对于精神损害原则上不予赔偿，即使在特殊情况下给予赔偿，也不适用物质赔偿，而是适用赔礼道歉、恢复名誉、消除影响等非物质手段。

（四）因果要件

因果要件，指的是国家侵权行为与当事人所遭受的损害之间必须具有一定程度的因果联系，国家才对此承担赔偿责任。至于国家侵权行为与损害结果之间应当具有何种程度的因果联系，则学术上存在多种学说，各家观点很不统一，争论较大。无论各种观点之间的分歧如何，但有一点是我们可以肯定的，那就是，国家侵权行为只是造成当事人损害结果的必要条件。也就是说，有了国家机关及其工作人员所实施的这种行为，未必就一定造成当事人的损害，即侵权行为不一定是损害结果的充分条件。但是，如果没有国家侵权行为，则当事人的损害结果必定不会发生，即国家侵权行为应当是损害结果的必要条件。如果没有这种行为，当事人仍然遭受了同样损害的话，那这个时候，我们就不能说行为与结果之间构成了有效的因果关系。当然，仅仅是构成必要条件这一点，还不足以认定这种因果关系，还需要进一步考虑国家侵权行为与其他条件之间的关系。具体一点讲，我们可以按照以下四种规则，来认定国家赔偿的因果要件是否存在：

第一，如果国家机关及其工作人员实施了某种侵害行为，这种侵害行为无需与其他条件结合，就可以单独引起当事人的损害。这种情况下，侵害行为与损害结果之间显然构成有效因果关系。

第二，如果仅有国家机关及其工作人员实施的某种侵害行为，并不能单独造成当事人的损害，还需要与其他条件相结合方能产生这一结果。但是，此时侵权人明知这种其他条件已经存在，或者明知这种条件目前虽不存在但此后必然会出现的，这种情况下，侵害行为与损害结果之间也构成有效因果关系。

第三，如果仅有国家机关及其工作人员实施的某种侵害行为，并不能单独造成当事人的损害，而需要与其他条件相结合方能产生这一结果，而且此时侵权人并不知道其他条件的存在或者预知这一条件必将出现。但是，在一个理性人看来，这种条件的存在或者出现是完全可能的，是正常的。那么，在这种情况下，侵害行为与损害结果之间仍然构成有效因果关系。

第四，如果仅有国家机关及其工作人员实施的某种侵害行为，并不能单独造成当事人的损害，而需要与其他条件相结合方能产生这一结果，而且在一个理性人看来，这种其他条件的出现是完全无法预见的，其发生的概率也很小。在这种情况下，侵害行为与损害结果之间就不构成有效的因果关系。

表 15-2　行政赔偿责任的因果关系解析

侵权行为能否单独致害	侵权主体是否明知其他必要致害条件已经存在或必然出现	未知的必要致害条件发生的概率	是否构成因果
能	——	——	构成
不能	是	——	构成
不能	否	较大	构成
不能	否	极小	不构成

（五）法律要件

对国家赔偿范围进行多方面的限制与压缩，是我国国家赔偿制度的显著特点之一。因此，如果一个案件完全符合上述的主体要件、行为要件、结果要件、因果要件，但无法找到有效的法律依据的话，仍然不能引起国家赔偿。也就是说，国家赔偿责任的构成，还需要以现实中存在明确的法律依据作为条件，这就是国家赔偿责任的法律要件。

上述五类条件，是任何情况下国家承担赔偿责任都必须具备的条件。各类赔偿事项的范围，都只不过是上述构成要件的具体反映而已。

二、行政赔偿的范围

行政赔偿——是指国家行政机关及其工作人员违法行使职权，侵犯公民、法人或其他组织的合法权益并造成损害，由国家承担赔偿责任的制度。

行政赔偿的范围，完全是国家赔偿责任构成要件在行政侵权领域的反映，基本上不存在特殊规定。需要我们略加注意的是，《国家赔偿法》第 3 条与第 4 条通过详细列举的方式描述了行政赔偿的具体事项，但这些事项概括起来无非就是说只有在造成当事人人身自由权、生命权、健康权、财产权损害的情况下，才能够获得国家赔偿。同时结合《国家赔偿法》第 30 条的规定，当事人人身自由受到限制的同时被损害名誉权或荣誉权的，赔偿义务机关也应当为受害人消除影响，恢复名誉，赔礼道歉。除此之外，当行政侵权行为造成当事人其他权利损害时，如造成姓名权、肖像权、人格尊严损害时，国家不予赔偿。

当然，根据侵权赔偿的一般原理，对于行政机关工作人员个人行为造成的侵权损害、当事人自己行为导致的损害、第三人行为导致的损害、不可抗力导致的损害，国家都不承担赔偿责任。

表 15-3　行政赔偿的范围

肯定列举	①损害人身自由权；②损害生命健康权；③损害财产权；④特定条件下损害名誉荣誉权
否定列举	①行政人员个人行为致害；②受害人自己致害；③第三人致害；④不可抗力致害

三、行政赔偿请求人

行政赔偿请求人——是指受违法行政侵害，依法有权请求行政赔偿的人。

行政赔偿请求人是行政赔偿法律关系中的权利人一方，认知此概念需要把握如下几个问题：

(一) 请求人资格的确定

行政赔偿请求人资格，包括本来的请求人资格与经转移的请求人资格两种，这与行政诉讼原告资格颇为类似。本来的请求人资格很容易确定，谁受到了国家侵权行为的侵害，谁就有资格要求国家赔偿，因此受害的公民、法人或者其他组织具有请求人资格。

而当受害的公民死亡，或者受害的法人和其他组织终止时，就产生了请求人资格转移的问题。受害的公民死亡的，其继承人、其他有扶养关系的亲属以及死者生前抚养的无劳动能力人有权替代死者要求行政赔偿。① 受害的法人或者其他组织终止，承受其权利的法人或者其他组织有权替代其要求行政赔偿。但是，企业法人或者其他组织被行政机关撤销、变更、兼并、注销，即从形式上消灭主体资格之后，认为其经营自主权受到侵害的，原企业法人或其他组织，或者对其享有权利的法人或其他组织仍然是行政赔偿请求人，可以依法提起行政赔偿诉讼，此时请求人资格没有发生转移。

对于行政赔偿而言，由于它可以通过行政赔偿诉讼来处理赔偿问题，因此在诉讼程序中，除了作为原告的赔偿请求人，以及作为被告的赔偿义务机关之外，还可能包括某些诉讼第三人。按照《最高人民法院关于审理行政赔偿案件若干问题的规定》（1997 年颁布实施，以下均简称《审理行赔案件规定》），与行政赔偿案件处理结果有法律上利害关系的其他公民、法人或者其他组织，有权作为第三人参加行政赔偿诉讼。

(二) 请求权行使的时效

行政赔偿请求人请求行政赔偿的时间有期限上的限制，这就是行政赔偿的请求时效。行政赔偿的请求时效原则上为 2 年，自行政主体及其工作人员行使职权时的行为被依法确认为违法之日起计算。行政赔偿请求时效存在着扣除与中止的问题：①扣除问题。如赔偿请求人被限制人身自由的，其被限制人身自由期间不计算在两年的时效之内。②中止问题。赔偿请求人在赔偿请求时效的最后 6 个月内，因不可抗力或者其他障碍不能行使请求权的，时效中止，从中止时效的原因消除之日起恢复时效的计算。

---

① 需要注意的是，在公民死亡时，其国家赔偿请求人资格的转移与其行政诉讼原告资格的转移，有所不同。在行政诉讼中，当本来具有原告资格的公民死亡时，有权替代死者作为原告提起诉讼的是死者的近亲属以及其他具有扶养、赡养关系的亲属。

表 15-4　行政赔偿请求人及其请求时效

自然人请求权转移	由继承人和有扶养关系的亲属以及死者生前抚养的无劳动能力人继受
法人或组织请求权转移	由承受其权利的法人或组织继受
请求权时效计算	侵权行为被确认违法之日起 2 年内提出请求，但请求人被羁押期间不计
时效的中止	最后 6 个月因不可抗力等事由可以中止，事由消除后继续计算

四、行政赔偿义务机关

行政赔偿义务机关——是指代表国家接受行政赔偿请求，参加行政赔偿诉讼，履行赔偿义务的机关。

行政赔偿义务机关，是国家赔偿法律关系中的义务人一方。行政赔偿义务机关的确定与行政诉讼被告的确定十分接近。行政诉讼被告的确定实行"谁主体，谁被告"的原则，主要通过行政主体标准来认定被告，而行政赔偿义务机关的确定基本遵循了这一标准，实行"谁侵权，谁赔偿"的原则。

根据确定行政主体的一般原理，我们知道，一个独立的行政机关或者一个获得了行政授权的组织都具有行政主体资格，对于它们自己实施的行政侵权行为，自然应当自行承担赔偿责任。而在行政委托关系中，接受行政委托的行政机关、行政机构、社会组织以及公民个人，都不具备行政主体资格，因此对于它们实施的行政侵权行为，应当由委托的行政主体承担赔偿责任。因此，对于这些一般情况下行政赔偿义务机关的确定，并无任何疑义。

需要我们进一步分析的，是在几种特殊情况下，对行政赔偿义务机关的确定，包括：

（一）共同行政侵权的赔偿义务机关

两个以上行政主体共同行使行政职权时，侵犯公民、法人和其他组织的合法权益造成损害的，这些行政主体应当共同作为赔偿义务机关，承担连带责任。也就是说，赔偿请求人在这种情况下，可以向共同赔偿义务机关中的一个或者几个要求支付赔偿金额的全部或者一部，接到要求的赔偿义务机关就应当按其要求支付，支付后再与其他赔偿义务机关分割其份额。

在共同行政侵权的情况下，赔偿请求人提起行政赔偿诉讼的，多个共同赔偿义务机关原则上应当作为共同原告。但如果请求人仅将其中的一个或者数个侵权机关列为被告的，法院就必须按照其诉讼请求的性质来确定被告。如果原告的诉讼请求属于可分之诉，如要求支付赔偿金，则只将原告所列的一个或者数个侵权机关作为被告即可；如果原告的诉讼请求是不可分之诉，如要求返还原物、恢复原状等，则法院应当依法追加其他侵权机关作为共同被告。

（二）侵权机关被撤销时的赔偿义务机关

如果实施侵权行为的机关被撤销的，则继续行使其职权的行政机关替代其作为赔偿义务机关；如果没有继续行使其职权的行政机关，则应当由撤销原侵权机关的行政机关替代其作为赔偿义务机关。这与实施具体行政行为的机关被撤销时，行政诉讼被告与行政复议被申请人的确定完全一致。

（三）复议加重损害时的赔偿义务机关

由于行政复议是一种行政机关内部的监督审查程序，因此复议决定在某些情况下不受不得加重原则的限制，行政争议经过复议之后，当事人的损害反而被加重的情况经常发生。那么，在复议加重情况下赔偿义务机关的确定就值得我们注意。按照《国家赔偿法》的规定，在这种情况下复议机关与做出原具体行政行为的机关应当就其侵权行为造成的损害分别负责，不承担连带责任。做出原具体行政行为的机关对其造成的损害负责，而复议机关就其加重的损害负责。

对于复议加重的案件，如果赔偿请求人提起行政赔偿诉讼的，其被告的确定与普通行政诉讼有所不同，并不必然以复议机关作为被告。如果请求人只起诉了做出原具体行政行为的机关，则原机关作为被告，但原告的诉讼请求不得超过其赔偿范围；如果请求人只起诉了复议机关，则复议机关作为被告，但原告的诉讼请求也不得超过其赔偿范围；如果请求人同时起诉了两个机关，则两个机关都作为被告，但法院应当判决两被告分别承担其各自的赔偿责任。可见，这种情况下行政赔偿诉讼的被告与普通行政诉讼的被告是不完全相同的。如果在复议机关加重损害的情况下，当事人提起普通行政诉讼的，被诉行为只能是复议决定，而被告只能是复议机关，做出原具体行政行为的机关无论如何都不可能成为被告。

（四）上下级交办案件的赔偿义务机关

在某些情况下，上下级行政机关之间存在着所谓的"交办"任务，例如地方人民政府向其派出机关交办一定任务。如果下级机关在执行交办任务时造成了行政侵权，则赔偿义务机关的确定应当按照行政委托关系处理，即将"交办"定性为行政委托，由实施委托的交办机关，而非实际执行机关作为赔偿义务机关。

当然，在这种情况下，接受交办任务的下级行政机关也有自己的独立职权，也具备行政主体资格，则如果该机关是在实施自身职权，而非执行交办任务时所造成的行政侵权，仍然以该机关自己作为赔偿义务机关。

（五）非诉执行案件的赔偿义务机关

行政机关申请人民法院强制执行其具体行政行为，最终造成被执行人合法权益损害时，其赔偿义务机关的确定也值得注意。在这种情况下，首先必须辨别侵权行为的性质，如果是法院及其工作人员在执行过程中违法造成侵权的，则属于民事、行政司法赔偿的范畴，应当由负责执行的法院作为赔偿义务机关。如果法院的执行行为并无错误，但是其据以执行的根据，即被执行的具体行政行为存在错误的，则应当以申请执行的行政机关，也就是该具体行政行为的做出者，作为赔偿义务机关。也就是说，对于非诉执行造成的侵权，应当按照"谁侵权，谁赔偿"的原则区分责任。

表 15-5　行政赔偿义务机关

单独行政赔偿	该机关、机构、组织及其工作人员实施了侵权行为
共同行政赔偿	共同赔偿义务机关负连带责任
委托机关赔偿	受委托的组织或个人侵权由委托机关赔偿
继受机关赔偿	赔偿义务机关被撤销的，继续行使职权的机关赔偿
撤销机关赔偿	赔偿义务机关被撤销又无继受机关的，撤销它的机关赔偿
复议机关赔偿	复议加重损害的，对加重部分赔偿
派出机关赔偿	执行自身职权由自己赔偿，执行交办任务由交办机关赔偿
申请机关赔偿	申请法院强制执行具体行政行为，由于执行根据错误的，由申请机关赔偿

五、行政赔偿程序

　　行政赔偿的程序，根据对赔偿问题处理机关的不同，可以分为三种类型：一是普通行政诉讼与行政复议程序，二是先行处理程序，三是单独的行政赔偿诉讼程序。

　　无论当事人通过哪一种程序解决行政赔偿问题，其赔偿请求的提出都必须以侵权行为被确认违法为前提。对侵权行为违法性的确认既可以是法院通过行政诉讼程序确认，也可以是复议机关通过行政复议程序确认，还可以是赔偿义务机关自己通过先行处理程序确认。当然，对赔偿问题的处理，与确认侵权行为违法的问题，两者既有可能在同一套程序中进行，也有可能先通过一套程序解决确认违法问题，再通过另一套程序解决赔偿问题。

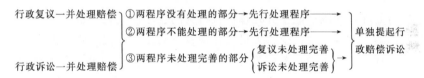

图 15-1　行政赔偿的基本流程

（一）普通行政诉讼与行政复议程序

　　普通行政诉讼程序与行政复议程序，均可对行政赔偿问题进行处理，这两套程序在处理行政赔偿问题时具有以下特点：

　　（1）这两套程序仅限于处理其受案范围内的行政赔偿问题。也就是说，当事人如果希望通过普通行政诉讼或者通过行政复议来解决赔偿问题，其前提是侵权的行政行为必须属于行政诉讼或者行政复议的受案范围。也就是说，这两套程序仅限于解决因具体行政行为所引起的行政赔偿案件，因行政事实行为而引起的赔偿，无法通过这两套程序得到解决。

　　（2）这两套程序对赔偿问题的处理原则上以当事人的请求为前提。也就是说，原则上，只有在当事人就行政赔偿问题提出请求或者申请的情况下，法院或者复议机关才能够对此做出处理。例外的情况下，在行政复议程序中，如果被申请的行为是直接针对财物做出的，且该行为依法应当被撤销或者变更的，此时当事人虽未提出赔偿请求，复议机关也应依职权主动做出赔偿决定。

（3）这两套程序均同时处理具体行政行为的合法性问题与赔偿问题。也就是说，这两套程序对赔偿问题的处理都是附带处理而非专门处理，法院与复议机关只有在解决被诉或者被申请具体行政行为合法性的基础上，才能同时处理有关赔偿问题。在行政诉讼程序中，原告可以在起诉之后到一审庭审结束之前提出行政赔偿的诉讼请求，如果原告提出请求的，则这种诉讼就被称为一并提起的行政赔偿诉讼。在行政复议程序中，申请人可以在申请复议之后到复议决定做出之前提出赔偿申请。

（二）先行处理程序

行政先行处理程序——是指在行政赔偿请求人向法院提起行政赔偿诉讼之前，先向行政赔偿义务机关要求赔偿，由该行政机关依法进行处理的程序。当行政赔偿义务机关不予受理、逾期不处理或者请求人对处理的结果持有异议时，赔偿请求人才可以寻求司法救济。

先行处理程序，指的是赔偿义务机关自己对赔偿事务的处理，对这一程序应当注意如下几点：

（1）先行处理程序可以处理全部的行政赔偿案件，也就是说，只要是属于行政赔偿范围的案件，无论是因具体行政行为所引起的，还是因行政事实行为所引起的，受害人都可以申请赔偿义务机关先行处理。

（2）先行处理程序的启动以受害人的申请为前提。这就意味着赔偿义务机关自己不可能就赔偿问题依职权启动处理程序，主动找到受害人进行处理。

（3）先行处理程序既可能一并处理侵权行为的合法性问题与赔偿问题，也可能仅单独处理赔偿问题。也就是说，受害人可以在侵权行为还没有被确认违法时就申请赔偿义务机关先行处理，此时赔偿义务机关必须同时确认行为是否违法，同时解决赔偿问题。受害人也可以在侵权行为已经被确认违法之后，[①] 再申请赔偿义务机关单独处理赔偿问题，此时赔偿义务机关就只需单独处理赔偿问题即可。

（4）先行处理的期限是自受到受害人申请之日起两个月，可能出现如下几种处理结果：①赔偿义务机关直接拒绝确认侵权行为违法，此时赔偿问题也不可能得到解决；②侵权行为已经被确认违法或者赔偿义务机关已确认其违法，但拒绝给予赔偿；③侵权行为已经被确认违法或者赔偿义务机关已确认其违法，且决定给予赔偿，但受害人对赔偿方案或者赔偿数额不服；④侵权行为已经被确认违法或者赔偿义务机关已确认其违法，且决定给予赔偿，受害人对赔偿方案感到满意。

（5）一般情况下，先行处理程序不是终局的处理程序。[②] 在先行处理程序可能出现的各种结果中，只有最后一种是对赔偿案件的圆满处理，其他三种情况的出现则意味着

---

① 例如，侵权行为已经通过行政诉讼或者行政复议被撤销、被变更，或者被确认违法、确认无效等。

② 当然，先行处理程序作为终局程序出现的例外情况也是存在的。例如在侵权行为是具体行政行为的情况下，受害人已经错过了提起行政诉讼或申请行政复议的期限，直接申请赔偿义务机关确认侵权行为违法。如果此时赔偿义务机关不予确认，则受害人就难以再通过其他有效途径寻求救济了。

赔偿纠纷仍然没有得到解决，此时受害人可以就此提起单独的行政赔偿诉讼，通过法院的判决来解决赔偿问题。当然，受害人的起诉应当受到诉讼时限的限制。

（三）单独提起的行政赔偿诉讼程序

单独提起的行政赔偿诉讼——行政相对人就行政损害赔偿问题提起的行政诉讼，法院在判决中只就行政赔偿问题做出处理，不对侵权行为的合法性做出判断。

单独提起的行政赔偿诉讼，是解决行政赔偿问题的终局程序，它的作用在于处理上述其他程序所不能处理的，或者没有处理的，或者没有处理完善的各类赔偿问题。具体一点讲，这一程序包括这样几个功能：

第一，处理其他程序所不能处理的问题。我们注意到，对于行政事实行为所引起的赔偿责任，普通的行政诉讼与行政复议程序都是无法处理的，因为行政事实行为并不属于这两种程序的受案范围，它们既无法处理行政事实行为所引起的赔偿问题，也无法确认行政事实行为的违法性。因此，如果受害人就行政事实行为寻求赔偿救济的话，只能申请赔偿义务机关先行处理。而先行处理程序实际上是侵权者的一种自我承认、自我否定的程序，受害人要想通过这一程序使赔偿义务机关确认自身行为的违法性，实际上成功的几率是很低的。因此，如果赔偿义务机关对侵权事实行为的违法性不予确认，或者虽予确认但不予赔偿，或者虽予赔偿但赔偿方案不能使受害人满意的话，则受害人必然需要寻求其他救济，此时其唯一的选择就是提起单独的行政赔偿诉讼，由法院对赔偿问题做出最终处理。

在这个问题上我们还需注意两点：①并非所有的行政事实行为侵权都能够获得国家赔偿，根据国家赔偿法与审理行政赔偿案件规定，只有侵害当事人生命权、健康权或者财产权的行政事实行为才属于国家赔偿的范围。②就行政事实行为提起单独的行政赔偿诉讼，不一定要以该行为被确认违法为前提。也就是说，如果受害人通过先行处理程序申请赔偿义务机关自己确认其行为违法，而赔偿义务机关不予确认的话，受害人仍然可以直接起诉，此时不受致害行为必须先经确认违法的限制。那么，此时侵权事实行为的违法性如何确认呢？应当由法院在判决时在判决理由中加以确认。

第二，处理其他程序所没有处理的问题。我们注意到，在普通行政诉讼与行政复议程序中，法院或者复议机关处理对行政赔偿问题的处理，原则上必须以当事人提出请求为前提。如果当事人在这些程序中没有提出请求，在复议中也不属于复议机关应当依职权主动做出赔偿决定的情形，则当事人的赔偿问题必定无法得到处理，此时只有对侵权行为违法性的确认得到了解决。在普通行政诉讼或者行政复议程序终结之后，如果当事人想重新解决赔偿问题的话，已经不可能重新启动诉讼或复议程序了。此时，当事人只能通过先行处理程序申请赔偿义务机关自己处理赔偿问题，而这种情况下又很可能得不到圆满的解决，甚至完全得不到解决。如果当事人对赔偿义务机关的处理决定不服，自然又必须通过提起单独的行政赔偿诉讼来寻求解决。

第三，处理其他程序所没有处理完善的问题。这种情况相对特殊一些，指的是当事人已经通过普通行政诉讼或者行政复议程序寻求处理赔偿问题，而法院与复议机关也进行了相应的处理，但处理结果难以令当事人满意时，受害人在某些情况下仍然可以再度提起单独的行政赔偿诉讼。

在行政复议中，这种情况指的是，复议机关对侵权行为的违法性做出了确认，同时就行政赔偿问题也做出了处理决定。此时，当事人在侵权行为违法性确认的问题上并无异议，但对于赔偿决定则表示不服，此时仍然可以单就赔偿问题提起赔偿诉讼。在这里需要注意一点，就是在法定的行政终局裁决行为中，当事人对复议机关的决定不服本来是不能够再行提起行政诉讼的。但是，如果当事人不服的仅仅是复议机关有关赔偿问题的决定，而不包括对侵权行为合法性的判断，则同样还可以提起单独的行政赔偿诉讼。

在普通行政诉讼中，一般来讲，如果当事人对法院做出的赔偿判决不服只能上诉，而二审法院做出的判决就是生效判决，此时当事人自然不能就赔偿问题再提起单独的行政赔偿诉讼了。但这只是一般情况，我们注意到，如果当事人在一审期间没有提出赔偿请求，而在二审中再提出的话，此时二审法院不能直接对赔偿问题作出判决，而应当进行调解。如果调解不能成功，则应当告知当事人就赔偿问题另行起诉，而当事人"另行起诉"所提起的就是单独的行政赔偿诉讼了。

总之，单独提起的行政赔偿诉讼是处理行政赔偿问题的兜底程序，它可以处理其他程序所不能处理的，所没有处理的，以及部分没有处理完善的赔偿问题。除了在功能上的特殊性之外，单独提起的行政赔偿诉讼在受案范围、起诉期限、管辖法院、审理程序、举证责任等方面与普通的行政诉讼也有其不同之处，对此我们应当注意以下几点：

（1）受案范围。单独提起的行政赔偿诉讼，除了可以受理具体行政行为所造成的侵权赔偿案件之外，还可以受理因侵犯生命权、健康权与财产权的行政事实行为所引起的赔偿案件，还可以受理行政终局裁决行为中的赔偿问题。对于这一点，上文已有所论述，在此不作重复。

（2）管辖法院。单独提起的行政赔偿诉讼，在级别管辖上与普通行政诉讼完全相同，在地域管辖上也基本类似，但有一点不同。就是对于行政机关基于同一事实对同一当事人，既限制其人身自由，又对其财产采取强制措施的案件，单独提起行政赔偿诉讼的，可以由被告住所地、原告住所地或不动产所在地法院（如果涉案财产是不动产的话）管辖。而在普通行政诉讼中，这种案件应当由被告所在地或者原告所在地法院管辖。

（3）起诉时限。赔偿请求人单独提起行政赔偿诉讼，应当在向赔偿义务机关递交赔偿申请后的2个月届满之日起3个月内提出。应当注意，这3个月期限的起算点是赔偿义务机关先行处理期限届满之日，而普通行政诉讼的起算点则是当事人知道具体行政行为做出之日。

特殊情况下，如果赔偿义务机关作出赔偿决定时，未告知请求人诉权或者起诉期限致使请求人逾期起诉的，其起诉期限从请求人实际知道诉权或者起诉期限时计算，但逾期的期间自请求人收到赔偿决定之日起不得超过1年。而普通行政诉讼对类似情形的起诉期限，同样是自当事人实际知道诉权或者起诉期限时计算，但不得超过其知道具体行政行为内容之日起2年。

（4）审理程序。法院审理行政赔偿案件，包括一并提起的与单独提起的行政赔偿诉讼，都可以在合法、自愿的前提下就赔偿范围、赔偿方式和赔偿数额进行调解。而法院审理普通的行政诉讼案件则不得适用调解。

（5）举证责任。无论是在一并提起还是单独提起的行政赔偿诉讼中，原告都应当对自己的主张承担举证责任，但被告有权提供不予赔偿或者减少赔偿数额方面的证据。

（6）执行问题。当事人申请法院强制执行生效的行政赔偿判决、裁定或调解协议，其申请期限对公民为1年，对法人或者其他组织为6个月。而在普通行政诉讼中，当事人申请法院强制执行生效裁判，其申请期限对公民同样为1年，而对法人或者其他组织则为180天。

六、行政赔偿的方式与计算

根据当事人在行政侵权中所遭受损害的权利类型的不同，行政赔偿的方式也相应有所不同，但总的来讲，支付赔偿金是最为重要的行政赔偿方式。

（一）侵害人身自由权的赔偿方式

侵害人身自由权的行为，包括行政拘留、行政强制措施、非法拘禁等。侵犯公民人身自由的案件，国家应赔偿受害人的误工费，每日的误工费按照国家上年度职工日平均工资计算。

应当注意所谓"国家上年度职工日平均工资"的计算基准，对此需要说明两点。第一，所谓"上年度"，指的是有权机关做出最终确定不变的赔偿决定当年的上一年，如果前一赔偿决定被后一决定机关所维持的，则以被维持的赔偿决定做出的时间为准，总之，哪一个赔偿决定做出之后再也没有被变动过，就以它做出当年的上一年作为计算基准。第二，所谓"日平均"，指的是按照国家统计局公布的职工年平均工资除以全年工作日的总数，所得到的结果。

（二）侵害生命健康权的赔偿方式

侵害公民生命健康权的行为，就是造成公民死亡或者伤害的行政赔偿案件，同样以支付赔偿金的形式加以赔偿，并按照下列方式计算赔偿金：

首先，造成公民身体伤害的，应当支付医疗费与误工费。每日的误工费按照国家上年度职工日平均工资计算，同时受到最高额的限制，最高额为国家上年度职工年平均工资的5倍。

其次，造成公民部分或者全部丧失劳动能力的，应当支付医疗费与残疾赔偿金。医疗费按照实际支出计算，残疾赔偿金根据丧失劳动能力的程度确定。部分丧失劳动能力的残疾赔偿金最高额为国家上年度职工年平均工资的10倍，全部丧失劳动能力的为国家上年度职工年平均工资的20倍。造成全部丧失劳动能力的，赔偿义务机关对该公民扶养的无劳动能力人，还应当支付生活费，生活费的发放标准，参照当地民政部门有关生活救济的规定办理。被扶养的人是未成年人的，其生活费给付至18周岁止；被扶养人是其他无劳动能力的人，其生活费给付至死亡时止。

最后，造成公民死亡的，应当支付死亡赔偿金与丧葬费。死亡赔偿金与丧葬费的总额为国家上年度职工年平均工资的20倍。对死者生前扶养的无劳动能力的人，也应当支付生活费，生活费的计算标准与造成公民完全丧失劳动能力的情况相同。

（三）侵害财产权的赔偿方式

行政侵权行为造成公民、法人和其他组织财产权损害的，按照以下方式赔偿：

首先，能够返还财产的应当返还财产。其中，金钱损害如罚款、罚金、征收金钱、摊派费用等，由于金钱属于种类物，必定能够返还；其他财产能够返还的也必须返还，如因财物灭失而不能返还的，应当给付相应的赔偿金。

其次，能够恢复原状的应当恢复原状。所谓"恢复原状"，包括恢复物理原状与恢复法律原状，恢复物理原状指的是将形状、功能已经发生变化的财物修复还原，恢复法律原状指的是将被查封、扣押、冻结的财产，解除其查封、扣押、冻结。但是，如果财产的原状无法恢复的，如因财物毁损无法复原，或者财物虽未毁损但恢复其原状成本较高的，则应当给付相应的赔偿金。

再次，财产已经拍卖的应当给付拍卖所得价款。如果该财产本来应当通过拍卖方式处理，有关机关却没有将其拍卖而是将其另行处理的，则应当支付赔偿金。

最后，处以行为罚的应当赔偿停业期间必要的经常性费用开支。即行政机关违法吊销许可证和执照、责令停产停业的，应当赔偿其停产停业期间必要的经常性费用开支。所谓"必要的经常性费用开支"，指的是当事人被迫停止营业后，为了维持生存或者为了维持企业的正常存在而必须付出的费用，如水电费、租金、职工工资等。对于受害人因停业而造成的经营利润损失，国家不予赔偿。

此外，行政侵权行为对财产权造成其他损害的，应当按照直接损失给予赔偿。直接损失是指当事人因受行政侵权行为的影响，不可避免地遭受的损失，而不包括其可得利益、期待利益的损失。

（四）侵害名誉权、荣誉权的赔偿方式

行政主体及其工作人员因限制公民人身自由，并同时造成公民名誉权、荣誉权损害的，应当在侵权行为影响的范围内，为受害人消除影响，恢复名誉，赔礼道歉，但不适用物质赔偿。行政侵权行为如单独造成公民名誉权、荣誉权损害，或者因其他原因一并造成公民名誉权、荣誉权损害的，均不予赔偿。例如，行政机关因拘留、拘禁等行为侵犯公民名誉权、荣誉权的，应当以上述方式给予赔偿；而使用暴力殴打等方式侵犯公民生命健康权并同时侵害其名誉权、荣誉权，或者使用谩骂、警告、通报批评等方式侵犯公民名誉权、荣誉权的，就不能获得上述方式的赔偿。

✛ 小结提升

在本节内容中，有一个问题使许多学习者长期感到困惑，就是对行政侵权行为违法性要件的判断问题，也就是对违法行为与合法行为的区别，或者说是对行政赔偿与行政补偿的区别问题。对于这个问题，上文已从一般角度进行了详述，为了帮助学习者切实掌握这一问题，我们在此从另一角度对赔偿与补偿的区别加以认识。我们注意到，行政赔偿与行政补偿除了违法性与合法性之外，还有一点明显区别，就是损害的发生与赔偿

（补偿）的发生，两者在时间上的先后关系有所不同。对于行政赔偿来说，必定是先有损害的发生，再有赔偿的做出，二者的顺序绝对不能颠倒过来。而对于行政补偿来说，则行政主体既可以先对当事人给予补偿，再要求其牺牲一定的权益（造成损失）；也可以先要求其牺牲一定权益（造成损失），之后再给予补偿，二者的顺序在理论上是可以颠倒的。因此，通过损害与赔偿（补偿）在时间上的先后顺序这一标准，来区分行政赔偿与行政补偿，也不失为一种具有补充意义的实用方法。

需要注意的是，上面这种顺序对调的方法，其运用必须有一个前提，那就是侵权人必须是行政主体。在有的情况下，如果是行政主体要求当事人冒着一定的风险实施某种行为而实现公共利益，有可能最后侵害当事人权利的不是行政主体，而是其他人。在这种情况下，基于"特别牺牲，特别补偿"的原理，行政主体应该承担补偿责任，但此时的补偿就不可能是事先补偿而只能是事后补偿了。因为此时侵权者并不是行政主体而是他人，就不可能要求它事先预见到可能造成的损失并先予补偿。此外，在特别紧急情况下发生的要求公民给予"特别牺牲"的行为，同样应当给予国家补偿，但由于公共利益正受到极其迫切的威胁，需要立即采取必要措施，在现实中也不可能对权益受损者事先予以补偿。

第二节　行政补偿

引例　康水均不服厦门市土地房产管理路房屋拆迁裁决案

厦门市鼓浪屿龙头路116号房屋系康水均购置，为二层砖木结构，建筑面积87.57平方米。1997年9月，该房屋被列入厦门中新房地产开发公司"龙头商院"商品房建设用地。由于双方对房屋拆迁补偿安置问题经数次商谈未果。1999年8月19日，厦门市中新房地产开发公司委托厦门市仁达房地产评估咨询中心对该房屋进行估价，并委托厦门市鼓浪屿公证处进行房屋证据保全。又经厦门市测量队对安置房与被拆迁房的水平距离进行计算，符合法定的就近安置的要求。1999年9月27日厦门市土地房产管理局作出厦土房（1999）047号房屋拆迁补偿安置裁决，限康水均在收到裁决书之日起7日内搬迁至厦门市文屏山庄183号之一502室和602室，建筑面积共计135.84平方米，并将原房腾空交付实施拆迁。康水均不服，提起行政诉讼，要求法院撤销厦土房（1999）047号房屋拆迁补偿安置裁决。

概述

本节介绍行政补偿制度，主要内容包括行政补偿的概念与内涵、行政补偿的范围、行政补偿的标准，以及完善我国行政补偿制度的建议。其中，以把握行政补偿的概念与内涵，尤其是理解行政赔偿与行政补偿的区别界限最为重要。

方法

由于我国的行政补偿制度较少有实定法上的规范，仅有的一些法律规范也极为零散，因此，本节内容将以介绍行政补偿的一般理论为主。其中，有关行政补偿内涵和范围的内容应予重点把握。

❖ 教学内容

一、行政补偿的概念

行政补偿的内涵，随着行政管理实践的发展有一个演变、拓展的过程。

目前，理论上一般认为行政补偿包括以下三个方面的内涵：第一，征用补偿，这是行政补偿的经典含义，指的是行政机关出于公共利益的需要，取得私人的财产性利益或非财产性利益之后所给予的补偿。第二，无因管理补偿，指的是私人为公共利益实施了无因管理，为支付其在无因管理过程中所付出的损失而由政府给予补偿。第三，公务行为附随结果的补偿，即行政机关在实施合法的公务行为时，产生了损害私人利益的附随后果，对此给予的补偿。当然，对于公务行为附随结果的补偿，到底应当属于行政补偿还是行政赔偿，理论上存在一定争议。

基于行政补偿的内涵，可以发现，行政补偿具有以下几个方面的基本特征：

首先，行政补偿的目的是为了弥补私人为公共利益所付出的特别牺牲。无论是财产性利益的征用，还是非财产性利益的征用，或者是为公共利益实施的无因管理，甚至是因公务行为的附随后果所遭受的损失，都可以看作是私人因公共利益的需要或因合法公务行为的实施而遭受的特别损失，一般称之为特别牺牲。所谓"特别"，指的是由于这种损失和牺牲只是个别人、少数人在特定情况下所遭受的，而不是所有人共同遭受的普遍损失、普遍牺牲。后者如公民因政府征收税费所损失的利益，便属普遍牺牲，不能获得补偿，或者不能获得充分补偿。

其次，导致行政补偿的行为是行政机关的合法行为。这里所谓的合法，不是指结果合法，因为这些行为均以牺牲个别私人的合法利益为结果，在结果上很难被称之为合法。因此，对引起行政补偿的合法行为，应当理解为目的合法和形式合法，即一方面是基于公共利益的目的而采取的行为，另一方面该行为在实施主体、事实根据、法律依据和实施程序方面均无违法情形。行政补偿，通过合法致损这一点，与引起行政赔偿的违法致害构成根本区别。

再次，行政补偿是行政机关为自身行为承担责任的一种法律形式。也就是说，行政补偿本身并不是一种具体行政行为，而是由于其合法实施的某种行为（可能是具体行政行为或行政事实行为）造成了私人合法权益的损害，为这种损害所承担的一种法律责任。当然，在实现行政补偿的程序上，如果由行政机关对补偿问题做出某种决定，那么，这种决定构成具体行政行为，可以成为行政诉讼或行政复议的标的。

二、行政补偿的范围

关于行政补偿的范围，无论是在理论学说中，还是在各国的制度实践上，均呈现出纷繁复杂的形态，没有一定之规。在我国当前，行政补偿法制极不完善，一方面没有统一的《行政补偿法》

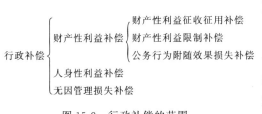

图 15-2   行政补偿的范围

法典，另一方面散见于单行法中的补偿条款又多有缺漏、矛盾之处，因此对我国当前行政补偿的范围也很难加以准确概括。在这里，我们结合理论通说和我国实际，对一般情况下行政补偿的范围给予简单介绍。

（一）财产性利益补偿

财产性利益补偿——是指行政机关出于公共利益的需要征收、征用或限制私人的财产性利益，对其损失给予的补偿。

财产性利益补偿，是行政补偿的典型形态和源头，具体而言，其范围包括：

（1）财产性利益征收征用补偿。即行政机关出于公共利益需要而取得私人财产利益所有权或使用权而给予的补偿。如土地等不动产的征收补偿、房屋拆迁补偿、企业征用补偿、移民补偿、专利征收补偿、取消相对人公法上地位（如废止许可证）的补偿等。

（2）财产性利益限制补偿。在这种情况下，行政机关并不取得私人财产性利益的所有权或使用权，而是基于公共目的限制私人财产性权利的行使，也需给予补偿。如基于生态保护的需要限制私人采伐权、捕捞权、狩猎权的行使，或者基于文物保护的需要限制私人土地所有权或使用权的行使，或者基于应对自然灾害的需要对居民生产、生活的限制，乃至于因变更许可证而限缩被许可行为范围所造成的损失，都属于限制私人财产性利益而造成的损失，应当给予行政补偿。

（3）公务行为附随效果损失补偿。即行政机关的公务行为并不以取得或限制私人财产性利益为目的，但在客观后果上却造成了私人财产性利益所损失，此时也应给予补偿。例如，基于保护野生动物的需要而划定保护区，导致保护区内的动物损害附近农作物甚至伤人。

（二）人身性利益补偿

对于人身性利益的损失补偿，向来存在许多争议。传统上认为，国家无论如何不得要求公民牺牲人身利益用于满足公共目的，无论给予何种重大的补偿均是如此。但实际上，通过公民牺牲人身利益而满足公共利益的情况比比皆是。因此，我们认为，公民人身性利益的牺牲补偿应当得到承认，但必须限定在一定范围之内，如公民的生命权、健康权、长时间的自由权不得因公共利益的需要而剥夺或限制，而其他人身性利益如劳动自由、短时间的人身自由等可以受到适当限制。但这也并非绝对，在极个别情况下存在例外。例如，为了公共卫生的需要，政府要求公民必须接种某种疫苗，否则可能引发大规模疫病。但该疫苗的接种可能造成十万分之一人群健康受到损失或者死亡。在这种情况下，因接种疫苗而致死、致残、致病者便应视为基于公共利益而牺牲了人身性利益，国家应当给予补偿。

（三）无因管理损失补偿

无因管理损失补偿——是指私人在没有法定义务的情况下，为了公共利益而实施管理行为而受到损失（包括财产利益损失和人身利益损失）所应当获得的补偿。

例如，公民在突发公共危机中参加应急救援，公民协助警察抓捕歹徒等。由于这些无因管理行为致使私人权益遭受损失的，应属特别牺牲，必须给予补偿。

三、行政补偿的标准

对于行政补偿的标准，理论上存在完全补偿和适当补偿两种主要观点。从我国有关行政补偿的法律、法规来看，对补偿标准的表述有"适当补偿"、"相应补偿"、"合理补偿"、"完全补偿"、"公平补偿"等，诸如：①适当补偿标准，如《草原法》、《国防法》、《防震减灾法》、《城市房屋拆迁管理条例》、《土地管理法》等；②相应补偿标准，如《城市房地产管理法》、《外资经营企业法》、《外资企业法》、《戒严法》等；③合理补偿标准，如《城市私有房屋管理条例》、《归侨侨眷权益保护法》等；④完全补偿标准，如《大中型水利水电工程建设征地补偿和移民安置条例》等。

✦ **小结提升**

基于公共利益的前提，包括土地在内的一般私有财产以及一部分非财产性利益都可以由国家予以征收、征用或限制。基于"特别牺牲、特别补救"的原理，对私人利益征收、征用或限制之后应当予以补偿，以平衡公益与私益、全局受益与局部牺牲的矛盾，这是行政补偿法制的存在价值和调整功能。因此，现行宪法第四次修改通过修正案第20条、第22条直接规定了国家为了公共利益的需要，依照法律规定征收或者征用土地、私有财产时应予补偿，这为完善我国的行政补偿法制提供了更明晰、更全面的制定法依据。我国宪法此前没有明确国家（行政）补偿条款，于是在应否与如何完善行政补偿法制的争论过程中（例如国家赔偿与国家补偿是否可以视为一类法律补救行为？国家应否承担合法行为致损的补偿责任？是否需要在国家赔偿法典中设置行政补偿章节？是否需要单独制定行政补偿法典？等等），肯定论者就只好找到宪法第41条第3款，将其作为应当完善国家补偿法制的宪法依据。该款规定："由于国家机关和国家机关工作人员侵犯公民权利而受到损失的人，有依照法律规定取得赔偿的权利。"这是因为该款并未明确限定是违法行为致损才予以赔偿。但否定论者坚决表示反对，认为公法规则的论域不能随意扩大解释，此款规定就是指违法行为侵权致损后的国家责任承担，与国家补偿法制无涉。于是此类争论只能莫衷一是，而且也在实际上影响了补偿法制的发展。直到现行宪法第四次修改将补偿条款入宪，才将此争论画上句号。

那么，我国行政补偿法制的未来发展路向如何？我们认为，只有经过认真负责和系统深入的讨论，才能形成更多共识，更有利于我国行政补偿法制的健康快速发展。对此提纲式地提出如下意见：

第一，制定行政补偿法典。我国行政补偿法制的一个突出问题是法律规范少而散，应当借修宪契机尽快改变这种状况。当然，在修改我国《国家赔偿法》的时候，增加若干章节来专门规范行政补偿也不失为权宜之计；但我们认为最彻底、最高效、最稳妥的选择，还是专门制定出一部行政补偿法典（或国家补偿法典）。有了这样一个龙头性的法律作为基干，有利于纲举目张地从法律、法规、规章等各个层次来逐步完善我国行政补偿法律规范体系，从根本上解决无法可依的问题。

第二，明晰行政补偿原则。尽管宪法第四次修改规定了国家为公共利益的需要征收或者征用公民的土地、私产应当予以补偿，但并未明确和具体地规定补偿原则，显然不利于实际操作。从西方法治国家的制度和理论研究观点来看，财产权受到侵害的具体补偿原则各不相同，例如有规定适当补偿的，有规定相应补偿的，也有规定完全补偿的，还有规定公平补偿的。我们认为，还是规定公平补偿原则比较好。因为公平补偿的基本要求是尽可能运用市场机制、贴近市场价格、发挥看不见的手的作用，而行政补偿行为本身是一只看得见的手。实践证明，运用"双手操作"比较稳当，能够减少行政两造互动的后遗症。此外，还应明确规定事先补偿的原则。

第三，扩展行政补偿范围。在行政管理实务中，出于公益考虑和公权力运用而导致行政相对人的特别牺牲，并不限于财产损害，也包括人身伤害和其他基本权利损害。因此，行政补偿的范围也不应局限于财产损害补偿，只要是出于公益考虑和公权力运用而导致行政相对人的特别牺牲都应给予补偿，包括一些合法期待利益、必然发生的利益损害、直接反射性和巨大辐射性的利益损害等也应纳入补偿范围。

第四，提高行政补偿标准。我国《国家赔偿法》施行 10 年来的实践过程中，人们普遍感到赔偿标准太低是一个突出问题，大大制约了赔偿立法目标的实现。鉴于此，考虑到我国的公共财力已经有了很大提高，补偿能力已不存在问题，所以国家补偿标准再不能确定得太低。而且标准太低，既不利于化解行政争议和行政怨情，也不利于改善政府与民众的关系，不利于树立良好的政府形象。

第五，简化行政补偿程序。程序繁琐，求偿路遥，必然使公民望而生畏。成本大于补救的公正很难说是公正；迟来的公正更不是公正。对于权利人寻求补偿救济而言，补偿程序应尽可能简便易行，降低求偿成本（包括财物成本和时间成本）。但简化也是辩证的，基本的补偿程序不能免除。因为行政补偿涉及财政资金（也即纳税人的钱）的大量单方支付，如果程序不健全，易生弊端，故须对行政两造的补偿活动行为实施有效的法律监督，防止出现行政两造甚至司法机关参与做假案、蒙骗国家的现象。

第六，设立行政补偿基金。履行行政补偿责任的主要责任形式是支付补偿金。犹如设立行政赔偿基金以解决行政赔偿执行难的问题一样，我们认为要实现行政补偿制度的有效运行，有必要在各级财政设立行政补偿基金。无论非诉讼补偿请求抑或诉讼补偿请求，都能够在生效决定作出后，由决定机关同时签发执行支票，到指定银行领取补偿金，保证行政补偿决定能够顺利执行。

[本章阅读文献]

1. 王克稳：《论我国行政赔偿的若干问题》，《法学天地》，1991 年第 2 期。

2. 肖峋：《关于国家赔偿的几个问题》，《中外法学》，1991 年第 2 期。

3. 应松年：《国家赔偿法立法探索》，《中国法学》，1991 年第 5 期。

4. 孙笑侠：《公、私法责任分析——论功利性补偿与道义性惩罚》，《法学研究》，1996 年第 6 期。

5. 李俊、夏军等：《试论我国行政补偿制度》，《法学评论》，1997 年第 3 期。

6. 姜明安：《行政补偿制度研究》，《法学杂志》，2001 年第 5 期。

7. 应松年、杨小君：《国家赔偿若干理论与实践问题》，《中国法学》，2005 年第

1 期。

8. 杨解君、蔺耀昌：《国家赔偿的制度欠缺及其完善》，《中国法学》，2005 年第 1 期。

9. 莫于川：《私有财产权的保护与行政补偿法制的完善》，《浙江工商大学学报》，2005 年第 2 期。

10. 熊文钊：《试论行政补偿》，《行政法学研究》，2005 年第 2 期。

11. 曾珊：《松花江污染事件是否存在行政赔偿的法律空间——从行政不作为违法的角度看》，《中国法学》，2006 年第 2 期。

12. 赵元成：《功能视角下的行政赔偿先行处理程序》，《政治与法律》，2007 年第 4 期。

[相关链接]

1. 张红：美国刑事赔偿制度评介。（见："中国宪政网"）
2. 何俊：日本国家赔偿法研究。（见："中国宪政网"）

第五编　行政诉讼论

导言：本书特意将行政诉讼这一重要的行政监督救济制度单列为一编，在行政诉讼的内容、构造、过程、结果等方面作了比较从容的研讨。主要讨论了行政诉讼理念和受案范围，行政诉讼的管辖法院和当事人，行政诉讼的程序、证据和法律适用，行政诉讼的裁判及其执行，等等。不言而喻，行使特殊公共权力——国家行政权力的复杂过程必须依法加以强有力的外部监督约束，这就产生"以权力制约权力"的行政诉讼制度。这项制度是公民、法人或者其他组织认为行使国家行政权的机关和组织及其工作人员所实施的具体行政行为，侵犯了其合法权利，依法向人民法院起诉，人民法院在当事人及其他诉讼参与人的参加下，依法对被诉具体行政行为进行审查并做出裁判，从而解决行政争议的制度。它是广义行政救济法制的最重要的制度设计之一，建立于资产阶级革命胜利之后，其理论基础源于古希腊亚里士多德和法国孟德斯鸠的权力分立与制衡的思想，以及有关的法治理念和宪政理念。行政诉讼与宪法诉讼、刑事诉讼、民事诉讼都是现代国家的主要诉讼制度。现代国家建立行政诉讼制度的目的，在于解决行政争议，保障和救济公民、法人或其他组织的合法权益，同时更重要的是对国家行政活动的合法性加以监督，从而也就更有效地保障公民、法人或其他组织的合法权益。就如何推进依法行政而言，行政诉讼是一支重要的异体监督力量和社会稳定力量，是常规状态下公民合法权利救济的最后一道主要的法律保障线，在现代宪政和行政法治体系中扮演了不可替代的重要角色。

第十六章　行政诉讼概述

引例　四川夹江打假案

　　1995年7月28日，四川省技术监督局（以下简称"省技监局"）稽查一队得到成都彩虹电器（集团）股份有限公司（以下简称"彩虹公司"）的举报和协助，在成都市成华区公安分局几位警察陪护下，派员、派车去该省乐山市夹江县彩印厂，直接查封了该厂未经彩虹公司合法授权而印制的近2万个彩虹牌电热灭蚊药片包装盒（该种药片是彩虹公司产品），同时查封了有关的印刷设备和厂房（查封过程中双方发生了冲突），并于10月上旬直接对该彩印厂及其法定代表人万建华分别作出罚款5万元和4万元的处罚决定。因对该行政强制措施和行政处罚不服，夹江县彩印厂和万建华先后在夹江县人民法院和成都市中级人民法院提起了行政诉讼（这两场官司均是被告省技监局胜诉）；与此同时，还打了两场有关的民事官司：一是彩虹公司诉彩印厂侵害其名誉权、荣誉权和商标专用权（成都市武侯区人民法院受理，原告胜诉），二是夹江县法院诉成都商报社在报道此案时侵害了该院的名誉权（成都市青羊区人民法院受理，以调解结案）。由于在夹江打假案实施和审理过程中，许多新闻媒介（包括中央电视台）作了连续、大量、重点的报道，部分人大代表也进行了强力干预。一时间这个本来很普通的行政执法案和接连提起的行政诉讼案、民事诉讼案（特别是两个行政诉讼案）成了当时全国轰动的一个热点案件，人们见仁见智地就"省技监局是否越权"、"打假能否有错"、"制假者能否把打假者送上被告席"等展开了热烈争论，而产生了非同寻常的社会轰动效应，也成为我国行政法学界重点剖析的案例。（案例出处：《行政法学研究》，1997年第1期）

　　此案涉及一系列行政法观念和制度问题，值得认真研究讨论。例如：制假嫌疑者把打假者送上被告席是否"大逆不道"？打假是否犹如打过街老鼠，谁来打、怎么打都行？法律制度权威是否必须为现实政治需要让路？行政诉讼是否无须考虑社会成本？独立审判原则不适用于人大监督、新闻监督吗？如何理解司法救济是常规状态下公民权利保护的最后一道防线？这些问题都值得我们认真研究思考。在本编讨论夹江打假案，尤其促使我们思考这样两个问题：行政诉讼制度的目的是什么？行政诉讼与其他诉讼制度，尤其是与民事诉讼制度的异同之处何在？

☞ 概述

　　行政诉讼，与刑事诉讼、民事诉讼（有的国家还包括宪法诉讼）并称为现代国家的三（四）大诉讼制度。现代国家建立行政诉讼制度的目的，在于解决行政争议，保障和救济公民、法人或其他组织的合法权益，同时对国家行政活动的合法性加以监督。我国《行政诉讼法》经过10多年的实践，在复杂的社会条件下艰难地获得了发展，取得了宝贵的效果与经验。

♨ 方法

　　本章将简要介绍行政诉讼与行政诉讼法的若干基本问题，对于这些内容，学习者应着重体会两点：一是行政诉讼制度的功能、作用及其在国家法律体系中的地位，尤其是这一制度对公民权利保障和救济的重大意义；二是行政诉讼与其他诉讼制度，尤其是民事诉讼制度的异同。

❖❖ 教学内容

一、行政诉讼概述

（一）行政诉讼的含义与特征

行政诉讼是解决行政争议的最重要法律制度。首先需要明确几个基本概念。

行政争议——指的是行政主体在其行使职权和履行职责的过程中与公民、法人或其他组织发生的，以行政法上的权利义务为内容的争议。

行政诉讼——在我国是指公民、法人或者其他组织认为行使国家行政权的机关和组织及其工作人员所实施的具体行政行为，侵犯了其合法权利，依法向人民法院起诉，人民法院在当事人及其他诉讼参与人的参加下，依法对被诉具体行政行为进行审查并做出裁判，从而解决行政争议的制度。

我国的行政诉讼具有以下基本特征：

第一，行政诉讼的主持者与裁判者是普通人民法院。行政诉讼通过这一特征，区别于行政复议等其他行政争议解决方式，同时区别于某些国家的行政法院制度。行政诉讼的最直接功能，在于解决行政争议，但行政争议的解决方式并不限于行政诉讼，还包括原则上由上一级行政机关处理的行政复议制度，包括由各级国家权力机关或者上级行政机关处理的行政法规、规章、规范性文件审查监督制度，还有由各级国家权力机关或行政机关处理的申诉与信访制度，等等。在所有这些行政争议解决机制当中，只有行政诉讼由法院居中裁判，因而只有行政诉讼属于司法制度。而从世界范围内来看，某些国家和地区的行政案件交由专门的行政法院审判。我国的行政案件则由普通人民法院审判，一方面没有设立行政法院，另一方面既有的专门人民法院（包括军事法院、铁路运输法院、海事法院、森林法院）也不审理行政诉讼案件，这是我国行政诉讼制度的一大特征。

第二，行政诉讼审理的对象是一定范围内的行政争议。行政诉讼通过这一特征，区别于刑事诉讼与民事诉讼。也就是说，行政诉讼审理的对象是因具有国家行政权的机关和组织及其工作人员实施行政活动而引起的争议。在我国，行政诉讼的审理对象还受到进一步的限制。首先，它原则上仅限于审理因具体行政行为而引发的行政争议；其次，它只能审理那些没有被法律所规定的受案范围所排除的行政争议。

第三，行政诉讼主要当事人的关系是恒定的。行政诉讼的原告只能是公民、法人或者其他组织，而行政诉讼的被告只能是行使国家行政权的机关或组织，两者决不能颠倒过来。也就是说，行政诉讼只能是"民告官"，而不可能是"官告民"。尽管《行政诉讼法》规定，行政机关可以申请人民法院强制执行已经生效的具体行政行为，这种情况具有一定程度的"官告民"色彩，但这毕竟属于非诉程序而不是诉讼程序。行政诉讼中原被告双方的这种恒定关系，实际上是它们在行政程序中关系的延伸，一般情况下，行政程序中的行政主体就是行政诉讼程序中的被告，而行政程序中的相对人就是行政诉讼中的原告。在原被告恒定这一点上，行政诉讼与民事诉讼明显不同。在民事诉讼中，双方当事人的诉讼权利是对等的，如一方起诉，另一方可以反诉。而行政诉讼双方当事人的诉讼权利是不对等的，因为行政诉讼的前提是具体行政行为的存在和行政主体行使行政职权，而作为"反诉"的被告一方往往并非行政主体。因此，在行政诉讼中，只能由公民、法人或者其他组织一方起诉，行政主体一方没有起诉权和反诉权。

（二）行政诉讼的功能

行政诉讼是广义行政救济法制的最重要的制度设计之一：①它是行政系统外部的一种纠错（修错）机制，也称为异体监督方式；②它是一种横向的权力性的监督机制，是监督和保障行政权力合法有效行使的制度设计；③它是一种以追求公正为主要价值目标的行政相对人权利救济机制，是行政法治化的产物；④它是一种事后救济机制，在没有建立宪法诉讼的国家（如我国）是公民合法权利救济的最后一道保障线；⑤它是一种检测依法行政水平高低、改善行政管理工作的客观尺度。

在此定位基础上的行政诉讼制度的基本功能，也即对社会关系可能产生的影响，或者说行政诉讼制度所能发挥的作用与效果，我们认为可从如下三个方面加以理解：

第一，定纷止争，这是行政诉讼最直接的功能。既然行政诉讼审理的对象是行政争议，那么，它最直接的功能就是对这种争议做出裁断，确定当事人之间的权利义务。基于司法最终裁判的原理，行政诉讼是处理行政纠纷的终局机制，行政纠纷一旦经过法院生效裁定或判决，原则上就不得再行争议、重新变动。因此，行政诉讼制度的存在，可以使当事人之间所争执的权利义务关系最终确定下来，避免长期纠纷不息造成讼累，造成各方当事人人力、物力、财力上的不断投入与浪费。

第二，权利救济，这是行政诉讼最根本的功能。由于行政活动本身纷繁复杂，对公民、法人和其他组织权益的影响又十分深刻，因此极易发生违法行为而对当事人合法权益造成侵害。尤其在我国当前的现实条件下，法治传统十分薄弱、法律体系尚未健全、法治意识相对淡薄、公务人员素质不高，因违法行政行为侵害当事人合法权益的事件大量存在。尽管有着行政组织法、行政程序法等制度对行政活动加以事先、事中控制，但违法行政的发生仍然不可避免，这就需要设计相关的事后法律机制加以救济。而在事后救济机制当中，行政复议属于行政系统的内部审查，在公正性上存在欠缺，实际中的效果也并不理想，因此，行政诉讼就不可避免地成为对行政行为进行事后审查，对公民、法人或其他组织的合法权益进行事后救济的最重要的法律机制。

第三，法制监督，这是行政诉讼的另一重要功能。行政诉讼在对公民、法人和其他组织的合法权益加以救济的同时，也起着监督被告行政机关依法行政的作用。如果行政机关实施了违法的具体行政行为，则法院通过行政诉讼裁判将该行为撤销、变更、确认违法，或者责令被告履行法定职责，起到纠正行政机关违法行为，促使其依法行政的作用。即使行政机关并未实施违法行为，但基于行政诉讼制度的存在，也将使其在实施行政活动时有所顾忌，不敢轻易违法。

（三）行政诉讼的基本原则

行政诉讼的基本原则——是指贯穿于整个行政诉讼制度当中，对行政诉讼活动的各个环节具有普遍指导意义的基本准则。

行政诉讼的基本原则可以分为三类：第一类是行政诉讼与其他诉讼制度，如民事诉讼、刑事诉讼所共有的原则，包括：人民法院独立行使审判权原则；以事实为根据，以法律为准绳原则；回避原则；公开审判原则；两审终审原则；当事人法律地位平等原则；使用本民族语言进行诉讼原则；辩论原则；人民检察院实行法律监督原则等。第二类是行政诉讼所独有的原则，包括合法性审查原则、不适用调解原则、被诉具体行政行为不停止执行原则。第三类是行政诉讼与其他诉讼共有，但在行政诉讼中具有特殊意义的原则，主要是合议原则。在此，我们主要阐述第二类与第三类原则。

（1）合法性审查原则。合法性审查原则，指的是行政诉讼只审查具体行政行为的合法性，而不审查其合理性问题。尽管对于一个具体行政行为来说，不合法因素与不合理因素的存在都可能给公民、法人和其他组织的合法权益带来损害，但基于司法权与行政权之间的基本分工，对于具体行政行为的合理性问题，法院原则上不能加以审查。合法性审查原则的存在，在根本上是由法院的性质与任务所决定的，法院是法律的适用者，只有法律调整的问题，法院才可以审理。对于具体行政行为的一般合理性问题，法律并不加以严格的规范与羁束，而是给行政机关留下一定的自由裁量空间，即使行政机关在裁量中有欠妥当，存在合理性上的欠缺，也并不构成违法，法院对此便不应加以审理。对于因具体行政行为合理性问题所引起的争议，原则上通过行政复议等其他方式寻求解决。

当然，行政诉讼并非绝对地不审查任何具体行政行为的合理性问题，如果一个具体行政行为存在着严重的、明显的、重大的合理性问题，以至于违反了行政合理性原则的最基本要求，此时便可将该行为视同违法——因为所谓违法并不限于违反某一明确的法律规范，也包括违反法律原则。对于这种情况，在理论上法院也可以通过行政诉讼加以审查。当然，根据我国《行政诉讼法》的规定，目前只对于显失公正的行政处罚决定，法院才有权加以审查并变更其内容。

（2）不适用调解原则。我国《行政诉讼法》第50条规定："人民法院审理行政案件，不适用调解。"之所以把不适用调解作为一项原则规定下来，主要基于两个方面的考虑：一是行政诉讼审查的是具体行政行为的合法性，被诉的行为要么是合法，要么是违法，不可能存在中间状态，而调解的目的正是在于寻找合法与违法之间的中间状态，这在逻辑上不存在可能性；二是因为具体行政行为的做出是国家行政权运用的结果，被诉的行政机关无权对国家行政权的行使做任何放弃与让步。当然，对于行政诉讼中原告提出的赔偿请求，由于赔偿问题是在侵权行为违法性已经得到确定的前提下产生的，因此不再涉及对被诉行为合法性的判断，法院就可以对赔偿范围、赔偿方式与赔偿数额等问题进行调解。所以《行政诉讼法》第67条第3款规定："赔偿诉讼可以适用调解。"当然，这样的理念和做法，现在正随着司法改革（例如通过司法解释）而出现一些变化，积极通过调解（或者称之为协调和解）的方式处理行政争议，在许多地方法院的行政审判实践中越来越多地采用并取得积极成效。在这一方面的改革，行政复议制度已经率先进行尝试，在将来修改《行政诉讼法》的时候，立法机关也应给予必要的考虑和借鉴。

（3）被诉具体行政行为不停止执行原则。在行政诉讼期间，原则上不停止被诉具体行政行为的执行，但在下列例外情况下停止其执行：①被告认为需要停止执行的；②原告申请停止执行，法院认为该具体行政行为的执行会造成难以弥补的损失，并且停止执行不损害社会公共利益，裁定停止执行的；③法律、法规规定停止执行的。这样的理念和做法，也随着审判实践和司法改革的推进而出现了变化，提起诉讼后在不损害社会公共利益并提供保证的情况下，停止执行被诉具体行政行为的情形正变得越来越普遍。

（4）合议原则。对于法院而言，无论其审理的是行政诉讼案件，还是行政机关申请强制执行生效具体行政行为的案件（非诉执行案件），一律实行合议审理。也就是说，行政诉讼没有简易程序。尽管其他诉讼也以合议审理为原则，但该原则均存在例外，即在普通程序之外仍然存在简易程序。而行政诉讼的合议原则却是绝对的，目前尚不存在任何例外。审理行政诉讼案件的合议庭由三人以上单数的审判员或者由审判员与陪审员共同组成，对于发回重审的案件，原审法院还应另组合议庭进行审理。

表 16-1　行政诉讼制度的原则体系

共有原则	①人民法院独立行使审判权原则；②以事实为依据，以法律为准绳原则；③回避原则；④公开审判原则；⑤两审终审原则；⑥当事人法律地位平等原则；⑦使用本民族语言进行诉讼原则；⑧辩论原则；⑨人民检察院实行法律监督原则
共有但具有特殊内容的原则	合议原则
特有原则	①合法性审查原则；②不适用调解原则；③被诉具体行政行为不停止执行原则

二、行政诉讼法概述

（一）行政诉讼法的含义

行政诉讼法——是指有关调整人民法院和当事人及其他诉讼参与人的行政诉讼活动，以及在这些诉讼活动中所形成的各种法律关系的规范和原则的总称。

行政诉讼法从其含义上讲有广、狭之分。狭义的行政诉讼法特指《行政诉讼法》法典本身，而广义的行政诉讼法则指的是一个独立的法律部门，其法律渊源既包括《行政诉讼法》法典，也包括宪法、民事诉讼法、法院组织法等文件中与行政诉讼制度有关的原则与规范，还包括最高法院针对《行政诉讼法》所做出的各种司法解释，以及有关的国际条约和协定等。在一般情况下，人们都是从广义上来使用行政诉讼法这一概念的，在这一层面上，行政诉讼法与民事诉讼法、刑事诉讼法相并立，是我国的三大诉讼法之一。

行政诉讼法从性质上讲是一种诉讼程序法，它所规定的是行政诉讼活动中的各种步骤、顺序、方法、手续等程序性事项。行政诉讼法与行政法的关系十分特殊，这与民事或刑事法律制度上实体法与程序法之间的关系明显不同。在民事或刑事法律制度上，所谓的程序法指的就是诉讼程序法，即民事诉讼法与刑事诉讼法。而在行政法律制度上，行政法本身就包括了实体法内容与程序法内容，即包括行政实体法与行政程序法，而行政诉讼法作为诉讼程序法与行政程序法并不相同，前者规范的是行政诉讼活动的程序，而后者规范的是行政活动本身的程序。可以这样讲，行政诉讼法的实施，本身就是为了裁断当事人之间就行政实体法与行政程序法上所发生的权利义务上的争议，它本身就是对行政实体法与行政程序法的一种实施保障制度。

（二）行政诉讼法的法律渊源

行政诉讼法的法律渊源，指的是行政诉讼法律规范的各种表现形式，主要包括：

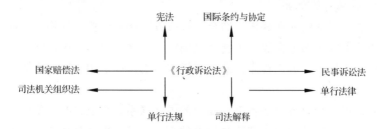

图 16-1 行政诉讼法的法律渊源解析

（1）宪法。我国《宪法》规定了公民对国家机关及其工作人员的申诉权、控告权及对国家的求偿权，同时规定了国家的基本司法制度。这些宪法规范，对于行政诉讼活动都起着最根本的指导作用，当然属于行政诉讼法的法律渊源。

（2）行政诉讼法。《行政诉讼法》法典本身是广义行政诉讼法的核心内容，它相对集中系统，较为全面详细地规定了我国行政诉讼的各方面制度。

（3）国家赔偿法。国家赔偿制度与行政诉讼制度密切相关，国家赔偿制度中与行政赔偿诉讼有关的规定，也是行政诉讼法的法律渊源之一。

（4）司法机关组织法。《人民法院组织法》中有关法院从事诉讼活动的一般性规定，《人民检察院组织法》中有关检察院实施法律监督方面的规定，也是行政诉讼法的一个组成部分。

（5）民事诉讼法。根据《最高人民法院关于执行行政诉讼法的若干解释》（以下简称《若干解释》）第97条的规定："人民法院审理行政案件，除依照行政诉讼法和本解释外，可以参照民事诉讼法的有关规定。"由此可见，对于《行政诉讼法》与《若干解释》所没有规定，而民事诉讼制度中已经有所规定的问题，可以适用民事诉讼的规定。因此，民事诉讼法中的某些规范，也属于行政诉讼法的法律渊源。

（6）单行法律与法规。在许多单行的法律、法规中，同样存在有关行政诉讼制度的规定，这些规定也是行政诉讼法的组成部分。这些规定主要包括：关于诉权的规定、关于起诉期限的规定、关于复议前置或复议终局的规定、关于执行制度的规定，等等。其中以关于诉权的规定最为重要，因为这直接影响了行政诉讼的受案范围。

（7）司法解释。最高人民法院有关《行政诉讼法》的司法解释是行政诉讼法的一个重要组成部分，在审判实践中发挥着无法替代的重要作用。在这些司法解释中，最为重要的当属 2000 年颁布的《若干解释》以及 2002 年颁布的《关于行政诉讼证据若干问题的规定》(以下简称《证据规定》),以及有关行政赔偿诉讼的一些司法解释。此外,最高人民法院及其审判庭就个案或者个别法律条款所单独做出的批复、答复、解释等,在实践中都对各级法院的行政诉讼活动发挥着指导作用。

(8) 国际条约与协定。《行政诉讼法》第 72 条规定:"中华人民共和国缔结或者参加的国际条约同本法有不同规定的,适用该国际条约的规定。中华人民共和国声明保留的条款除外。"因此,除声明保留的条款之外,我国参加的国际条约与协定中有关行政诉讼的规定,也是行政诉讼法的法律渊源。

(三)行政诉讼法的知识体系

根据行政争议制度的内在规律,结合《行政诉讼法》法典的结构,一般认为行政诉讼法的知识体系由以下部分构成:①受案范围;②管辖制度;③诉讼参加人;④行政诉讼与行政复议的衔接;⑤诉讼程序;⑥证据规则;⑦法律适用规则;⑧裁判方式;⑨执行制度。

我们认为,根据行政诉讼法各部分知识的内在联系,可以将其在整体上划分为四个部分:第一,行政诉讼的内容,即行政诉讼的受案范围,也就是哪些行政争议可以通过诉讼制度得到解决的问题,本书第十七章将予以介绍;第二,行政诉讼的构造,即行政诉讼活动当中各方主体如何确定的问题,包括管辖法院、原告、被告以及其他诉讼参加人和参与人,本书将在第十八章予以介绍;第三,行政诉讼的过程,即通过行政诉讼审理行政争议的具体程序和规则,包括行政诉讼与行政复议的衔接、行政诉讼的审理过程、行政诉讼的证据规则和法律适用规则,本书第十九章将予以介绍;第四,行政诉讼的结果,即当事人所系争的法律关系如何裁判及裁判结果如何实现的问题,包括行政诉讼的裁判文书及有关执行制度,本书第二十章将予以介绍。

✧小结提升

行政诉讼俗称"民告官",这是人们对这一制度最为直接、通俗的理解。那么,"民告官"三字是否准确地概括了行政诉讼原被告恒定这一基本特征呢?换言之,行政诉讼是否存在"官告官",或者"官告民"的形态呢?对此有必要做进一步的分析。

首先,"官告官"的形态从表面上看完全可能出现,但其实质仍然是"民告官"。在行政管理实践中,作为行政主体的行政机关和组织除了以行政主体的身份行使职权、履行职能之外,还将不可避免地从事大量的民事活动,而对这些民事活动的管理有可能正属于另一行政主体的职权。如此一来,许多行政机关和组织将有可能成为另一行政主体的管理对象。在此类行政管理活动中,一旦被管理的机关和组织认为管理者所实施的具体行政行为违法,完全有可能对其提起行政诉讼。这样,从表面上看起来,就形成了"官告官"的行政诉讼。但从本质上讲,此时作为原告的行政机关或组织,其身份并非行使职权或履行职责的行政主体,而是作为行政管理的相对人,相对于作为管理者的另一行政机关来说,其身份仍然是"民"而不是"官"。它们所提起的诉讼仍然是"民告官"。在另外一种情况下,两个以上的行政主体在各自行使权力的过程中也可能发生争议，这种争议在性质上也属于行政争议。那么，这种争议是否可能通过行政诉讼得到解决呢？答案仍然是否定的。原因在于，这种纠纷往往表现为两个机关之间的权限纠纷，而厘清各个行政机关之间的权力边界，协调多个机关管理职权的行使，这种权力应当属于它们的共同上一级机关，或者立法机关，而不是司法机关。换言之，对此类争议的处理，应当通过行政权或立法权，而不是司法权来解决。

其次，"官告民"的形态尽管在我国当前并不存在，但在行政诉讼理论以及其他国家的行政诉讼制度上是存在的。正如前文所述，我国目前由行政机关申请法院强制执行具体行政行为的制度，在许多情况下也被俗称为"官告民"。但由于这一制度在本质上是一种非诉程序，"官告民"的称谓显然有欠妥当。但是，在某些国家的行政强制执行体制下，许多具体行政行为的强制执行，是通过行政机关针对被执行人向法院提起行政执行之诉来实现的。这种行政执行诉讼，同样被认为是行政诉讼的一种，可以被概括为"官告民"。当前，在有关我国行政强制执行体制改革的讨论中，也有研究者提出借鉴此类做法，建立我国的行政执行诉讼，作为具体行政行为强制执行的主要途径。

[本章阅读文献]

1. 江伟：《民事行政争议关联案件诉讼程序研究》，《中国法学》，2005 年第 3 期。

2. 杨小军：《行政诉讼案件理论的发展与检讨》，《政法论坛》，2005 年第 5 期。

3. 杨建顺：《行政诉讼的类型与我国行政诉讼制度改革的视角》，《河南省政法管理干部学院学报》，2005 年第 4 期。

4. 莫于川：《公民合法权益保护优先是行政诉讼立法的重要原则——关于修改我国〈行政诉讼法〉的若干建议》，《中国人民大学学报》，2005 年第 5 期。

5. 胡锦光：《〈行政诉讼法〉修改：我国法治建设的新开端》，《中国人民大学学报》，2005 年第 5 期。

6. 于安：《外国行政法学在我国的引入和利用》，《政法论坛》，2006 年第 1 期。

7. 姜明安：《行政诉讼中的检察监督与行政公益诉讼》，《法学杂志》，2006 年第 2 期。

8. 杨解君：《WTO 与我国行政诉讼制度的改造》，《南京大学学报（哲学人文科学社会科学版)》，2006 年第 8 期。

9. 喻中：《行政诉讼的重构——当代中国宪政建设的突破口》，《法学论坛》，2007 年第 1 期。

[相关链接]

1. 德国行政诉讼法概况。（见："中国宪政网"）

2. 张海斌：法国行政法院沿革。（见："中国宪政网"）

第十七章　行政诉讼的内容

引例　张某诉某县国税局、某市国税局不履行兑现举报奖金法定职责案

1997 年 9 月 18 日，张某向某县国家税务局（下称某县国税局）实名书面举报某县永源花岗岩矿 1995～1996 年度严重偷税。因该矿系涉外企业，某县国税局按税务机关查处案件管辖规定，上报某市国家税务局（下称某市国税局）查处。经某市国税局调查，认定永源花岗岩矿偷漏税属实，于 1997 年 11 月 20 日作出国税涉外字（001）号税务处理决定书，决定该矿补交增值税 724 286.56 元，并处罚款 10 万元。张某认为永源花岗岩矿在被查处期间曾自行申报了 80 万元，某市税务局查处不力，所以又向国家税务总局举报并向有关部门反映。某市国税局进行复查后又于 1998 年 6 月 30 日作出国税外字（9802）号税务处理决定书，决定对该矿再次追缴税款 426 181.13 元。以上两次追缴的税款及罚款共计 1 250 467.69 元，由某县国税局征收入库并留成 25％。张某认为自己举报的事实已得到查处，遂申请某县国税局和某市国税局按规定给付应得的举报奖金，但某县和某市国税局互相推诿，未予解决。张某遂向某县人民法院提起诉讼。

上述案例中，原告所提起的行政诉讼是否能够被法院所受理？法院受理行政诉讼案件有何具体的标准？对此问题的回答就是本章所要讲述的核心：行政诉讼的受案范围。

☞ 概述

本章介绍行政诉讼的内容，即行政诉讼的受案范围，也就是哪些行政争议可以通过诉讼程序得到解决的问题。具体包括三个方面：一是行政诉讼受案标准的概括式规定；二是肯定式列举可以进入行政诉讼的案件；三是否定式列举排除出行政诉讼受案范围的案件。

♨ 方法

掌握行政诉讼的受案范围，关键在于判断行政主体实施的某一活动是否具体行政行为。一般情况下，如果某一行政活动是具体行政行为，它往往就属于行政诉讼的受案范围；反之亦然。因此，对行政诉讼受案范围的掌握，应密切联系本书有关具体行政行为性质、特征与判断方法的阐述。

❖ 教学内容

我国《行政诉讼法》对受案范围的规定，采取的是"概括性规定—肯定性规定—否定性规定"的混合模式，因此我们也应按照这一结构加以掌握。

一、概括性受案标准

根据《行政诉讼法》及其《若干解释》的规定，判断某一行政争议能否进入行政诉

讼的受案范围，主要标准有三：

受案标准 {
职权标准：行使行政职权的机关和组织及其工作人员的行为
行为标准：起诉具体行政行为的违法性
结果标准：损害利害关系人的合法权益
}

图 17-1　行政诉讼受案的一般标准

（一）职权标准

行政诉讼受案的职权标准，指的是引起行政争议的行为，必须是由具有行政职权的机关、组织及其工作人员，或者是由这些机关、组织所委托的组织和个人所实施的。也就是说，只有基于行政职权的行使而引发的争议才有可能进入行政诉讼，行政机关以民事主体身份从事的行为不可能引发行政诉讼。

（二）行为标准

行政诉讼的行为标准主要从两个方面提出要求，一是要求进入诉讼的争议是由具体行政行为引起的，二是规定行政诉讼只受理对具体行政行为合法性的争议，不受理对其合理性（或称适当性）的争议。也就是说，一个行政行为要进入行政诉讼必须具备两个特征：第一，它是具体行政行为，第二，原告认为它是违法的。需要指出的是，这里的行为违法性仅仅是原告所认为的，至于它到底是否违法，应当等待法院审理的结果来判断，但至少有一点是可以肯定的，那就是如果原告在起诉的时候，根本没有指认这个行为是违法的，而仅仅指认这个行为是不合理的，那这个争议肯定不能被法院所受理。

（三）结果标准

行政诉讼受案的结果标准，要求只有在当事人认为行政行为侵害其合法权益的情况下，方能受理有关争议。需要注意的是，这里讲的行政行为造成当事人合法权益受损的结果，也只是当事人认为和主张的，而未必是实际发生的。

对于结果标准这一点，对《行政诉讼法》上的有关规定容易产生疑问。《行政诉讼法》在两处提到受案的结果标准，第一处出现在该法第 2 条，规定为"侵犯合法权益"，第二处出现在该法第 11 条，却规定为"侵犯人身权、财产权"，两者明显存在差异，前者较之后者范围要宽泛一些。既然同一部法律对同一个问题竟有两处不同规定，那么，到底应当以何者为准呢？我们认为，应当以"侵犯合法权益的标准"为准。原因如下：一方面，从理论上看，行政行为可能给当事人权益造成的侵害绝不可能仅仅局限于人身权与财产权；另一方面，最高人民法院的《若干解释》也并不遵循"侵犯人身权、财产权"这一标准，具体表现在《若干解释》第 13 条规定侵犯"公平竞争权"的行政行为也是可诉的。很明显，公平竞争权既不是人身权，也不是财产权，它不可能为人身权或者财产权所包含。可见，即使仅从最高法院司法解释的精神来理解，行政诉讼受案的结果标准，也不应当仅仅局限在侵犯人身权与财产权，而应当与行政复议一样，坚持侵犯合法权益的受案标准。当然，如果有其他法律特别规定涉及相对人某类权益的具体行政行为不得提起行政诉讼，应当根据特别法优先的原则，将其排除在受案范围之外。

二、肯定列举的案件

在规定了概括性的受案标准之后，《行政诉讼法》及其一系列司法解释又对可以进入行政诉讼的案件进行了明确列举。行政诉讼受案范围中被肯定列举的案件，来源于三个方面：一是《行政诉讼法》与其他法律的明确规定；二是学理上对《行政诉讼法》兜底条款的解释；三是《若干解释》与其他单行司法解释的补充。

（一）法律上明确规定的案件

对这些案件的规定，主要来源于《行政诉讼法》，但与《行政诉讼法》又不完全相同，因为《行政诉讼法》上有关这一问题的某些规定已经被其他法律，如《行政处罚法》、《行政许可法》以及多个司法解释所不断修改、补充过。因此，目前真实的制度面貌已经与《行政诉讼法》上的字面规定存在多处不同。具体而言，这些案件包括：

（1）行政处罚案件。行政处罚是具体行政行为的重要类型之一，根据《行政诉讼法》与《行政处罚法》的规定，无论是何种类型的行政处罚，都可以提起行政诉讼。

（2）行政强制措施案件。行政强制措施，指的是行政主体为了实现特定的行政管理目的，而对一定的人、物或场所采取即时性的强制手段，以排除某种妨碍或保持某种状态的行为。行政强制措施也是具体行政行为的一种，当然属于行政诉讼的受案范围。

需要注意的是，行政强制措施的可诉性是明确无误的，而行政强制执行的可诉性就要复杂一些。因为，行政强制执行本身既是一种独立的具体行政行为，又是行政机关为了实现另一具体行政行为所确定的权利义务内容而实施的后续行为。应当认为，对某一具体行政行为的忠实执行，并不会给当事人带来权利义务上任何新的变化，即强制执行行为本身不产生新的处分效力。因此，如果相对人不服行政强制执行的内容，并不能因此而起诉强制执行行为，如果当事人要起诉，只能起诉作为执行根据的、先在的那一行政行为。但在某些情况下，行政机关在实施强制执行的过程中也可能发生违法行为，即强制执行行为并没有忠实、合法地执行先在行政行为所规定的内容，其本身具有违法性，此时相对人可以对执行行为提起行政诉讼。

当然，在我国现有的行政强制执行体制下，多数具体行政行为的执行权属于人民法院而非行政机关。对于此类执行案件中的违法性争议，由于被告的不适格，显然无法提起行政诉讼，但可以通过行政司法赔偿程序解决。

（3）侵犯经营自主权的案件。所谓"侵犯经营自主权"，并不是从行政行为的性质和特征，而是从其结果划分出来的一类案件。这类案件在《行政诉讼法》中的出现显得有些不伦不类，因为不同类型的行政行为，如行政处罚、行政强制措施、行政许可等，都有可能侵犯经营自主权。所以，这样的分类标准是自相矛盾的。尽管《行政诉讼法》上的这一规定在立法技术上有欠科学，毕竟也为公民、法人和其他组织在其经营自主权受到行政机关非法干预时，寻求法律救济提供了有效的依据。

（4）行政许可案件。综合《行政诉讼法》与《行政许可法》的规定，应当认为，在行政许可实施过程中发生的具体行政行为，都具有可诉性，并不局限于《行政诉讼法》上所规定的拒绝颁发许可证的行为。

（5）行政不作为案件。

行政不作为案件——即当事人申请行政机关履行职责保护其人身权或财产权，而行政机关拒绝履行或者不予答复的案件。

当事人起诉行政机关不作为，一般必须具备以下两个基本条件：

一是当事人要求行政机关实施的行为，属于该机关的法定职责。如果当事人对行政机关提出超出其职权范围的要求，比如向工商局申请保护其人身安全，则对于此类要求行政机关根本无法给予满足。当事人据此向法院起诉的，法院不予受理。

二是必须以当事人向行政机关提出保护其权益的申请为前提。因为，如果当事人并未向行政机关提出申请，则行政机关无从知晓当事人面临着某种危险而有加以特别保护的必要，则当事人据此起诉，法院不能受理。但这也存在例外，因为有的情况下行政机关履行某些职责是无须以当事人的申请为条件，而是需要行政机关依职权主动实施的，例如，巡警见到街头发生斗殴就必须主动上前制止，则此时虽无当事人的申请，但如果行政机关没有履行职责的话，当事人仍然可以起诉。还有一种例外情况，就是虽无当事人的申请，但行政机关已经通过别的途径得知相关情况了，此时也应履行其职责，而一旦没有履行时，当事人同样可以起诉。例如，受到违法行为侵害的当事人自己虽然没有报案，但已有他人向行政机关告发了这种违法行为，此时行政机关就应当履行职责了，而不应等待当事人自己来申请保护。

（6）行政给付案件。狭义的行政给付，指的是行政机关给予某些特殊群体或个人以某种物质帮助的行为。行政给付的形式包括发放抚恤金、社会保险金、最低生活保障费，等等。行政给付是一种羁束性的具体行政行为，如果当事人已经符合获得给付的条件，而行政机关没有给付或者没有足额给付的话，则当事人可以提起行政诉讼。

（7）违法要求履行义务的案件。所谓违法要求履行义务，主要包括三种情况：一是当事人依法并不负有某种义务，而行政机关仍然要求其履行义务；二是当事人负有某种义务，但行政机关要求其重复履行；三是当事人虽然负有某种义务，但行政机关违反法定程序要求其履行。这一规定的重点是针对所谓的"三乱"行为，即乱罚款、乱收费、乱摊派而制定的。

（二）学理解释所补充的案件

《行政诉讼法》第11条，用其第1款的前7项规定了上述7类案件属于行政诉讼的受案范围，又在其第8项规定了一个兜底条款，即当事人"认为行政机关侵犯其他人身权、财产权的"，也可以起诉。那么，侵犯其他人身权、财产权的案件到底包括哪些行政行为呢？各种学说都对此进行了解释，不同观点之间自然有所差别，但对于以下几类行为，基本已经形成共识与通说：

（1）行政裁决案件。行政裁决，指的是行政机关在其职权范围内，对平等主体之间发生的民事纠纷做出的、具有强制力的处理，是具体行政行为的一种。行政裁决与行政调解、行政仲裁都是具有一定司法色彩的行政活动，都是行政机关对民事纠纷的处理。所不同的是，行政裁决的处理具有强制力，而行政调解、行政仲裁则没有强制力，因此，行政裁决是可诉的，而后面二者都是不可诉的。

（2）行政奖励案件。

行政奖励——是指行政主体为了调动和发扬人们的积极性和创造性，依照法定的条件与程序对作出突出贡献和模范遵纪守法的公务人员、行政组织和行政相对人予以物质和精神鼓励的行政行为。

行政奖励属于具体行政行为的一种，具有可诉性。例如，政府颁发的科技进步奖、科技创新奖等就是典型的行政奖励。需要注意的是，行政奖励，尤其是物质性奖励与行政给付具有一定的相似性，都表现为行政主体对当事人给予一定的权益，因此需要区别。两者的最大区别在于其对象不同，行政给付的对象是物质上需要帮助的特殊群体，而行政奖励的对象是实施了某种应受表彰行为的单位或者个人。

（3）行政检查案件。行政检查是行政主体基于一定目的对人、对物、对场所实施检查、勘验的行为，也是具体行政行为的一种。现实中的行政检查可能包括两种情况，第一种是行政主体为了实施另外一个行为而进行的检查，如为了实施行政处罚而对当事人的违法行为实施检查；另一种检查则并非基于其他目的，而是为了确定当事人遵守法律的情况而进行的检查，如工商部门不定期对集贸市场进行的检查，或者行政许可实施机关对被许可人从事被许可行为的情况进行检查。无论是哪一种检查，行政主体的行为都有可能造成当事人合法权益的损害，当事人对此自然可以提起行政诉讼。

（4）行政合同案件。有关行政合同的纠纷解决机制，其总的原则是行政合同中的民事纠纷应当通过民事纠纷解决机制处理，而其中的行政纠纷应当通过行政纠纷解决机制处理，这其中当然就包含了行政诉讼。具体而言，对于行政主体在行政合同中的下列具体行政行为，可以提起行政诉讼：①行政主体选择合同另一方当事人的行为，如某个政府采购合同依法应当采用公开招标的方式确定供应商，但采购人却决定实施邀请招标，如果某个供应商认为这种做法使得自己失去了缔约机会，则最终可以通过行政诉讼解决；②行政主体在合同履行过程中行使其监督指挥权的行为，如对相对方的违法行为给予处罚，则相对方当然可以提起行政诉讼；③行政主体出于公共利益需要，单方面决定变更、中止或者解除合同的行为；④行政合同中约定必须由行政主体实施的其他具体行政行为，例如，国有土地出让合同中一般都会约定出让方有办理土地使用权证的义务，这就是一种具体行政行为，如果出让方到期并未办理该证件，则对方当事人可以据此提起行政诉讼。

（5）行政征收与征用案件。行政征收与行政征用都是行政主体从相对人处获得一定金钱、财物或其他利益的行为，在形式上比较接近，但内在存在许多差别。对于行政征收与行政征用两种行为之间的差别，无论是学理上，还是法律规定上，都存在着两种不同的观点和做法：

第一种是传统的观点和做法，这种观点曾长期占据通说的地位，目前的多数立法仍根据这种观点区分征收与征用两个概念的使用。根据这种观点，两者的差别主要包括这样几点：①是否有偿的差别，行政征收主要指的是行政机关代表国家向当事人收取税费的行为，是一种无偿的获取；而行政征用则必须给予当事人以一定补偿，这种补偿通常是财产性的，因此它是一种有偿的获取。②当事人是否能够预期的差别，行政征收一般是经常性的行为，当事人通常可以事先预见；而行政征用一般是临时性、紧急性的行为，如征用车辆、征用人力等，当事人通常事先无法预见。③对象上的差别，行政征收的对象较为狭窄，一般仅限于有形财产，主要是金钱；而行政征用的范围较广，不仅包括有形财产，还可能包括知识产权等无形财产，甚至包括人身性征用，即征用劳动力。

第二种是 2004 年宪法修正案采用的观点，在这种观点的影响下，土地管理法也做出了相应的修改。按照这种观点，征收与征用的差别在于国家从相对人那里取得的财产权属性的不同。征收行为取得的是相对人财产的所有权；而征用行为取得的则是相对人财产的使用权。

由于上述第二种观点被写入了宪法，而第一种观点仍然存在于许多法律当中，造成了当前对征收与征用两种行为在认识上的混乱。因此，对于各种法律文本中有关行政征收和行政征用这两个概念的使用，应当结合具体的制度背景和规范体系等因素具体推敲。

当然，无论行政征收与行政征用二者存在什么差别，它们在性质上都属于具体行政行为，当事人如果认为这些行为违法，都可以对其提起行政诉讼。

（6）行政确认案件。行政确认，指的是行政主体在其职权范围内，对当事人之间已经发生的事实或者已经建立的权利义务关系给予确定、认可或证明的行为。行政确认在形式上与行政许可有着高度的相似性，最后都表现为行政主体给予相对人某种证书、证明、凭证等。但两者在性质上有着根本不同，两者的差别主要表现在这样两个方面：

第一，两者实施的法律效果不同。行政机关准予许可的结果是使得被许可人获得了实施某种行为的自由，或者获得了某种排他性的公共资源权利，也就是说，给予行政许可的结果，必定引起当事人权利义务关系的变动，必定产生某种法律效果，因此行政许可是一种具体行政行为。而行政机关给予确认的结果是肯定了当事人之间已经发生的事实或者已经建立的权利义务关系，有可能引起法律关系的变动，也有可能并不引起这种变动，应视具体情况而定。一般来讲，如果行政机关只确认某种事实，那这种确认就不会引起法律关系的变动，例如，行政机关为个人出具的身份证明，就是对事实的确认；如果行政机关确认的是某种法律关系，就得看这种确认本身是否构成该法律关系的生效要件，如果是的话，那这种确认一旦做出就必然引起法律关系的变化，如果不是就不会产生这种变化。总的来讲，就是行政许可一定会引起法律关系的变化，而行政确认中，只有对于法律关系的确认，而且只有在这种确认构成该法律关系生效要件的情况下，才能够引起法律关系的变化。

第二，两者对当事人行为性质的影响不同。如果当事人实施的某种行为是应当获得行政许可的，而当事人在没有获得许可的情况下就实施了这种行为的话，那当事人的行为必定构成违法，可能要遭到有关部门的处罚，这一点毫无疑问。但行政确认就不是这样，如果当事人之间发生的某些事实、或者已经形成的某些权利义务关系需要得到行政确认，而当事人却没有经过这种确认，此时当事人的行为也并不构成违法。最为典型的就是结婚登记，男女双方结婚固然需要登记，但如果当事人没有登记就过起了事实上的婚姻生活，则这种行为也并不违法，也不会有行政机关来处罚他们。

基于对行政确认的上述基本认识，这种行为的可诉性问题也就可以迎刃而解了。可以这样认为，如果行政机关的确认行为足以引起当事人权利义务关系变动的话，则当事人认为该确认行为违法的，就可以提起行政诉讼；反之，如果确认行为并不足以引起当事人权利义务关系的变动，则该行为即使违法，也不能通过行政诉讼的方式来解决。

譬如，交警部门所做出的交通事故责任认定书是否可诉就是一个问题。比如甲和乙两人驾车追尾，交警制作了交通责任认定书要求甲负全责，如果甲不服交警的认定能否提起行政诉讼呢？应当是不能。因为这个认定书只认定了一个事实，就是甲撞了乙，但没有直接认定甲乙两人之间的任何权利义务关系，没有确定甲应当向乙如何赔偿等等，它只不过是为可能产生的赔偿法律关系提供了根据而已。甲乙双方根据责任认定书，可能经过协商、或者调解、或者民事诉讼之后再产生赔偿法律关系。此时，对交通责任认定书提起行政诉讼是完全没有必要的，甲如果对此认定不服，可以就赔偿问题提起民事诉讼，这个认定书在民事诉讼中就转化为证据，甲完全可以通过提出其他相反的证据来推翻它的效力，根本无需对其提起行政诉讼。

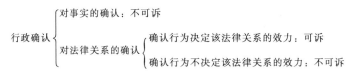

图 17-2   行政确认行为可诉性解析

（三）司法解释所补充的案件

除了《行政诉讼法》与其他法律的规定之外，最高法院又通过《若干解释》与一系列单行的司法解释增补了一系列可以进入行政诉讼的案件。这些案件包括：

1. 公平竞争权案件

《若干解释》第 13 条第 1 项规定，具体行政行为涉及当事人公平竞争权的，当事人可以提起行政诉讼。这一规定对于我国行政诉讼制度发展的意义不可小觑，它实际上拓宽了行政诉讼受案的结果标准（或称权利标准）。公平竞争权是一种与人身权与财产权有着密切联系，但又不同于这两类权利的其他权利，指的是当事人为从事一定行为、获得一定权益而参加平等竞争的资格与条件，是宪法上平等权的具体体现。《若干解释》允许当事人在公平竞争权受损时提起行政诉讼，实际上突破了行政诉讼仅仅保护人身权与财产权的传统错误认识，扩大了行政诉讼的受案范围。

2. 涉及 WTO 的三类行政诉讼案件

为了适应中国加入 WTO 的要求，行政诉讼受案范围的扩大已是大势所趋。在《行政诉讼法》本身没有做出全面修改之前，最高人民法院在 2002 年先后颁布了三个与 WTO 事务有关的司法解释，包括《最高人民法院关于审理国际贸易行政案件若干问题的规定》（简称《国际贸易规定》）、《最高人民法院关于审理反倾销行政案件应用法律若干问题的规定》（简称《反倾销规定》）、《最高人民法院关于审理反补贴行政案件应用法律若干问题的规定》（简称《反补贴规定》）。这些司法解释将国际贸易行政案件、反倾销行政案件、反补贴行政案件都纳入了行政诉讼的受案范围。

3. 通过个案批复所明确的案件

由于最高人民法院负有指导全国法院系统业务工作的职能，因此，当下级法院对某些行政争议是否属于行政诉讼受案范围感到疑惑时，为了稳妥起见，经常向最高法院做出请示。因此，最高人民法院或者最高人民法院的业务审判庭（主要是行政庭）多年来针对这些请示做出了大量的批复，这些批复可能被称为"批复"、"答复"、"答复意见"、"复函"等，但性质上并无重大差别。最高法院及其审判庭通过这些批复，进一步对许多案件是否应当进入行政诉讼的受案范围进行了明确与强调。从这些批复的具体内容来看，我们发现，那些被确认为应当进入行政诉讼的案件，按照法律的规定本来就应当受理，只不过在实务操作中各级法院出现了某些认识上的偏差与疑惑，最高人民法院给予解答而已。这些批复在一定时期、一定环境下对下级法院的审判工作产生了重要的指导意义。

从根本上讲，这些对个案的批复并没有将任何本不属于受案范围的案件纳入行政诉讼，它们都可以被归结到已有的案件类型中去。例如，最高人民法院《关于"少年收容教养"是否属于行政诉讼受案范围的答复》（1998 年）规定"少年收容审查"案件属于行政诉讼受案范围，实际上这种案件在性质上属于行政强制措施，本来就是可诉的。

三、否定列举的案件

《行政诉讼法》对于受案范围的规定，在做了概括式规定、肯定式列举之后，又进一步做了否定式列举，明确了一批绝对不能进入受案范围的案件。通过分析，我们注意到，《行政诉讼法》及其司法解释中所列举的这些案件，之所以不能进入受案范围，总是由于其缺少了受案标准中所要求的某一个、甚至某几个要件。它们要么是根本不属于行政法上所调整的行政活动；要么是虽然属于行政活动，却又因为缺少其他要件而不属于具体行政行为；或者虽然属于具体行政行为，但由于法律的特别规定而被排除在受案范围之外。因此，下面我们按照这些行为被排除于受案范围之外的原因对其加以分类说明，这将有助于我们加深对这一内容的理解。

（一）不属于行政活动的案件

判断一个行为是否属于行政活动，不能仅仅看它的实施主体是否为行政主体，而应当看它是否完全具备行政法上所调整的行政活动的各种主要属性，包括公共性、职权性、执行性、积极性、管理性等。某些行为虽然由国家行政机关实施，但在性质上却并不属于行政法上所调整的行政活动，它们就不可能被纳入行政诉讼的受案范围。这主要包括两类案件：

1. 国家行为

国家行为——指的是包括行政机关在内的特定国家机关，根据宪法和法律的授权，以国家的名义实施的涉及国家主权或重大国家利益的行为。

由于国家行为具有高度的政治性，不纳入行政诉讼法的调整范围之内，这是各国立法的通例。在我国，这些行为具体包括国防行为、外交行为、宣告紧急状态的行为、实施戒严的行为、宣布总动员的行为等，它们都不在行政诉讼的受案范围之列。

2. 刑事侦查行为

刑事侦查行为——指的是公安机关、国家安全机关等特定行政机关根据刑事诉讼法的授权实施的侦查犯罪活动的行为。

这些行为虽然由行政机关实施，但在性质上却是刑事诉讼活动的一个组成部分，也不属于行政活动，同样不被列入行政诉讼的受案范围之内。需要注意的是，并非所有由行政机关实施的、与侦查刑事犯罪有关的行为都不能纳入行政诉讼。对此应紧紧把握住根据刑事诉讼法授权这一标准，只有这些行政机关根据刑事诉讼法授权而实施的行为才是不可诉的，如果是根据其他法律，如人民警察法的授权而实施的行为，则仍然属于可诉的行政行为。还应注意，现实中承担刑事侦查职能的行政机关（尤其是公安机关）常常假借刑事侦查之名，行干预经济纠纷之实（也即俗称的"假刑侦案件"），这种行为已经违背了刑事诉讼法授权的目的，不应将其视为刑事侦查行为，当事人不服的，仍可对其提起行政诉讼。

（二）行为不具备处分性的案件

如果一个行为不具备处分性的特征，就不属于具体行政行为，因此不能被纳入行政诉讼。没有处分性，指的是该行为的实施并不能确定地引起当事人权利义务变动的法律效果。这些行为包括：

1. 行政调解行为

行政调解——是行政机关在其职权范围内，就平等主体之间发生的民事纠纷劝导其自愿达成协议的一种行为。

行政调解对当事人没有强制力，当事人可以不受调解结果的约束。当事人如对调解结果不服，不能对其提起行政诉讼，而应当就原有的民事纠纷提起民事诉讼。

与行政调解相类似的还有一类行为，就是行政仲裁行为，它指的是行政机关内设的仲裁机构依照法定程序，以中立身份对平等主体之间的民事纠纷做出的处理，行政仲裁的裁决对当事人有一定的约束力。但《若干解释》却规定，当事人如果对仲裁裁决不服的，不能提起行政诉讼，而应当就原来的民事纠纷提起民事诉讼，可见行政仲裁裁决的这种约束力仍然不是确定的，与具体行政行为具有的效力内容并不相同。行政仲裁是我国特有的一项行政司法制度，不过，随着《仲裁法》的颁布，原属行政仲裁范围的经济合同仲裁、产品质量仲裁等纷纷改变为民间仲裁，行政仲裁作为一项制度已经被架空了，现在，行政仲裁也只是作为一个学术概念被人们所讨论而已。

需要注意的是，实践中常见的劳动争议仲裁，严格来讲并不属于行政仲裁的范畴，因为处理劳动争议的劳动争议仲裁委员会在性质上并不属于行政主体，它由劳动行政主管部门的代表、工会代表、经济综合管理部门的代表共同组成，应当被视为一个中立的社会组织。

2. 行政指导行为

行政指导——是行政主体向相对人采取指导、劝告、建议、鼓励、警示、倡议等不具有国家强制力的方式，谋求相对人的同意与协助，从而实现其行政目的的行为。

一般情况下，行政指导是一种没有强制力的行为，其目的的实现取决于当事人对指导意见的自愿听取，行政机关无权强行要求当事人听取其意见。因此，行政指导的做出，并不会引起当事人权利义务的变动，对其不能提起行政诉讼。

需要注意的是，《若干解释》中规定对于"不具有强制力的行政指导行为"不能提起行政诉讼，对这里的"不具有强制力"必须做出正确理解，这一词语并不是对行政指导所作的分类、限制，而是对其解释、说明而已。也就是说，这一定语并不是指行政指导可以分为两类，即一类具有强制力，而另一类没有，而是说明行政指导这种行为在性质上就是不具有强制力的。如果行政机关在做出行政指导的同时，还要通过某些强制手段来实现其指导目标的话，那么，这种行为就不应当继续被称为行政指导了，对这种变相强制行为当然可提起行政诉讼，一些地方法院在实践中也是这样做的。

3. 重复处理行为

重复处理行为——是指行政机关对其已经做出的具体行政行为表示强调、坚持、重复的行为。

例如，行政机关对于某件事情已经做出了处理决定，过了一段时间又做出一个新的决定，对前一个决定的内容加以明确、强调或者解释，这就属于重复处理行为。对于重复处理行为，当事人不能提起行政诉讼，因为这些行为的做出并没有引起权利义务关系的丝毫变化，只不过重复了原有行为所确定的权利义务内容而已，同样属于不具有处分效力的行为，当事人自然不能对其提起行政诉讼。此时，当事人如果提起行政诉讼的话，应当以行政机关第一次确定权利义务的行为作为诉的对象。当然，法律上规定重复处理行为不可诉，也可以避免当事人通过不断申诉，再就驳回申诉的处理决定去起诉，因而规避行政诉讼起诉期限的做法。

4. 阶段性行政行为

阶段性行政行为——是指行政机关在一个行政行为尚未最终完成时，做出的阶段性的结论或意见。

由于此时行政行为尚未最终完成，当然不可能对当事人产生任何效力，当事人自然也就不能对其提起行政诉讼了，只有在该行政行为最终完成之后，当事人才能对最后的决定提起行政诉讼。

阶段性行政行为在实践中十分常见，例如在适用听证程序的行政处罚中，行政机关经过初步调查之后将会形成一个初步的处罚意见，此时会将此意见告知当事人并告知其有申请听证的权利，这种文书通常被称作行政处罚告知书。但是，行政处罚告知书并不等于最后的处罚决定，最后的处罚决定只有等到听证结束之后才有可能做出，而这个决定完全有可能改变告知书中的初步处罚意见。因此，当事人不能因为行政机关告知有对其实施处罚的可能性，就对此提起行政诉讼。

此外，有的情况下，行政机关在做出某项较为重大的行政决定之前，可能需要向其上级行政机关请示，而上级机关对该请示做出的答复、批复、意见等也属于阶段性行政行为，同样不能对其提起行政诉讼。只有在下级机关根据这些答复、批复、意见做出最终的处理决定之后，当事人才能对该决定起诉。

5. 部分行政确认行为

对于行政确认行为的可诉性，上文已有充分论述，在此重新做一强调。因为并非所有的行政确认行为都会产生使当事人的权利义务关系产生变动的效果，因此，仅仅确定某个事实的行为，或者确认某个法律关系，但确认行为本身并非该法律关系效力要件的，都不属于行政诉讼的受案范围。

（三）行为不具备特定性的案件

抽象行政行为是具体行政行为的对立概念，不具备特定性的要件，也不属于行政诉讼的受案范围。之所以这样规定，是因为抽象行政行为所适用的对象是不特定的，只有经过具体行政行为的实施，才有可能对某个特定的对象产生权利义务上的实际影响，因此，不能对抽象行政行为提起诉讼。

（四）行为不具备单方性的案件

行政机关实施的某些行为，需要通过与对方当事人达成一致意见方能生效，这是一种双方行为。由于不具备具体行政行为单方性的要求，此类行为也不属于行政诉讼的受案范围。行政机关所实施的这种行为，主要集中在行政合同中，对于行政合同的可诉性，上文也已做了详细阐述，此处不再重复。简单点说，只要是行政合同中行政当事人实施的、但并未行使其行政权力的行为，都只是一般的合同行为，如有纠纷，当事人应当就此提起民事诉讼，而非行政诉讼。

（五）行为不具备外部性的案件

不具备外部性特征的行政行为，即为内部行政行为，也不属于行政诉讼的受案范围。所谓内部行政行为包括针对内部组织的行为和针对内部个人的行为，前者如行政主体对其下属机构设立、增加、减少、合并的行为，或对下属机构的权力加以配置、划定、调整的行为，以及行政机关内部公文函件往来的行为；后者则主要表现为对人事关系的处理，如对国家公务员的奖惩、任免、培训，等等。当然，在这里需要进一步强调的是，我们对内部行政行为不应做过于宽泛的理解，不能把一切行政主体对其“内部”做出的行为均视为内部行政行为。尤其是对个人实施的内部行政行为，主要应从人事关系的层面上来理解，对于非人事关系的其他处理，一般不应视为内部行政行为。

（六）其他不能起诉的案件

在上述行为之外，还存在着一些行为，尽管它们完全符合作为一个具体行政行为的全部要件，但基于法律的特别规定，仍然被排除在行政诉讼的受案范围之外，这主要指的是法定行政终局裁决行为。

法定行政终局裁决行为——是指法律规定由行政机关做出最终裁决，而当事人不得对该裁决提起行政诉讼的行为。

这里的“法律规定”中的“法律”是狭义的，指的是全国人大及其常委会制定的立法文件，不包括法规、规章等。根据目前的规定，“法定行政终局裁决”主要包括如下几种情况：

（1）国务院的裁决，根据《行政复议法》的规定，当事人不服省部级行政机关具体行政行为时，如向原机关申请行政复议之后对该复议决定仍然不服的，可以起诉，也可以申请国务院做出裁决，而国务院做出的裁决就是终局的。

（2）省级人民政府针对自然资源权属做出的复议决定，根据《行政复议法》规定，省级人民政府根据国务院或者省级人民政府自己做出的勘定、调整行政区划的决定或者征用土地的决定，针对自然资源所有权或使用权做出的行政复议决定，具有终局效力，当事人不得就此提起行政诉讼。

（3）出入境处罚决定，根据《公民出境入境管理法》与《外国人入境出境管理法》的规定，对于出入境管理公安机关做出的罚款或者拘留处罚决定不服的，当事人可以提起行政诉讼，也可以申请上一级公安机关裁决，如申请裁决的，则该裁决具有终局效力。

✛ 小结提升

我国行政诉讼的受案范围，由于立法上的体例比较特殊，既有概括性规定，又有肯定式列举，还有否定式列举，乃至于有些类型的案件是否全部具备可诉性，还需要具体分析。有关受案范围的规范依据，既包括《行政诉讼法》本身，也包括一系列有关的司法解释，还包括某些法律和法规的特别规定，体系相对复杂。这些特殊情况，对于学习者而言，无论是在理解还是记忆上，都造成了一定困难。实际上，如果我们在准确分析了各种具体案件类型的可诉性之后，回过头来重新总结的话，将会发现对每一种具体案件可诉性的判断，都必然是与概括性的受案标准相吻合的。因此，牢牢地把握行政诉讼一般受案标准，仍然是掌握本章内容的关键。

总的来讲，判断一个案件的可诉性主要应从这样四个层次，有步骤地进行分析和思考：

首先，看这个案件是不是行政主体行使其职权而引起的，也就是看这个案件里面有没有行政公权力的因素。如果没有，马上可以排除；如果有，则继续做进一步的分析。

其次，接着看这个案件里，行政主体的行为有没有侵犯当事人的合法权益。如果没有，也就可以排除了；如果有，那就做进一步的分析。

再次，看当事人的诉讼主张是什么。如果是主张行为违法，那有可能属于行政诉讼的受案范围；如果是主张行为不合理，那就不属于行政诉讼的受案范围，但有可能属于行政复议的受案范围。

最后，看被诉的是不是具体行政行为，判断一个行为是不是具体行政行为就看它是否具备"四性"——处分性、特定性、单方性、外部性。如果不是具体行政行为，必然不属于行政诉讼的受案范围；而如果属于具体行政行为，又未被其他法律所特别排除，则应当属于受案范围。

表 17-1　行政诉讼与行政复议受案范围对照

	行政诉讼	行政复议
受案标准	职权标准：具有行政职权的机关和组织及其工作人员的行为	同行政诉讼
	行为标准：①具体行为；②违法行为	①可附带审查规章以下的抽象行为；②违法或不当的行为
	结果标准：损害合法权益	同行政诉讼

续表

	行政诉讼	行政复议
受理	法律：①行政处罚案件；②强制措施案件；③侵犯经营自主权案件；④行政许可案件；⑤不履行法定职责案件；⑥行政给付案件；⑦违法要求履行义务案件 学理：①行政裁决案件；②行政奖励案件；③行政检查案件；④部分行政合同案件；⑤行政征收与征用案件；⑥部分行政确认案件。 司法解释：①公平竞争权案件；②国际贸易案件；③反倾销案件；④反补贴案件；⑤最高法院就个案进行答复、批复中明确的几类案件	同行政诉讼
排除	①国家行为案件；②抽象行政行为；③内部行政行为；④法定行政终局裁决；⑤刑事侦查行为；⑥行政调解与仲裁行为；⑦行政指导行为；⑧重复处理行为；⑨对权利义务不产生实际影响的阶段性行为	①非具体行政行为不得直接审查；②规章以上（含规章）的抽象行为不得附带审查

[本章阅读文献]

1. 杨寅：《体育行政诉讼受案范围探讨》，《法商研究》，2005 年第 1 期。

2. 肖北庚：《政府采购法关于行政诉讼受案范围规定之缺失》，《行政法学研究》，2005 年第 2 期。

3. 胡建淼：《中国行政诉讼范围的演变与趋向——划定·限制·恢复·拓展》，《政法论坛》，2005 年第 5 期。

4. 蔡小雪：《关于当前行政诉讼范围若干争议问题的研究》，《法律适用》，2006 年第 1 期。

[相关链接]

1. 美国对行政行为的司法审查。（见："中国宪政网"）
2. 关于行政诉讼受案范围的理论讨论。（见："中国宪政网"）

第十八章　行政诉讼的构造

行政诉讼的构造，指的是在行政诉讼过程中的各方主体及其相互关系和相互作用。行政诉讼中的主体既包括管辖法院、原告、被告这三类最为重要的角色，还包括第三人、诉讼代表人、诉讼代理人等其他主体。需要把握的重点是前面三者。

第一节　行政诉讼的管辖法院

引例　王某诉某市劳动教养管理委员会劳动教养决定案

1999 年 7 月，亚洲排球锦标赛正在某市轰轰烈烈的召开。7 月 21 日晚饭过后，国际裁判巴林人纳某、我国台湾省人刘某两人结伴散步，正好遇见拉客女朱某、汪某二人。当两位国际裁判正在犹豫不决时，拉客女朱某、汪某极尽拉客之能事，终于将二位国际裁判弄得魂不守舍，乖乖地跟着两位拉客女来到日本籍华人程某开设的外商独资的某娱乐大世界。因两位拉客女与该娱乐世界的工作人员王某关系不错，所以两位拉客女也就敢大胆行事。来到这儿以后，由工作人员将他们四人分别领到各自的 KTV 包间，由拉客女陪同二位国际排球裁判娱乐了两个小时左右，消费啤酒、XO 洋酒各六杯，还有一些水果等，账台结账为人民币 1 万元。两位国际裁判认为太贵，便与账台发生争执，恰在这时遇上经过账台的外地打工仔王某（湖南某市人），王某见争执不下便建议打九折。后又经讨价还价，以 1 万元新台币另加 800 美金成交。后来，东窗事发，某市劳动教养管理委员会认为王某系该酒吧 KTV 包房的工作人员，与拉客女事先预谋"斩客"，其行为扰乱了社会秩序，遂根据《国务院关于劳动教养问题的决定》对王某做出劳教二年的决定，王某不服，准备提起行政诉讼，但是担心某区人民法院慑于某市劳动教养管理委员会的压力，不会保护他的权益，于是在老家（户口所在地）向该县人民法院提起行政诉讼。湖南某县人民法院受理了该案，在答辩中，被告提出管辖异议，理由如下：《行政诉讼法》第 18 条规定的是由原告所在地人民法院或者被告所在地人民法院管辖，而原告就在被告所在的城市工作，原告所在地就是某市，故原告和被告所在地一致，因此，本案应该由我区人民法院管辖。但是某县人民法院驳回管辖异议，同时经审理作出撤销某市劳动教养管理委员会的决定。

此案直接地引发我们思考这样一个问题：因限制人身自由提起的行政诉讼由哪个法院管辖？行政诉讼的管辖法院所涉及的问题并不仅仅局限于此一方面，本节将对行政诉讼的管辖规则作一详细阐述。

☞**概述**

行政诉讼的管辖规则相对复杂，其功能在于确定每个一审案件的法院。如果我们把每一个法院比喻为一个庞大坐标系中的一个点，那么，管辖制度的作用就是在每

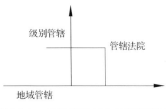

图 18-1   级别管辖与地域管辖概述

一个一审案件与每一个法院之间建立起对应关系。①
如图 18-1 所示，其中，级别管辖如同这个坐标系的
纵坐标轴，而地域管辖如同其横坐标轴，这两个"坐
标"的结合，同时辅之以管辖裁定等制度的适当修
正，便可以实现为每个一审案件确定受案法院的
功能。

♨ 方法

掌握本节内容，最重要的是懂得区分各种管辖制度的原则与例外。可以这样讲，行
政管辖的一般规则不难理解，学习者掌握的重点只能是这些规则的例外；而在某些例外
中，还包括了更加特别的规定，即"例外中的例外"，而这样的内容，无疑是学习者最
需要透彻理解和把握的。

❖❖ 教学内容

一、行政诉讼的级别管辖

行政诉讼级别管辖——是指上下级人民法院之间受理第一审行政案件的分工和
权限。

我国行政诉讼的级别管辖，以基层法院管辖第一审行政案件为原则，以其他较高级
别的法院管辖为例外。

表 18-1   行政诉讼的级别管辖

基层法院	第一审行政案件
中级法院	①被告为中央专利或商标部门、各级海关、省部级单位、证券交易所；②被告为县级以上政府且基层法院不宜管辖；③重大共同诉讼集团诉讼；④重大涉外或涉港澳台案件；⑤国际贸易案件；⑥部分反倾销反补贴案件
高级法院	①本辖区内重大复杂的案件；②部分反倾销案件；③部分反补贴案件
最高法院	全国范围内重大复杂案件
专门法院	一律不受理行政诉讼案件

（一）级别管辖的原则

第一审行政案件原则上由基层法院管辖，因此，基层法院承担了绝大多数行政诉讼
一审案件的审判工作。之所以将基层法院管辖作为我国行政诉讼级别管辖的原则，主要
是考虑到以下因素：首先，基层法院在各级法院中数量最多、分布最广、人员众多，只

---

①   管辖制度解决的只是第一审案件的受案法院，并不包括对第二审和再审法院的确定。当然，第二审与再审
法院的确定必然与一审法院的确定相关，但这并不是管辖制度本身所要解决的问题，它们之间充其量只是一种间接
关系。

有具备这一优势的基层法院才能承担大量行政诉讼案件的审判工作。其次，基层法院一般距离当事人较近，可以方便当事人参加诉讼。

（二）级别管辖的例外

级别管辖的例外，即是由中级法院、高级法院与最高法院管辖第一审案件的情况，由于后面两者管辖第一审案件的情况较少发生，其标准也较易确定，因此这里主要讨论中级法院管辖的情况。

1. 被告或第三人是特殊主体的案件

在某些案件里，由于作为被告的行政主体具有一定的特殊性，需要由较高级别的法院管辖。比如，被告的行政级别较高，则为了审判公正的需要提高管辖级别；或者被告主管的领域专业程度较高，则只有高级别的法院才有相应的审理能力。特殊情况下，当案件的第三人是这样的特殊主体时，也可能影响到管辖法院的级别。我国现行制度规定下列案件均由中级法院作为其一审法院：

第一，被告是国务院各部门或省级人民政府的案件。这种情况下，被告行政级别较高，管辖法院的级别也需相应提高。这里的"国务院各部门"应作广义理解，即它不仅包括国务院的各个组成部门，也包括国务院的直属机构（如国家税务总局）、特设机构（如国务院国有资产监督管理委员会）以及部分行使行政管理职权的直属事业单位（如中国证券监督管理委员会）和议事协调机构（如国务院学位委员会），而不应当仅仅特指狭义上的国务院组成部门。

第二，被告是县级以上人民政府的案件。此类案件是《最高人民法院关于行政案件管辖若干问题的规定》（2008 年 2 月 1 日起施行）对《行政诉讼法》做出的修正与补充，旨在提高行政诉讼的管辖级别。我们认为，这里的"县级以上人民政府"不应仅仅被理解为是狭义上的"人民政府"，而应当理解为包括所有相当于、或高于县级人民政府的行政主体，比如设区的市人民政府的工作部门与直属机构、省级政府的工作部门与直属机构等。但是，以县级人民政府名义办理不动产物权登记的案件不在此列，仍可以由基层法院管辖。

第三，被告是海关的案件。此类案件主要包括海关税收案件与海关行政处罚案件，被告可能是各级海关。之所以规定此类案件由中级法院管辖其一审，主要是考虑到海关案件具有较高的专业性，且海关管辖的区域较广，与其所在地中级法院在辖区上基本存在对应关系。海关案件与涉外案件容易混淆，必须加以注意。

第四，被告或第三人是证券交易所的案件。根据 2005 年 1 月《最高人民法院关于对与证券交易所监管职能相关的诉讼案件管辖与受理问题的规定》，由上海证券交易所和深圳证券交易所所在地的中级法院，分别管辖以上海证券交易所和深圳证券交易所为被告或第三人的、与证券交易所监管职能相关的、第一审民事和行政案件。应当说，这一规定的最为特殊之处，在于第三人也成为确定管辖的因素，第三人因素可以同时决定案件的级别管辖与地域管辖，这在管辖制度中是罕见的。

2. 专利与商标行政案件

由于专利与商标行政案件具有较高的专业性，其管辖法院的级别也较为特殊，而这两类案件中又包含了许多子类型案件，使得其管辖体制显得较为复杂。

专利行政案件可以按被告的不同划分为三类：一是以专利复审委员会为被告的案件；二是以国务院专利行政部门即国家知识产权局专利局为被告的案件；三是以地方管理专利工作的部门即地方知识产权局为被告的案件。第一、二类案件的一审管辖法院均为北京市第一中级人民法院，而第三类案件的一审管辖法院是省级政府所在地的中级法院和最高人民法院指定的其他中级法院。总之，专利行政案件第一审均由中院管辖。

商标行政案件则主要包括两类：一是不服国家工商总局商标评审委员会作出的复审决定或者裁定的案件；二是不服工商行政管理部门作出的有关商标的具体行政行为的案件。按照最高人民法院《关于审理商标案件有关管辖和法律适用范围问题的解释》规定，第一类案件由北京市有关中级法院管辖，第二类案件仍按照一般规则确定其管辖法院。

综合以上有关规定，可见一般的专利或商标行政诉讼案件均由中级法院管辖，只有以一般工商行政管理部门为被告的案件才有可能归基层法院管辖。

3. 涉及 WTO 行政案件

根据最高人民法院于 2002 年先后颁布的三个司法解释，即《关于审理国际贸易行政案件若干问题的规定》、《关于审理反补贴行政案件应用法律若干问题的规定》、《关于审理反倾销行政案件应用法律若干问题的规定》，第一审国际贸易行政案件由中级以上法院管辖；第一审反倾销、反补贴行政案件由高级法院指定的中级法院或由高级法院管辖。

这些规定表明，由于上述三类案件的涉外性质，其第一审管辖均为中级以上法院。需要注意的是，对于反倾销和反补贴案件，由于其管辖法院为高级法院或其指定的中级法院，因此中级法院无权决定对此类案件的受理。此时原告应向高级法院起诉，受诉的高级法院既可决定自行管辖，也可指定其辖内的某一中级法院管辖。

4. 其他例外情况

除上述情况之外，以下案件也不属于基层法院管辖：①中级法院还管辖下列第一审案件：社会影响重大的共同诉讼、集团诉讼案件；重大涉外或者涉及香港特别行政区、澳门特别行政区、台湾地区的案件；本辖区内其他重大、复杂的案件。②高级法院管辖本辖区内其他重大、复杂的第一审行政案件。③最高法院管辖全国范围内重大、复杂的第一审行政案件。

这些规定中所谓"重大"、"复杂"的标准，应由相应级别的法院根据案件标的、涉及人数、社会影响等因素综合考虑，加以判断和决定。

二、行政诉讼的地域管辖

行政诉讼地域管辖——又称"区域管辖"、"土地管辖"，是指同级法院之间受理第一审行政案件的分工和权限。它是根据法院的辖区与当事人所在地或者与诉讼标的所在地的关系确定第一审行政案件的管辖。

我国行政诉讼的地域管辖，以被告所在地法院管辖为原则，以其他管辖规则为例外。

表 18-2　行政诉讼的地域管辖

被告所在地管辖	①一般案件；②复议维持案件
复议机关与原机关所在地管辖	复议改变案件（改变事实证据；改变规范依据；撤销或变更原行为结果）
原告所在地管辖	限制人身自由案件（原告所在地包括户籍地、经常居住地、被限制人身自由地）
不动产所在地专属管辖	不动产纠纷案件

（一）地域管辖的原则

行政诉讼地域管辖的原则是由被告所在地法院管辖，也称为"原告就被告"，《行政诉讼法》上对其表述为"由最初作出具体行政行为的行政机关所在地人民法院管辖"。由被告所在地以外其他法院管辖的情况，均属地域管辖的例外。对于被告所在地管辖的原则，可以从这样几个角度理解：

第一，在行政诉讼中，被告所在地与原告所在地、被诉具体行政行为发生地往往是重合的。因为行政机关行使职权一般有其地域限制，其实施的具体行政行为一般只发生于其辖区之内，而其管理的对象也一般是其辖区内的公民、法人或其他组织，因此，规定被告所在地法院管辖的原则，一般情况下并不会给原告参加诉讼带来不便。

第二，这一管辖原则只适用于具体行政行为没有被复议机关改变的情况。也就是说，只有具体行政行为没有经过复议，或者虽然经过复议但复议机关并没有对其进行改变的情况，才适用这一管辖原则，因此《行政诉讼法》在做出具体行政行为的机关之前强调了"最初"二字。

第三，确定被告所在地法院管辖的原则有防止"滥诉"的作用，这也是"原告就被告"成为诉讼地域管辖一般标准的原因所在。规定原告应向被告所在地而非自身所在地参加诉讼可以适当增加其诉讼成本，促使原告在起诉时慎重考虑，不去轻易启动诉讼程序，从而避免被告承受不适当的诉讼负担。

（二）地域管辖的例外

地域管辖的例外，指的是在某些特殊情况下，根据不同于被告所在地的其他标准来确定管辖法院，如根据原告所在地、不动产所在地等。但是，即使在这种情况下，也并不意味着最后确定的管辖法院就一定不是被告所在地，因为不论是原告所在地还是不动产所在地等，均不排除其与被告所在地发生重合的可能。因此，地域管辖的例外指的是管辖法院确定标准的不同，却并不当然意味着管辖法院的最终确定结果不同。根据我国行政诉讼制度的规定，经复议机关改变的案件、限制人身自由的案件以及涉及不动产的案件，均适用特殊的地域管辖标准。

1. 经过复议改变的案件

根据《行政诉讼法》的规定，"经复议的案件，复议机关改变原具体行政行为的，也可以由复议机关所在地人民法院管辖"。即在此情况下，有权管辖的法院包括最初做出具体行政行为的机关所在地法院，也包括复议机关所在地法院，原告可以选择任一法院起诉。对于此类案件，有以下几个问题需要我们注意：

第一，对"复议机关改变原具体行政行为"的认定必须遵循具体标准。《若干解释》对这一词语给予了解释，认为以下三种情况属于复议改变：①改变原具体行政行为所认定的主要事实和证据的；②改变原具体行政行为所适用的规范依据且对定性产生影响的；③撤销、部分撤销或者变更原具体行政行为处理结果的。需要注意，所谓具体行政行为所适用规范依据的改变，必须足以影响行为的定性，否则就不构成复议改变。

第二，这一规定的立法目的在于方便原告参加诉讼。在复议机关改变原具体行政行为的情况下，原来的行为已经因复议机关的否定而丧失了效力，此时被诉的行为是复议决定，而诉讼的被告是复议机关。如果根据被告所在地法院管辖的一般规则，则此时应为复议机关所在地法院所管辖，在地域上可能距离原告较远（在原机关的上一级主管部门而非其同级政府作为复议机关时尤其如此），因此，如果仅仅确定复议机关所在地法院管辖，则可能给原告参加诉讼带来不便。

第三，这一规定并不一定对级别管辖产生影响。尽管在此类案件中，作为被告的复议机关是较高级别的行政主体，且其所在地法院也有管辖权，但并不意味着一定是由中级以上的法院来管辖。也就是说，"复议机关所在地法院"并不一定是较高级别的法院，其管辖法院的级别仍应按照级别管辖的规则加以确定，对此要尽量注意避免误读。

2. 限制人身自由的案件

《行政诉讼法》规定，"对限制人身自由的行政强制措施不服提起的诉讼，由被告所在地或者原告所在地人民法院管辖"，对此原告可以进行选择。对于这一规定，应当注意理解以下几个问题：

第一，这一规定的目的在于保护原告的诉权。在起诉限制人身自由行政强制措施的情况下，被告一般是拥有人身强制权的行政机关，则如果此时一定要求原告到被告所在地法院参加诉讼，其人身便有可能为被告所控制，从而使得原告不能起诉或者虽然起诉也不能自由、顺利地参加诉讼活动。因此，规定原告所在地作为管辖法院之一有利于切实保护原告诉权的行使。

第二，"原告所在地"具体可以包括其户籍所在地、经常居住地和被限制人身自由地。这是《若干解释》对"原告所在地"一词所做的具体规定，这一规定同样是出于对原告诉权保护的考虑。

第三，此处"限制人身自由的行政强制措施"应做广义理解。由于限制人身自由的具体行政行为并不全部都是"强制措施"，行政拘留等处罚行为也可能限制人身自由。那么，此处的"行政强制措施"是作与其他限制人身的行为严格区别的狭义理解，还是作将所有限制人身自由的具体行政行为都包含在内的广义理解呢？这就值得思考。我们认为，这里的"强制措施"一词理所当然应作广义理解，即所有限制了人身自由的具体行政行为均在本条规定之列。事实上，只要一个具体行政行为对公民的人身自由进行了限制，则无论其性质如何，它给当事人权益带来的损害都是相同的，那么，在公民就此寻求诉讼救济的时候，法律上也不应对其管辖法院做区别对待。

在涉及限制人身自由的案件中，有一类情况更为特殊，就是行政主体同时对人身与财产进行处罚或者采取强制措施的情况。根据《若干解释》的规定，"行政机关基于同一事实既对人身又对财产实施行政处罚或者采取行政强制措施的，被限制人身自由的公民、被扣押或者没收财产的公民、法人或者其他组织对上述行为均不服的，既可以向被告所在地人民法院提起诉讼，也可以向原告所在地人民法院提起诉讼，受诉人民法院可一并管辖"。对这一规定的理解向来存在许多歧义，对此应当特别注意以下几点：

首先，这一解释的目的在于解决既有管辖规则所带来的矛盾。根据既有的管辖规则，行政机关对财产进行处罚或者实施强制的行为，应由被告所在地法院管辖，而它对人身进行处罚或者实施强制的行为则可能由被告所在地或原告所在地法院管辖。此时，如果行政机关基于同一事实对人身和财产同时进行处罚或实施强制，而原告一旦选择将人身内容向原告所在地起诉，就必将出现同一行政行为中的人身内容与财产内容由不同法院分别管辖的情况。① 如果不同法院就这一行为的合法性做出了相互矛盾的评价，就出现了现有体制下难以处理的矛盾，影响司法统一。正是为了尽量避免这种情况的出现，《若干解释》在此处规定了"一并管辖"的规则，允许原告所在地法院或被告所在地法院中的任何一者就案件中的人身内容与财产内容全部管辖、一并判决。此时，案中的人身内容与财产内容就形成了一种"牵连关系"，其中的一者因为与另外一者的"牵连"而有可能改变其管辖地。

其次，此时对人身内容不服与对财产内容不服的应当是同一原告。也就是说，这一规定指的是行政机关对同一相对人的人身与财产同时给予处罚或者进行强制的情况，而不能被理解为是行政机关对不同相对人的人身与财产同时给予处罚或者进行强制。应当注意到，《若干解释》规定的是相对人对人身和财产的处罚或强制"均不服"的情况，如果行政机关是对一个相对人限制人身自由，而对另一相对人却是侵犯财产，就不可能出现相对人对此"均不服"的可能，而应当是不同相对人对该行为的不同内容"分别不服"了。因此，将这一规定理解为行政机关针对不同相对人实施行为的说法，是不准确的。

3. 涉及不动产纠纷案件

根据《行政诉讼法》的规定，"因不动产提起的行政诉讼，由不动产所在地人民法院管辖"。不动产所在地管辖是一种排他性的专属管辖，即只要是由于不动产提起的行政诉讼便只能由不动产所在地法院管辖，而排除了其他所有法院的管辖权。这一规定的目的在于方便法院行使审判权，因为一般情况下，法院对其辖区内的不动产进行调查、鉴定、勘验、测量较之其他法院更为方便，因此，由其审理本辖区内的不动产行政案件显然最为合适。

三、行政诉讼的裁定管辖

行政诉讼裁定管辖——指根据人民法院的裁定而不是法律的直接规定而确定的管辖。

在管辖制度中，虽有一系列管辖规则对每一个案件的受案法院进行指引，但由于诉讼活动本身的复杂性，难免经常出现各种管辖上的疑问、争执乃至错误，这就需要法院

---

① 如果原告就人身内容与财产内容均向被告所在地法院起诉则当然不会产生这一矛盾，但这样等于剥夺了原告就被限制人身自由一事的管辖选择权。

通过裁定的方式加以明确和纠正。而有时候出于其他因素的影响，按照既有管辖规则确定下来的受案法院并不适合承担特定案件的审判任务，这也需要法院以裁定的方式做出更改。这些裁定都可能对管辖法院的最终确定产生影响，主要包括移送管辖裁定、指定管辖裁定与移转管辖裁定三种。

（1）移送管辖的裁定。移送管辖的裁定，是受诉法院发现自己对案件并无管辖权时，将其移送到自己认为有管辖权的法院的裁定。这一裁定的目的在于维护现有的管辖规则，对此有以下几点值得注意：①移送管辖的案件应当已经被法院所受理，法院在受理前发现自己对当事人起诉的案件没有管辖权的，应当裁定不予受理，而不是先受理下来之后再裁定移送管辖。②移送管辖的前提是受诉法院发现自己对案件没有管辖权。这种"发现"既可以是因为当事人提出管辖权异议而发现，也可以是法院主动发现。③接受移送的是移送法院认为其有管辖权的法院。之所以强调只是移送法院"认为"其有管辖权，是因为移送法院也有可能做出错误判断，误向没有管辖权的法院移送，如果发生这种情况，则接受移送的法院不得再行移送，而应报请其与移送法院的共同上一级法院指定管辖。④移送管辖发生于同级法院之间，上下级法院之间不存在这一问题。

（2）指定管辖的裁定。指定管辖的裁定，是上级法院确定将特定案件由某一下级法院管辖的裁定。对此应当注意理解以下几点：①指定管辖的产生是基于明确管辖权限或者法院有效行使审判权的需要。有时候，多个法院可能对特定案件的管辖权产生争夺或者推诿，如果有关法院就此不能协商解决，就需要其上级法院以裁定方式给予明确。有时候，本应管辖某一案件的法院因为特殊原因可能无法正常进行审判活动，如当地发生严重自然灾害，或者因回避而造成审判人员不足，这时候也需要其上级法院指定其他法院来管辖这些案件。②最后接受指定的法院既可能是本来依法有权管辖的法院，也可能是原来依法无权管辖的法院。如果是多个法院就管辖权发生争议的情况，上级法院一般裁定依法有权管辖的法院（或这些法院之一）进行管辖；如果是有权法院无法正常审判的情况，则最后指定的就有可能是本来没有管辖权的法院。③指定管辖只能发生于上下级法院之间。

（3）移转管辖的裁定。移转管辖的裁定，也常常被称为管辖权的转移，它指的是上级法院决定将特定案件的管辖权在上下级法院之间转移的裁定，实践中某些法院也有可能使用决定而非裁定的文书。其含义主要包括如下几个方面：①移转管辖转移的是管辖权而不是案件。这一点与移送管辖明显不同，移送管辖是将一个案件从没有管辖权的法院转移到有管辖权的法院，而移转管辖是将一个案件的管辖权从一个法院转移到另一个法院，可以说，前者是从"无权"法院移送到"有权"法院，而后者是从"有权"法院移转到"无权"法院。②移转管辖既可以是将下级法院的管辖权移转到上级法院，也可以是将上级法院的管辖权移转到下级法院，但移转管辖不可能在同级法院之间发生。③移转管辖的权力在上级法院。

✥小结提升

根据上述的行政诉讼管辖规则，一般行政诉讼案件管辖法院的确定可以归纳为图18-2。

通过分析可以发现，依照上述规则——主要是地域管辖规则来确定管辖法院，可能出现一个案件存在两个以上有管辖权的法院，即共同管辖的情况。

- 行政诉讼管辖
  - 级别管辖
    - 基层法院管辖的一般原则
    - 专门法院不管辖的绝对原则
    - 中院、高院、最高院管辖的例外
  - 地域管辖
    - 被告所在地法院管辖的一般原则
    - 两种选择管辖的情况（经复议/限制人身）
    - 不动产所在地专属管辖的情况

图 18-2　行政诉讼级别管辖与地域管辖总结

共同管辖——这是地域管辖中经常出现的情况，它并不是指现实中出现了多个法院对同一案件共同行使管辖权的情况（这在逻辑上是不可能的），而是指根据已有的管辖规则，对同一个第一审案件，同时出现多个有管辖权的法院的情况，因此也可以称之为管辖权的竞合。

在理解共同管辖的含义时，不能混淆它与复合管辖规则之间的关系。在复合管辖规则的指引下，只是在理论上对同一案件存在着多个管辖法院的可能；而共同管辖指的是根据已有管辖规则，在现实中已经出现了对同一案件均有管辖权的多个法院。共同管辖与复合管辖规则，并没有必然的对应关系。在复合管辖规则的指引下，并不当然出现共同管辖，例如，对于限制人身自由的案件，原告所在地或者被告所在地法院均有管辖权，这就是一条复合管辖规则，但如果此时原告所在地与被告所在地是重合的，管辖法院仍然只有一个，并未出现共同管辖。反过来，在单一管辖规则的指引下，却也有出现共同管辖的可能，例如不动产案件应由不动产所在地法院管辖，而此时如果该不动产跨越多个法院辖区，则又有出现共同管辖的可能。因此，共同管辖与复合管辖规则虽有所联系，却是明显不同的。

由于同一案件不可能由多个法院共同审理，因此，当共同管辖出现的时候，就必须根据一定的规则加以选择。根据我国行政诉讼制度的现有规定，对于共同管辖的选择规则有三：①原告选择，两个以上法院都有管辖权的案件，原告可以选择向其中一个法院提起诉讼。②法律推定，原告向两个以上有管辖权的法院起诉的，由最先收到起诉状的法院管辖。③上级指定，两个以上有管辖权的法院同时收到起诉状的，应当由这些法院协商解决，协商不成的应由其共同上一级法院指定其中一个作为管辖法院。

第二节　行政诉讼的原告

引例　田××诉北京市某区民政局为其父亲与郑××办理结婚登记案

加拿大籍华人田××对北京市某区民政局为其父亲与郑××办理结婚登记行为不服，并要求行政赔偿，向某区法院提起行政诉讼。田××诉称，其父亲患有法定的禁婚疾病，不符合法定结婚条件。被告某区民政局为其父亲与郑某某办理结婚登记手续，免收了婚前健康检查证明，程序严重违法。同时，被告的结婚登记行为给原告造成经济损失。为此，向法院起诉，要求依法确认被告某区民政局颁发给结婚证的行政行为违法，判令被告撤销结婚登记，并承担违法行政责任，限期恢复财产，并赔偿经济损失人民币 11 万余元。在案件审理中，某区民政局辩称，原告不是行政行为相对人，不具备诉讼主体资格。被告作为婚姻登记管理部门，在对登记人的婚姻状况等有关证明进行核实后，认为登记人具备民事行为能力，并系自愿结婚，故其行为并无违法之处。另外，根据婚姻法的规定，原告不得干涉其父的婚姻，原告没有要求撤销该婚姻登记的权利。

某区法院认为，根据《中华人民共和国行政诉讼法》及《最高人民法院关于执行〈中华人民共和国行政诉讼法〉若干问题的解释》的规定，与具体行政行为有法律上利害关系的公民、法人或其他组织对该行为不服的，可以提起行政诉讼。本案中，原告田××所诉的婚姻登记管理机关为其父与郑××办理结婚登记行为，该行为系婚姻登记管理机关与结婚登记申请人之间的行政法律关系，原告田××与该行政行为没有法律上的利害关系。因此，原告田××不具有行政诉讼原告的主体资格。综上，依据《最高人民法院关于执行〈中华人民共和国行政诉讼法〉若干问题的解释》第 44 条第 1 款之规定，裁定如下：驳回原告田××的起诉。

☞ 概述

原告是行政诉讼的构造中十分重要的一极，是整个诉讼程序的启动者。行政诉讼原告与行政复议申请人的确定规则是完全相同的，如果一个案件同时属于行政诉讼与行政复议的受案范围，那么，可以做复议申请人的人，也必定就可以做行政诉讼原告。因此，学习者可以结合本书前文对行政复议申请人的叙述理解这一部分的内容。

♨ 方法

掌握本节内容，根本在于理解行政诉讼原告与被诉具体行政行为之间法律上的利害关系，务必从理论上准确把握这一点，在此基础上，再去掌握司法解释上的具体规定为宜。在此，我们先明确行政诉讼原告资格的一般确定规则，再针对实践中较易出现疑问的若干特殊问题做专门的分析。

◆ 教学内容

一、确定原告资格的一般规则

行政诉讼原告——是指认为行政主体及其工作人员的具体行政行为侵犯其合法权益，而向人民法院提起诉讼的公民、法人或其他组织。

行政诉讼原告的确定规则，分为两种情况，一是本来的原告资格，二是经转移的原告资格。

与行政行为有
直接利害关系 { 行政相对人　　　→ 　{ 行政诉讼原告
　　　　　　　行政相关人 　　　　　 行政复议申请人

图 18-3　确定行政诉讼原告的标准

（1）本来的原告资格。行政诉讼的原告，法律上并不要求其必须是具体行政行为的相对人，只要是与具体行政行为有法律上直接利害关系的公民、法人或者其他组织，对该行政行为不服的，均可作为原告提起行政诉讼。因此，学理上把行政诉讼的原告分为两种人，第一种是具体行政行为直接针对其做出的人，即行政相对人；第二种是其他与具体行政行为有利害关系的人，称为行政相关人。

（2）经转移的原告资格。有权提起行政诉讼的公民死亡，或者法人与其他组织终止的，其原告资格可以发生转移。原告资格转移的规则如下：①有权提起行政诉讼的公民死亡的，其近亲属可以作为原告可以提起诉讼。这里所讲的"近亲属"包括：配偶、父母、子女、兄弟姐妹、祖父母、外祖父母、孙子女、外孙子女和其他具有扶养、赡养关系的亲属。②有权提起行政诉讼的法人或者其他组织终止的，承受其权利的法人或者其他组织可以作为原告提起诉讼。

二、确定原告资格的若干特殊情况

行政诉讼的原告资格，均按上述规则确定。但是，实践中存在一些特殊情况，这些情况下原告资格的确定相对复杂一些，为了给地方各级司法机关确定原告资格提供更为明确、具体的依据，最高法院的《若干解释》对这些情况下原告资格的确定做了进一步的规定。对此，我们一一加以介绍：

表 18-3　确定行政诉讼原告的若干特殊情形

相邻权案件	侵害采光、排水、通风、通行等权利皆可起诉
公平竞争权案件	当事人公平竞争权受到具体行政行为侵犯的皆可起诉
经复议案件	复议的申请人、第三人、利害关系人均可起诉
有受害人的案件	加害人与受害人同时起诉的均是原告，但不是共同原告
信赖保护案件	被撤销或变更的原行为的利害关系人均可作原告
合伙人案件	合伙企业以字号为原告，其他合伙以合伙人为共同原告
投资人案件	联营、合资、合作企业的投资人均可以自己的名义起诉
农地承包案件	土地使用权人可以自己的名义起诉
股份制企业案件	股东大会、股东代表大会、董事会等可以企业的名义起诉
非国有企业案件	被行政机关注销、撤销、合并、强令兼并等，企业或其法定代表人可以起诉

（1）相邻权案件的原告。相邻权案件，即行政机关的具体行政行为损害当事人相邻权（包括采光权、通风权、排水权、通行权等）的案件。相邻权案件在行政规划许可中出现最多，相邻权受到损害的一般都不是行政行为的相对人，而是其相关人，但此时相邻权人有权起诉。较为典型的例子是，行政机关批准某企业建筑一幢大楼或者搭建其他设施，该建筑或设施又影响了他人的采光、通风、排水、通行等权利，此时权利受到影响的人可以提起行政诉讼。

（2）公平竞争权案件的原告。公平竞争权案件，即具体行政行为损害当事人公平竞争权的案件。公平竞争权，指的是当事人为从事一定行为、获得一定权益而参加平等竞争的资格与条件，在此类案件中，公平竞争权受到损害的人，也很可能不是具体行政行为的相对人。例如，某地方政府为了扶持当地的国有企业而给予其税收或管理上的某种优惠和方便，这种行为就很可能影响到与这些国企有着竞争关系的民营企业的公平竞争权，则后者便可提起行政诉讼。

（3）经行政复议后的原告资格。一个行政争议经过复议之后，如果争议仍然存在，则复议的申请人自然可以提起行政诉讼，这一点毫无疑义；而复议的被申请人自然不能提起行政诉讼，因为行政诉讼是"民告官"而不是"官告民"，这一点也无疑义。这里要解决的问题是，复议中的第三人，甚至是没有参加到复议程序中但与复议决定有着利害关系的人，如果对复议决定不服的，能否提起行政诉讼？答案当然是肯定的。理由十分简单，因为复议决定本身也是一个具体行政行为，按照确定诉讼原告的一般规则，只要和具体行政行为有利害关系的人，都可以作为原告起诉。因此，无论是复议中的第三人，或者是虽然没有参加复议程序，但其权益受到复议决定影响的人，都具备原告资格。

(4) 受害人的原告资格。在某些案件中，会存在一个"受害人"的角色，这主要是行政处罚案件，尤其是治安处罚最为常见。此时，事件中存在着一个加害人和一个受害人，加害人因其违法的加害行为而受到行政机关的处罚，如果它对这个处罚不服，当然可以提起行政诉讼，这一点毫无疑问。问题是，受害人能不能也提起行政诉讼呢？答案是肯定的，如果受害人认为行政机关对加害人的处罚存在违法之处，一般表现为受害人认为处罚过轻，自然也可以提起行政诉讼，要求加重对加害人的处罚。需要注意的是，在此类案件中，加害人与受害人所提起的诉讼，其诉的内容是不同的，加害人之诉体现为主张应减轻或者免除对自己的处罚，而受害人之诉体现为主张加重对加害人的处罚，这两个诉所针对的都是同一具体行政行为，但其主张相互对立。因此，如果加害人与受害人同时提起诉讼，法院应当将其作为两个不同的诉讼对待，但可以将两者合并审理。此时，加害人与受害人在诉讼中的地位都是原告，但不是共同原告。例如，张三因殴打李四而受到治安处罚，张三就是加害人，而李四是受害人，两人均可作为原告起诉。

(5) 信赖利益人的原告资格。信赖利益人，指的是在行政机关撤销或者变更其已经生效的具体行政行为时，因为信赖该行为而在利益上受到损害的人。信赖利益人一般包括两种人，一种就是具体行政行为的直接相对人，另一种并非其直接相对人，属于因信赖该行政行为而采取了相应行动，并因此产生一定利益的人。当行政机关将一个已经生效的具体行政行为撤销时，第一种信赖利益人如果对此不服，其提起行政诉讼的原告资格毫无疑问。而此时第二种信赖利益人能否也对此提起诉讼呢？也可以，因为其法律利益同样因该具体行政行为的撤销或者变更而受到了影响。

(6) 合伙的原告资格。合伙组织提起行政诉讼时，其原告资格的确定分为两种情况：①是合伙企业的，以核准登记的字号为原告；②是其他合伙组织的，以合伙人为共同原告。

(7) 农村土地承包人的原告资格。行政机关做出的具体行政行为，涉及农村土地权益的，作为土地所有权人的集体经济组织当然可以作为原告起诉。而农村土地承包人作为土地的使用权人，也可以对此提起行政诉讼。因为根据我国农村土地承包经营的客观情况，对于农村集体土地而言，虽然承包人并非其所有者，但实际上与该土地的利益联系更为密切，因此在法律上赋予其原告资格，正是理所应当的。

(8) 联营、合资、合作企业案件中的原告问题。联营企业、中外合资或者合作企业的联营、合资、合作各方（简称为企业投资人），认为联营、合资、合作企业的权益或者自己一方的权益受到具体行政行为侵害，需要寻求司法救济时，其具体情况包括这样几种：

第一种情况，具体行政行为是直接针对企业投资人做出的，此时，作为具体行政行为的直接相对人，投资人当然可以提起行政诉讼。

第二种情况，具体行政行为不是针对投资人，而是针对企业做出的，此时利益受到损害的投资人如果拥有企业的代表权的话（比如，该投资人或者其代表就是企业的法定代表人），它当然能够以企业的名义提起诉讼。

第三种情况较为复杂，也正是《若干解释》所要解决的问题，就是当具体行政行为针对企业做出，而利益受损的投资人并不拥有该企业代表权的话，则投资人能否以企业的名义起诉就成为一个问题了。因为企业的其他投资人，尤其是掌握着代表权的投资人可能出于各种目的而不愿提起诉讼，此时利益受损的投资人就不可能以企业的名义起诉，从而谋求救济了，其法律救济渠道在此遇到了堵塞。为了解决这个问题，《若干解释》特别规定，此时投资人也能够以自己的名义提起行政诉讼，从而解决了这种情况下真正的利害关系人起诉难的问题。

（9）非国有企业案件中的原告问题。非国有企业在范围上包括集体企业、私营企业等，如果行政机关通过其行政行为，将非国有企业注销、撤销、合并、强令兼并、出售、分立或者改变企业隶属关系的，该企业或者其法定代表人可以提起行政诉讼。在这种情况下，就出现了企业主体资格与原告资格分离的特殊情况。行政机关将非国有企业注销、撤销、合并、强令兼并、出售、分立或者改变企业隶属关系的，无非就是要消灭该企业原有的主体资格。一般情况下，法人或者其他组织的主体资格一旦消灭，其诉权也就随之消灭，只可能发生原告资格转移的问题。但这种情况下，《若干解释》却做出了例外规定，继续保留这些形式上已经被消灭了主体资格的非国有企业的诉权，允许其借助行政诉讼来审查行政机关消灭其主体资格的行为本身是否合法。需要注意的是，此时具备原告资格的主体共有两个，一是企业，二是企业的法定代表人。而企业作为原告起诉，其诉权实际上还是通过法定代表人的行为来实现的。也就是说，在这种案件中，实际上都是企业的法定代表人在起诉，只不过其起诉的名义有两种，一种是企业的名义，一种是自己的名义。

（10）股份制企业案件中的原告问题。如果行政机关做出的具体行政行为损害了股份制企业的经营自主权，企业的法定代表人当然可以以该企业的名义提起行政诉讼。但是，在有些特殊情况下，法定代表人出于各种原因，却不愿提起行政诉讼，此时企业的内部机构，包括股东大会、股东代表大会、董事会等，可以以企业的名义提起行政诉讼。①

✤小结提升

在掌握行政诉讼的原告问题时，必须把握好一个十分容易混淆的问题，就是原告与诉权的实际行使者之间的关系。对于自然人来说，这两个身份当然是重合的，只有原告自己才有可能去实际起诉。但对于法人和其他组织来说，这两者就是分离的，一般情况

---

① 有观点认为，除了企业的股东大会、股东代表大会、董事会之外，企业的职工代表大会（如果有建立的话）也具有类似地位，而这就是此处规定一个"等"字的含义所在。这种观点有一定道理，因为现实中，确有行政机关针对股份制企业做出的行为侵犯其职工利益之后，企业的法定代表人及其董事会等内部机构均不起诉的，此时为了保护职工利益，允许职工代表大会以企业的名义起诉，也是一种正确的做法。

下，法人只能通过其法定代表人来实际行使诉权，合伙企业则由其执行合伙事务的合伙人实际行使诉权，其他组织则由其主要负责人实际行使诉权。在更为特殊的情况下，股份制企业的内部机构，如董事会等也可以代表企业实际行使诉权。在这种情况下就必须注意，此时只是诉权的实际行使者改变了，而原告始终没有变，无论是谁在实际行使诉权，原告始终是股份制企业，原告资格并没有转移到企业内部机构的身上。

第三节　行政诉讼的被告

引例　霍小兵诉招商银行北京分行东方广场支行收缴假币行政强制措施案

霍某于 2002 年 2 月 4 日中午到招行东方广场支行处存款，银行工作人员李某在收取存款时发现其中一张 1999 年版、冠字号码为 GB09803019、票面金额为 100 元的人民币为假币，当即告知了原告，并将该币交由在其邻侧工作的另一工作人员苏某复核确认。苏某经复核确认后，李某分别在该币正面水印窗和背面中间位置处加盖了"假币"印章，并向霍某出具了"假币收缴凭证"，同时告知霍某如对收缴假币有异议，可在三个工作日内向中国人民银行或中国人民银行授权的中国工商银行、中国农业银行、中国银行、中国建设银行申请鉴定。霍某在该凭证"持有人签字"处签名。2002 年 2 月 6 日，霍某向招行东方广场支行提出鉴定申请，2002 年 2 月 8 日，建行东四支行对由招行东方广场支行委托鉴定的冠字号码为 GB09803019 的人民币鉴定为假币后，予以没收，并出具了有持币人签名、伪（变）造字头号码为 GB09803019 等要素的中国建设银行"发现伪（变）造币没收证明单"。霍某不服，以招行东方广场支行为被告向法院提起行政诉讼，要求撤销被告的收缴行为及鉴定行为。

☞ **概述**

在行政诉讼中，受到争议的人就是被告。被告在行政诉讼构造中的地位同样非常重要，它与原告一起构成了行政诉讼程序中最主要的当事人。行政诉讼被告的确定与行政复议被申请人的确定，两者的规则基本上是相同的。确定行政诉讼被告的主要标准有二：一是行政主体；二是原告指控。其中，对行政主体的判定是其核心。

♨ **方法**

与原告资格的确定相类似，确定行政诉讼被告的基础同样在于把握其核心规则，即行政主体标准，对此，学习者应当紧密结合本书前文有关行政主体的论述加以理解。对此，我们首先介绍行政诉讼被告总体上的确认规则，再针对几种特殊情况做进一步的分析。

◈ **教学内容**

一、一般确认规则

行政诉讼被告——是指作出原告认为侵犯其合法权益并向法院提起诉讼的具体行政行为，而由法院通知应诉的行政机关或者法律、法规授权的组织。

一般情况下，行政诉讼被告的确定，主要根据两个条件进行判断：第一，它是实施被诉具体行政行为的行政主体；第二，原告起诉了它。这两个条件缺一不可。

这两个条件当中，我们很容易对第二个条件做出准确判断，主要问题仍在于认定被诉者是否具备行政主体资格。对此，仍然要坚持使用"权"、"名"、"责"三个标准来加以判断。

根据上述标准，对于行政诉讼被告的确定，可以得出以下几点基本结论：

第一，行政机关实施的具体行政行为被诉时，该行政机关是被告。因为行政机关是一个有着独立职权的、完整的行政组织，一定具有行政主体资格。无论它是一级人民政府，还是政府的工作部门与下属单位，或是政府对外的派出机关，当它自己实施的具体行政行为被诉时，就应当作为被告。

第二，被授权组织实施的具体行政行为被诉时，该组织是被告。无论被授权的是一个行政机构，还是一个社会组织，根据行政授权的原理，只要这种授权是合法、有效的，就可以使其取得行政主体资格，从而可以充当行政诉讼被告。

第三，受委托者实施的具体行政行为被诉时，委托者是被告。根据行政委托的原理，接受行政委托的组织和个人都不具备行政主体资格，不能够作为行政诉讼被告，此时应当以委托它的行政主体作为被告。在特殊情况下，如果是一个行政机关对另外一个行政机关进行委托，则受委托者虽然也具备行政主体资格，但在它实施受委托事项时，也并非该事项的主体，仍然不能充当被告。

第四，原告因行政机关不履行法定职责而起诉时，对相应事务负有职责的行政主体是被告。也就是说，有的时候原告起诉并不是针对行政主体所实施的某个行为，而恰恰相反，是因为行政主体本应实施某个行为却没有实施，而引起了行政诉讼。此时，诉讼被告仍然按照主体标准确定，

表 18-4　确定行政诉讼被告的一般情况

行为者	被告
一般机关	该机关
派出机关	派出机关
授权行政	被授权组织
委托行政	委托机关
不作为案件	有作为义务的机关

即谁对相应事务本来负有作为的义务，谁就应当作为被告。例如，当事人认为因行政机关没有履行保护其人身安全的义务而导致自己被人殴打，则应当以公安局作为被告。

二、几种特殊情况

在了解行政诉讼被告一般确定规则的情况下，我们再针对几种比较常见的特殊情况，做进一步的分析：

表 18-5　确定行政诉讼被告的特殊情况

行为者	被告
新组建机构	获得合法授权时自己为被告，否则以组建者为被告
派出机构与内设机构	仅在超越职权种类时为所属机关；其余情况下均为自己
多个机关的共同行为	共同被告（原告不同意追加的转列为第三人）
原主体被撤销	继续行使职权的主体，或撤销它的主体
不作为案件	有作为义务的机关
经复议后起诉的	复议维持原机关为被告；复议改变复议机关为被告；复议不作为原告对谁不服谁为被告

（一）新组建机构的被告资格

实践中，行政机关可能为了行政管理的需要而组建新的行政机构，这些新组建机构的职权状况是不尽相同的，主要有三种可能：①并不具有独立职权，有的时候行政机关新组建一个机构只是为了辅助自己处理某些方面的事务，不需要赋予其独立对外实施行政活动的权力，这就是一个纯粹的内部办事机构或者议事协调机构，并不具有行政主体资格，当然不能够作为行政诉讼的被告。②合法赋予其独立职权，也就是说，行政机关在组织新的机构之后，根据法律、法规，或者有时候根据行政规章的规定，赋予该机构独立的行政管理职权，这实际上就是一个行政授权的过程，此时授权的依据是合法的、充分的，因此，这种情况下的新组建机构就具备了行政主体资格，可以作为行政诉讼的被告。③违法"赋予"其独立职权，这种情况下，行政机关也对新组建的机构"赋予"了一定的独立职权，但其授权依据却并不合法、充分，比如仅仅是依据普通的行政规范性文件进行的授权。这种情况下，被"授权"的新组建机构就不能获得行政主体资格，不具有独立承担法律责任的能力，应当以组建该机构的行政机关作为行政诉讼的被告。

（二）内设机构与派出机构的被告资格

行政机关的内设机构与派出机构，在职权状况上有两种可能，一种是没有独立职权，不能以自己的名义对外做出行政行为，因而不具备行政主体资格；另一种是具有独立职权，在一定范围内可以自己名义对外做出行政行为，具备行政主体资格，例如，内设机构中的专利复审委员会、商标评审委员会，派出机构中的派出所、工商所、税务所等。在第一种情况下，内设机构与派出机构自然不可能成为行政诉讼的被告或行政复议的被申请人，如果它们对外实施行政行为的话，就应当将其视为所在行政机关对它们的委托，应由其所在的行政机关作为被告或被申请人，这一点相当明确，无须做进一步的讨论。而在第二种情况下，内设机构与派出机构就有做诉讼被告的可能，这时就有进一步分析的必要。

根据《若干解释》的规定，此时我们可以分为三种具体情况对待。第一种情况，内设机构与派出机构完全在自己的授权范围内实施行政活动，此时当事人提起行政诉讼的，自然应当以内设机构或者派出机构自己作为被告。第二种情况，内设机构与派出机构在实施职权时，超越了法定授权的幅度，例如派出所做出了1000元的罚款决定，税务所做出了5000元的罚款决定，这就属于超越职权幅度的行为，因为派出所与税务所虽然有罚款的权力，但上述决定却超越了其罚款额度，我们将这种情况简称为"幅度越权"。"幅度越权"的情况下，仍然以做出行政行为的内设机构或者派出机构为被告。第三种情况，内设机构与派出机构在实施职权时，"行使"了某类法律、法规、规章根本没有赋予它的职权，例如派出所做出了行政拘留甚至劳动教养的决定，我们称这种情况为"种类越权"。此时，这些机构就没有资格充当行政诉讼被告，而应当以其所在机关作为被告。也就是说，对于这些获得一定授权的内设机构与派出机构，在确定其行政诉讼的被告资格时，应当以其做出行政行为时的职权状况作为判断标准，只有在"种类越权"时才由其所在机关作为被告，在其他情况下仍然以该机构自己作为被告。

（三）共同行政行为案件中的被告资格

共同行政行为——指的是多个行政主体以共同的名义一起做出的行政行为。

按照一般原则，当事人在对共同行政行为提起诉讼时，应当以实施这些行为的多个行政主体作为共同被告。但在有的情况下，原告只将其中的一部分行政主体列为被告，则剩余的行政主体在行政诉讼中的地位如何，就需要分析。

对于行政诉讼来说，如果一个行政主体做出的具体行政行为被诉了，并不必然意味着这个行政主体必然会成为被告，此时还需要另外一个条件，就是原告将其列为被告。对于共同行政行为而言，如果原告只起诉了其中的一部分行政主体的话，那这一部分行政主体当然就成为被告，而法院并不能直接就将剩余的行政主体也列为被告。此时，法院正确的做法是：先告知原告，要求其追加其他行政主体作为共同被告，如果原告坚持不追加的，法院只能将其列为第三人。也就是说，共同行政行为的实施主体，在行政诉讼中未必都会作为被告，也有可能作为第三人出现。

（四）行政主体被撤销后的被告资格

做出具体行政行为的行政主体机关被撤销，而该行为又被提起行政诉讼时，就应当以继续行使该主体职权的新的行政主体替代其成为被告；如果没有继续行使其职权的其他行政主体，就以撤销它的行政主体代替其成为被告。

（五）经行政复议后被告资格的确定

一个受到争议的行政行为，如果同时属于行政复议与行政诉讼的受案范围，而当事人在经过复议之后，对复议决定仍然不服再行提起行政诉讼时，其诉讼被告应当如何确定，这是一个相对重要而又稍显复杂的问题。对此，我们分成三种情况来说明：

第一种情况，复议维持。即复议机关维持了原来的具体行政行为，如当事人对此仍然不服再行起诉，其诉讼的对象仍然是原来的具体行政行为，则应当以最初做出该行政行为的主体为被告。

第二种情况，复议改变。即复议机关改变了原具体行政行为时，当事人对此仍然不服提起诉讼的话，其诉讼的对象不再是原来的具体行政行为，而变成了复议决定，此时就应当以复议机关作为被告。所谓的复议改变，具体包括三种情况：①改变原具体行政行为所认定的主要事实和证据的；②改变原具体行政行为所适用的规范依据且对定性产生影响的；③撤销、部分撤销或者变更原具体行政行为处理结果的。

第三种情况，复议不作为。这种情况最为复杂，所谓复议不作为，指的是复议机关在法定期限之内没有做出复议决定的情况，此时如果当事人继续提起行政诉讼，则其被告应当如何确定呢？对此我们首先需要明确的是，复议不作为这一事实本身到底具有怎样的法律意义。应当说，这一事实首先是复议机关不履行自身法定职责的表现，同时也意味着复议机关对原具体行政行为的默认，应当推定其产生与复议维持同样的法律效果。既然如此，如果当事人继续起诉原来的具体行政行为，就应当参照复议维持时的被告确定规则，即以最初做出具体行政行为的主体为被告。而由于复议机关的行为本身已经构成了行政不作为，这又产生了另外一个诉因，当事人又可以起诉这种行政不作为，这就构成一个新的行政诉讼，而这个诉讼的被告当然就是复议机关了。因此，在复议不作为的情况下，确定诉讼被告，首先应当明确当事人诉讼的对象，再根据诉讼对象的不同确定不同的原告。

✥ 小结提升

在本节内容中，还有一个问题需要我们掌握，就是在行政诉讼中，当原告所指控的被告出现错误时，法院应当如何处理的问题。对于这个问题，我们在上文中已经有所涉及，在此进一步做全面的分析。应该说，原告"告错"被告的情况，还是比较复杂的，具体包括这样几种情况：

第一，原告起诉时指控的被告有误。此时被原告指控的机关当然不是适格的被告，法院应当告知原告要求其变更被告，原告拒绝变更的，应当裁定驳回起诉。

第二，原告起诉时将部分被告遗漏。对于这种情况，我们在上面已经做了分析，此时应当通知原告，要求其将剩余的机关追加为被告，原告拒绝追加的，应当将这些机关列为第三人。注意，此时法院决不能因为原告起诉的被告有所遗漏而裁定驳回其起诉。

第三，原告起诉时指控的被告部分有误，或者既有错误又有遗漏的。例如，某个案件依法应当有三个被告：公安部门、工商部门、城管部门。而原告起诉时列举的被告是公安部门、工商部门、城建部门。此时，原告既将城建部门错列为被告，又将本应作为被告的城管部门遗漏了。对此，法院应当受理此案，并通知原告将城建部门变更为城管部门，如果原告拒绝变更的，法院应当只将公安部门与工商部门列为被告，而将城管部门列为第三人。

第四节　其他诉讼参加人

引例　某村民委员会不服某市公路局罚款案

1990 年 3 月，原告某村民委员会向某县林业局申请采伐树木，作为增建村小学教室使用。某县林业局批准并发给采伐许可证，指定原告在该村北公路（国道）30－139 路标间采伐榆树 200 棵，伐后补栽幼树。原告在获准后，于 3 月 20 日组织村民按照林业局指定的区域如数采伐了榆树 200 棵。该县公路局发现后，于 5 月 12 日以原告滥伐树木为由，对原告作出了补栽幼树 200 棵，没收已伐榆树 200 棵，并处违法所得 3 倍的罚款，计人民币 18 000 元（按每棵 30 元计价）的处罚决定。原告不服，于 5 月 20 日向某市公路局申请复议。市公路局经复议认为，县公路局认定事实属实，但适用法律不当，于 5 月 28 日依《中华人民共和国森林法实施细则》第 22 条第 1 项规定作出复议裁决：责令原告在采伐路段补栽幼树 200 棵，并处违法所得 3 倍罚款计 18 000 元。原告对复议决定仍不服，于 6 月 10 日向人民法院起诉。法院在此案的审理中，将林业局列为第三人参加诉讼。

☞ 概述

除了原、被告双方当事人之外，行政诉讼还包括其他当事人、参加人和参与人，如第三人、代理人、证人、勘验人、鉴定人、记录人等。对于行政诉讼而言，对大部分其他参加者的规范与民事诉讼并没有什么两样，因此《行政诉讼法》上甚至没有对其作出规定，在实践中均参照《民事诉讼法》处理。因此，本节并不对这些其他参加者做全面的分析，只是选取若干在诉讼过程中地位作用较为重要，与民事诉讼又有明显不同，而立法上已经有所规定的参加者，做一简要介绍。

♨ **方法**

本节内容相对次要一些，着重把握两个问题：一是行政诉讼第三人，尤其注意它与民事诉讼第三人的区别；二是注意一些具体制度上的特殊规定。

❖ **教学内容**

下面，我们主要介绍行政诉讼中的第三人、代表人、代理人三种主体。

一、第三人

行政诉讼第三人——是指与提起诉讼的具体行政行为有利害关系的其他公民、法人或者其他组织。

我们知道，在民事诉讼中，根据第三人有无独立请求权的不同，将其分为有独立请求权第三人和无独立强求权第三人。而行政诉讼中并没有这样的划分，因为行政诉讼中的第三人拥有与原告或被告类似的诉讼权利，都有独立的请求权，都可以提出管辖权异议，不服一审判决时都可以上诉。

行政诉讼对第三人的分类，是根据其在行政争议中的不同地位，分为类似于原告的第三人与类似于被告的第三人，简称原告型第三人与被告型第三人。行政诉讼对第三人的确定标准实际上比较简单，可以这样讲，如果一个主体本来具备原告资格，不过没有起诉，但由于与被诉的行政行为有利害关系又参与到诉讼程序当中去，就是原告型第三人；如果一个主体本来可以作为被告，只不过因为原告没有起诉他或者因为某些特殊规则的限制而未能成为被告，但也参与到诉讼程序当中去了，它就是被告型第三人。

（一）原告型第三人

原告型第三人包括这样几种情况：

（1）行政处罚诉讼案件中的第三人。如果行政处罚案件中有多个共同被处罚人的，它们都可以作为原告起诉，如有只有部分被处罚人起诉，则其他的被处罚人就可以作为原告型第三人参加诉讼；或者处罚案件中有受害人的，加害人与受害人本来都有资格作为原告起诉，如有其中只有一人起诉，则另外一人也就可以作为第三人参加诉讼。

（2）行政确权、裁决或许可案件中的第三人。在行政确权案件中，主要是多个平等主体就某一权利产生争议，最后由行政机关确定下来；在行政裁决案件中，是多个平等主体就某一纠纷产生争议，最后由行政机关做出裁断；在行政许可案件当中，可能是多个申请人共同竞争一个许可证，最后由行政机关根据某一标准将许可证颁发给其中的一个人。这些案件都有一个共同的特点，就是有多人争夺某项权利或者多人发生一个纠纷，而最后行政机关只可能将这项权利确定给某一个人，或者它对纠纷的裁断只可能对少数人有利。此时，其他没有获得权利的人，或者受到不利裁断的人，就有权作为原告提起行政诉讼，但如果只有一些人提起了诉讼，另一部分人就可以作为第三人参加诉讼。

（3）其他案件中的第三人，除了上述两类案件之外，在其他案件中，只有被诉的具体行政行为与当事人有着法律上的利害关系，而该当事人又没有起诉的，都可以作为第三人参加诉讼。

（二）被告型第三人

被告型第三人也包括几种情况：

（1）做出矛盾行为的其他行政机关，如果当事人对一个具体行政行为提起了诉讼，而此时还存在另外一个行政机关，其做出的具体行政行为正好与被诉的行为相互矛盾，则该机关就应当作为被告型第三人参加诉讼。因为该机关做出的行为与被诉行为存在矛盾，而行政诉讼的结果又将直接判断被诉行为的合法性，那么，这一判决也将必然涉及这一矛盾行为的合法性，因此，做出矛盾行为的机关自然应当参加到诉讼程序中来。

（2）在行政决定中署名的非行政主体，实践中存在着一些案件，这些案件中的被诉行政行为除了行政主体之外，还有一些非行政主体参与了署名。此时，当事人若对该行为起诉，自然只能以其中的行政主体作为被告，而这些行政主体就应当被列为第三人。

（3）原告起诉时遗漏的行政主体，这一问题前文已经有所介绍，如果原告在起诉共同行政行为时，没有将全部参与该行为的行政主体均列为被告，则法院应当通知原告追加被告，原告拒绝追加的，则这一部分被遗漏的"被告"因此转化为第三人。

二、代表人

从性质上看，行政诉讼代表人本身就是原告中的一员，只不过有的时候原告一方是一个非法人的集体，或者原告的人数众多，为了诉讼活动的顺利进行，必须由一个主体代表原告（们）的意志，因此才产生了诉讼代表人制度。具体而言，行政诉讼中的代表人包括这样几种：①合伙企业的代表人，合伙企业起诉的，应当以核准登记的字号为原告，由执行合伙企业事务的合伙人作为诉讼代表人。②其他组织的代表人，不具备法人资格的其他组织向人民法院提起诉讼的，由该组织的主要负责人作为诉讼代表人，没有主要负责人的，可以由推选的负责人作为诉讼代表人。③集团诉讼的代表人，在行政诉讼中，同案原告为 5 人以上的称为集团诉讼，集团诉讼中的原告应当推选 1 至 5 名诉讼代表人参加诉讼，在指定期限内未选定的，法院可以依职权指定诉讼代表人。

三、代理人

行政诉讼的代理人分为法定代理人、指定代理人、委托代理人三种，行政诉讼代理人的确定与民事诉讼代理人的确定，适用同一规则，没有特殊之处。诉讼代理人的具体制度如下：①法定代理人，没有诉讼行为能力的公民，由其法定代理人代为诉讼。②指定代理人，法定代理人之间互相推诿代理责任的，由法院指定其中一人代为诉讼。③委托代理人，当事人或其法定代理人，可以委托一至二人代为诉讼。

✤ 小结提升

　　行政诉讼第三人资格的确定，是本节中相对难以理解的一个问题。我们已经知道，除了原告与被告之外，其他与被诉具体行政行为存在利害关系的人可以作为第三人参加诉讼，这一点并无疑义。问题在于，有的人与被诉具体行政行为并无直接的利害关系，而是通过某种媒介（主要是民事关系）与被诉行为产生间接的联系。例如，工商部门因甲企业涉嫌造假，吊销了其营业执照，使得甲企业与乙企业签订的购销合同无法履行。在这个案件中，乙企业与工商部门的行政处罚并无直接利害关系，但却通过它与甲公司的购销合同这一媒介，与该处罚行为发生了间接联系，其利益也受到了该处罚决定的影响。那么，类似本案中乙公司这样的主体可以作为第三人参加行政诉讼吗？在这一问题上，有的国家做法较为先进，允许它们作为第三人参加诉讼，不过在我国的行政诉讼制度上，却尚未对第三人的范围做这样的扩大理解。根据我国当前的制度与审判实践，这样的主体不能作为第三人参加诉讼。

[本章阅读文献]

　　1. 杨晓东：《债权人对房地产登记行为的行政诉讼起诉权》，《人民司法》，2005 年第 2 期。

　　2. 唐晔旎：《论利益衡量方法在行政诉讼原告资格认定中的运用》，《行政法学研究》，2005 年第 2 期。

　　3. 余凌云：《对行政诉讼起诉资格作用的再认识》，《中国人民公安大学学报》，2005 年第 3 期。

　　4. 贡世康：《行政诉讼管辖论》，《理论探索》，2005 年第 5 期。

　　5. 张晓玲：《行政公益诉讼原告资格探讨》，《法学评论》，2005 年第 6 期。

　　6. 黄学贤：《行政诉讼原告资格若干问题探讨》，《法学》，2006 年第 8 期。

　　7. 杨小君：《我国行政诉讼被告资格认定标准之检讨》，《法商研究》，2007 年第 1 期。

　　8. 吴卫军：《我国行政诉讼第三人界定标准的检视与重构》，《河北大学学报（哲学社会科学版）》，2007 年第 5 期。

　　9. 贲国栋：《合议制度与行政诉讼原告诉讼权利保障》，《法律适用》，2007 年第 6 期。

　　10. 姜勇：《审理群体性行政案件的法律思考》，《法律适用》，2007 年第 7 期。

[相关链接]

　　1. 原告资格：接近正义的第一步。（见："中国宪政网"）

　　2. 关于行政诉讼管辖和当事人的理论与实务。（见："中国宪政网"）

第十九章　行政诉讼的过程

本章介绍的是行政诉讼的过程，从总体上讲，包括两个部分的内容，一是行政诉讼的程序，二是行政诉讼的规则。在诉讼程序这一部分，主要介绍行政诉讼与行政复议的衔接关系，以及行政诉讼的具体程序。在诉讼规则这一部分，介绍的是行政诉讼的证据规则与法律适用问题。

第一节　行政诉讼与行政复议的衔接

引例　**李三立诉某市铁路公安分局行政处罚案**

原告李三立系外地民工。1999 年底，他随民工队到某市承包房屋修建工程。2000 年初，李三立拟起程回原籍过春节。检票上火车后，李三立将携带的行李放在车厢行李架上。开车前 15 分钟，列车员整理行李架上物品，觉得李三立的提包可疑，便开始询问。李三立低头不语，并拒绝打开提包接受检查。值班乘警便决定将李三立及其携带的行李带下车，前往车站派出所查处。途中，李三立突然撒腿逃跑，但被乘警抓回。经查，发现李三立提包内装有 TNT 黄色简装炸药 10 千克和铜质雷管 20 枚。市铁路公安分局以李三立私自携带爆炸物品乘车，违反爆炸物品管理规定为由，依据《治安管理处罚条例》第 26 条第 2 项及《中华人民共和国国民用爆炸物品管理条例》第 26 条、第 41 条的规定作出处罚裁决：①给予李三立治安行政拘留 15 天的处罚，并处罚款 200 元；②查获的炸药和雷管全部没收。李三立对市铁路公安分局的这一裁决不服，提出申诉，经复议后作出维持裁决，李三立对复议裁决仍不服。遂以某市铁路公安分局为被告向某市城关区人民法院提起行政诉讼。

☞ **概述**

行政诉讼与行政复议共同构成了行政争议法的主体内容，本节主要介绍这两套救济制度的分工，这种分工集中表现为两者的衔接关系。当事人自由选择复议与诉讼，是这一关系的原则，但这一原则在当前仍然存在着某些例外情况，如要求复议前置乃至复议终局等等。但从总的发展趋势来看，这些例外情况正在不断减少，而自由选择的基本模式正在不断地扩大其适用范围。

〰 **方法**

本节内容，重在梳理法律上有关诉讼与复议关系的庞杂规定，并将其类型化。其中，复议前置不终局、复议诉讼选择但终局、复议前置且终局这三种特殊关系类型既是重中之重，又有颇多疑难。而对它们的掌握，又应特别注意概括、理解与把握这些特殊关系适用时的具体条件。

❖❖ **教学内容**

行政诉讼与行政复议之间的衔接关系，可以被概括为以下四种基本类型：

表 19-1　复议与诉讼关系的四种类型

复、诉自由选择	可在收到复议决定或复议期满后 15 日内起诉，有例外则从例外
复议前置不终局	①纳税争议；②侵犯已经取得的自然资源权利
复议选择但终局	①出入境处罚；②省部级单位对自身行为的复议决定
复议前置且终局	省级政府在特定条件下做出的自然资源权属复议决定

	① 复诉自由选择	② 复议前置不终局	③ 复议选择但终局	④ 复议前置且终局
诉讼（实线表示）	———	— — —	———	— — —
复议（虚线表示）	— — —	———	— — —	———

图 19-1　诉讼与复议关系解析

一、关系之一：复议诉讼自由选择

行政复议与行政诉讼自由选择，是当事人选择行政救济程序的一般模式，适用于绝大部分情况下的行政纠纷。一句话：如果一个案件同时属于行政诉讼与行政复议受案范围的话，当事人就既可以直接选择向法院起诉，也可以选择先向复议机关申请复议，对复议决定仍不服的，再行提起行政诉讼。

就行政复议与行政诉讼的这种关系，应着重理解以下几点：

第一，已经诉讼，不得复议。如果当事人已经对某一行政纠纷提起诉讼的，一旦法院受理，无论法院是否已经作出判决，此时当事人都不得再就同一争议申请行政复议。道理很简单，根据司法最终的一般原理，就复议与诉讼两者的关系而言，只可能出现复议在先诉讼在后的情况，绝不可能在时间上将二者倒置过来，出现诉讼在先复议在后的情况。当然，如果原告在起诉之后又撤诉了，我们可以当作他从来没有起诉过，如果此时尚在行政复议的申请期限之内，则当事人仍可申请复议，自然不受此限。

第二，已经复议，暂缓诉讼。即当事人如果就同一争议同时提起行政诉讼又申请行政复议的，应由先受理的机关管辖；如果两机关同时受理的，则由当事人任选其一。如当事人已经申请行政复议的，则在复议期间不得再就同一争议向法院起诉；只有在复议决定做出之后，或者复议期限届满之后，或者当事人撤回复议申请之后，才能就该争议向法院起诉。

第三，复后再诉，时间受限。如果当事人经过复议之后仍然不服，继续向法院起诉的，应当受到期限上的限制。这种期限原则上是 15 天，如果其他法律另有规定的，则从其例外。这一期限的起算有两种方式：复议作为，即复议机关做出复议决定的，则从当事人收到复议决定书之日起算；复议不作为，即复议机关逾期不作出复议决定的，则从复议期满之日起算。

第四，一事一议，不得重复。原则上，复议机关只对同一行政争议处理一次，当事人如对复议机关的处理决定不服，可以依法提起行政诉讼，而不能再就此事向原来的复议机关、或者其他复议机关申请重新复议。"一事一议"的原则只在一种情况下存在例外，那就是对于省部级行政单位的具体行政行为，当事人在申请原机关一次复议失败之后，仍可选择向国务院申请做二次复议（二次复议法律上称为裁决），除此以外，再无"一事两议"的存在。

二、关系之二：复议前置但不终局

除上述自由选择关系之外，其他情况均属复议与诉讼关系的例外。例外之一，便是复议前置但并不终局的情况（一般简称复议前置）。在这种关系中，当事人对特定的行政争议不服的，必须先行申请复议；对复议决定仍然不服，或复议机关拒不做出处理的，再行提起行政诉讼；当事人就此类争议直接提起行政诉讼的，法院不予受理。

复议前置案件，常见的是如下三类：

(一) 纳税争议案件

根据《税收征收管理法》与《海关法》的规定，当事人就纳税问题与税务机关发生争议时，应当先申请复议，对复议决定不服的再提起行政诉讼。

需要注意的是，这里的"纳税争议"范围是特定的，并非泛指所有有关税收的争议，而是特指围绕纳税问题展开的争议。何谓"纳税"争议，法律上所列举的种类十分复杂，但实际上此类争议的内涵可以被简单概括为 16 个字，即"是否纳税、由谁纳税、纳多少税、如何纳税"，如此而已。除此之外的其他税收争议，包括当事人对税务机关的税务处罚决定、强制执行措施或者税收保全措施不服等情况，既可以申请复议，也可以直接提起行政诉讼。

(二) 侵犯既得自然资源权利案件

根据《行政复议法》第 30 条第 1 款的规定，当事人认为行政机关的具体行政行为，侵犯其已经依法取得的自然资源所有权或者使用权的，应当先申请行政复议，对复议决定不服的再行提起行政诉讼。对于这一规定，最高法院又专门于 2003 年、2005 年两度以批复形式做出解释。

其中，2003 年的解释指出，上述条款所规定的具体行政行为，必须是行政机关确认自然资源所有权或者使用权的具体行政行为；而对于涉及自然资源权利的行政处罚、行政强制措施等其他具体行政行为提起行政诉讼的，无须复议前置。

2005 年的解释进一步缩小了复议前置的范围，明确规定只有当事人对自然资源权属发生争议后，行政机关对该权属所作的确权裁决，才需要复议前置，而有关自然资源权利的初始登记，如颁发权属证书等行为，不在复议前置之列。

综合以上规定，可以归纳出对于这类案件，只有同时满足三个条件才符合复议前置的要求：第一，必须是由具体行政行为引起的争议，也就是说，行政机关的行为必须确实产生了法律上的效力，如果是对自然资源权利纠纷进行调解等不具有确定法律效力的行为，自然无所谓复议与诉讼的问题。第二，所侵犯的必须是既得的自然资源权利，也就是说，当事人被侵犯的这种自然资源权利必须是依法已经明确取得了的，是一种既得权利，如果当事人尚未取得这些权利，其受到损害的只是一种可期待的权利、可能的权利，也不符合本条的规定。第三，行政机关的行为是一种行政裁决，也就是说，这些行为不是一般的与自然资源权利有某种联系，而只有在普通当事人（民事主体）之间已经就该权属发生了争议之后，由行政机关居中做出的裁决，才满足此条件。总之，一个行政争议只有同时满足以上三个条件，才属于复议前置的范围。

（三）其他复议前置案件

除了上述两种情况之外，尚有其他法律、法规规定了复议前置的案件类型。例如，《工伤保险条例》规定下列案件也需复议前置：①申请工伤认定的职工或者其直系亲属、该职工所在单位对工伤认定结论不服的；②用人单位对经办机构确定的单位缴费费率不服的；③签订服务协议的医疗机构、辅助器具配置机构认为经办机构未履行有关协议或者规定的；④工伤职工或者其直系亲属对经办机构核定的工伤保险待遇有异议的。

需要提醒注意的是，已失效的原《治安管理处罚条例》规定，当事人不服治安管理处罚决定的，必须先申请复议，对复议决定不服的才能提起行政诉讼。但2005年颁布的《治安管理处罚法》已经废除了这一规定，按照新的规定，被处罚人对治安管理处罚决定不服的，可以依法申请行政复议或者提起行政诉讼，不再受复议前置的限制。

三、关系之三：复、诉自由但复议终局

复诉自由但复议终局关系，也是行政诉讼与行政复议关系中的特例。这一关系的含义是，当事人如对特定行政争议不服，既可以提起行政诉讼，也可以申请行政复议，而一旦申请了行政复议，复议机关的决定就具有终局的效力，对该决定当事人不得再行提起诉讼。具体包括两种情况：

（1）出入境处罚决定。根据《公民出境入境管理法》与《外国人入境出境管理法》的规定，中国公民对出入境管理公安机关做出的拘留决定不服的，或者外国人对其罚款或者拘留处罚决定不服的，既可以提起行政诉讼，也可以向上一级公安机关申请复议。如果当事人选择复议的，则复议决定具有终局效力，当事人对此不得提起行政诉讼。

（2）省部级单位对自身行为的复议决定。根据《行政复议法》的规定，当事人不服省部级行政机关具体行政行为时，其救济途径有两种选择：一是直接起诉，二是向原机关自己申请行政复议。如果当事人选择行政复议的，对其复议决定不服仍有两种选择：一是起诉，二是申请国务院做出裁决，在这里，国务院的裁决实际上就是一种二次复议决定。当事人如果选择国务院的裁决，则该裁决具有终局效力，不得再对其提起行政诉讼。这一规定的目的十分明显，就是避免国务院成为行政诉讼被告。因此，对于省部级单位就自身行为做出的复议决定而言，其法律救济方式就属于复议（二次复议）与诉讼自由选择，但复议终局的关系。

四、关系之四：复议前置且终局

所谓复议前置且终局关系，是行政复议与行政诉讼关系中最为特殊的一种。在这种关系之下，当事人对特定行政争议不服时，必须先申请复议，而一旦申请复议，复议决定又产生终局效力，不得再对其提起行政诉讼。这就意味着，对于此类争议，当事人只有行政复议一种选择，其救济途径与行政诉讼根本无关。

属于此类关系的案件只有一种，即同时满足《行政复议法》第 30 条两款规定的情况。掌握此类案件，首先需要明确这一法条的两款间的关系，其第 2 款的规定，实际上是第 1 款规定的特例，是以满足第一款的条件为前提的。也就是说，这类案件必须首先满足该条第一款的规定，而这一款的规定上文已有详细分析，指的就是侵犯既得自然资源权利的案件，此类案件是需要复议前置的。在此基础上，如果某个案件同时还满足该条第 2 款规定的话，那就意味着不仅需要复议前置，同时还是复议终局的。

而该条第 2 款的规定是：省级人民政府根据国务院或者省级人民政府对行政区划的勘定、调整或者征用土地的决定，确认自然资源所有权或者使用权的行政复议决定为最终裁决。也就是说，如果当事人仅仅是不服一个侵犯其既得自然资源权利的行政裁决行为，他需要先申请复议。但在一般情况下，他如果对复议决定不服的话，还可以到法院起诉。不过，如果同时出现下面两个条件的话，他就不但要先申请复议，而且对复议机关的决定也不能再行起诉了，这两个条件是：①复议决定是省级人民政府做出的；②复议决定做出的依据是国务院或者省级人民政府勘定、调整行政区划或者征用土地的决定。

简言之，可以这样理解，《行政复议法》第 30 条的两款之间是有分工的，第 1 款规定复议前置，第 2 款规定复议终局，如果两款同时满足，便属于复议前置且终局的案件。

✢小结提升

本节内容的体系与脉络较为清晰，但学习者对个别知识点的理解长期存在困难和误区。彻底理解《行政复议法》第 30 条第 1 款及其司法解释，即侵犯既得自然资源权利的复议前置案件，是本节需要解决的最大难点。要彻底理解这一问题，应务必做到：

第一，全面掌握法条。多数学习者对这一问题的把握，只看到了 1999 年《行政复议法》上的规定，全然不知其司法解释的存在，虽有少数学习者结合 2003 年的司法解释来掌握，而 2005 年的第二次司法解释也几乎无人知晓。毫无疑问，只有完整地掌握这三个法条，才可能对这一问题做出准确的理解。

第二，理清法条关系。对于侵犯既得自然资源权利的行为，在什么情况下需要复议前置呢？对于此类案件复议前置条件，1999 年《行政复议法》颁行、2003 年第一次解释、2005 年第二次解释这三者之间实际上是不断地增加其限制、压缩其范围。《行政复议法》规定各种具体行政行为侵犯既得自然资源权利的均需复议前置；而 2003 年的解释限定为只有能够确认该权利归属的具体行政行为才需要复议前置；2005 年的解释又进一步限定为只有当事人发生纠纷之后，行政机关裁决权利归属的行为才属于复议前置的范围。故对此问题的把握，必须以 2005 年最新司法解释为准。

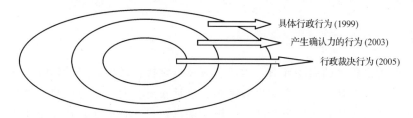

图 19-2　《行政复议法》第 30 条第 1 款及其历次司法解释的关系

第二节　行政诉讼的程序

引例　某市电子有限责任公司诉市劳动局行政处罚决定案

1997 年 2 月 11 日上午，某市劳动局监察员到某市电子有限责任公司检查使用外地劳动力的情况。正巧赶上某电子公司刚刚从外地招来一批未经培训便上岗的工人正在车间工作，该公司生产部负责人李某害怕被检查人员发现，便大声训斥这些外地务工人员，致使这些被询问的外地务工人员因担心被解雇而逃离劳动检查人员的调查。同时，李某还谩骂劳动局的检查人员，抢夺该外地员工的执勤卡，并把劳动局检查人员反锁在地下室长达两个小时之久。经过认真调查取证，某市劳动局以某电子有限责任公司严重阻挠劳动局工作人员行使监督检查权为由，于 1997 年 4 月 1 日作出某市劳（97）决字第 6 号行政处罚决定案，对某电子有限责任公司处以罚款人民币 1 万元，并责令该公司将招来的外地务工人员在 10 日内送往劳动局培训。某市电子有限责任公司于 4 月 2 日接到该处罚决定书以后，既没有缴纳 1 万元罚款也没有将其外地的务工人员送往培训，采取了不予理睬的态度。直到 7 月 8 日，该公司的董事会召开，才作出决定由该公司的法律顾问王某为诉讼代理人提起行政诉讼的决定。7 月 9 日，王某将行政起诉状递交某市人民法院。人民法院初步审查认为，该诉讼已过诉讼时效，裁定不予受理。

☞ 概述

我国行政诉讼的行政诉讼制度脱胎于民事诉讼，许多程序设计与民事诉讼大体相同，但出于诉讼对象，以及原被告双方关系的不同，也存在着一些内容独特的程序。因此，行政诉讼的具体程序可以分为两个部分，一部分是它与其他争议程序如民事诉讼共有的内容，包括起诉、受理和审理三大基本环节；另一部分则是行政诉讼的特有程序，包括撤诉与缺席判决、共同诉讼与合并审理程序、被告在一审期间改变被诉具体行政行为的处理，以及行政诉讼中对其他争议如何处理的问题。

♨ 方法

在本节内容中，最重要也最复杂的是行政诉讼起诉时限的计算问题，它是学习者掌握的重点与难点所在。掌握这一问题，最关键的是区分不同类型案件的诉讼标的，诉讼标的的不同，直接决定了起诉时限计算原理、计算方法的不同。在本节内容中，数字、期限方面的问题较多，应注重通过对比方式加强理解与掌握。

◆◆◆ **教学内容**

一、起诉

这是行政诉讼程序的启动环节，学习者应重点掌握行政诉讼起诉期限的计算。

行政诉讼的起诉期限——是指原告提起行政诉讼所受到的时间限制。原告只有在该期限之内提起诉讼方能被法院所受理，否则法院应裁定不予受理，已经受理的也应裁定驳回其起诉。

需要注意的是行政诉讼的起诉期限与民事诉讼中的诉讼时效并不相同，民事诉讼的时效存在着中断、中止与延长等问题，而在行政诉讼的起诉期限中，并无此类问题存在，只有一个时限扣除的问题。

行政诉讼起诉期限的计算，因当事人起诉的对象与程序的不同而有所不同，应当将其分为下列三种情况，分别计算。

（一）起诉作为的案件

当行政机关做出一个具体行政行为，当事人对其不服而起诉时，其起诉期限的计算，主要看三个时间点，一是具体行政行为做出之日，二是当事人知道具体行政行为内容之日，三是当事人被告知诉讼权利之日。按照这三个时间点的不同关系，分别依下列规则计算起诉期限：

（1）行政机关已将该具体行政行为向当事人送达，并告知其诉讼权利或者起诉期限的，其起诉期限从当事人知道具体行政行为之日起开始计算3个月。在这种情况下，上述三个时间点是完全重合的，具体行政行为送达之时就是其做出之时，也就是当事人知道行为内容之时，同时也是当事人被告知诉讼权利之时。则当事人起诉的期限，就从此时起计算3个月。

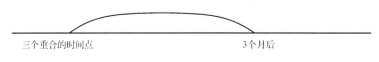

三个重合的时间点　　　　　　　　　　　　　3个月后

图 19-3　第一种情况下的计算

（2）行政机关已将具体行政行为向当事人送达，使其知晓了行政行为的内容，但并未告知其诉讼权利或起诉期限的，其起诉期限从当事人实际知道诉讼权利或起诉期限之日，起算3个月，但不超过当事人知道或应当知道具体行政行为之日起两年。这个时候，具体行政行为做出之时，与当事人知道或应当知道具体行政行为内容之时，这两个时间是重合的，但这个时间与当事人知道诉讼权利的时间并不重合，知道诉讼权利的时间被后延了。这种情况下，3个月的期限就应当从后面的时间点（知道诉讼权利之日）起算，但最长不得超过前一个时间点（当事人知道行为内容之日）起的两年。也就是说，这时候要取 3 个月的时间段与两年的时间段两者的交集，这个交集就是最后当事人起诉的实际期限。

图 19-4 第二种情况下的计算

（3）行政机关根本没有告知当事人具体行政行为的内容，当事人后来才知道行为内容与诉讼权利的，其起诉期限从当事人实际知道或者应当知道该行为的内容与诉讼权利之日，起算 3 个月，但是不超过该具体行政行为做出之日起 5 年（涉及不动产的案件为 20 年）。这个时候，具体行政行为做出之日在先，而当事人知道行为内容与诉讼权利之日在后。那么，3 个月的期限就应当从后面这个时间点（知道行为内容与诉讼权利之日）起算，但同时不能超过前一个时间点（具体行政行为做出之日）起的 5 年或者 20 年。这个时候，我们也是要取 3 个月的时间段与 5 年（或者 20 年）的时间段两者的交集，这个交集就是最后当事人起诉的实际期限。

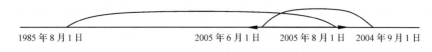

图 19-5 第三种情况下的计算

（4）行政机关根本没有告知当事人具体行政行为的内容，当事人后来知道了行为内容，再过一段时间，又才知道诉讼权利的。这种情况最为复杂，在此我们也做一简单介绍，仅供参考。这种情况下，当事人的起诉期限从其实际知道或者应当知道诉讼权利之日起算 3 个月，但是不超过其知道具体行政行为内容之日起两年，同时还不超过该具体行政行为做出之日起 5 年（涉及不动产的案件为 20 年）。这个时候，具体行政行为做出之日在先，而当事人知道行为内容之日在后，而其知道诉讼权利之日在最后，这三个时间点是完全分离的。此时，3 个月的期限就应当从最后这个时间点（知道诉讼权利之日）起算，但同时不能超过前一个时间点（知道行为内容之日）起的两年，还不能超过第一个时间点（具体行政行为做出之日）起的 5 年或者 20 年。这个时候，我们就取 3 个月的时间段、两年的时间段以及 5 年（或者 20 年）的时间段三者的交集，这个交集就是最后当事人起诉的实际期限。

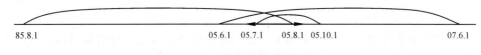

图 19-6 第四种情况下的计算

在上述几种情况中，如果另有其他法律对 3 个月的起诉期限做出不同规定的，则从其例外。

（二）起诉行政不作为的案件

行政不作为案件，即行政主体不履行其法定职责，造成当事人合法权益的损害，因而提起的行政诉讼。诉行政不作为案件，其起诉期限的计算与诉具体行政行为的案件有所不同，包括三种具体情况：①如果法律、法规、规章或其他行政规范性文件规定了行政机关履行职责的期限，则从该期限届满之日起，当事人可以起诉。②如果上述文件没有规定行政机关履行职责的期限，则行政机关在接到申请之日起 60 日内仍不履行职责的，当事人可以起诉。③当事人在紧急情况下请求行政机关履行职责，行政机关不履行的，当事人可以立即起诉。

需要说明的是，对于不作为案件的起诉期限，《若干解释》规定的是其起限，而对于其终限，则《行政诉讼法》与《若干解释》均未规定。从理论上分析，其终限应当是起限后的 3 个月。

（三）经复议后再起诉的案件

当事人对于行政争议，经行政复议之后仍然不服复议决定的，其提起行政诉讼的期限，分为以下两种情况计算：①复议机关做出复议决定的，当事人可以在收到复议决定书之日起 15 日内起诉。②复议机关逾期不做出决定的，当事人可以在复议期满之日起 15 日内起诉。在上述两种情况中，如果另有其他法律对 15 日的起诉期限做出不同规定的，则从其例外。

对于行政诉讼的起诉期限，还有一点需要说明，就是起诉期限的扣除问题。如果因不属于起诉人自身的原因而超过起诉期限的，被耽误的时间不计算在起诉期间之内；因起诉人人身自由受到限制而不能提起诉讼的，被限制人身自由的时间也不计算在起诉期间之内。

二、受理

人民法院接到起诉状，应当在 7 日内审查完毕，并根据下列情况分别处理：①决定受理。当事人的起诉符合条件的，法院应当立案。②不予受理。当事人的起诉不符合条件的，法院应当裁定不予受理。③先行受理。法院在 7 日内不能决定是否应当受理的，必须先予受理，受理后经审查认为其不符合起诉条件的，再裁定驳回起诉。④接受但不审理。即接受案件的法院与审理案件的法院发生分离，包括移送管辖与移转管辖两种情况。移送管辖指的是，法院在接受当事人的起诉之后，发现该案件不在自己管辖范围之内的，应当将其移送到其认为有管辖权的法院，由后者受理，如后者认为自己也没有管辖权的，则不得再次移送，应当由其上一级法院指定管辖法院。移转管辖指的是，法院在接受某一案件之后，可能并不直接审理该案件，而是将其移交给下级法院审理，或者该案件被其上级法院提审。

如果受诉法院对当事人的起诉不作处理，即在 7 日内既不立案又不作出裁定的，起诉人可以向上一级法院申诉或者起诉。上一级法院认为起诉符合受理条件的应予受理，受理后在 7 日内可以移交或者指定下级法院审理，也可以自行审理。

表 19-2　行政诉讼的受理程序

	诉　　讼
审查期限	接到诉状后 7 日内，存在先予受理的情况
予以受理	符合条件的予以受理
不予受理	不符合条件的裁定不予受理，对该裁定 10 日内可上诉
只受不理	①无管辖权法院应移送至有管辖权的法院，后者不得再次移送； ②上级法院可以决定将案件管辖权在上下级法院之间移转
应理不理	向上一级法院申诉或起诉，后者可指令其立案受理或继续审理

三、审理

行政诉讼的审理程序有两个最为突出的特点，一是没有调解程序，二是没有简易程序，这是行政诉讼程序的两项原则。

首先，没有调解程序，即不适用调解的原则。行政诉讼之所以不适用调解，一般认为有两个方面的原因，一是行政诉讼审查的是具体行政行为的合法性，被诉的行为要么合法，要么违法，不存在第三种状态，而调解的目的正是寻找合法与违法之间的中间状态，这在逻辑上是不可能的。二是因为具体行政行为的做出是国家行政权运用的结果，被诉的行政机关无权对国家行政权的行使做任何放弃与让步。基于这些原因，行政诉讼以不适用调解为原则。当然，在确定被诉具体行政行为违法性的前提下，对于原告所提出的赔偿请求，可以就赔偿范围、赔偿方式和赔偿数额进行调解。

其次，没有简易程序，即以合议审判为原则。这与我国行政诉讼制度建立的背景有关，一是行政诉讼的审理过程中，行政干预十分明显，在简易程序下独任审判的法官由于力量薄弱，很可能屈服于行政机关的非法压力。二是我国行政诉讼制度建立较晚，行政法学教育基础薄弱，立法者担心一部分法官暂时不具备独任审理行政诉讼案件的能力。因此，在我国的行政诉讼制度中，任何审理程序都实行合议制，合议庭由 3 人以上单数的审判员或者由审判员与陪审员共同组成，对于发回重审的案件，原审法院还应当另组合议庭进行审理。

既然没有调解程序与简易程序，那么，行政诉讼的审理过程只有一般的一审程序、二审程序和再审程序。对此，我们分述如下：

（一）一审程序

行政诉讼的一审程序基本与民事诉讼相同，需要分析的问题不多，主要注意：①审理的方式，行政诉讼的一审应当公开开庭审理，除非涉及国家秘密和个人隐私，或者法律另有规定。②审理的期限，一审的审限原则上是 3 个月，有特殊情况需要延长的报高级法院批准，高级法院审理一审案件需要延长的报最高法院批准。

（二）二审程序

一审当事人，包括原告、被告与第三人对法院的一审判决不服的，有权在判决书送达之日起 15 日内向上一级法院提起上诉；不服人民法院做出的不予受理、驳回起诉、管辖异议三种裁定的，有权在裁定书送达之日起 10 日内向上一级法院提起上诉；逾期不上诉的，第一审判决或者裁定发生法律效力。当事人的上诉引起二审，对于二审程序应当注意以下问题：①审理的内容，二审法院对于行政诉讼的上诉案件，既审查一审判决，也审查被诉具体行政行为，均为全面审查，不受上诉理由的限制。②审理的方式，二审采用书面审理与开庭审理相结合的形式，对于事实清楚的案件，法院可以实行书面审理；当事人对一审法院认定的事实有争议的，或者二审法院认为原审法院认定事实不清楚的，应当开庭审理。③审理的期限，二审审限原则上是两个月，有特殊情况需要延长的报高级法院批准，高级法院审理上诉案件需要延长的报最高法院批准。

（三）再审程序

再审程序又称审判监督程序，因以下三种方式而发动：①当事人的申请，当事人认为法院生效的判决与裁定确有错误，或者认为生效的行政赔偿调解书违反自愿调解原则或者调解协议的内容违反法律规定的，可以在该判决、裁定、调解书发生法律效力后 2 年内申请再审。对于此类案件是否再审，由法院决定，但在决定之前不停止原生效裁判文书的执行。②法院的发现，包括本院的发现与上级法院的发现。法院院长对本院已经生效的判决、裁定，发现其违反法律、法规而需要再审的，应当提交本院的审判委员会决定是否再审；上级法院对下级法院已经生效的判决、裁定，发现其违法应当再审的，有权提审或者指令下级法院再审。③检察院的抗诉，检察院发现法院已经生效的判决、裁定违法需要再审的，有权按照审判监督程序提出抗诉。对于检察院抗诉的案件，法院应当再审。法院开庭审理抗诉案件时，应当通知检察院派员出庭。

对于再审程序，应当注意如下几个问题：①审理的内容，再审法院应当全面审查原审判决与被诉的具体行政行为。②审理的程序，再审案件一般适用其原审程序，一审再审的原则上适用一审程序，如果再审是由上级法院提审的则适用二审程序；二审的再审适用二审程序。③审理的方式，再审均按原审方式进行，原审开庭审理的再审也开庭审理，原审书面审理的再审也书面审理。④审理的期限，再审均适用原审期限。⑤审理的组织，法院审理再审案件，应当另行组成合议庭。⑥裁判的效力，对于一审案件的再审，当事人对于其裁定、判决均可上诉，但如果再审是由上级法院提审的，则再审裁判是生效裁判；对于二审案件的再审，其再审裁判为生效裁判。

表 19-3　行政诉讼的审理程序

	一审	二审	再审
提起人	具备原告资格的人	一审当事人及其代理人	法院、检察院、当事人
对象	具体行政行为	①未生效的一审判决；②驳回起诉、不予受理、管辖权异议的裁定	①生效判决或裁定；②特定情况下的行政赔偿调解书
提出期限	参见上表起诉时限	判决 15 日内，裁定 10 日内	当事人申请应在裁判生效后 2 年内，其他方式无期限要求

	一审	二审	再审
审理方式	开庭审理，原则上应公开进行	事实清楚的可以书面审理	按原审方式进行
审理期限	3个月；需延长报高院批准，高院报最高院批准	2个月；需延长报高院批准，高院报最高院批准	一审再审是3个月；二审再审是2个月
判决效力	不是生效判决，当事人可上诉	是生效判决，但可能通过再审推翻	一审重审仍可上诉，二审重审最后生效（由上级提审的一审再审视为二审重审）

四、撤诉与缺席判决

之所以将撤诉与缺席判决放在一起分析，是因为这两者均与诉讼当事人的缺席有关。

（一）撤诉

行政诉讼的撤诉分为两种情况：一是自愿撤诉；二是非自愿撤诉，又称视为撤诉或按撤诉处理：

1. 自愿撤诉

自愿撤诉的问题较为简单，需要符合三个条件：一是时间必须在法院作出判决或裁定之前；二是原告自愿申请；三是法院准许。也就是说，撤诉实际上是原告与法院达成一致意见的结果。

根据《最高人民法院关于行政诉讼撤诉若干问题的规定》（2008年2月1日起施行）的规定，被告改变被诉具体行政行为，原告申请撤诉，符合下列条件的，人民法院应当裁定准许：①申请撤诉是当事人真实意思表示；②被告改变被诉具体行政行为，不违反法律、法规的禁止性规定，不超越或者放弃职权，不损害公共利益和他人合法权益；③被告已经改变或者决定改变被诉具体行政行为，并书面告知人民法院；④第三人无异议。对于这里所说的"被告改变被诉具体行政行为"，包括以下情形：①改变被诉具体行政行为所认定的主要事实和证据；②改变被诉具体行政行为所适用的规范依据且对定性产生影响；③撤销、部分撤销或者变更被诉具体行政行为处理结果；④根据原告的请求依法履行法定职责；⑤采取相应的补救、补偿等措施；⑥在行政裁决案件中，书面认可原告与第三人达成的和解。被告改变被诉具体行政行为，原告申请撤诉，有履行内容且履行完毕的，人民法院可以裁定准许撤诉；不能即时或者一次性履行的，人民法院可以裁定准许撤诉，也可以裁定中止审理。准许撤诉裁定可以载明被告改变被诉具体行政行为的主要内容及履行情况，并可以根据案件具体情况，在裁定理由中明确被诉具体行政行为全部或者部分不再执行。

2. 非自愿撤诉

对于以下情况，法院均可按撤诉处理：①原告或者上诉人经合法传唤，无正当理由拒不到庭或者未经法庭许可中途退庭的；②原告或者上诉人未按规定期限预交受理费，又不提出缓交、减交、免交申请，或者提出申请未获批准的，按自动撤诉处理。

无论是自愿撤诉还是非自愿撤诉，原告在撤诉之后均不得再以同一事实和理由重新起诉，如果准予撤诉的裁定确有错误，原告申请再审的，人民法院应当通过审判监督程序撤销原准予撤诉的裁定，重新对案件进行审理。但对于下列两种情况，原告在撤诉后仍可以同一事实与理由重新起诉或上诉：①因诉讼费问题被视为撤诉后，原告或者上诉人在法定期限内再次起诉或上诉，并依法解决诉讼费预交问题的；②上诉人自愿撤诉后，在上诉期限之内又重新上诉的。

（二）缺席判决

行政诉讼的缺席判决包括两种情况：①对原告或上诉人的缺席判决，原告或上诉人申请撤诉不被准许后，经合法传唤无正当理由拒不到庭或者未经法庭许可而中途退庭的，法院可以缺席判决；②对被告的缺席判决，被告无正当理由拒不到庭的，法院可以缺席判决。缺席判决所产生的法律效果与正常判决完全相同。

在这里还需注意两个问题：①应当注意无论是撤诉，还是缺席判决，都是针对原告、被告或者上诉人来讲的，与第三人无关，第三人经合法传唤无正当理由拒不到庭，或者未经法庭许可中途退庭的，不影响案件的审理。②原告或者上诉人申请撤诉不被准许后，经合法传唤无正当理由拒不到庭或者未经法庭许可而中途退庭的情况，从字面上看既符合按撤诉处理的条件，又符合缺席判决的条件。但是，此时法院决不能按撤诉处理，因为当事人已经申请过撤诉而被法院否定了，如果法院最后又将其按撤诉处理，则在逻辑上前后矛盾，难以自圆其说，此时只能缺席判决。

表 19-4　行政诉讼的撤诉与缺席判决

	撤诉	缺席判决
主体	原告或上诉人	原告、被告或上诉人
时间	立案后到做出裁判前	判决阶段
条件	①自愿撤诉：申请撤诉必须自愿并经法院允许；②非自愿撤诉：经合法传唤拒不到庭、未经许可中途退庭、未交诉讼费的视为撤诉	①被告无正当理由拒不到庭；②原告或上诉人申请撤诉不被准许，经合法传唤无正当理由不到或未经许可中途退庭可缺席判决
结果	不得以同一事实理由重诉，未交诉讼费的例外，上诉的例外	产生与正常审判同样的法律后果

五、共同诉讼与合并审理

共同诉讼与合并审理是相互联系紧密的一对概念，可以这样讲，对于必要共同诉讼案件，法院必须合并审理；对于普通共同诉讼案件，法院可以合并审理，也可以分别审理。

（一）必要共同诉讼

必要的共同诉讼——指当事人一方或者双方为两个以上主体，因同一具体行政行为发生的行政案件，人民法院必须合并审理的诉讼。

如果有多个行政诉讼，其被诉的对象都是同一个具体行政行为，这些诉讼就是必要共同诉讼。例如，行政机关的处罚决定同时处罚了若干人，而这些共同被处罚人又分别向同一法院提起了行政诉讼，这就是必要共同诉讼，因为这个诉讼所指向的都是同一个处罚决定。对于必要共同诉讼，只要当事人诉至同一个法院，受诉法院就应当对其合并审理，因为一旦分别审理，将有可能出现对于同一具体行政行为，在不同案件中给予不同评价的矛盾。

（二）普通共同诉讼

普通的共同诉讼——指当事人一方或者双方为两个以上主体，因同样的具体行政行为发生的行政案件，人民法院认为可以合并审理的诉讼。

如果多个行政诉讼，其被诉的对象虽然是不同的具体行政行为，但这些行为之间却存在着某种密切联系的话，这就是普通共同诉讼。根据《若干解释》的规定，我国行政诉讼中的普通共同诉讼主要包括这样几种情况：①多个行政主体依据不同的法律规范，针对相同的相对人，就同一事实分别作出具体行政行为，相对人对此均表示不服向同一法院起诉的。②行政主体就同一事实对若干相对人分别作出具体行政行为，多个相对人表示不服分别向同一法院起诉的。③在行政诉讼过程中，被告对原告作出新的具体行政行为，原告不服又向同一法院起诉的。

图 19-7 可以合并审理的情况解析

六、被告在一审期间改变被诉具体行政行为

由于被告对其做出的具体行政行为有自主处分的权利，可以将其撤销或者变更，因此在诉讼期间被告改变其具体行政行为的情况是经常发生的。需要注意的是，被告只能在一审期间改变被诉的具体行政行为，而不能在二审或者再审程序中做这样的改变，因为在二审或再审期间，其具体行政行为已经受到了一审判决或者原审生效判决的羁束，被告就不能将其改变，而只能等待法院的裁判。

被告改变被诉具体行政行为的结果，实际上就是消灭了被诉的行为，而代之以一个新的行为，此时法院应当如何处理呢？具体来讲，包括这样几种情况：

第一，原告因被诉行政行为的改变而申请撤诉的。这种情况很简单，只要法院准许原告撤诉，该诉讼就此终结。

第二，原告不撤诉，但也没有对改变后的具体行政行为提起诉讼。这种情况较为特殊，但现实中也有存在。在这种情况下，原告实际上对被诉具体行政行为本身已经没有什么争议了，其继续诉讼的目的一般在于寻求行政赔偿。既然原告没有撤诉，法院就应继续审理该案，不过在最后的判决类型上应该有所变通。如果经审查发现被诉具体行政行为是合法的，此时不能使用维持判决，因为被诉行为实际上已经不存在了，没有被维持的可能，因此，法院应当判决驳回原告的诉讼请求。如果经审查发现被诉具体行政行为是违法的，此时法院也不能判决撤销，因为被诉行为已经被撤销了，再次撤销没有任何意义，因此，法院应当判决确认该行政行为违法。

第三，原告撤回了原来的起诉，却起诉了改变后的具体行政行为。此时，只要法院同意原告撤诉，原来的诉讼就不复存在，而代之以一个新的诉讼。此时，法院应当审理改变后的具体行政行为并做出相应判决。

第四，原告既没有撤回原来的起诉，又起诉了改变后的具体行政行为。此时，原告先后提起的两个诉讼同时存在，法院应当对这两个诉讼都进行审理，并做出相应判决。当然，由于原来的具体行政行为已经不复存在了，则法院对这个诉讼的判决也应做出相应变通，这与第二种情况颇为类似。

第五，原告起诉行政机关不履行法定职责，而在其起诉之后被告已经履行了职责。这种情况下法院的做法，也需要根据原告是否撤诉来确定。如果原告撤诉，经法院同意之后诉讼终结。如果原告并不撤诉，则法院应当继续审查被告行政不作为的合法性，并做出相应判决。只不过，这种情况下法院的判决类型也应当有所变通。如果经审查发现被告的不作为本来是合法的，此时不能选择维持判决，因为被告本来就没有做出任何行政行为，何来维持？此时应当选择判决驳回原告诉讼请求。如果经审查发现被告的不作为是违法的，也不能选择撤销判决，因为对于本来就没有实施的行为也无所谓"撤销"的问题，此时法院应判决确认被告的不作为违法。

表 19-5　被告在一审期间改变被诉具体行政行为之后的处理

原告同意新行为并申请撤诉	经法院准许，诉讼结束
原告不撤诉也不起诉新行为	继续审理原行为；如合法应作驳回判决，如违法应作确认判决
原告或第三人起诉新的行为	审理新行为并作出判决
原告既不撤诉又起诉新的行为	同时审理两个诉讼并做出相应判决
不作为案件被告已作为，原告不撤诉	继续审理不作为的合法性；如合法应作驳回判决，如违法应作确认判决

七、行政诉讼中对其他争议的处理

在行政诉讼程序中，法院的主要工作自然是处理行政争议，但在特殊情况下也可能涉及对其他纠纷的处理。在行政诉讼中可能涉及的其他纠纷主要包括民事纠纷、刑事犯罪以及公务人员的违纪行为三种，对此法院应分别做如下处理：

第一，对于民事纠纷的处理。法院在审理行政纠纷的过程中，如果涉及与该行政纠纷关系密切的民事纠纷，根据现有规定，一般无权对该民事纠纷一并做出处理，只能告知当事人另行起诉，作为民事诉讼处理。对此，《若干解释》只规定了一种例外，就是当法院判决被告对民事争议的行政裁决违法，而民事争议当事人要求法院一并解决相关民事争议的，法院可以一并审理并作出判决，这就是我们常讲的行政附带民事诉讼。

行政附带民事诉讼——指的是当法院判决被告对民事争议的行政裁决违法，而民事争议当事人要求法院一并解决相关民事争议时，法院一并审理并作出判决的诉讼。

例如，县政府对于甲乙两村之间就一块土地的争议做出了裁决，认定其应当归甲村所有，乙村不服提起行政诉讼，经审理法院认定该裁决违反了法定程序，乙村遂要求法院对两村之间的土地争议一并解决，则法院可以一并加以处理。之所以将这种情况作为例外，是因为此时法院对行政争议的处理结果，直接就可以成为处理民事争议的依据而无须另行审查，因此可以对民事争议一并处理。

第二，对于刑事犯罪的处理。法院在审理行政案件时，认为其中存在犯罪行为的，应当将有关材料移送公安、检察机关处理。

第三，对于违纪行为的处理。法院在审理行政案件时，认为行政机关的主管人员、直接责任人员违反政纪的，应当将有关材料移送该行政机关或者其上一级行政机关或者监察、人事机关处理。

总的来讲，除了个别例外，法院对行政诉讼过程中所涉及的其他争议，原则上均不作处理。

✤ 小结提升

本节内容的重点、难点当属行政诉讼起诉时限的计算无疑。需要再次强调的是，准确地区分诉讼标的是正确计算起诉时限的根本前提。根据诉讼标的的不同，先找准计算起诉时限的不同原理，再运用这些原理所演变出来的具体规则，是准确计算每一行政诉讼案件起诉时限的正确方法。

根据诉讼标的的不同，有关行政诉讼起诉时限的知识结构可以分析如下：

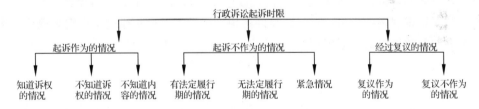

图 19-8　行政诉讼起诉时限知识结构

根据诉讼标的的不同，有关行政诉讼起诉时限的具体计算规则可以归纳如下：

表 19-6　行政诉讼起诉时限的具体计算规则

诉作为	告知诉权	知道具体行政行为做出之日起 3 月内，有例外则从例外
	不知诉权	知道诉权或起诉期限之日起 3 月内，且在（应）知道行为内容 2 年内
	不知内容	（应）知道行为内容之日起 3 月内，且在行为做出之日起不动产 20 年内，其他 5 年内
诉不作为		有履行期的在其届满后可起诉，无履行期的推定履行期为 60 天，紧急情况可以立即起诉
复议后起诉的		收到复议决定之日或复议期满之日起 15 日内，有例外则从例外

第三节　行政诉讼的证据规则

引例　某商场诉某市工商行政管理局行政处罚决定案

原告某市新兴电器商场于 10 月 7 日自沿海某省环宇集团实业公司购进 TDK 录音磁带 3 万盘。这批录音磁带系环宇集团实业公司通过合法手续从香港某贸易公司购进，直接从日本港装"永成丸"号轮船，于 8 月 5 日运抵广州口岸，有日本国产地证明书和我国海在货物进口证明书。某顾客中在原告处购买了 2 盘磁带，使用后发现质量低劣，便向被告该市工商行政管理局举报。被告立即派人即将原告尚未售出的 17 550 盘录音磁带予以查封扣押。被告将该顾客提供的 2 盘录音磁带送国家工业产品质量检测中心进行检测。经检验，认定其质量低于日产 TDK 磁带，系冒牌产品。随即，被告作出对原告罚款 5000 元的处罚决定。原告不服，向人民法院提起诉讼，要求撤销被告所做的处罚决定，并赔偿由此造成的经济损失。在法院审理过程中，被告发现自己可以向法院提供的证据仅有对顾客提供的 2 盘录音磁带的质量检测结论，再无其他证据；且未按法定数量和方法进行抽样鉴定，即认定原告出售的 3 万盘磁带均系假冒商品，显然证据不足。为避免败诉，未经法院许可，被告诉讼期间，对该批磁带重新依法定程序抽样提取，送法院鉴定机构重新作出鉴定，同时，送日本某株式会社进行商标鉴定，一致结论为：质量明显低于日产 TDK 磁带，系假冒商品。但是，被告将该鉴定结论提交法院后，法院仍以证据不足为由判被告败诉。

☞ 概述

在行政诉讼中，人民法院对行政争议的评判标准无非就是两个：一是事实，二是法律，这就是我们常说的"以事实为依据，以法律为准绳"。而对于事实的认定和判别，需要借助于证据规则的指引；对于法律的运用，则应当通过法律适用规则来规范。本节将首先介绍行政诉讼的证据规则。

♨ 方法

对于行政诉讼的证据规则，尽管《行政诉讼法》已经有所规定，但仅有六个条文，不具操作性；2000 年的《若干解释》进一步补充了六个条文，其内容依然较为空泛；直到 2002 年最高法院进一步颁布了《最高人民法院关于行政诉讼证据若干问题的规定》（以下简称《证据规定》，也有人称之为《证据八十条》），该规定使用八十个条文对行政诉讼证据进行了详细的规范，行政诉讼的证据规则至此大为丰富。因此，在本节内容中，我们对行政诉讼证据规则的介绍就将以这部《证据规定》为主要内容。

❖ 教学内容

行政诉讼证据——是指在行政诉讼中用以证明案件事实情况的一切材料和事实。

行政诉讼证据从种类上看，包括书证、物证、视听资料、证人证言、当事人陈述、鉴定结论、勘验笔录、现场笔录等。行政诉讼的证据规则中有许多是和民事诉讼相一致的，对于这些共同规则，无论是《行政诉讼法》还是《若干解释》，以及《证据规定》都没有过多涉及，在实践中准用民事诉讼法的有关规定即可。因此，行政诉讼的证据规则，更多的是强调它与民事诉讼证据规则的不同之处。当然，这种不同归根到底还是由原被告双方在行政程序阶段中的不平等地位所决定的。因为在行政程序中，行政方处于强势地位而相对方处于弱势，那么双方到了诉讼程序里边，法律就必须把双方的这种地位给颠倒过来，以达到他们在整体上权利义务的平衡。也就是说，在诉讼程序中，对原告应当增加其权利、减少其限制，以将其置于优势地位；对被告则应限制其权利、增加其限制，以将其置于劣势地位。而这种权利义务不均衡的配置，主要就从证据规则中体现出来。

在本节中，我们将行政诉讼的证据规则分为举证、取证、质证、认定四个环节加以介绍。

一、行政诉讼的举证

举证问题，是行政诉讼证据规则所重点规范的一个部分，而举证的重点是举证责任的分配与举证时限的限制。

（一）举证责任

行政诉讼举证责任——是指对于特定的行政诉讼案件，法律规定由某方当事人承担提供证据证明案件事实的义务，如果该方当事人不能完成此项义务，将推定其主张不能成立，并由此承担不利的法律后果。

《行政诉讼法》规定，被告对其作出的具体行政行为负有举证责任，应当提供作出该具体行政行为的证据和所依据的规范性文件。也就是说，《行政诉讼法》规定了被告的举证责任，但没有规定原告的，因此许多观点认为行政诉讼是举证责任倒置，或者叫原告主张、被告举证。这个说法并不十分准确。因为行政诉讼中除了作出具体行政行为的事实和依据需要证明之外，还存在其他的事项也需要证明，而对这部分举证责任，《行政诉讼法》就没有规定全部分配给被告。后来的《若干解释》和《证据规定》都规定了一些要求原告举证的事项，除了这些事项之外，其他事项原则上都由被告举证。这些事项包括：

第一，原告起诉时的初步证明责任。公民、法人或者其他组织向法院起诉的，应当提供其符合起诉条件的相应证据材料。所谓的起诉条件包括四个方面：①原告是认为具体行政行为侵犯其合法权益的公民、法人或者其他组织；②有明确的被告；③有具体的诉讼请求和事实根据；④属于人民法院受案范围和受诉人民法院管辖。简单一点说，就是起诉人要证明自己是适格的原告，证明有适格的被告，证明案件属于法院受案范围并由受案法院管辖，有明确的诉讼请求并提出事实根据。之所以说这只是个初步证明责任，是因为这种证明只是形式上的而不是实质上的，如果说是实质上的证明责任，那就等于要求原告承担全部举证责任了。这种证明，与其称为"证明"，严格来讲称为"说明"可能更恰当一些。需要注意的是，原告并无证明自己没有超越起诉期限的义务，如果被告认为原告的起诉超越起诉期限的，应由被告加以证明。

第二，原告起诉行政不作为的申请证明责任。在起诉被告没有履行法定职责的案件中，原则上，原告应提供其在行政程序中曾经提出申请的证据。之所以规定这些案件原则上应当由原告举证，是由人们认识事物、证明事物的基本常识所决定的。因为我们都知道，要证明一个人干过什么事情比较容易，要证明他没干过什么事情就要困难一些，而要证明别人没干过什么事情，那就更难了，因此法律不可能要求被告去证明原告没有向自己申请过履行职责。但是，被告应当依职权主动履行法定职责的，或者原告因被告受理申请的登记制度不完备等正当事由不能提供证据的情形例外。

第三，损害证明责任。当原告提出行政赔偿的诉讼请求时，应当对被诉行政行为造成损害的事实提供证据。这种情况下之所以要求受害人自己证明损害，而不是由加害人证明没有损害，原因和上述申请证明责任类似，从逻辑上讲，要证明自己没有给别人造成损害是十分困难的。

第四，对新主张事实的证明责任。如果原告在诉讼程序中，提出了被告在行政程序中并未作为行政行为的依据、但与被诉行政行为密切相关的事实，也应当由自己提供证据。在诉讼中，原告提出这种事实是完全可能的，这些事实是被告在做出行政行为时并不知晓或者虽然知晓但未予考虑的，而如果被告当时就知晓了、或者考虑了这些事实，就可能影响其行政行为做出的结果。因此，这些事实到了诉讼中就可能对行政行为的合法性产生影响，由于被告对这些事实原先并不知情，所以就应当由提出这个事实的原告举出证据来证明它的存在。

上述事项均属原告应当举证的事项，对此原告不能举证的，将承担相应的不利后果，如案件被驳回起诉，或者其主张的事实不被认可，等等。除了承担上述举证责任之外，原告还可以提供证据，用于证明被诉具体行政行为的违法性，这是其行使举证权利的表现。当然，原告对此提供的证据不成立的，并不免除被告对被诉具体行政行为合法性的举证责任。

表 19-7   行政诉讼原告的举证责任

初步证明责任	证明自己符合起诉条件
申请证明责任	在依申请行为中应证明自己提出过申请，但有例外
损害证明责任	证明自己遭受损害的事实
新事实证明责任	如提出被告并未作为行为依据，但与行为结果有密切联系的事实，原告也应证明

(二) 举证时限

行政诉讼的举证时限——即法律规定的行政诉讼当事人应当提出证据的期限，如果当事人不能在相应期限内提出证据，将承担相应的不利后果。

行政诉讼的证据规则，除了对当事人之间的举证责任进行分配之外，还进一步规定了当事人各方提出这些证据的时限，要求当事人应当在一定时限之内提出证据，否则将承担不利的后果。在举证时限的问题上，总的来讲贯穿着一个原则，就是对被告的要求要严格于对原告和第三人的要求，无论是在一般的时限要求上，还是在补充举证的要求上，都体现了这一原则。

1. 举证时限的一般要求

从一般要求上看，被告的举证时限明显短于原告和第三人，其逾期没有举证所可能承担的不利后果也远远比原告和第三人严重。

原则上，被告应当在收到起诉状副本之日起 10 日内，提供据以作出被诉具体行政行为的全部证据和所依据的规范性文件。被告不提供，或者无正当理由逾期提供上述证据的，视为被诉具体行政行为没有相应的证据。也就是说，此时被告很可能将遭遇败诉的不利后果。

而对于原告和第三人而言，它们原则上应当在开庭审理前或者人民法院指定的交换证据之日提供证据。原告和第三人逾期提供证据的，视为其放弃举证权利。但视为放弃举证权利并不当然导致原告或第三人败诉，因为在原告或第三人不能证明被诉具体行政行为违法时，也并不免除被告证明其行为合法性的责任。如果原告和第三人不能证明被诉具体行政行为违法，而被告同时也不能证明其合法的话，则由于这一部分的举证责任已经分配给了被告，法院仍然应当认定被诉具体行政行为是违法的。

2. 补充举证问题

补充举证问题，包括两个方面的内容：一是当事人在一般举证时限届满之时尚未补充的证据，能否继续补充的问题；二是当事人在行政程序中没有提出的事实与理由，能否在诉讼程序中再行提出并加以证明的问题。

第一个问题相对简单。对于被告而言，其因不可抗力或者客观上不能控制的其他正当事由，不能在收到起诉状副本之日起 10 日内提供证据的，应当在此举证期限内向法院提出延期举证的书面申请。如法院准许其延期举证的，被告应当在正当事由消除后 10 日内提供证据。对于原告和第三人而言，其因正当事由申请延期举证的，经法院准许可以在法庭调查阶段中提供。

第二个问题就显得复杂一些。对于被告来说，它在行政诉讼中所提供的证据，原则上都应当是从行政程序证据中转化而来的，而行政程序证据又必须坚持"有证在先"的原则，就是必须证据在先，决定在后。因此，在行政主体做出具体行政行为之后，包括在诉讼过程当中，被告及其诉讼代理人都不能自行向原告和证人收集证据，它们在这个阶段所收集的证据原则上不得被用于认定被诉具体行政行为的合法性。但这也有例外，那就是当原告或者第三人提出其在行政程序中没有提出的反驳理由或者证据时，被告经法院准许可以在一审补充相应的证据。为什么会有这样的例外呢？因为此时原告或第三人补充的这些证据是被告在行政程序中并不知道的，或者虽然知道了也未曾予以考虑的。简单点说，就是被告在做出具体行政行为的时候，根本就没有想到这回事。那么，现在原告或第三人提出了这些事情，法院也准许了，就必须也给被告一个补充证据的机会，这样才能够平衡各方当事人之间的权利义务。如果被告没有这种补充举证的权利，那就给原告在诉讼中搞"突然袭击"创造了条件，原告很可能在行政程序中已经掌握了对自己有利的事实，但就是不提出来，等着提起行政诉讼的时候再把这个证据抛出来，到时候就搞得被告手足无措。这样做当然对被告很不公平，因此，必须给被告一个补充举证的机会。

而这个问题对于原告或者第三人来说，其要求显然就要宽松一些。原则上，原告和第三人可以在诉讼程序中提出其在行政程序中没有提出的反驳理由或者证据。但这也存在着例外，如果被告在行政程序中依照法定程序已经要求原告提供某些证据，原告对此依法应当提供而拒不提供的，如果原告和第三人在诉讼程序中再行提供这些证据，则法院一般不予采纳。

3. 二审补充举证问题

在举证时限方面，还有一个更为特殊的问题，就是二审中的补充举证。二审补充举证原则上都是不被准许的，但还是存在一些例外，而这些例外对于被告和原告或第三人来说，仍然存在差别。

对于被告来说，它在二审中向法庭提交在一审中所没有提交的证据，原则上不能作为二审法院撤销或者变更一审裁判的根据。但是，如果被告在二审中提出的证据是它在一审中应当被准予延期提供而未获准许的证据，则法庭经过质证之后仍然可能将其采纳。

对于原告或第三人而言，尽管其在一审中无正当事由未提供而在二审中提供的证据，法院原则上也是不予采纳，但对于它们而言，这一原则存在的例外显然要更多一些。如果这些证据是原告或者第三人在一审中应当准予延期提供而未获准许的证据；或者是他们在一审中依法申请调取而未获准许或者未取得，但法院在二审中调取的证据；甚至是他们在举证期限届满后新发现的证据，这些证据经过法庭质证之后仍然可以被采用。

需要注意的是，行政诉讼中的补充举证，原则上都是当事人自愿、主动补充的。只有在极其特殊的情况下，法院才有权要求当事人提供或者补充证据。这些证据所证明的，主要是当事人之间虽无争议，但涉及国家利益、公共利益或者他人合法权益的事实。

表 19-8   行政诉讼的举证时限

	原告或第三人	被告
一般期限	开庭前或交换证据之日前举证，否则视为放弃举证权利，未必导致败诉	收到起诉书副本后 10 日内举证，否则视为行政行为没有相应证据，直接导致败诉
一审补充	①因正当事由申请延期提供证据的，经法院准许可在法庭调查中提供；②提出在行政程序中未提出的证据或理由经法院准许可以补充，但提出在行政程序中应被告合法要求应提出而不提出的证据，一般不予采纳	①因正当事由需延期举证的应在收到起诉状副本 10 日内向法院书面提出，经准许在该事由消除后 10 内举证；②被告及其代理人作出具体行政行为之后收集的证据不能用于认定行为合法，但一审中原告或第三人提出行政程序中未提出的理由或证据，被告经法院准许可补充
二审补充	①提出一审无正当事由未提供的证据，不予接纳；②提出在举证期限届满后发现的，或在一审中应获延期但未被准许的，或一审中申请调取而未获准许或未取得的证据，经质证可以作为定案根据	①提交在一审中未提交的证据，不能作为撤销或变更一审裁判的根据；②提出一审中应延期但未被准许的证据，经过质证可以作为定案根据

二、行政诉讼的取证

取证——由人民法院调取证据用于证明案件事实的活动。

行政诉讼证据在一般情况下，应当由当事人自己提供，因此法院调取证据的权限应当受到严格限制。之所以需要做这样的严格限制，是由法院在诉讼活动中所扮演的角色所决定的。法院作为居中裁判的司法机关，如果动辄主动出击，通过自己的积极活动来证明案件事实的话，一方面将严重损害其中立地位，另一方面也和司法活动所固有的消极、被动、谦抑的属性格格不入。对于法院的取证活动，《证据规定》将其分为依职权的取证与依申请的取证两类情况。

首先，依职权的取证适用于两种情况，一是被调取的证据所证明的事实涉及国家利益、公共利益或者他人合法权益的；二是被调取的证据所证明的是程序性事项的。所谓的程序性事项，指的是依职权追加当事人、中止诉讼、终结诉讼、回避等问题，这些事项本身并不直接决定被诉具体行政行为的合法性，但关系到诉讼进程的本身。可见，《证据规定》严格地限制了法院依职权调取证据的范围，总的来讲，对于直接影响诉讼当事人之间权利义务关系的证据，法院是不能依职权调取的。

其次，依申请的取证被严格地限定于依原告或第三人的申请取证，绝对不能依被告的申请举证，也就是法院一定不能调取用于证明被诉具体行政行为合法性的证据。之所以有这样的限制，主要是基于两个方面的原因。一方面是因为被告是被诉具体行政行为的实施者，而行政程序中所坚持的是"有证在先"的原则，因此，被告在行政程序中对被诉行为就应当掌握其充分的证据，不能等到诉讼阶段再收集证据，更不能申请法院来帮助它调取证据。另一方面是法院在行政诉讼中所扮演的不仅仅是一个居中裁判者的角色，还担负着行政机关监督者的角色，其任务正在于审查被诉具体行政行为的合法性。如果法院依被告的申请为其调取证据的话，那无疑是颠倒了它作为监督者的角色。因此，法院只能依原告或第三人的申请调取证据，而法院依申请调取的这些证据，应当是被告或第三人能够提供确切线索，但出于客观条件的限制而无法自行收集的。例如，对于由国家有关部门保存的证据材料，或者是涉及国家秘密、商业秘密、个人隐私的证据材料，一般当事人根本无从获得，此时就可以申请法院代为调取。

法院所调取的证据，与当事人自己提供的证据在证明的效力上是相同的，但比较特殊的是，法院调取的证据在质证规则上与当事人提供的证据有所不同，下文将会对此详加叙述。

表 19-9　行政诉讼的取证

依职权调取	①证据涉及国家、公共利益、他人合法权益的；②证据涉及依职权追加当事人、中止或终结诉讼、回避等程序性事项的
依申请调取	①依原告或第三人的申请，法院可调取由有关部门保存需由法院调取的证据、涉密证据、当事人自行收集客观不能的证据；②不允许法院依被告申请调取证据

三、行政诉讼的质证

质证——是指当事人在法官的主持下，围绕证据的真实性、关联性、合法性与证明力的有无、证明力的大小等问题展开的对质、辨认活动，是对行政诉讼证据加以全面审查的关键环节。

对于质证问题，《证据规定》既规定了各种证据的共同质证规则，也规定了某些证据如书证、物证、证人、视听资料、鉴定结论等单独的质证规则，对此我们应以前者为掌握的重点。

（1）质证的对象。质证对象的确定，分为三种情况：①一般情况下的质证对象。原则上，所有证据都应当在法庭上出示并经庭审质证。未经庭审质证的证据，不能作为定案的依据，但当事人在庭前证据交换过程中没有争议并记录在卷的证据，经审判人员在庭审中说明后，可以直接作为定案的依据，无须再行质证。对经过庭审质证的证据，除确有必要外，一般不再进行质证。②二审中的质证对象。在二审程序中，法庭对当事人提供的新证据应当进行质证，当事人对一审认定的证据仍有争议的，法庭也应当进行质证。③再审中的质证对象。在再审程序中，法庭对当事人提供的新证据应当进行质证，因原生效裁判认定事实的证据不足而提起再审所涉及的主要证据，法庭也应当进行质证。

（2）对几类特殊证据的质证。对于以下几类证据，适用特殊的质证规则：①缺席证据。对于被告经合法传唤无正当理由拒不到庭，法院决定实行缺席判决的案件，被告所提供的证据原则上不能作为定案依据，但当事人在庭前交换证据中没有争议的证据除外。②涉密证据。涉及国家秘密、商业秘密和个人隐私或者法律规定的其他应当保密的证据，不得在开庭时公开质证。③调取证据。对于法院依申请调取的证据，应当由申请调取证据的当事人在庭审中出示，并由当事人质证，法庭不参与质证；对于法院依职权调取的证据，无须进行质证，而是由法庭出示该证据并就调取该证据的情况进行说明，听取当事人的意见即可。

表 19-10　行政诉讼的质证

一般质证原则	未经庭审质证的证据不能作为定案依据，但当事人在庭前证据交换过程中没有争议的证据除外
缺席证据质证	被告无理拒不到庭的，其证据不能作为定案依据，但当事人在庭前交换证据中没有争议的除外
涉密证据质证	涉及国家秘密、商业秘密、个人隐私或其他应保密的证据，不得在开庭时公开质证
调取证据质证	依申请调取的证据由当事人质证；依职权调取的证据可由法庭进行说明并听取当事人意见
二审中的质证	二审中对当事人依法提供的新证据，对一审认定的证据仍有争议的，均应进行质证
再审中的质证	再审中对当事人依法提供的新证据，或作为引起再审依据的证据，均应进行质证

四、行政诉讼的认证

所谓认证——就是法官对证据证明力进行判断的活动，判断的内容包括证据证明力的有无，以及证明力的大小两个主要方面。

《证据规则》在这一部分规定了详尽的认证规则，对此，我们可做如下的归纳总结：

（一）对证据有无证明力的认定

判断证据证明力的有无，主要是掌握无效证据的种类。行政诉讼的无效证据严格来讲包括三种类型：一是完全无效的证据，这样的证据不得用于证明任何当事人的诉讼主张，既不能证明被诉具体行政行为的合法性，也不能证明它的违法性；二是部分无效的证据，这些证据只是不能被用于证明被告的诉讼主张，但可以证明原告的诉讼主张，换句话说，它们可以证明被诉具体行政行为的合违法性，但不能证明其合法性；三是没有独立证明力的证据，这些证据不能被用于单独定案，但可以与其他证据结合用于证明事实。

（1）完全无效的证据。包括以下几类：①严重违反法定程序收集的证据；②以偷拍、偷录、窃听等手段获取侵害他人合法权益的证据；③以利诱、欺诈、胁迫、暴力等不正当手段获取的证据；④当事人无正当事由超出举证期限提供的证据；⑤在我国领域外或者在港澳台地区形成的未办理法定证明手续的证据；⑥当事人无正当理由拒不提供原件、原物，又无其他证据印证，且对方当事人不予认可的证据的复制件或者复制品；⑦被当事人或者他人进行技术处理而无法辨明真伪的证据；⑧不能正确表达意志的证人提供的证言；⑨以违反法律禁止性规定或者侵犯他人合法权益的方法取得的证据；⑩不具备合法性和真实性的其他证据材料。

（2）部分无效的证据。以下几类证据不得用于证明被诉具体行政行为的合法性，但可以用于证明其违法性：①被告及其诉讼代理人在作出具体行政行为之后或者在诉讼程序中自行收集的证据；②被告在行政程序中非法剥夺公民、法人或者其他组织依法享有的陈述、申辩或者听证权利所采用的证据；③由原告或者第三人在诉讼程序中提供的、被告在行政程序中并未作为具体行政行为依据的证据；④复议机关在复议程序中收集和补充的证据，或者作出原具体行政行为的行政机关在复议程序中未向复议机关提交的证据。

对于部分无效证据必须注意两点：第一，上述第③种证据之所以不得用于证明被诉具体行政行为的合法性，是由于此类证据属于原告和第三人在诉讼中提出的新证据，他们提出这些证据的目的，肯定是用于证明被诉行为的违法性而不是证明其合法性，那么，为了保护原告和第三人的利益，《证据规定》就禁止被告利用这些证据来反证自己行为的合法性。第二，上述第④种证据只是不能被用于证明原具体行政行为的合法性，因为原行政机关在做出该具体行政行为时并未以这些证据作为其依据，但它们有可能被用于证明复议决定的合法性。

（3）没有独立证明力的证据。下列证据不能单独作为定案依据：①未成年人所作的与其年龄和智力状况不相适应的证言；②与一方当事人有亲属关系或者其他密切关系的证人所作的对该当事人有利的证言，或者与一方当事人有不利关系的证人所作的对该当事人不利的证言；③应当出庭作证而无正当理由不出庭作证的证人证言；④难以识别是否经过修改的视听资料；⑤无法与原件、原物核对的复制件或者复制品；⑥经一方当事人或者他人改动，对方当事人不予认可的证据材料；⑦其他不能单独作为定案依据的证据材料。

（二）对证据证明力大小的认定

对于证明同一事实的数个证据，其证明力的大小强弱也有所不同，法院应当按照下列规则认定其证明力的大小：①国家机关以及其他职能部门依职权制作的公文文书优于其他书证；②鉴定结论、现场笔录、勘验笔录、档案材料以及经过公证或者登记的书证优于其他书证、视听资料和证人证言；③原件、原物优于复制件、复制品；④法定鉴定部门的鉴定结论优于其他鉴定部门的鉴定结论；⑤法庭主持勘验所制作的勘验笔录优于其他部门主持勘验所制作的勘验笔录；⑥原始证据优于传来证据；⑦其他证人证言优于与当事人有亲属关系或者其他密切关系的证人提供的对该当事人有利的证言；⑧出庭作证的证人证言优于未出庭作证的证人证言；⑨数个种类不同、内容一致的证据优于一个孤立的证据。

（三）认证的程序

法院在认定证据证明力时，应当按照下列程序操作：

（1）认定的时间，法庭对于庭审中经过质证的证据，能够当庭认定的应当当庭认定，不能当庭认定的应当在合议庭合议时认定。

（2）法庭发现当庭认定的证据有误，可以按照下列方式纠正：①庭审结束前发现错误的，应当重新进行认定；②庭审结束后宣判前发现错误的，可以在裁判文书中予以更正并说明理由，也可以再次开庭予以认定；③有新的证据材料可能推翻已认定的证据的，应当再次开庭予以认定。

✛ 小结提升

本节内容的最大特点在于理论与规则的紧密结合，行政诉讼的证据规则从形式上看是十分繁琐的，实际上任何诉讼法的证据规则都是极其繁琐的。但在这些繁琐规则的背后，总有支配着它们的主要规律，任何规则的制定都不是随意的，都是某种理论的贯彻和体现。

在行政诉讼的证据规则中，它的最主要规律就是反映被告一方与原告和第三人一方权利义务的不平衡。对于这一点，我们在前面已经谈到过，正是因为在行政程序中行政方处于强势而相对方处于弱势，在诉讼程序中，法律就把这两者的地位倒置来达到他们的权利义务在整体上的平衡，而这主要就是通过证据规则来实现的。因此，在行政诉讼的证据规则中，原告和第三人的权利明显地优越于被告一方，这种差别几乎贯穿于证据规则的每一个主要部分。最典型的是举证责任，被告承担了绝大部分的举证责任，而原告承担举证责任的情况只是例外。举证期限方面也是如此，被告在各个诉讼阶段的举证期限都明显地严格于原告和第三人。证据的调取同样体现了这一点，法院只能依原告申请而不得依被告申请而调取证据。最后是证据效力的问题，在行政诉讼中有一部分证据在效力上只能用于证明原告和第三人的诉讼主张，而不得被用于证明被告的诉讼主张，也就是存在一些部分有效的证据，这显然也是对原告和第三人更加有利的规定。

第四节　行政诉讼的法律适用

引例　汪小某诉深圳市公安局收容教养决定案

2002 年 5 月 4 日中午 1 时许，沙井马安山村民陈冠星与陈建军两家因争地皮建房而发生争吵。其后，一帮男子冲进陈建军的办公室，将陈建军聘用的工人任某殴打致重伤；2002 年 5 月 12 日，公安民警在马安山村一出租屋将原告汪小某等 5 人抓获；2002 年 9 月 26 日，深圳市公安局作出的（2002）深少教字第 20 号《深圳市公安局少年收容教养决定书》，认定原告汪小某参与殴打了任某，根据《劳动教养试行办法》第 10 条第 4 款及《中华人民共和国刑法》第 17 条和 264 条的规定，决定对原告汪小某少年收容教养 3 年。

罗湖法院认为，被告深圳市公安局作出的（2002）深少教字第 20 号《深圳市公安局少年收容教养决定书》，存在两个问题：①认定原告汪小某参与殴打任某，证据不充分。被告认定原告汪小某参与殴打任某的关键证据是现场目击证人何金彪、李素琼、张直彪、王丕轩等人的证言及他们对违法嫌疑人人头像辨认的辨认笔录，这些人的证言只能证明任某受到一伙人殴打，不能证明汪小某参与了殴打任某；对违法嫌疑人人头像的辨认虽然指认汪小某参与了殴打任某，但没有其他证据佐证，证明力不强，不能仅凭此认定原告汪小某参与殴打了任某。被告在处理任某被打案件过程中，对一些应该收集的证据没有收集，如受害人任某的陈述、打架组织者陈冠冲的供述及同案违法嫌疑人的供述等；对汪小某在被抓时供述不在案发现场的情况，也没有调查核实。在庭审过程中，对原告提出的证人李少华、李飞、李东亮证明汪小某不在案发现场的证言，被告无证据反驳。②适用法律错误。被告决定对原告收容教养 3 年的法律依据是《劳动教养试行办法》第 10 条第 4 款、《刑法》第 17 条和 264 条。《劳动教养试行办法》适用的对象是劳动教养人员，而不是少年收容教养人员。《刑法》第 264 条是有关盗窃罪的规定，而不是有关殴打他人的规定。被告将《劳动教养试行办法》第 10 条第 4 款和《刑法》第 264 条作为决定对原告收容教养 3 年的法律依据，明显错误。综上，被告作出的（2002）深少教字第 20 号《深圳市公安局少年收容教养决定书》，事实不清，证据不足，适用法律错误，应当予以撤销。原告的诉讼请求理由成立，法院予以支持。

☞ **概述**

所谓法律适用——指的是法院或者复议机关按照法定程序，将法律、法规、规章等文件运用到各种行政争议当中，用以判明受争议行政行为合法性或者适当性的活动。

行政诉讼的法律适用，主要是解决不同等级的规范性文件，在行政诉讼中的地位问题。由于我国行政法的法律渊源本来就相当复杂，加上许多不属于法律渊源的文件也具有实际效力，因此，行政诉讼的法律适用是一个颇为困难的问题。

〰 **方法**

对本节内容的掌握，应当密切结合本书前文有关抽象行政行为的内容来理解，只有在充分理解不同立法文件之间效力关系的前提下，才能够准确地把握它们在行政诉讼中的适用。

❖ **教学内容**

一、法律与法规的适用

法律指的是全国人大及其常委会制定的立法文件，法规则包括国务院的行政法规、地方性法规、经济特区法规、自治条例与单行条例数种。法律与法规在行政诉讼中的地位，是作为人民法院审理行政案件的依据，其中地方性法规仅适用于审理本区域内发生的行政案件，而自治条例和单行条例适用于审理民族自治地方的行政案件。在这些立法文件的效力等级上，法律的效力高于法规；而在法规当中，行政法规又高于地方性法规；在地方性法规当中，省级地方性法规又高于较大市的地方性法规。

既然法律与法规是法院审理行政案件的依据，那么，何谓"依据"呢？依据的含义在这里应当被理解为法院在审判时所必须遵循的、不得拒绝适用的根据。也就是说，法院在审理行政案件时，如果法律和法规已经对与该案件有关的某个问题做出了明确的规定，法院就必须适用它。

需要注意的是，经济特区法规与民族自治地方的单行条例、自治条例可以根据法律的规定或者根据有关授权对上位法做出某些变通规定，并在本区域内优先适用这些变通规定。

二、行政规章的适用

行政规章包括部门规章与地方性规章两类，它们在行政诉讼中的地位，是作为法院审理行政案件的参照。所谓"参照"，其地位自然与作为"依据"的法律与法规不同，"参照"一词意味着法院对于行政规章并不是无条件地加以适用，而是有其判断选择的余地，法院可以对行政规章的内容加以审查鉴定。经审查鉴定认为内容合法的规章，法院自然必须适用；经审查鉴定认为不合法的规章，法院有权"灵活处理"，即可不予适用。但是，如果法院在审理行政案件的过程中，发现行政规章之间相互冲突，难以决定如何适用时，① 法院自己仍然没有选择权，而应当由最高法院送请国务院作出解释或裁决。之所以规章在行政诉讼中的地位要低于法律与法规，不得不屈居"参照"的地位，其原因主要在于两个方面：第一，规章的制定主体，即国务院部门与地方政府本身都有可能成为行政诉讼的被告，如果将规章的地位也确立为"依据"，就有可能出现用被告制定的规范来审理被告这样的尴尬；第二，规章本身制定的质量，总体上不如法律与法规，越权制定规章，规章中出现违法条款，以及规章间相互冲突的现象严重地存在着，因此，法院对行政规章不应当无条件地适用。

需要注意的是，对于一般行政案件，法院既可参照部门规章，也可参照地方性规章。而基于司法解释的特殊规定，对于反倾销与反补贴行政案件，法院则只能参照部门规章。

三、其他行政规范性文件的适用

其他行政规范性文件，就是行政机关所制定、发布的效力低于规章的抽象行政行为。这些文件在行政诉讼中的地位理所当然地要比规章更低，法院在审理行政案件的过程中，如有必要，可以对这些规范性文件加以"参考"。所谓"参考"，其重要性比"参照"显然更低，它意味着法院对规范性文件拥有完全的判断、取舍的权力，无论有关规范性文件是否合法，法院都不受其拘束，都可以拒绝对它的适用，即使是不同规范性文

---

① 这包括两种具体情况，即部门规章之间的冲突，以及部门规章与地方性规章之间的冲突，而不包括地方性规章之间的冲突，因为同级地方性规章之间不可能冲突，而上下级地方性规章之间的冲突并不存在适用上的困难，直接适用上级地方性规章即可。

件之间发生了冲突，法院也可以直接做出判断，决定在判决书中是否引用，而无须报请有关机关解释或者裁决。因此，《行政诉讼法》第 62 条第 2 款规定："人民法院审理行政案件，可以在裁判文书中引用合法有效的规章及其他规范性文件。"

四、司法解释的适用

司法解释——存在两种理解。广义的司法解释是指各级法院及其业务审判庭对法律、法规等立法文件做出的解释，既包括对整部立法文件的解释，也包括针对个案的、针对个别条款的批复、答复、意见等等。狭义的司法解释特指最高法院以司法解释名义发布的，经最高法院审判委员会通过的解释。这里所讨论的是狭义的司法解释。

司法解释，顾名思义，就是司法机关对法律的解释，而对法律的解释其效力本来应当就等同于法律。但是，对于司法解释在我国法律渊源中的地位，理论上却一直存在着巨大争论，对其予以排斥，因此它并非正式的法律渊源。尽管司法解释的法律渊源地位并没有得到正式承认，但由于我国的许多法律在内容上较为粗糙，在实际运用中不具有较强的操作性，从而必须借助司法解释对它的具体化才能够在审判实践中得到运用，这就使得司法解释在现实中具有十分显要的地位。从目前的实际情况来看，要求各级法院在不借助司法解释的条件下展开审判活动，几乎是不可想象的，因此，法院在行政诉讼中适用司法解释作为审理依据就是不可避免的。但是，出于立法上和理论上的限制，又不可能将司法解释明确列举为行政诉讼的审理依据，因此，《若干解释》对司法解释的定位十分含糊，该司法解释第 62 条第 1 款只是简单地规定："人民法院审理行政案件，适用最高人民法院司法解释的，应当在裁判文书中援引。"但从实际的角度来看，司法解释在行政诉讼中的作用已经接近于法律，事实上已经成为了法院审理行政案件的依据之一。

五、WTO 规则的适用

WTO 规则在性质上属于国际条约，而根据我国的一般做法，国际法未经有权机关转化为国内立法，不能直接成为国内法的渊源，更不能将其直接适用于行政诉讼当中，WTO 规则自然也应遵循这一原则。但是，鉴于《中国加入 WTO 工作组报告》中规定，行政法规、部门规章和其他中央政府措施将及时颁布，以在相关的时限内完全履行中国的承诺。如果行政法规、部门规章和其他中央政府措施在此种时限内不能及时到位，主管机关仍然履行中国按照 WTO 协定和议定书承担的义务。也就是说，在上述立法文件与措施未能及时到位时，主管机关可以直接援引 WTO 规则，则此时法院也可以将 WTO 规则直接适用于行政诉讼当中，而无须等待有权机关将其转换为国内法。当然，这种情况属于极其特殊的例外。

✛小结提升

综合上述内容，行政诉讼的法律适用规则可以归纳如下：

表 19-11　行政诉讼的法律适用

依据	参照	参考（引用）	援引	转化
法律、行政法规、地方性法规等	部门规章、地方性规章	其他行政规范性文件	司法解释	WTO 规则

在本节内容中，还存在一个无论在实践中还是在学习上都频频产生疑难的问题。就是当同为行政诉讼审理"依据"的法律与法规当中，发生了上下位法之间的冲突时，应当如何决定适用的问题。毫无疑问，此时自然必须适用上位法，如在法律与行政法规冲突时应当选择法律，而在行政法规与地方性法规冲突时应当选择行政法规，等等，这一点并无疑义。真正的问题在于，既然法院选择了适用上位法，那么，对于那些被舍弃的下位法应当如何评价呢？这是一个必须解决的问题，因为它们在性质上也是审理行政案件的法定"依据"，法官凭什么可以将它们舍弃呢？从逻辑上看，法官显然需要对此说明理由。但现行的制度并没有赋予法官这种权力，也就是说，即使法官不适用这些下位法，也不能对它们加以评价或者否定。对于这种情况，一种折中而务实的做法就是，法官直接适用上位法来审理案件，而在判决中丝毫不提及与此有关的下位法，对其"视而不见"。

[本章阅读文献]

1. 朱新力：《行政诉讼客观证明责任的分配研究》，《中国法学》，2005 年第 2 期。
2. 骆晶晶：《行政诉讼中的举证责任分担问题》，《理论探索》，2005 年第 5 期。
3. 潘荣伟：《行政诉讼事实问题及其审查》，《法学》，2005 年第 4 期。
4. 朱新力：《行政诉讼客观证明责任的分配研究》，《中国法学》，2005 年第 2 期。
5. 白彦：《行政诉讼过程的经济分析》，《政法论坛》，2005 年第 3 期。
6. 刘善春、刘德敏：《行政审判中的规则阐明问题研究》，《政法论坛》，2006 年第 5 期。
7. 陈立风：《在我国行政诉讼中建立调解制度的实践需要及理论可行性分析》，《法学杂志》，2007 年第 3 期。

[相关链接]

1. 读者可自行输入以下网址，该网址提供行政诉讼过程详细内容的讲解视频，http://media. openedu. com. cn/media _ file/netcourse/asx/xzf/web/index. html
2. 关于行政诉讼证据制度比较研究。（见："中国宪政网"）

第二十章　行政诉讼的结果

本章介绍行政诉讼的结果。一般情况下，行政诉讼通过法院做出裁判而结案，这些裁判文书所确定权利义务的实现，首先依靠当事人的自觉履行；如当事人不予履行，则这些权利义务并未真正实现，此时就需要通过法院或者行政机关的强制执行来实现它。因此，本章还将介绍行政诉讼裁判与具体行政行为的执行制度。

第一节　行政诉讼的裁判方式

引例　王某不服上海市公安局闵行分局行政处罚决定案

1999 年 11 月 1 日下午，上海市闵行区碧江街道会同区规土局对王某兄嫂家拆除违法建筑，遭到王某兄嫂的阻拦。同日下午 5 时 30 分许，王某及其兄嫂、侄子至闵行区碧江街道红旗二村居委主任周某家责询，与周某的儿子朱某发生争执。争执中，朱某用菜刀将王某砍成轻微伤。2000 年 1 月 3 日，上海市公安局闵行分局根据《中华人民共和国治安管理处罚条例》第 22 条第 1 项的规定，对朱某做出治安罚款 200 元的第 2109900008 号行政处罚决定。王某不服该处罚决定，认为上海市公安局闵行分局对朱某的处罚畸轻，故向上海市公安局申请复议，上海市公安局维持原处罚决定，因此又向上海市闵行区人民法院提起诉讼，请求法院做出变更判决，变更上海市公安局闵行分局对朱某做出治安罚款 200 元为治安拘留。

上海市闵行区人民法院经审理认为，被告做出的治安罚款 200 元的行政处罚决定责罚不当、显失公正，应依法判决变更。依照《中华人民共和国治安管理处罚条例》第 22 条第 1 项和《中华人民共和国行政诉讼法》第 54 条第 4 项的规定，判决变更上海市公安局闵行分局 2000 年 1 月 3 日对第三人朱某做出第 2109900008 号治安罚款 200 元的处罚为治安拘留 7 天。案件受理费人民币 30 元，由上海市公安局闵行分局负担。

☞ 概述

行政诉讼的结案文书主要是判决书，判决书是法院对诉讼中的实体问题——实际上就是对被诉具体行政行为的合法性问题所作的结论性处理。除了判决书之外，还有专门针对程序性问题所做出的裁定书，以及针对某些特殊事项所做出的决定书。其中，行政诉讼的判决，尤其是一审判决是我们需要掌握的重点。

♨ 方法

我国的行政诉讼制度没有区分诉讼类型，只区分判决类型。掌握行政诉讼的各种判决及其具体适用条件，关键在于厘清不同类型判决之间的内在关系，在这一基础上再把握其适用条件。

❖❖ **教学内容**

一、行政诉讼的判决

行政诉讼的判决包括一审判决、二审判决、再审判决，其中一审判决最为重要，是二审判决与再审判决的基础。

（一）行政诉讼的一审判决

行政诉讼的一审判决，具体又可分为维持判决、驳回判决、撤销判决、履行判决、变更判决、确认判决、赔偿判决七种，其中前六种是可以独立适用的。而最后一种赔偿判决除了在单独提起的行政诉讼中外，不得单独适用，一般在撤销判决、变更判决、确认判决之后被附带适用。如果从另外一个角度来分类，我们也可以将维持判决与驳回判决称为被告胜诉的判决，而将其他五种判决称为原告胜诉的判决。

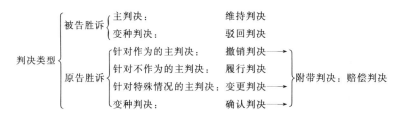

图 20-1　行政诉讼一审的判决类型

1. 维持判决

维持判决——法院经过审理决定维持被诉具体行政行为的司法判决。

维持判决适用于被诉的具体行政行为完全正确，即其证据确凿、适用法律法规正确、符合法定程序的情况下，维持判决是被告胜诉时最常见的判决。维持判决所产生的效力既拘束原告与第三人，同时拘束被告，经过法院维持的具体行政行为，被告自己也不得轻易改变。因此，维持判决实际上有干预和限制行政机关自身权力的嫌疑，是我国行政诉讼法上的一项颇具"本土"特色的制度。

2. 驳回判决

驳回判决——法院经过审理决定驳回原告诉讼请求的判决。驳回判决适用于被告胜诉，但无法适用维持判决的情况。

适用驳回判决的具体情况包括：①起诉被告不作为理由不能成立的。因为起诉不作为意味着原告指控被告没有履行法定职责，而诉不作为不能成立，意味着被告本来就不需要"履行"原告所指称的某种"职责"，或者被告实际上已经履行有关职责了，因此原告之诉不能得到法院的支持。由于不作为本来就是什么也没有做，法院不可能判决维持一个本不存在的行为，因而只能将驳回原告的诉讼请求作为一种变通的选择。②被诉具体行政行为合法但存在合理性问题的。由于被诉行为是合法的，因此法院绝不可能判决将其撤销；而由于它又是不合理的，因此法院也不应将其维持，否则被告受到了维持判决的羁束，甚至无法将被诉行为变更得更加合理一些，只能使被诉行为继续维持这种合法但不合理的尴尬状态。因此，法院此时只能选择驳回原告的诉讼请求，这样做既否定了原告要撤销被诉行为的请求，但又不完全肯定这个行为，留待被告自己或者其他有权机关解决其合理性问题。③被诉具体行政行为合法，但因法律、政策变化需要变更或者废止的。一个必须变更或者废止的行为，就是一个原本合法但现在已经不再合法的行为，如果法院判决维持这个行为就意味着要将这个行为的不合法状态继续下去；如果法院判决撤销这个行为，则由于撤销判决具有溯及力，该行为原本合法存在的效力也将被清除掉。因此，法院面对这种情况也只能选择折中办法，即判决驳回原告的诉讼请求，被诉行为留待被告自己或者其他有权机关变更或者废止。

在《若干解释》中，还规定了两种其他判决，一种称为"确认合法"，一种称为"确认有效"，并规定这两种判决适用于被诉具体行政行为合法，但不适宜判决维持或者驳回诉讼请求的情形。但是，这两种判决的存在却一直受到置疑。我们知道，具体行政行为一经做出，就被法律推定为是合法的、有效的，如果要否认它的合法性和有效性，必须经过有权国家机关的撤销、变更或者确认。因此，行为的违法或者无效才是需要通过专门程序来认定的，而一个行为只要没有被撤销、变更或者确认为违法和无效，依照法律的推定，它本来就是有效的、就是合法的，又何须法院再来确认它的有效性与合法性呢？因此，所谓的"确认合法"判决与"确认有效"判决的存在，在逻辑上是存在问题的。法院如果认为被诉的具体行政行为是合法有效的，原则上就应当判决维持它，实在不宜维持的也可以判决驳回原告的诉讼请求。只要这样做，就足以确定被诉行为的合法性与有效性了，根本无须专门来"确认有效"或者"确认合法"。

3. 撤销判决

撤销判决——法院经过审理决定撤消被诉具体行政行为的判决。是一种判定原告胜诉的基本判决类型。

撤销判决适用于原告起诉被告做出的具体行政行为的案件。具体而言，撤销判决又包含几种子判决类型：根据是否撤销被诉具体行政行为的全部内容，可以将其分为全部撤销与部分撤销；根据撤销的同时是否责令被告做出新的具体行政行为，可以将其分为简单撤销与撤销并责令重做。被诉具体行政行为有下列情形之一的，法院应当判决撤销或者部分撤销该行为，并可以判决被告重新作出具体行政行为：①主要证据不足的；②适用法律、法规错误的；③违反法定程序的；④超越职权的；⑤滥用职权的。

撤销判决是一种十分重要而又相对复杂的判决类型，对此需要注意这样几个特殊问题：一是撤销并责令重做判决的问题；二是撤销判决与复议决定的关系问题；三是撤销判决中的附带措施。

首先，撤销并责令重做判决。法院在判决撤销被诉具体行政行为的同时，可以同时判令被告做出新的具体行政行为，这就是撤销并责令重做判决。对于这种判决，需要注意以下几点：

（1）重做行为不得雷同的原则。即当法院判决被告重新作出具体行政行为时，被告不得以同一的事实和理由作出与原行为基本相同的具体行政行为，也就是说，被告做出这种新的具体行政行为，在行为的结果、行为的主要事实、行为的主要理由这三个要素中，起码要有一个与原来的行为有明显的不同才行。如果被告以同一事实和理由重新作出与原行为基本相同的具体行政行为，法院应当重新判决将该行为撤销或者部分撤销，并依法对被告采取强制执行措施。当然，重做行为不得雷同的原则也存在例外，就是按照有关司法解释，如果法院以违反法定程序为由判决撤销被诉具体行政行为的，行政机关可以根据合法的程序，以同一事实和理由重新作出与原行为基本相同的具体行政行为。司法解释这一规定也受到学界的批评。[①]

（2）责令重做的期限。法院责令被告重新做出具体行政行为，一般情况下不对被告做期限上的限制，但特殊情况下也有例外，如果被告不及时重新作出具体行政行为，将会给国家利益、公共利益或者当事人利益造成损失的，法院也可以限定被告重新作出具体行政行为的期限。

（3）对重做行为的起诉。对于被告重新做出的具体行政行为，原告仍然不服的还是可以起诉，该行为的其他利害关系人对此不服的也可以起诉。

其次，撤销判决与复议决定的关系。如果被诉的具体行政行为在起诉前经过了复议，而法院最后又做出撤销判决的，则撤销判决与复议决定之间的关系也应加以注意。一个行为经过复议之后无非两种情况，一是复议维持，二是复议改变。在复议维持的情况下，原告起诉的是原来的具体行政行为，如果法院判决撤销该具体行政行为，则维持这一行为的复议决定也就自然无效了。在复议改变的情况下，原告起诉的是复议决定，如果该复议决定被法院所撤销，则法院应当同时判令被告重新做出复议决定。之所以这种情况下法院不能以简单撤销结案，是因为法院的撤销判决所评价的对象仅仅是复议决定而非原来的具体行政行为，被撤销的那个复议决定才是对原具体行政行为的评价，而复议决定又被法院撤销了，因此，法院必须责令复议机关做出新的复议决定，对原来的具体行政行为重新进行评价。

最后，撤销判决中的附带措施。在特殊情况下，法院在撤销被诉具体行政行为之余，还必须同时采取其他附带措施，才能够达到特定的效果。根据《若干解释》的规定，如果法院撤销被诉的具体行政行为，将会给国家利益、公共利益或者他人合法权益造成损失的，在判决撤销的同时可以分别采取以下方式处理：[②] ①判决被告重新作出具体行政行为；②责令被诉行政机关采取相应的补救措施；③向被告和有关机关提出司法建议；④发现违法犯罪行为的，建议有权机关依法处理。对于这几类附带措施，法院既

---

① 《最高人民法院关于执行〈中华人民共和国行政诉讼法〉若干问题的解释》即通称的"九十八条"的第54条第2款规定，因违反法定程序，责令被申请人重新作出具体行政行为，不受《行政诉讼法》第55条规定的限制，也即作为"被告不得以同一的事实和理由作出与原具体行政行为基本相同的具体行政行为"之第二类除外情形。这一司法解释的规定引起较多争议，涉及学界多年争论的行政相对人就行政程序违法提起行政诉讼具有一定公益效应之回报问题，司法解释作此规定并不符合《行政诉讼法》的立法原意，不利于公民依法行使行政诉讼权利。这里所说的公益效应，是指行政相对人为维护自身权益而提起行政诉讼发动司法审查程序后，具有促使行政机关依法行政特别是依照行政程序法行政的某种社会效益。因此，制度创新要有利于调动行政相对人就行政程序违法提起行政诉讼的积极性。故建议在修改《行政诉讼法》时可以作出规定："人民法院以违反法定程序为由，决定撤销具体行政行为，责令被告重新作出具体行政行为的，被告重新作出的具体行政行为，应当较之原具体行政行为更有利于原告。"同时，建议有权机关通过修改《行政复议法》和有关法律解释加以协调处理。

② 这里讲的"给国家利益、公共利益或者他人合法权益造成损失"，指的是造成一般损失，如果是造成重大损失的话，就不能适用撤销判决，而应当转而采用确认违法判决了。

可全部采用，也可选择其中的一个或几个采用。

4. 履行判决

履行判决——法院经过审理对被告不履行或者拖延履行法定职责的情况决定其在一定期限内履行的判决。

履行判决也是一种判定原告胜诉的判决类型，适用于原告起诉被告不履行法定职责的案件。应当注意的是，法院判决被告履行法定职责一般应为其指定履行的期限，但因情况特殊难于确定期限的除外。也就是说，履行判决以指定履行期限为原则，以不指定履行期限为例外；这与责令重做判决截然相反，责令重做判决是法院判令被告做出新的具体行政行为，以不指定履行期限为原则，以指定履行期限为例外。

5. 变更判决

变更判决——法院经过审理对于显失公正的行政处罚，直接决定变更处罚决定内容的判决。

变更判决同样是判定原告胜诉的判决类型，仅适用于原告起诉行政处罚显失公正的案件。对于变更判决，必须注意和理解这样几个问题：

（1）变更判决与合法性审查的关系。我们知道，在行政诉讼，法院只审查被诉具体行政行为的合法性而不审查其合理性，但在变更判决中，法院却可以直接变更显失公正的行政处罚决定，这种做法是不是与合法性审查原则相矛盾呢？或者说，这是不是合法性审查原则的一个例外呢？实际上，这两者之间并不存在矛盾。这是因为，行政行为的合法性问题与合理性问题之间的区别并不是绝对的，如果行政行为的合法性问题达到了十分严重的程度，严重到了违背合理行政的基本原则的地步时，这实际上就已经构成了一个合法性上的问题了。也就是说，一个严重不合理、不适当、不公正的行政行为，就应当被视为一个不合法的行为。而所谓显失公正的行政处罚，就是十分不公正、严重不公正的行政处罚，就是一个严重的合理性问题，法律上可以将这种问题作为合法性问题来对待。因此允许法院审查这种行为、变更这种行为，并不违背合法性审查的原则。

（2）不得加罚原则。原则上，法院在变更判决中不得加重对原告的处罚，但利害关系人同为原告的案件除外。也就是说，如果只有被处罚人作为原告起诉，要求减轻处罚甚至免除处罚，而法院经过审理之后却发现应当加重处罚，此时不得加重对原告的处罚。如果只有受害人起诉，加害人作为第三人参加诉讼的话，则由于加害人并非原告，此时法院可以加重对它的处罚。如果加害人与受害人同时起诉，两人就同时都是原告，如果法院经过审理认为对加害人这个原告的处罚确实轻了，仍然可以判决加重对他的处罚。否则作为受害人的原告，其诉求便决无被满足的可能，就使其诉权失去了意义。

（3）不得直接判罚原则。这一原则指的是，法院在变更显失公正的行政处罚时，不得对行政机关未予处罚的人直接判予行政处罚，这是一条绝对的原则，不存在任何例外。之所以做出这样的规定，根本原因在于司法机关与行政机关之间的角色划分，法院的职权在于审查行政行为而非做出行政行为，如果允许法院对没有受到行政处罚的人给予直接处罚，就等于赋予了法院行政处罚权，而这根本违背了司法机关的角色。因此，即使法院认为行政案中的某些当事人应当受到行政处罚，而行政机关未予处罚的，也只能撤销被诉的具体行政行为，并判令被告做出新的具体行政行为。

6. 确认判决

确认判决——法院经过审理确认被诉行政行为违法或者无效的判决，包括确认违法判决与确认无效判决。确认判决也是判定原告胜诉的判决，适用于被诉具体行政行为虽然违法但不应被撤销或变更，或者不宜责令被告履行的案件。

具体而言，下列情况应当适用确认判决：

（1）被告不履行法定职责，但判决责令其履行法定职责已无实际意义的情况。这种情况指的是被告不履行法定职责这一事实给原告带来的损失已经形成，被告此时再履行其职责已经无济于事，难以挽回损失。此时，法院应当判决确认被告的不作为违法。

（2）被诉具体行政行为违法，但不具有可撤销内容的。这种情况主要指的是被诉具体行政行为已经被执行完毕并且无法恢复原状的情况。

（3）被诉具体行政行为依法不成立或者无效的情况。如果我们将被诉具体行政行为按其不法程度的轻重加以划分的话，则不成立的行为不法程度最重，无效行为次之，而可撤销的行为再次之。如果被诉行为在性质上已经达到了不成立或者无效的程度，则法院自然不能选择对其否定性评价较轻的撤销判决，而应判决确认该行为无效。

（4）被诉具体行政行为违法，但撤销该行为将给国家利益或者公共利益造成重大损失的，法院也应当转而作出确认违法判决，并责令被诉行政机关采取相应的补救措施，造成损害的应当依法判决被告承担赔偿责任。

7. 赔偿判决

赔偿判决——法院经过审理决定由被告给予原告损害赔偿的判决。赔偿判决也是原告胜诉的一种判决类型，但它在一般的行政诉讼中并不单独适用，而是在法院做出了撤销判决、履行判决、变更判决或者确认判决之后，所附带做出的判决。

赔偿判决必须同时符合这样几个条件：①被诉的具体行政行为是违法的；②原告在起诉之后到一审庭审结束之前提出了赔偿请求；③符合行政赔偿的其他构成要件。

（二）行政诉讼的二审裁判

行政诉讼的二审判决，即法院对上诉行政案件的判决，也是生效的终审判决。二审判决应当对两个问题做出结论，一是一审裁判，二是被诉的具体行政行为。综合《行政诉讼法》与《若干解释》的规定，法院对于二审行政案件，应当依照以下规则裁判：

1. 维持原判

原审裁判完全正确，即认定事实清楚，适用法律、法规正确的，二审法院应当判决驳回上诉，维持原判。

2. 撤销原判，发回重审

一审判决遗漏了必须参加诉讼的当事人或者诉讼请求的，二审法院应当裁定撤销原审判决，发回重审。也就是说，在这种情况下，二审法院必须将案件发回一审法院重审，而不得直接改判。因为二审判决是终审判决，如果此时二审法院直接改判的话，一审中被遗漏的当事人就将无法上诉，或者当事人对于一审中被遗漏的诉讼请求也将无法上诉，这就必然损害有关当事人的上诉权。对于二审法院发回重审的案件，当事人对一审法院重审的判决、裁定，仍可上诉。

当然，上述情况中所谓的"遗漏诉讼请求"只是对一般的诉讼请求而言的，而不包括对赔偿请求的处理。对于二审中的行政赔偿请求，有其独特的处理规则：①一审判决遗漏行政赔偿请求的，二审法院经审理认为依法不应当予以赔偿的，应当直接判决驳回行政赔偿请求。②一审判决遗漏行政赔偿请求，二审法院经审理认为依法应当予以赔偿的，在确认被诉具体行政行为违法的同时，可以就行政赔偿问题进行调解，调解不成的，应当就行政赔偿部分发回重审。③当事人在二审期间提出行政赔偿请求的，二审法院可以进行调解，调解不成的，应当告知当事人另行起诉。

3. 撤销原判，直接改判

对于一审判决认定事实清楚，但是适用法律、法规错误的，二审法院应当依法改判。也就是说，这种情况下二审法院只能直接改判，不能再发回原审法院重审了。因为一审对案件事实的认定是清楚的，只是适用法律错误而已，如果二审法院将其发回原审法院重审的话，就会造成不必要的时间拖延，降低诉讼效率。

二审法院对于直接改判的上诉案件，在撤销一审判决的同时，还应当对被诉具体行政行为作出判决。二审法院对被诉具体行政行为的判决，直接参照一审判决的适用规则做出即可。

4. 撤销原判，发回重审或者直接改判

对于一审判决有误的其他情况，如认定事实不清，证据不足，或者由于违反法定程序可能影响案件正确判决等，二审法院在裁定撤销原判之后，既可发回一审法院重审，也可直接改判。

5. 二审法院对一审裁定的处理

以上内容都是二审法院对一审判决的处理，而行政诉讼的上诉案件除了对判决的上诉之外，还包括对一审不予受理、驳回起诉、管辖异议三种裁定的上诉。对于这些一审裁定，二审法院也应做出相应处理。

对于一审的管辖异议裁定，当事人可以上诉，二审法院认为异议不成立的，应当维持原裁定；认为异议成立的，应当撤销原裁定，并确定相关案件管辖法院，已经受理案件的法院应当将案件移送到被确定的管辖法院。对管辖异议的二审裁定是终审裁定，当事人应当按照其确定的管辖法院参加诉讼，否则将视为撤诉或者视为不应诉。

对于一审法院不予受理或者驳回起诉的裁定，二审法院经审理认为该裁定确有错误，且起诉符合法定条件的，应当裁定撤销一审法院的裁定，指令一审法院依法立案受理或者继续审理。在一审法院作出实体判决之后，二审法院认为该案件不应当受理的，应当撤销一审法院判决，并将案件发回重审，或者经行驳回起诉。

（三）行政诉讼的再审裁判

当法院对某个已经做出生效判决的案件决定再审时，首先应当裁定中止原判决的执行。[①] 中止执行的裁定应当由法院院长署名，加盖本院印章。上级法院决定提审或者指

---

① 需要注意的是，在当事人申请再审的阶段，法院对生效裁判的执行并不停止，只有在决定再审的时候，法院才中止对原裁判的执行。

令下级法院再审的案件，上级法院应当作出中止执行的裁定，在紧急情况下还可以将中止执行的裁定口头通知负责执行的法院或者作出生效裁判的法院，但应当在口头通知后10日内发出裁定书。

在裁定中止执行并对案件重新加以审理之后，再审法院应按以下规则做出处理：

（1）裁定执行原审生效判决。再审法院经过审理，认为原生效判决正确的，应当裁定撤销此前做出的、关于中止原判决的裁定，继续执行原判决。

（2）撤销原审判决，发回重审。再审法院对于以下案件，应当裁定撤销原审判决，发回原审法院重审，这些情况包括：①审理本案的审判人员、书记员应当回避而未回避的；②依法应当开庭审理而未经开庭即作出判决的；③未经合法传唤当事人而缺席判决的；④遗漏必须参加诉讼的当事人的；⑤对与本案有关的诉讼请求未予裁判的；⑥其他违反法定程序可能影响案件正确裁判的。

（3）撤销原审判决，发回重审或者直接改判。再审法院认为原审判决有误的其他情况，在撤销原生效裁判的同时，既可以发回原审法院重审，也可以直接加以改判。

（4）再审法院对原审裁定的处理。当事人对于不予受理、驳回起诉、管辖异议三种生效裁定申请再审的，再审法院应当按照以下规则做出处理：①再审法院认为二审法院维持一审不予受理裁定错误的，应当同时撤销一审和二审法院的裁定，指令一审法院受理案件。②再审法院认为二审法院维持一审驳回起诉裁定错误的，应当同时撤销一审和二审法院的裁定，指令一审法院继续审理案件。③当事人对生效管辖异议裁定的申诉不影响受案法院的管辖和审理，如果法院已经做出了生效判决，当事人对驳回管辖异议的裁定和判决一并申诉的，法院经查发现管辖错误但生效判决正确的，不再改变管辖；如果发现管辖裁定与生效判决均错误的，则应当按照审判监督程序决定再审。

二、行政诉讼的裁定与决定

在行政诉讼中，法院除了针对案件的实体问题作出判决之外，还针对程序问题做出裁定，或者针对某些特殊事项做出决定。有关裁定和决定的某些内容，本书前文已有多处零散涉及，在此加以集中介绍。

（一）行政诉讼的裁定

行政诉讼的裁定——是指人民法院在审理行政案件过程中或者执行案件的过程中，就程序问题所作出的判定。

行政诉讼的裁定适用于下列事项：①不予受理；②驳回起诉；③管辖异议；④终结诉讼；⑤中止诉讼；⑥移送或者指定管辖；⑦诉讼期间停止具体行政行为的执行或者驳回停止执行的申请；⑧财产保全；⑨先予执行；⑩准许或者不准许撤诉；⑪补正裁判文书中的笔误；⑫中止或者终结执行；⑬提审、指令再审或者发回重审；⑭准许或者不准许执行行政机关的具体行政行为；⑮其他需要裁定的事项。

对于上述裁定中的不予受理、驳回起诉、管辖异议三种，当事人不服的，可以在该裁定做出之日其十日内提起上诉，上一级法院对上诉做出的二审裁定是生效裁定；逾期没有上诉的，一审裁定生效。对于其他种类的裁定，一经宣布或送达立即生效，当事人不得上诉。

（二）行政诉讼的决定

行政诉讼的决定——是指人民法院为了保证行政诉讼的顺利进行，依法对行政诉讼中的某些特殊事项所作的处理。

行政诉讼的决定适用于下列事项：①审判人员的回避；②排除妨碍诉讼的强制措施；[①] ③再审决定；④延长审限的决定；⑤减免诉讼费的决定；⑥采取强制执行措施的决定；⑦其他需要决定的事项。

当事人对于所有决定均不得上诉，决定一经宣布或送达立即生效。但对于决定中的回避决定、排除妨碍诉讼措施中的罚款与拘留，当事人不服的，可以申请复议一次，但复议期间不停止决定的执行；对于其他决定，当事人不得申请复议。

✤ 小结提升

行政诉讼的判决类型与民事诉讼和刑事诉讼比起来，数量更加繁多，适用条件也更加复杂，给学习者对这一部分内容的掌握增添了困难。因此，在理解本部分内容时，学习者应特别注意两点：一是对各种判决内容的相互关系及整个裁判方式的体系应当了然于胸；二是对某些裁判方式在特殊情况下的适用应当加深理解，注意细微差别。

综合上文所述，我们对行政诉讼中各种裁判方式的适用条件，归纳如下：

表 20-1 行政诉讼裁判的适用

裁判类型		基本含义	适用条件
被告胜诉	维持	是被告胜诉的主判决	被诉具体行政行为正确无误
	驳回	是被告胜诉的变种判决	①诉不作为不成立；②诉不合理行为；③行为合法的依据改变
一审 原告胜诉	撤销	原告诉作为胜诉的主判决	已经做出的具体行政行为违法
	履行	原告诉不作为胜诉的主判决	被告必须履行职责且履行仍有现实意义
	变更	原告诉处罚不公胜诉的主判决	适用于行政处罚显失公正的情况
	确认	是原告胜诉的变种判决	①行为不宜撤销；②不宜责令履行；③行为本身不成立或无效
二审	维持原判	驳回上诉，维持原判	原判认定事实清楚，适用依据正确
	依法改判	判决类型参照一审	原判认定事实清楚，适用依据错误
	发回重审	重审须另组合议庭	遗漏了必须参加的当事人或漏判了必须判决的诉讼请求
	改判或发回	对重审案件的裁判可以上诉	原判事实不清、证据不足、程序违法

[①] 排除妨碍诉讼的强制措施包括训诫、责令具结悔过、罚款、拘留四种，前两种由审判长当庭口头决定并记入庭审笔录，后两种由合议庭做出书面决定，并报院长批准。

续表

	裁判类型	基本含义	适用条件
再审	裁定执行原判	裁定继续执行原审裁判	原审裁判完全正确
	指令受理审理	指令一审法院受理审理	一审不予受理、驳回起诉的裁定错误，二审又维持的
	发回重审	发回做出生效判决的法院重审	原审违反法定程序可能影响裁判结果的
	改判或发回	都必须先裁定撤销生效裁判	原审裁判错误的其他情形

以下是几种需要给予特别注意的裁判方式及其适用：

表 20-2　几种特殊裁判类型的适用

撤销判决的特殊适用	如撤销将给国家利益或公共利益造成一般损失，则撤销的同时可以：①判决被告重作具体行政行为；②责令被告采取补救措施；③向被告和有关机关提出司法建议；④发现违法犯罪的建议有权机关处理
撤销判决与复议决定	①复议决定维持原行为的，法院判决撤销原行为则复议决定自然无效； ②复议决定改变原行为错误的，法院判决撤销复议决定时应责令复议机关重新作出决定
变更判决的特殊适用	①不得加重对原告的处罚，但加害人与被害人同时起诉的情况除外； ②对行政程序中未处罚的人，法院不得在诉讼程序中直接判决处罚
确认判决的特殊适用	如撤销判决将给国家利益或公共利益造成重大损失，不能判决撤销而应：①作出确认判决；②责令被告采取补救措施；③造成损害的依法判决赔偿
二审发回重审的条件	①如一审遗漏必须参加的当事人或漏判必须判决的诉讼请求，则必须发回重审； ②如一审遗漏的是赔偿请求，则应先行调解，调解不成的就赔偿部分发回重审； ③如二审当事人新提赔偿请求，则也应先行调解，调解不成的告知另行起诉
再审发回重审的条件	①应回避而未回避的；②应开庭未开庭的；③当事人应出席未经合法传唤而缺席判决的；④遗漏必须参加诉讼当事人的；⑤漏判有关诉讼请求的

第二节　有关执行制度

引例　对李洪非法占用土地强制执行案

1986 年 12 月，李洪擅自在他向生产队承包的 1 分 9 厘秧田上建私房。动工后，群众和村干部劝告制止，李洪不予理睬。乡政府责令李洪在 3 天内拆除违法建筑，李洪蛮横地说："房子我要继续盖，限你们 3 天把我抓起来！"办事处的领导人对李洪进行教育，李洪态度恶劣，不听劝阻，强行完成 73.39 平方米的地基工程。办事处报请区城乡建设环境保护局处理。该局领导亲自到大河村，向李洪进行土地管理法的宣传教育，劝其自动拆除违法建筑。李洪不仅不听，还无理地说："你们抓我去劳改，我也要盖！"西山区城乡建设环境保护局根据《中华人民共和国土地管理法》第 45 条关于"农村居民未经批准或者采取欺骗手段骗取批准，非法占用土地建住宅的，限期拆除或者没收在非法占用的土地上新建的房屋"的规定，于 1987 年 1 月 10 日作出决定："李洪未经批准，擅自在承包的秧田上建盖房屋是非法的，必须立即停工，自接到处理决定之日起 3 日内拆除违法建筑，恢复耕地。"同时，根据土地管理法第 52 条的规定，告知当事人"对行政处罚决定不服的，可以在接到处罚决定通知之日起 30 日内，向人民法院起诉；期满不起诉又不履行的，由作出处罚决定的机关申请人民法院强制执行。"李洪在接到西山区城乡建设环境保护局处罚决定期限届满后，既不向人民法院起诉，又不履行处罚决定。西山区城乡建设环境保护局为认真执行土地管理法，根据《土地管理法》第52条的规定，于1987年2月3日，向云南省昆明市西山区人民法院申请强制执行。

西山区人民法院审查了西山区城乡建设环境保护局的申请，认为该局对被执行人李洪的处罚决定是正确的。依照《中华人民共和国民事诉讼法（试行）》第177条第1款的规定，于1987年2月27日由院长签发公告，限李洪自公告公布之日起3日内拆除在秧田上的违法建筑，恢复耕地；限期内李洪如不自觉拆除违法建筑，恢复耕地，则由人民法院强制拆除，执行费用由李洪承担。公告期限届满，被执行人李洪毫无悔改表示。3月2日，西山区人民法院依照《民事诉讼法（试行）》第177条第2款的规定，请团结办事处、公安派出所等基层组织派人参加，协同执行员强制执行。在强制执行前，执行员再次对李洪进行了法制教育。被执行人李洪慑于法律的威严，同意自动拆除违法建筑，当日下午，李洪全部拆除了已建好的房屋地基。

☞ **概述**

本节主要介绍我国《行政诉讼法》及其《若干解释》上所规定的有关执行制度，主要是行政诉讼裁判的执行。执行行政诉讼裁判文书的过程，也就是将它们所确定的权利义务内容转变为生活现实的过程。此外，本节对具体行政行为在行政诉讼过程中的执行，以及人民法院的非诉执行等制度，也将一并加以介绍。

♨ **方法**

本节内容，难点在于掌握法院的非诉执行制度。为了掌握这一部分，学习者应当注意与本书前面所介绍的行政强制执行的知识结合起来。

◈ **教学内容**

本节内容看似零散，实则统一，说到底都是对于一个权利义务最终确定的法律文书的执行。当然，这种法律文书可能表现为行政诉讼的裁定、判决、行政赔偿调解书，也可能表现为某一具体行政行为的决定书。

一、行政诉讼裁判的执行

对于人民法院做出的生效判决与裁定，当事人必须履行。当事人拒绝履行生效裁判的，对方当事人可以申请人民法院强制执行或者由有权的行政机关自己执行。对于行政诉讼裁判的执行，必须注意以下几点：

（1）执行根据。执行根据包括法院在行政诉讼中做出的所有生效法律文书，具体表现为行政判决书、行政裁定书、行政赔偿判决书和行政赔偿调解书。

（2）被执行人。被执行人是行政诉讼中的所有当事人，包括行政主体与一般公民、法人或其他组织。掌握法院的强制执行措施，必须注意区分被执行人，因为对行政机关的执行与对普通公民、法人、其他组织的执行措施是有所不同的。

（3）执行机关。被执行人是行政主体的，执行机关只能是法院。被执行人是普通公民、法人或其他组织的，执行机关可以是法院，也可以是作为被告的行政机关自己。如果被告是拥有直接强制执行权的机关，如公安、国安、税务、工商、海关等部门，则既可自己执行，也可申请法院执行；如果被告并不具有直接强制执行权，则只能申请法院执行。

由法院强制执行的案件，一般由一审法院负责执行工作。一审法院认为情况特殊需要由二审法院执行的，可以报请二审法院执行，二审法院可以决定自己执行，也可以决定仍由一审法院执行。

（4）申请执行的期限。当事人申请法院强制执行的，应当受到申请期限的限制，当事人逾期申请的，除有正当理由外法院不予受理。申请人是公民的，其申请期限为1年；申请人是行政机关、法人或者其他组织的，其申请期限为180日。申请期限从法律文书规定的履行期间最后一日起计算，法律文书中没有规定履行期限的，则从该法律文书送达当事人之日起计算。

（5）强制执行的措施。由有权的行政机关对公民、法人或其他组织强制执行的，采用行政强制执行的一般措施，对此本书前文已有详细介绍，在此不作重复。

由法院对公民、法人或其他组织强制执行的，采用民事诉讼法中的强制执行措施，在此不赘。

由法院对行政主体强制执行的，其执行措施较为特殊，一共包括以下四种：①划拨，对应当归还的罚款或者应当给付的赔偿金，通知银行从该行政机关的账户内划拨。②罚款，被告在规定期限内不执行的，从期满之日起对其按日处五十元至一百元的罚款；也可参照民事诉讼法的有关规定，对该机关主要负责人或者直接责任人员予以罚款。③提出司法建议，法院可以向被告的上一级行政机关或者监察、人事机关提出司法建议，接受司法建议的机关应根据有关规定进行处理，并将处理情况告知法院；④追究刑事责任，有关人员拒不执行判决、裁定，情节严重构成犯罪的，法院依法追究被告行政机关主管人员和直接责任人员的刑事责任。

表 20-3　对行政诉讼裁判的执行

执行机关	（一般为一审）法院；有强制执行权的行政机关
执行依据	判决书、裁定书、赔偿书、赔偿调解书
执行措施	对行政机关：①直接划拨款项；②对机关加处罚款；③对主要负责人或责任人处以罚款；④向被告上一级机关或监察、人事机关提出司法建议；⑤构成犯罪的追究刑事责任 对公民法人其他组织：被告有强制执行权的可以自我执行，无权的申请法院执行
申请执行期限	公民为1年，单位为180天

二、具体行政行为在行政诉讼过程中的执行

在行政诉讼期间，原则上不停止具体行政行为的执行，但在下列情况下停止其执行：①被告认为需要停止执行的；②原告申请停止执行，法院认为该具体行政行为的执行会造成难以弥补的损失，并且停止执行不损害社会公共利益，裁定停止执行的；③法律、法规规定停止执行的。

近年来，许多专家学者对具体行政行为在行政诉讼过程中以"不停止执行为原则、

停止执行为例外"的规定提出了质疑，建议在修改《行政诉讼法》时将其改为以"停止执行为原则、不停止执行为例外"，以便更好地保护行政相对人的合法权益。持反对意见的学者则认为，对这一原则的修正无异于否定具体行政行为的执行力，有可能妨碍行政管理的效能。

实际上，《行政诉讼法》中以"不停止执行为原则、停止执行为例外"的规定是存在前提的。这一前提就是，做出具体行政行为的机关必须拥有法定的行政强制执行权，它才有可能在行为被诉的情况下继续执行该行为，否则只能申请法院强制执行，而法院在诉讼期间对于此类申请原则上是不予受理的。正如本书前文所分析的那样，在我国当前，只有少数行政机关被赋予了直接强制执行权，大多数行政机关并不拥有这一权力。因此，能够在诉讼期间不停止执行的具体行政行为就数量而言仍然占少数，而多数具体行政行为由于其实施机关没有强制执行权，法院又不得受理非诉执行申请，因此在诉讼期间实际上已经处于停止执行的状态。所以，如果考虑到我国行政强制执行权的分配体制这一前提，对于具体行政行为在诉讼期间的效力，目前实行的已经是以"停止执行为原则、不停止执行为例外"的制度。

表 20-4 具体行政行为在诉讼中的执行

情况	原则	例外
行政机关有强制权	原则上诉讼期间不停止执行	①被告认为需要停止执行的；②原告申请停止执行，法院裁定停止执行的；③法律、法规规定停止执行的
行政机关无强制权	原则上法院不得代为强制执行	如不及时执行可能给国家利益、公共利益或者他人合法权益造成不可弥补损失的，法院可以先予执行

三、法院的非诉执行

具体行政行为的非诉执行——是指对于一个并未进入行政诉讼程序、经过法院司法审查的具体行政行为，行政相对人既不及时起诉，也不履行相应义务时，人民法院根据做出该行为的行政机关的申请，强制执行该具体行政行为的活动。

对于非诉执行，主要应掌握如下几个方面：

（1）执行的条件。行政机关申请法院执行有关具体行政行为，必须符合以下几个基本条件：①对于该具体行政行为，当事人在法定期间不提起诉讼，又不履行相应义务；或者该具体行政行为依法不能提起诉讼，而当事人也不履行相应义务。②被申请强制执行的具体行政行为属于法院的执行范围，对于限制人身自由的具体行政行为不能申请法院强制执行，只能由承担警察职能的机关自己执行。③被申请的具体行政行为已经生效，并具有可执行内容。④被申请人是该具体行政行为所确定的义务人。

（2）执行的申请人。非诉执行的申请人，原则上是作出具体行政行为的行政主体。依法不具有直接行政强制执行权的行政主体申请强制执行的，法院应当依法受理；依法具有直接行政强制执行权的行政主体申请强制执行的，法院可以受理，也可不予受理。

特殊情况下，在行政裁决案件中，行政机关对平等主体之间民事争议作出裁决之后，当事人在法定期限内既不起诉又不履行，且裁决机关在申请执行的期限内并未申请法院强制执行的，该裁决所确定的权利人或者其继承人、权利承受人也可申请法院强制执行。

（3）申请执行的期限。行政机关申请法院强制执行的，应当自被执行人的法定起诉期限届满之日起180日内提出；行政裁决所确定的权利人或者其继承人、权利承受人申请法院强制执行的，应当在裁决机关的申请期限届满后的90日内提出，即在被执行人法定起诉期限届满之日起的第181日至第270日内提出。申请人无正当理由逾期申请的，法院不予受理。

（4）执行的管辖。非诉执行案件的管辖，包括级别管辖与地域管辖两个方面：①级别管辖，由于基层法院数量众多、分布较广，因此非诉执行案件原则上由基层法院管辖，基层法院认为其执行确有困难的可以报请上级法院执行，上级法院可以决定由其执行，也可以决定仍由下级法院执行。②地域管辖，行政机关申请法院强制执行的，由申请人所在地的基层法院管辖，但执行对象为不动产的，由不动产所在地的基层法院管辖。

（5）对执行申请的审查与裁定。人民法院受理行政机关申请执行其具体行政行为的案件后，应当在30日内由行政审判庭组成合议庭对具体行政行为的合法性进行审查，并就是否准予强制执行作出裁定。

对于具体行政行为明显缺乏事实根据，或者明显缺乏法律依据，或有其他明显违法并损害被执行人合法权益情况的，合议庭应当裁定不予执行。对于其他情况，合议庭应当裁定予以执行，并通知本院负责强制执行非诉行政行为的机构给予执行。

表 20-5　具体行政行为的非诉执行

申请条件	申请期限	申请范围	执行管辖	审查期限
义务人既不起诉，也不履行	义务人起诉期限届满后180日内	限制人身自由之外的行为	申请人所在地或不动产所在地（基层）法院	法院在受理之日起30日内组成合议庭裁定

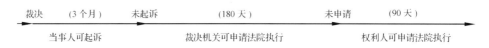

图 20-2　权利人就行政裁决行为申请非诉执行的特殊情况

四、财产保全与先予执行

财产保全与先予执行，实际上都与行政诉讼裁判或者具体行政行为的执行有关，也是行政诉讼中颇具自身特色的一项制度。

（一）财产保全

行政诉讼中的财产保全——是指由于一方当事人的行为或者其他原因，可能使具体行政行为或者法院生效裁判不能或者难以执行时，法院依对方当事人的申请、或者依职权对被执行财产加以保护的行为。

财产保全包括两种情况，一是为了执行法院生效的裁定与判决而采取的财产保全；

二是为了执行具体行政行为而采取的财产保全，属于非诉执行的内容。

（二）先予执行

行政诉讼中的先予执行——指的是在法院尚未做出生效裁判或者尚未对非诉执行的申请做出裁定之前，先行执行有关财产的行为，同样包括对诉讼裁判的先予执行和对具体行政行为的先予执行。

对诉讼裁判的先予执行，其适用范围有限，仅适用于行政给付案件。即法院在审理起诉行政机关没有依法发给抚恤金、社会保险金、最低生活保障费等案件时，可以根据原告的申请，依法裁定先予执行有关财产。

对具体行政行为的先予执行则相对费解一些。根据非诉执行的一般原理，行政机关做出具体行政行为之后，当事人即没有起诉也没有履行相应义务的，行政机关在其起诉期限届满之后可以申请法院强制执行，具体行政行为所确定的权利人在某种特殊条件下也可以申请法院强制执行。但是，法院的强制执行都必须以当事人没有起诉为前提，如果当事人已经提起了诉讼，则在诉讼期间，被告或者权利人申请法院强制执行被诉具体行政行为的，人民法院原则上不应执行。而先予执行就是这种原则的例外，如果对被诉具体行政行为不予及时执行将可能给国家利益、公共利益或者他人合法权益造成不可弥补的损失的，人民法院可以先予执行。

对于财产保全和先予执行，还应注意两点：（1）具体行政行为所确定的权利人申请法院采取财产保全措施，或者申请法院先予执行的，应当提供相应的财产担保；（2）当事人对法院财产保全或者先予执行的裁定不服的，可以申请复议，但复议期间不停止裁定的执行。

✤ 小结提升

在本节的学习中，学习者常常对一个问题感到困惑，就是诉讼期间不停止执行与诉讼期间不受理非诉执行申请两个原则，以及先予执行这三者之间的关系。根据诉讼期间不停止执行的原则，行政诉讼期间并不停止对具体行政行为的执行；而根据诉讼期间不受理非诉执行申请的原则，行政诉讼期间，如被告或者权利人申请法院强制执行被诉具体行政行为的，法院却不予执行，而在特殊情况下又可以先予执行。这三者之间看起来似乎存在矛盾。

实际上，上述三者之间并不冲突，因为我们已经知道，并非所有的行政机关都有直接的强制执行权。对于一个没有直接强制执行权的机关来说，就算是诉讼期间不停止执行，它也没有权力来执行自己做出的具体行政行为。因此，诉讼期间不停止执行的原则，是专门针对那些有直接强制执行权的机关来讲的。而诉讼期间不受理非诉执行申请的原则，则是专门针对那些没有直接强制执行权的机关来讲的，正因为它们没有这样的权力，因此才不得不申请法院来强制执行，这就是非诉执行。而法院的非诉执行又必须以当事人逾期没有起诉为前提，因此，一旦当事人提起了诉讼，法院就不应再受理行政机关强制执行的申请了。至于先予执行，仍然是针对没有直接强制执行权的机关来讲的，只不过它是出于对国家利益、公共利益或者他人合法权益的必要考虑，而对诉讼期间不受理非诉执行申请的原则，所作的一点变通和例外而已。

[本章阅读文献]

1. 黄学贤：《行政诉讼中的情况判决探讨》，《法学研究》，2005 年第 3 期。

2. 金伟峰：《建立我国行政诉讼中的确认无效诉讼制度》，《政法论坛》，2005 年第 3 期。

3. 何志为：《行政诉讼应增加判决方式》，《法学研究》，2005 年第 3 期。

4. 张治宇：《行政判决·行政判例·行政判例法——一种比较的视角》，《行政法学研究》，2005 年第 4 期。

5. 杨建顺：《论行政诉讼判决的既判力》，《中国人民大学学报》，2005 年第 5 期，《法商研究》，2005 年第 5 期。

6. 陆平辉：《行政裁决诉讼的不确定性及其解决》，《现代法学》，2005 年第 6 期。

7. 孔繁华：《行政变更判决研究——以比较法为视角》，《当代法学》，2006 年第 5 期。

8. 莫于川：《我国〈行政诉讼法〉的若干修改建议及理由说明》，《临沂师范学院学报》，2006 年第 5 期。

[相关链接]

1. 鄢超：行政判决种类比较研究。（见："中国宪政网"）
2. 德国联邦行政法院判决书选登。（见："中国宪政网"）

附录一：行政法与行政诉讼法常用法律、文件目录

一、总论

1.《中华人民共和国宪法》（1982 年 12 月 4 日通过，经 1988 年、1993 年、1999 年、2004 年四次修正，共 31 条修正案）

2.《全面推进依法行政实施纲要》（2004 年 3 月 22 日国发【2004】10 号国务院文件）

二、行政组织法

1.《中华人民共和国国务院组织法》（1982 年 12 月 10 日通过，同日起实施）

2.《中华人民共和国地方各级人民代表大会和地方各级人民政府组织法》（1979 年 7 月 1 日通过，同日起施行，2004 年 10 月 27 日第四次修正）

3.《中华人民共和国公务员法》（2005 年 4 月 27 日通过，2006 年 1 月 1 日起施行）

4.《行政机关公务员处分条例》（2007 年 4 月 4 日通过，2007 年 6 月 1 日起施行）

5.《地方各级人民政府机构设置和编制管理条例》（2007 年 2 月 14 日通过，2007 年 5 月 1 日起施行）

6.《公安机关组织管理条例》（2006 年 11 月 1 日通过，2007 年 1 月 1 日起施行）

三、抽象行政行为法

1.《中华人民共和国立法法》（2000 年 3 月 15 日通过，自 2000 年 7 月 1 日起施行）

2.《行政法规制定程序条例》（2001 年 11 月 16 日通过，2002 年 1 月 1 日起施行）

3.《规章制定程序条例》（2001 年 11 月 16 日通过，2002 年 1 月 1 日起施行）

4.《法规规章备案条例》（2001 年 12 月 14 日通过，2002 年 1 月 1 日起施行）

四、具体行政行为法

1.《中华人民共和国行政许可法》（2003 年 8 月 27 日通过，2004 年 7 月 1 日起施行）

2.《中华人民共和国行政处罚法》（1996 年 3 月 17 日通过，1996 年 10 月 1 日起施行）

3.《中华人民共和国治安管理处罚法》（2005 年 8 月 28 日通过，2006 年 3 月 1 日起施行）

4.《罚款决定与罚款收缴分离实施办法》（1997 年 11 月 17 日通过，1998 年 1 月 1 日起施行）

5.《中华人民共和国政府采购法》（2002 年 6 月 29 日通过，2003 年 1 月 1 日起施行）

6.《国务院关于加强食品等产品安全监督管理的特别规定》（2007 年 7 月 25 日通

过，2007 年 7 月 26 日起施行）

五、行政程序法

1. 《中华人民共和国政府信息公开条例》（2007 年 1 月 17 日通过，2008 年 5 月 1 日起施行）

2. 《生产安全事故报告和调查处理条例》（2007 年 3 月 28 日通过，2007 年 6 月 1 日起施行）

六、行政监督法

1. 《中华人民共和国各级人民代表大会常务委员会监督法》（2006 年 8 月 27 日通过，2007 年 1 月 1 日起施行）

2. 《中华人民共和国行政监察法》（1997 年 5 月 9 日通过，同日起施行）

3. 《中华人民共和国行政监察法实施条例》（2004 年 9 月 17 日通过，2004 年 10 月 1 日施行）

4. 《中华人民共和国审计法》（1994 年 8 月 31 日通过，1995 年 1 月 1 日起施行，2006 年 2 月 28 日修正）

5. 《中华人民共和国审计法实施条例》（1997 年 10 月 21 日通过，1997 年 10 月 21 日施行）

6. 《信访条例》（2005 年 1 月 5 日修订通过，2005 年 5 月 1 日起施行）

七、行政复议法

1. 《中华人民共和国行政复议法》（1999 年 4 月 29 日通过，1999 年 10 月 1 日起施行）

2. 《中华人民共和国行政复议法实施条例》（2007 年 5 月 23 日通过，2007 年 8 月 1 日起施行）

3. 《最高人民法院关于适用〈行政复议法〉第三十条第一款有关问题的批复》（2003 年 1 月 9 日通过，2003 年 2 月 28 日起施行）

八、行政诉讼法

1. 《中华人民共和国行政诉讼法》（1989 年 4 月 4 日通过，1990 年 10 月 1 日起施行）

2. 《最高人民法院关于执行〈中华人民共和国行政诉讼法〉若干问题的解释》（1999 年 11 月 24 日通过，2000 年 3 月 10 日起施行）

3. 《人民检察院民事行政抗诉案件办案规则》（2001 年 9 月 30 日通过，2001 年 10 月 11 日起施行）

4. 《最高人民法院关于行政诉讼证据若干问题的规定》（2002 年 6 月 4 日通过，2002 年 10 月 1 日起施行）

5. 《最高人民法院关于审理国际贸易行政案件若干问题的规定》（2002 年 8 月 27

日通过，2002 年 10 月 1 日起施行）

6.《最高人民法院关于审理反补贴行政案件应用法律若干问题的规定》（2002 年 9 月 11 日通过，2003 年 1 月 1 日起施行）

7.《最高人民法院关于审理反倾销行政案件应用法律若干问题的规定》（2002 年 9 月 11 日通过，2003 年 1 月 1 日起施行）

8.《最高人民法院关于审理行政案件适用法律规范问题的座谈会纪要》（于 2004 年 5 月 18 日印发，同日起参照执行）

9.《最高人民法院关于行政案件管辖若干问题的规定》（2007 年 12 月 17 日通过，2008 年 2 月 1 日起施行）

10.《最高人民法院关于行政诉讼撤诉若干问题的规定》（2007 年 12 月 17 日通过，2008 年 2 月 1 日起施行）

九、国家赔偿法

1.《中华人民共和国国家赔偿法》（1994 年 5 月 12 日通过，1995 年 1 月 1 日起施行）

2.《关于人民法院执行〈中华人民共和国国家赔偿法〉几个问题的解释》（1996 年 5 月 6 日通过，同日起施行）

3.《最高人民法院关于审理行政赔偿案件若干问题的规定》（1997 年 4 月 29 日通过，同日起施行）

4.《最高人民法院、最高人民检察院关于办理人民法院、人民检察院共同赔偿案件若干问题的解释》（1997 年 6 月 27 日通过，同日起施行）

5.《最高人民法院关于民事、行政诉讼中司法赔偿若干问题的解释》（2000 年 9 月 14 日通过，2000 年 9 月 21 日起施行）

6.《国家赔偿费用管理办法》（1995 年 1 月 16 日通过，1995 年 1 月 25 日起施行）

附录二：本书教学光盘简介与查询线索

一、行政法与行政诉讼法精品课程教材教学光盘的特点

1. 信息容量极大。光盘包括了中国人民大学行政法与行政诉讼法精品课程网站的主要内容，对教师课堂教学及学生学习都提供了丰富的资料支持。

2. 内容多样。本光盘的内容，既包括与课程教学相关的课程概况、教改之窗等内容，也包括教学案例、案例研究、参考论文、名家演讲等辅助学习的重要资料。

3. 专家学者成果广泛。教学光盘不仅收录了中国人民大学行政法与行政诉讼法专业教师们的学术成果，还收录了其他教学科研机构知名专家、学者的论著、演讲的内容或线索。

4. 体现教学互动。教学光盘不仅收录了教师成果，还有大量学生的学术、实践成果。

二、行政法与行政诉讼法精品课程教材教学光盘查询线索

1. 课程概况：课程内容简介、课程功能、课程特色、教学方式、学时分配。

2. 教学团队：教学团队合影、授课教师、辅导人员。

3. 课堂教学：开篇导读、教学大纲、习题、作业布置、模拟试卷、教材及参考书。

4. 教学资料库：新近颁布的有关规范性文件、教学案例、论文索引、著作索引、参考论文、公法学人。

5. 实践教学：成果展示、第二课堂、社会实践、模拟法庭、师生交流、法学学习网站链接。

6. 案例研究：行政法（基本理论、主体论、行为论、监督救济论）、行政诉讼法（概述、受案范围、管辖、参加人、证据、程序、裁判）、教学案例集、学生成果。

7. 名家讲坛：国内外宪法与行政法方面的著名专家学者的学术演讲。

8. 他山之石：域外法制、域外公法名家。

9. 行政法词典：共收录了约 300 条行政法制和行政法学的专门术语。

10. 教改之窗：教改动态、成果展示。

后　　记

本书是我主持的北京市精品课程建设项目和中国人民大学的精品课程建设项目《行政法与行政诉讼法》的一项重要成果，由国家重点学科中国人民大学宪政与行政法治研究中心的中青年学者编写完成。该项目从 2005 年开始建设，逐年有所进展，现已基本形成内容非常丰富的课程体系，适合课堂教学、远程教学和网络教学的需要。课程网站的网址是 http://xingzhengfa.calaw.cn。本课程的任课教师除了我以外，还有张正钊教授、杨建顺教授、胡锦光教授、李元起副教授、刘飞宇副教授、刘育喆讲师、王贵松讲师等专任教师，所有任课教师均受过系统的高等法学教育（所有在职教师都具有博士学位），知识结构合理，所有任课教师均有在国外著名大学或我国香港、台湾地区大学做访问学者或留学的经历；教辅人员有哈书菊、杨福忠、王晨、田文利、夏正林、林鸿潮等博士生、博士后、访问学者；前期参加建设人员有屠振宇、哈书菊、王晨、周晓明、邬乃瑾、彭浩、杜春晓、胡超宏、李炯、何亚宏、王颖、鲁燕萍，后期参加建设人员有林鸿潮、郭庆珠、郑宁、龙非、郭栋辉、胡鸿亮、高文英、唐璨、郭栋辉、房素萍、于天美，胡鸿亮。

本书作为法律专业的精品课程教材，研讨内容涉及当代行政法和行政诉讼法的基本方面，阐述方式力图将行政法理论与实务结合起来。本书以典型案例作为线索，采用大量简明易懂的图表来概括反映复杂的行政法律关系，通过各章引例、相关链接以及现行重要行政法律文件目录等内容，大大增强了教材的可读性、适用性。本书所附教学光盘包括如下栏目内容：课程概况，教学团队，课堂教学，教学资料库，实践教学，行政法案例研究，名家讲坛，他山之石，行政法词典，教改之窗，等等。这些内容丰富、切合实际、颇具原创新意的栏目，在深化行政管理体制改革、贯彻依法行政方针、加快建设法治政府的大背景下，有助于读者丰富学习内容、改进学习方法、扩展学习视野，高效率地掌握依法行政、依法办事所需要的行政法律知识和能力。

本书各部分的编写分工是：莫于川：绪言、各编导言、第一章、行政法和行政诉讼法常用法律文件目录；莫于川、林鸿潮：第二章、第三章、第五章、第七章、第八章、第十四章、第十五章；龙非：第四章、第十二章；郑宁：第六章、第十三章；郭庆珠：第九章、第十章、第十一章；林鸿潮：第十六章、第十七章、第十八章、第十九章、第二十章；郭栋辉、胡鸿亮、唐璨：各章引例、阅读文献、相关链接。全书由莫于川修改、补充、统稿、定稿，林鸿潮、高文英、胡鸿亮协助。

本书教学光盘各部分的编写分工是：莫于川：首页信息、课程概况、教学团队；莫于川、哈书菊、林鸿潮、郭庆珠、龙非、郑宁、高文英、郭栋辉：课堂教学；郭栋辉、胡鸿亮、唐璨：各章引例、名词解释、复习思考题、阅读法条、阅读文献、法学学习网站链接；王晨：教学资料库、行政法案例研究、教学案例集；高文英：实践教学、师生交流、学生成果；胡鸿亮：法学学习网站链接；唐璨、胡鸿亮：教改之窗；哈书菊：行政法词典、名家讲坛；莫于川、高文英、王晨、哈书菊、唐璨、胡鸿亮：教学光盘的内容简介与查询线索。教学光盘由莫于川修改、补充、统稿、定稿；高文英、胡鸿亮、柳雁军等人协助。

在本精品课程项目建设和本书编写过程中，得到北京市教育局、中国人民大学教务处和法学院的大力支持，特别是参与课程建设和书稿编写工作的青年学者们全力支持，还得到科学出版社的领导同志和责任编辑的理解和支持，在此谨表谢忱！衷心希望这一本内容丰富、方式新颖、颇多创新的行政法教材，能为推动我国行政法治建设和人才培养发挥应有的学习参考作用。

莫于川（中国人民大学中国行政法研究所所长、教授）

2008 年 4 月 1 日于北京世纪城绿园